Die außerordentliche Kündigung von Arbeitsverhältnissen bei geringwertigen Vermögensdelikten

Schriften zum Deutschen und Europäischen Arbeits- und Sozialrecht

Herausgegeben von Ulrich Preis

Band 36

Zur Qualitätssicherung und Peer Review der vorliegenden Publikation

Die Qualität der in dieser Reihe erscheinenden Arbeiten wird vor der Publikation durch den Herausgeber der Reihe geprüft.

Notes on the quality assurance and peer review of this publication

Prior to publication, the quality of the work published in this series is reviewed by the editors of the series.

Anna Diehl

Die außerordentliche Kündigung von Arbeitsverhältnissen bei geringwertigen Vermögensdelikten

PETER LANG

Bibliografische Information der Deutschen Nationalbibliothek
Die Deutsche Nationalbibliothek verzeichnet diese Publikation
in der Deutschen Nationalbibliografie; detaillierte bibliografische
Daten sind im Internet über http://dnb.d-nb.de abrufbar.

Zugl.: Köln, Univ., Diss., 2018

Umschlagabbildung:
Siegel der rechtswissenschaftlichen Fakultät der Universität zu Köln.
Abdruck mit freundlicher Genehmigung der Universität zu Köln.

Umschlaggestaltung:
© Olaf Gloeckler, Atelier Platen, Friedberg.

D 38
ISSN 1861-4582
ISBN 978-3-631-75929-5 (Print)
E-ISBN 978-3-631-76228-8 (E-Book)
E-ISBN 978-3-613-76229_5 (E-PUB)
E-ISNB 978-3-613-76230-1 (Mobi)
DOI 10.3726/b14424

Peter Lang – Berlin · Bern · Bruxelles · New York ·
Oxford · Warszawa · Wien

Diese Publikation wurde begutachtet.

www.peterlang.com

Vorwort

Die vorliegende Untersuchung wurde im Juli 2017 von der Rechtswissenschaftlichen Fakultät der Universität zu Köln als Dissertation angenommen. Für die Veröffentlichung wurden Rechtsprechung und Literatur bis März 2018 berücksichtigt.

Herzlich danken möchte ich meinem Doktorvater, Herrn Professor Dr. Dr. h.c. Ulrich Preis, von dem die Anregung zu dem Thema dieser Arbeit stammt und an dessen Lehrstuhl ich als wissenschaftliche Mitarbeiterin eine lehrreiche Zeit hatte, an die ich mich gerne erinnern werde. Ich danke ihm zudem für die Aufnahme in diese Schriftenreihe. Herrn Professor Dr. Martin Henssler sei für die Übernahme des Zweitgutachtens gedankt.

Mein persönlicher Dank gilt meiner Familie, ohne deren tatkräftige Unterstützung diese Arbeit nicht zustande gekommen wäre und die mir bis heute mit ihrem Vertrauen und ihrer Zuversicht stets Rückhalt geben.

Meiner Großmutter möchte ich die Arbeit in Dankbarkeit widmen.

Köln, im März 2018 *Anna Diehl*

Inhaltsverzeichnis

Abkürzungsverzeichnis

aA	anderer Ansicht
AA	Arbeitsrecht aktiv
Abs.	Absatz
AE	Arbeitsrechtliche Entscheidungen
aF	alte Fassung
AGG	Allgemeines Gleichbehandlungsgesetz
AHGZ	Allgemeine Hotel- und Gastronomie-Zeitung, Zeitschrift
AiB	Arbeitsrecht im Betrieb, Zeitschrift
AktG	Aktiengesetz
Anm.	Anmerkung
AP	Arbeitsrechtliche Praxis – Nachschlagewerk des Bundesarbeitsgerichts
ArbG	Arbeitsgericht/-e
ArbGG	Arbeitsgerichtsgesetz
ArbR	Arbeitsrecht, Zeitschrift
ArbRAktuell	Arbeitsrecht Aktuell, Zeitschrift
ArbRB	Der Arbeits-Rechtsberater, Zeitschrift
ArbZG	Arbeitszeitgesetz
ARS	Arbeitsrechtssammlung, Entscheidungen des Reichsarbeitsgerichts
Art.	Artikel
AuA	Arbeit und Arbeitsrecht, Zeitschrift
AuR	Arbeit und Recht, Zeitschrift
AZR	Aktenzeichen für Revisionsverfahren
AZN	Aktenzeichen für Nichtzulassungsbeschwerden
BAG	Bundesarbeitsgericht
BAGE	Sammlung der Entscheidungen des Bundesarbeitsgerichts
BB	Betriebs-Berater, Zeitschrift
BBG	Bundesbeamtengesetz
BBiG	Berufsbildungsgesetz
BC	Zeitschrift für Bilanzierung, Rechnungswesen und Controlling
Bd.	Band
BDG	Bundesdisziplinargesetz
BDO	Bundesdisziplinarordnung

BeckOK	Beck´scher Online Kommentar
BeamtStG	Beamtenstatusgesetz
BeschSchG	Beschäftigtenschutzgesetz
BetrVG	Betriebsverfassungsgesetz
BGB	Bürgerliches Gesetzbuch
BGH	Bundesgerichtshof
BGHSt	Entscheidungssammlung des Bundesgerichtshof in Strafsachen
BRZG	Bundeszentralregistergesetz
bspw.	beispielsweise
BT-Drucks.	Drucksache des Deutschen Bundestages
BVerfG	Bundesverfassungsgericht
BVerwG	Bundesverwaltungsgericht
bzw.	beziehungsweise
dh	das heißt
DB	Der Betrieb, Zeitschrift
dbr	Der Betriebsrat, Zeitschrift
EMRK	Europäische Menschenrechtskonvention
ders.	derselbe
dies.	dieselbe(n)
DÖD	Der öffentliche Dienst, Zeitschrift
DokBer	Dokumentarische Berichte aus dem Bundesverwaltungsgericht
DÖV	Die öffentliche Verwaltung, Zeitschrift
DPA	Deutsche Presse-Agentur
Drucks.	Drucksache
DVZ	Deutsche Versicherungszeitschrift
EFZG	Entgeltfortzahlungsgesetz
EGStGB	Einführungsgesetz zum Strafgesetzbuch
Einl.	Einleitung
EMRK	Europäische Menschenrechtskonvention
ErfK	Erfurter Kommentar
etc.	et cetera
EzA	Entscheidungssammlung zum Arbeitsrecht
f., ff.	(fort)folgende
FA	Fachanwalt Arbeitsrecht, Zeitschrift
FAZ	Frankfurter Allgemeine Zeitung
Fn.	Fußnote

FS	Festschrift
GE	Gesetzesentwurf
GewO	Gewerbeordnung
GG	Grundgesetz
ggf.	gegebenenfalls
ggü.	gegenüber
GK	Gemeinschaftskommentar
GmbH	Gesellschaft mit beschränkter Haftung
GKÖD	Gesamtkommentar öffentliches Dienstrecht
GWR	Gesellschafts- und Wirtschaftsrecht
HGB	Handelsgesetzbuch
HaKo	Handkommentar
hM	herrschende Meinung
HRRS	Online-Zeitschrift für Höchstrichterliche Rechtsprechung im Strafrecht
HFR	Humboldt Forum Recht, Internetzeitschrift
iSd.	im Sinne des/der
iVm.	in Verbindung mit
JGG	Jugendgerichtsgesetz
JR	Juristische Rundschau, Zeitschrift
JbArbR	Jahrbuch des Arbeitsrechts
Jura	Jura, Ausbildungszeitschrift
jurisPR-ArbR	Juris Praxisreport-Arbeitsrecht
jurisPK-BGB	Juris Praxiskommentar-BGB
JuS	Juristische Schulung, Zeitschrift
KSchG	Kündigungsschutzgesetz
LAG	Landesarbeitsgericht
LAGE	Entscheidungen der Landesarbeitsgerichte
LTO	Legal Tribune Online
MDR	Monatsschrift für Deutsches Recht, Zeitschrift
MüKo	Münchener Kommentar
mwN	mit weiteren Nachweisen
nF	neue Fassung
NJ	Neue Justiz, Zeitschrift
NJOZ	Neue juristische Online-Zeitschrift
NJW	Neue Juristische Wochenschrift, Zeitschrift
NJW-RR	NJW-Rechtsprechungs-Report Zivilrecht
Nr.	Nummer

nv	nicht amtlich veröffentlicht
NVwZ	Neue Zeitschrift für Verwaltungsrecht
NWZ	Nordwest Zeitung
NZA	Neue Zeitschrift für Arbeitsrecht
NZA-RR	NZA-Rechtsprechungs-Report Arbeitsrecht
NZG	Neue Zeitschrift für Gesellschaftsrecht
NZWiSt	Neue Zeitschrift für Wirtschafts-, Steuer- und Unternehmensstrafrecht
öAT	Zeitschrift für das öffentliches Arbeits- und Tarifrecht
OLG	Oberlandesgericht
OLGR	Oberlandesgericht-Report
PersF	Personalführung, Zeitschrift
PersR	Der Personalrat, Zeitschrift
RAG	Reichsarbeitsgericht
RdA	Recht der Arbeit, Zeitschrift
RDV	Recht der Datenverarbeitung, Zeitschrift
Rn.	Randnummer
RVO	Reichsversicherungsordnung
RzK	Rechtsprechung zum Kündigungsrecht
S.	Seite; Satz
SAE	Sammlung arbeitsrechtlicher Entscheidungen, Zeitschrift
SeemG	Seemannsgesetz
SGB	Sozialgesetzbuch
SG	Soldatengesetz
sog.	sogenannt
SPD	Sozialdemokratische Partei Deutschlands
st. Rspr.	ständige Rechtsprechung
StGB	Strafgesetzbuch
StPO	Strafprozessordnung
StrRG	Gesetz zur Reform des Strafrechts
SuP	Sozialrecht und Praxis, Zeitschrift
Taz	Die Tageszeitung
TzBfG	Teilzeit- und Befristungsgesetz
usw.	und so weiter
v.	vom, von
vgl.	vergleiche
WDO	Wehrdienstordnung
zB	zum Beispiel

ZfA	Zeitschrift für Arbeitsrecht
zit.	zitiert
ZPO	Zivilprozessordnung
ZPR	Zeitschrift für Rechtspolitik

Einleitung

A. Problemstellung und praktische Relevanz

Die Frage des Umgangs mit geringwertigen Vermögensdelikten im Arbeitsverhältnis begleitete die Rechtsprechung der Arbeitsgerichtsbarkeit von Beginn an.[1] Jahrzehntelang galt der Grundsatz, dass der Vorwurf oder ein bestehender Verdacht, der Arbeitnehmer habe ein vollendetes oder auch nur versuchtes Vermögensdelikt unabhängig von der Schadenshöhe ggü. seinem Arbeitgeber begangen, eine außerordentliche Kündigung ohne vorherige Abmahnung rechtfertigen kann. Eine außerordentliche Kündigung wird dann als Bagatellkündigung[2] bezeichnet, wenn es sich bei dem Tatobjekt um einen Gegenstand von nur geringem oder sogar ohne einen wirtschaftlichen Wert handelt und die Tathandlung zu keinem oder nur einem belanglosen Schaden geführt hat.[3] Solche Bagatellkündigungen werden hauptsächlich mit Eigentums- und Vermögensdelikten begründet,[4] also der Verwirklichung von Tatbeständen etwa der §§ 242, 246, 263, 266 StGB durch einen Arbeitnehmer zulasten seines Arbeitgebers.[5] Die Schwierigkeit, mit der sich die arbeitsgerichtliche Rechtsprechung bei den Bagatellkündigungen konfrontiert sieht, besteht in dem Spannungsverhältnis zwischen den meist geringen Beträgen, um die der Arbeitgeber geschädigt ist, auf der einen und dem oftmals langjährigen Arbeitsverhältnis auf der anderen Seite. Der als Vermögensschaden oft kaum spürbaren Beeinträchtigung des Arbeitgebers stehen der Arbeitsplatzverlust und damit häufig der Verlust der Existenzgrundlage eines Arbeitnehmers gegenüber.

Insbesondere in den Jahren 2008 und 2009 entbrannte eine öffentliche Debatte um Gerechtigkeit und Gleichbehandlung durch die Arbeitsgerichte bei Bagatellkündigungen, nachdem vermehrt über Fälle berichtet wurde, in denen

1 Bereits vier Jahre nach Gründung des BAG im Jahr 1954 wurde das erste Urteil über eine Bagatellkündigung gesprochen; Vgl. auch BAG v. 24.3.1958, AP Nr. 5 zu § 626 BGB Verdacht strafbarer Handlungen.

2 Anders jedoch *Grimberg*, AiB 2011, 64, der den Begriff Bagatellkündigung unter Hinweis auf die sozialen Folgen ablehnt.

3 HaKo/*Gieseler*, § 626 BGB Rn. 99.

4 Angesprochen sind zudem nicht strafbare, allerdings rechtswidrige und vorsätzliche, unmittelbar gegen das Vermögen des Arbeitgebers gerichtete Handlungen des Arbeitnehmers mit geringem wirtschaftlichem Schaden.

5 GE Fraktion DIE LINKE, Bt-Drucks. 17/649, S. 4.

Arbeitnehmer wegen scheinbarer Kleinigkeiten entlassen wurden. Prominent in dieser Diskussion war beispielsweise die fristlose Kündigung einer Sekretärin, die unbefugt eine Frikadelle vom Firmenbuffet an sich genommen und verzehrt hatte,[6] sowie die Mitnahme nicht verkaufsfähiger Restbestände aus einem Zentrallager.[7] Weitere Fälle betrafen einen Arbeitnehmer, der entlassen wurde, weil er sein Mobiltelefon an seinem Arbeitsplatz aufgeladen hatte,[8] oder die arbeitgeberseitige Kündigung einer Pflegeheim-Angestellten, die übrig gebliebene und zur Entsorgung bestimmte Maultaschen nach der Essensausgabe mitnahm.[9] Diesen und weiteren Fällen schloss sich eine breite Diskussion sowohl in der Fachwelt[10] als auch der Öffentlichkeit[11] an. Zudem ergingen mehrere Gesetzesentwürfe, die einen besseren Kündigungsschutz bei geringwertigen Vermögensdelikten gesetzlich verankern sollten.[12]

---

6 Die außerordentliche Kündigung wurde später vom Arbeitgeber zurückgenommen.

7 LAG Rheinland-Pfalz v. 30.1.2009, NZA-RR 2009, 303 f.

8 Vgl. hierzu ArbG Oberhausen – 4 Ca 1228/09 – der Arbeitgeber zog in diesem Fall die Kündigung zurück.

9 ArbG Lörrach v. 16.10.2009, AuR 2010, 79 f.; Das Berufungsverfahren vor dem LAG Baden-Württemberg – 9 Sa 75/09 – mündete am 30.3.2010 in einen bis zum 30.4.2010 widerrruflichen Vergleich, nachdem das Gericht angedeutet hatte, die fristlose Kündigung wegen Fehlens eines messbaren Schadens nicht für angemessen zu halten.

10 Vgl. etwa *Walker*, NZA 2009, 921 ff.; *Hunold*, DB 2009, 2658 ff.; *Reuter*, NZA 2009, 594 ff.; *Rieble*, NJW 2009, 2101 ff.; *Klueß*, NZA 2009, 337 ff.; *Watzenberg*, NJ 2009, 257; *Steinau-Steinrück/Ziegler*, NJW Spezial 2009, 274 f.; *Keiser*, JR 2010, 55 ff.; *Preis*, AuR 2010, 186 ff. u. *ders.*, AuR 2010, 242 ff.; *Bartels*, RdA 2010, 109 ff.; *Binkert*, NZA 2010, 433 ff.; *Hüpers*, Jura 2010, 52 ff.; *Keiser*, JR 2010, 55 ff.; *Schall*, RdA 2010, 225 ff.; *Tiedemann*, ArbRB 2010, 222 ff.; *Stoffels*, NJW 2011, 118 ff.

11 Siehe etwa *Schrep* in Spiegel Nr. 49/2009, S. 46 ff. „Der Bienenstich-Paragraf"; *Janisch* in Rhein Neckar Zeitung v. 31.7.2009 „Brotklau und Bettdiebstahl"; *Philippi-Gerle* in Express v. 9.8.2009, S. 3 „Immer mehr Kündigungen wegen Bagatellen – wie kalt ist unsere Arbeitswelt?"; *Geiger* in Stuttgarter Zeitung v. 16.10.2009 „Vertrauen – keine Einbahstraße"; *Budras* in FAZ v. 17.10.2009, S. 11 „In der Kündigungsfalle"; *Erlinger* in Süddeutsche Zeitung v. 24/25.10.2009, Nr. 245 „Recht und billig. Drei Menschen stehlen Kleinigkeiten am Arbeitsplatz und bekommen die Kündigung. Gedanken über eine große Aufregung"; *Gesellensetter* in Focus-Online v. 10.6.2010 „Ein bißchen klauen ist erlaubt – manchmal"; *Esslinger* in Süddeutsche Zeitung vom 10.6.2010, S. 2 „Vom Wert einer Maultasche. Eine Serie von Bagatell-Kündigungen lässt vermuten, dass in der Arbeitswelt das Recht der Stärkeren herrscht – Gewerkschaften und Opposition wollen dies ändern"; *Dressel*, S. 7 f.

12 GE Fraktion SPD, BT-Drucks. 17/648; GE Fraktion DIE LINKE, BT-Drucks. 17/649; Entschließungsantrag der Fraktion BÜNDNIS 90/DIE GRÜNEN, BT-Drucks. 17/1986.

Die rechtspolitische Debatte dieser Konstellationen intensivierte sich insbesondere nach einem Interview mit der Präsidentin des BAG[13] zum Thema Bagatellkündigungen, in dem Kündigungen wegen geringfügiger Delikte des Arbeitnehmers als jahrzehntelange Rechtspraxis und Selbstverständlichkeit bezeichnet wurden.[14] Kurz darauf erreichte die Debatte ihren Höhepunkt mit einer Entscheidung des BAG[15] aus dem Jahr 2010 im Fall der als „Emmely"[16] bekannt gewordenen Supermarkt-Kassiererin.[17] Ihr Arbeitsverhältnis war wegen des Verdachts, unberechtigt zwei Pfandbons im Gesamtwert von 1,30 Euro eingelöst zu haben, außerordentlich gekündigt worden.[18] Die unterschiedlichen Standpunkte zu den in diesem Fall ergangenen Urteilen wurden dabei nicht immer sachlich[19] und bisweilen mit übertrieben drastischer Wortwahl zum Ausdruck gebracht.[20]

---

13 *Ingrid Schmidt* laut der Süddeutschen Zeitung v. 29.12.2009: Kündigungen wegen kleiner Vergehen, etwa einer gegessenen Frikadelle oder eines unberechtigt eingelösten Pfandbons, seien völlig selbstverständlich; Kritik daran sei „völlig daneben". Diebstahl und Unterschlagung auch von geringwertigen Sachen seien seit Jahrzehnten ein Entlassungsgrund. Es gebe in dem Sinne keine Bagatellen. Wie komme man dazu, ungefragt Maultaschen mitzunehmen? Das habe etwas mit „fehlendem Anstand" zu tun.

14 Siehe hierzu *Amann/Medick* in Spiegel Online v. 29.12.2009 „Bagatellkündigungen – Sturm der Empörung gegen höchste Arbeitsrichterin"; *Freiberger* in Süddeutsche Zeitung v. 17.10.2010 „Diebstahl am Arbeitsplatz, Gestörtes Vertrauen".

15 BAG v. 10.6.2010, NZA 2010, 1227 ff.

16 Bei „Emmely" handelte es sich um eine Kassiererin der Supermarktkette Kaiser's Tengelmann, die mit bürgerlichem Namen Barbara Emme hieß und am 24.3.2015 im Alter von 57 Jahren an Herzversagen starb. Bekannt wurde die Kassiererin, als ihr nach 31 Jahren Betriebszugehörigkeit fristlos gekündigt wurde und sie sich vor dem BAG erfolgreich gegen die Kündigung zur Wehr setzte.

17 Das Online-Lexikon „Wikipedia" widmet diesem Kündigungsfall sogar einen eigenen Eintrag.

18 Nach einer repräsentativen Umfrage des Emnid-Instituts, die am 26.2.2009, also zwei Tage nach der Verkündung des Berufungsurteils durchgeführt wurde, empfanden 67 Prozent der Befragten das Urteil als ungerecht.

19 So wurde etwa von einer „Schmutzkampagne" gegen Barbara Emme berichtet, http://www.labounet.de/branchen/dienstleistung/eh/kaiser.html; Vgl. auch www.taz.de/l/debatte/kommentar/das-urteil-ist-eine-farce/.

20 Vgl. hierzu bspw. *Rieble*, NJW 2009, 2101 einerseits, der von einer „notorischen Lügnerin" und „Straftäterin" Barbara Emme berichtete, und *Wolfgang Thierse*, zu dem Zeitpunkt Vizepräsident des Deutschen Bundestags, in einem Interview mit der Berliner Zeitung v. 25.2.2009, http://www.berlinonline.de/berliner-zeitung/archiv/.bin/dump.fcgi/2009/0226/berlin/0091/index.html. andererseits, der im Hinblick auf die klageabweisende Entscheidung des LAG Berlin-Brandenburg von einem „barbarischen Urteil von asozialer Qualität" sprach.

Aber auch nach der sog. „Emmely“-Entscheidung ist die Diskussion nicht verstummt. Bis heute gibt es in der instanzgerichtlichen Rechtsprechung eine Vielzahl von umstrittenen Urteilen zu Vermögensdelikten mit geringer Schadenshöhe, wegen derer Arbeitsverhältnisse gekündigt werden.[21] Die Kritik hieran war und ist vielfältig und mit einem großen öffentlichen Interesse verbunden. Die Debatte wurde zum einen mit dem Hinweis auf emotionale und ethische Argumente geführt. So wurde der Vorwurf erhoben, dass Bagatelldelikte nur das Vertrauen in unliebsame, ältere oder gering qualifizierte Arbeitnehmer zu belasten scheinen; offenkundig sei es durch Ausnutzung der bestehenden Rechtslage für Unternehmer attraktiv, mit einer Bagatellkündigung langjährige Arbeitnehmer aus Festverträgen zu kündigen, um sie durch Angestellte mit niedrigerem Gehalt oder befristeten Arbeitsverträgen zu ersetzen.[22]

Die häufig fehlende Akzeptanz und das Unverständnis vieler[23] für die arbeitsgerichtlichen Entscheidungen sind aber wohl auch dem - jedenfalls scheinbar - unterschiedlichen Umgang der verschiedenen Fachgerichtsbarkeiten mit geringwertigen Vermögensdelikten geschuldet. In der Straf-, der Verwaltungs-, aber auch in der ordentlichen Gerichtsbarkeit scheint insoweit eine weniger strikte Sanktionierung solcher Vorgänge vorzuherrschen. Als besonderer Kontrast wird zum Beispiel wahrgenommen, dass im Arbeitsrecht - ganz anders als im strafrechtlichen Bereich - bereits der bloße Verdacht eines Vermögensdelikts ausreicht, um rechtswirksame Konsequenzen zu ziehen und den vermeintlichen Delinquenten zu sanktionieren. Als auffällig wird es weiterhin erachtet, dass es im Kündigungsrecht keine Betragsgrenze gibt, ab der ein Vermögensdelikt

---

21 Vgl. bspw. LAG Hamm v. 4.11.2010, BB 2010, 2884; ArbG Berlin v. 5.11.2010, BB 2011, 382 ff.; LAG Hamburg v. 30.7.2014 – 5 Sa 22/14 – juris; LAG Berlin-Brandenburg v. 4.6.2015, NZA-RR 2016, 129 ff.

22 Siehe etwa *Stefan Nägele* (http://www.spiegel.de/spiegel/0,1518,664360,00.html, abgerufen am 21.1.2016): „Gekündigt werden nur die, die man loswerden will. Bei zehn anderen passiert beim gleichen Delikt überhaupt nix“; siehe auch *Peter Weiß*, Vorsitzender der Arbeitnehmergruppe in der Unionsbundestagsfraktion, Die Welt v. 23.12.2009, S. 4: „Der Anlass für die Kündigung ist meistens gar nicht das Bagatelldelikt, sondern das, was sich schon länger aufgestaut hat“; *Trittin/Fütterer*, AuR 2010, 62 f.; *Schmitt-Rolfes*, AuA 2010, 199; *Berthold Maier*, Ver.di Bezirksleiter DPA v. 16.10.2009: „Dieses Urteil öffnet den Arbeitgebern Tür und Tor, unliebsame Beschäftigte rauszuschmeißen, ohne sich mit ihnen auseinandersetzen zu müssen.“

23 Siehe exemplarisch *Grimberg*, AiB 2009, 380; *Jürgen Markowski*, auf dem 61. Deutschen Anwaltstag in Aachen „Bei den Bürgern stößt die harte Linie auf breites Unverständnis – zu Recht.“

erheblich wäre, sondern Delikte jeglicher Tragweite dieselben Konsequenzen haben können.[24]

Den Arbeitnehmer treffen die arbeits- und sozialrechtlichen Folgen einer solchen Kündigung ungeachtet der Schwere des Delikts sogleich in voller Härte: Die außerordentliche fristlose Kündigung führt zur sofortigen Beendigung des Arbeitsverhältnisses bei sofortiger Einstellung der Gehaltszahlungen. Dem Arbeitnehmer und oft auch seiner Familie wird ad hoc die wirtschaftliche Grundlage entzogen, zumal im Falle einer anschließenden Arbeitslosmeldung die Bundesagentur für Arbeit gegebenenfalls eine Sperrzeit[25] von mehreren Monaten verhängt, da regelmäßig angenommen wird, der Arbeitnehmer habe durch eigenes Verschulden seinen Arbeitsplatz verloren. Dann ruht gem. § 144 Abs. 1 S. 1, S. 2 Nr. 1, Abs. 3 SGB III der Anspruch auf Arbeitslosengeld für die Dauer von zwölf Wochen, und der Bezugszeitraum verkürzt sich entsprechend. Schließlich werden auch das meist ungerade Kündigungsdatum sowie eine etwaige Erwähnung des Vermögensdelikts im Arbeitszeugnis[26] die anstehende Arbeitssuche des gekündigten Arbeitnehmers erheblich erschweren.[27]

Die Auswirkungen der arbeitsrechtlichen Sanktion übersteigen die staatlichen Sanktionen - sofern es zu solchen überhaupt kommt - somit ganz erheblich. Zudem wird auch grundsätzlich die fehlende Passfähigkeit des Kündigungsschutzsystems für die Behandlung von Bagatelldelikten infrage gestellt. Außerhalb von Vermögensdelikten müssen Sachverhalte erst eine gewisse Erheblichkeitsschwelle überschreiten, um die außerordentliche Kündigung zu rechtfertigen. Dies soll bei Vermögensdelikten gerade nicht so sein, was bereits für sich genommen viele der entwickelten Kriterien zur Prüfung der Rechtmäßigkeit einer außerordentlichen Kündigung leerlaufen lässt. Insbesondere wird in diesem Zusammenhang

24 Vgl. hierzu *Klueß*, NZA 2009, 337 ff.

25 Ruhen des Arbeitslosengeldanspruchs.

26 ErfK/*Müller*-Glöge, § 109 GewO Rn. 44 a: Vermögensdelikte dürfen im Arbeitszeugnis erwähnt werden, wenn diese im Zusammenhang mit dem Arbeitsverhältnis standen; vom Arbeitnehmer begangene Vermögensdelikte, die keinen Bezug zum Arbeitsverhältnis aufweisen, sind wegzulassen. Weiterhin steht dem Arbeitnehmer unter Berücksichtigung von § 51 BRZG dann ein Anspruch auf Tilgung dieses Vermerks im Arbeitszeugnis zu, wenn das im Zeugnis vermerkte Vermögensdelikt im Bundeszentralregister getilgt wurde oder hätte getilgt werden müssen, falls es zu einer Verurteilung gekommen wäre. Der Verdacht eines Vermögensdelikts darf ebenfalls nicht im Arbeitszeugnis erwähnt werden. Das gilt auch dann, wenn der Verdacht zu einer Verdachtskündigung und zu einer Entlassung des Arbeitnehmers geführt hat (vgl. LAG Düsseldorf v. 3.5.2005, BB 2005, 2308.

27 *Schlachter*, NZA 2005, 433.

das vom BAG entwickelte Zweistufenprinzip zur Beurteilung der Wirksamkeit einer außerordentlichen Kündigung kritisiert.[28] Dieses Prüfungsschema sei unzureichend und nicht mit dem übrigen Kündigungsrecht verzahnt.[29] Die Auslegungsweise der kündigungsrechtlichen Prinzipien durch die Arbeitsgerichte münde in eine unstrukturierte Interessenabwägung ohne Eingrenzung der berücksichtigungsfähigen Kriterien.[30] Häufig fehle der Bezug zum Kündigungsgrund, während die Gerichte im Rahmen der Interessenabwägung nichtssagende Floskeln aneinanderreihen würden. Schwierigkeiten werden insbesondere bei der Bewertung des arbeitgeberseitig durchweg vorgebrachten Vortrages gesehen, das Arbeitsverhältnis habe durch die fragliche Tat des Arbeitnehmers einen irreparablen Vertrauensverlust erlitten. Diese Unsicherheiten haben sich auch durch den in der Pressemitteilung der „Emmely"-Entscheidung in die Diskussion eingebrachten und im Zuge der Abwägung zu berücksichtigenden Begriffs des „Vertrauenskapitals" des Arbeitnehmers nicht gemindert. Ungeklärt ist beispielsweise, wie ein solches Vertrauenskapital, das zugunsten des Arbeitnehmers bei der Bewertung einer Kündigung wegen Vermögensdelikten zu berücksichtigen ist, im Verhältnis von Arbeitgeber zu Arbeitnehmer entsteht und wie dies zu quantifizieren ist. Offen ist weiterhin, wie der Arbeitgeber im Kündigungsstreit den Nachweis erbringen kann, nur ein geringes oder kein verbliebenes Vertrauen zum betroffenen Arbeitnehmer mehr zu haben. Diese noch immer vorherrschenden Unklarheiten bei der Bewertung von arbeitgeberseitigen Kündigungen wegen Vermögensdelikten nähren den Vorwurf, viele Arbeitgeber würden in der rechtlichen Bewertung von geringfügigen Vermögensdelikten im Kündigungsrecht eine Lücke erblicken, die nutzbar gemacht werde, um sich von unliebsamen Arbeitnehmern trennen zu können.[31]

Die zentralen Normen des Kündigungsrechts gewähren durch ihre weitgehende Offenheit und Unbestimmtheit die Verwirklichung von Einzelfallgerechtigkeit, wodurch freilich zwangsläufig die Verallgemeinerungsfähigkeit leidet. Dies macht es Arbeitgebern und Arbeitnehmern allerdings gleichermaßen schwer, rechtssichere Lösungen zu finden und insbesondere ein etwaiges Prozessrisiko abzuschätzen.[32] Eine Prognose über den Erfolg einer Klage gegen eine außerordentliche Kündigung kann, sofern es sich um ein geringwertiges Vermögensdelikt

---

28 *Preis*, AuR 2010, 186, 188 f.; *Bengelsdorf*, SAE 2011, 122, 128; *Stoffels*, NJW 2011, 118, 120.

29 So etwa *Preis*, AuR 2010, 186, 188.

30 *Preis*, AuR 2010, 186, 187.

31 *Preis*, AuR 2010, 186, 188.

32 *Schwerdtner*, ZIP 1984, 10, 12; *Bengelsdorf*, SAE 2011, 122, 123.

handelt, kaum mehr abgegeben werden.[33] Dies triebe in diesen Konstellationen die – in arbeitsgerichtlichen Auseinandersetzungen ohnehin schon erhebliche – Vergleichsquote noch weiter in die Höhe, was aber nicht den Gerechtigkeitsgehalt der gefundenen Lösungen erhöhen dürfte. Das Recht droht in diesem Bereich seine Funktion als Ordnungselement sowie als Sicherheit und Vorhersehbarkeit schaffende Institution zu verlieren. Zudem stellt sich die Frage, ob in der Rechtsprechung im Bereich des Arbeitsrechts und außerhalb eines Arbeitsverhältnisses tatsächlich mit zweierlei Maß gemessen wird.[34]

B. Ziel und Gang der Untersuchung

Es besteht somit ein Bedarf an Prinzipienanwendung und Transparenz in der Frage, unter welchen Umständen ein geringwertiges Vermögensdelikt eine außerordentliche Kündigung rechtfertigen kann. Entscheidend ist insbesondere, welche Aspekte im Fall eines solchen geringwertigen Vermögensdelikts im Rahmen der Interessenabwägung zu berücksichtigen und wie diese zu gewichten sind. Diese Untersuchung wird die kündigungsrechtlichen Fragen, die sich im Zusammenhang mit geringwertigen Vermögensdelikten im Arbeitsverhältnis stellen, analysieren und systematisieren. Dabei sollen die bislang entwickelten Lösungsansätze untersucht und die weitgehend kursorisch geführte Diskussion in ein systematisches Gesamtkonzept eingebettet werden. Aspekte aus anderen Rechtsgebieten – insbesondere dem Straf-, Verwaltungs- und dem allgemeinen Zivilrecht – werden in die Untersuchung einzubeziehen sein, soweit es die untersuchte Fragestellung erforderlich macht.

Zu Beginn des ersten Kapitels erfolgt eine kurze Übersicht über die im Arbeitsverhältnis am häufigsten begangenen Vermögensdelikte. Bezüglich deren Auswirkungen auf das Arbeitsverhältnis wird sodann danach unterschieden, ob das Vermögensdelikt während des Dienstes oder im außerdienstlichen Bereich begangen wurde. Schließlich werden die verschiedenen Reaktionsmöglichkeiten des Arbeitgebers auf geringwertige Vermögensdelikte seiner Arbeitnehmer dargestellt, wobei auch auf die Problematik der sogenannten „gesuchten Kündigungsgründe"[35] einzugehen sein wird.

Im zweiten Kapitel erfolgt zunächst ein historischer Überblick über die Entwicklung der arbeitsgerichtlichen Rechtsprechung zu arbeitgeberseitigen Kündigungen wegen geringwertiger Vermögensdelikte. Zudem wird auf die Diskussion

33 *Bengelsdorf*, SAE 2011, 122, 123.

34 Vgl. hierzu *Klueß*, NZA 2009, 337; *ders.*, AuR 2010, 57 ff.

35 Siehe *Diller*, NZA 2006, 569.

zur möglichen Einführung einer Bagatellgrenze ebenso eingegangen wie auch auf Gesetzesinitiativen mehrerer Bundestagsfraktionen zur Einschränkung oder sogar zum Verbot von Bagatell- und Verdachtskündigungen. Sodann soll die Judikatur der Arbeitsgerichtsbarkeit mit der Bewertung entsprechender Konstellationen in der Strafgerichts-, Verwaltungsgerichts- und ordentlichen Gerichtsbarkeit verglichen und der Frage nachgegangen werden, ob hier Wertungswidersprüche zu verzeichnen sind. Abschließend soll das derzeitige System des Kündigungsrechts auf seine Passfähigkeit für Fälle von geringwertigen Vermögensdelikten untersucht werden.

Kapitel 3 betrifft den Hauptgegenstand der Untersuchung, nämlich die folgenrichtige Anwendung der kündigungsrechtlichen Prinzipien für die Bewertung einer außerordentlichen Kündigung wegen eines geringwertigen Vermögensdelikts. Ein Schwerpunkt liegt bei der nach § 626 Abs. 1 BGB erforderlichen Interessenabwägung, deren Ergebnis maßgeblich über die Wirksamkeit der fristlosen Kündigung entscheidet. Zudem geht es neben der Darstellung des Verhältnismäßigkeits- und des Prognoseprinzips insbesondere auch um das in diesem Zusammenhang besonders bedeutsame Vertrauensschutzprinzip. Dort wird – unter besonderer Berücksichtigung der „Emmely"-Entscheidung des BAG und der nachfolgenden Rechtsprechung – die Entstehung von Vertrauen im Arbeitsverhältnis zu untersuchen sein sowie die Frage, ob und wann ein Vermögensdelikt des Arbeitnehmers das sog. Vertrauenskapital aufgebraucht hat.

Abschließend werden die hier gefundenen Ergebnisse in Thesenform zusammengefasst.

Kapitel 1 Grundlagen und Vorüberlegungen zur außerordentlichen Kündigung bei Vermögensdelikten

Bevor sich die Arbeit dem sachgerechten Umgang der außerordentlichen Kündigung bei geringwertigen Vermögensdelikten zuwenden kann, sind zunächst einige Grundlagen zu erarbeiten und Vorüberlegungen anzustellen. Dies betrifft neben der Vorstellung der typischen Vermögensdelikte im Arbeitsverhältnis (unter A.) vor allem deren Begehensweise im dienstlichen und außerdienstlichen Bereich (unter B.). Insbesondere sollen aber auch Vorüberlegungen im Hinblick auf die Reaktionsmöglichkeiten des Arbeitgebers auf geringwertige Vermögensdelikte dargestellt werden (unter C.).

A. Typische Vermögensdelikte im Arbeitsverhältnis

Das Arbeitsverhältnis als personenbezogenes Dauerschuldverhältnis[36] ist eine Unterform des Dienstvertrages nach § 611 BGB. Es stellt ein schuldrechtliches Austauschverhältnis dar, dessen Leistungsgegenstand eine entgeltliche, zeitbestimmte Dienstleistung mit im Voraus nicht abgegrenzten Einzelleistungen ist.[37] Leistung und Gegenleistung stehen zueinander im Synallagma.[38] Durch diese Verknüpfung wird sichergestellt, dass keine Partei leisten muss, ohne dass sie eine Gegenleistung erhält.

Neben dem Leistungsaustausch als Hauptpflichten des Vertrages sind in dem Vertragsverhältnis die aus den §§ 241 Abs. 2, 242 BGB herzuleitenden Nebenpflichten von besonderer Bedeutung. Ein Ausfluss dieser Nebenpflichten ist die Pflicht des Arbeitnehmers, keine deliktischen Handlungen und damit auch keine Vermögensdelikte zum Nachteil des Arbeitgebers zu begehen.

Als Vermögensdelikte werden Straftaten bezeichnet, die sich gegen das Vermögen oder gegen einzelne Vermögenswerte eines anderen richten.[39] Dieser Term wird in einem engeren und in einem weiteren Sinn gebraucht,[40] und zwar abhängig davon, ob der Eintritt eines Vermögensschadens bei den angesprochenen

36 BAG v. 14.9.1994, BAGE 78, 18–30.

37 MüArbR/*Richardi*, Bd. I 2009, § 3 Rn. 22.

38 ErfK/*Preis*, § 611 a BGB Rn. 1.

39 *Wessels/Hillenkamp*, Einl. Rn. 1.

40 *Rengier*, § 1 Rn. 2.

Deliktgruppen zu den Voraussetzungen der Strafbarkeit gehört oder nur eine regelmäßige Begleiterscheinung des tatbestandlichen Verhaltens ist, nicht aber dessen notwendige Folge.[41] Letzteres trifft nur für die Eigentumsdelikte zu, deren Besonderheit sich gegenüber den Vermögensdelikten im engeren Sinne vor allem darin zeigt, dass sie auch den Schutz wirtschaftlich wertloser Sachen mit einschließen.[42] Zum Nachteil des Arbeitgebers[43] begangene Vermögensdelikte, aber auch nicht strafbare, ähnliche schwerwiegende Handlungen unmittelbar gegen das Vermögen des Arbeitgebers können vielfältige arbeitsrechtliche Reaktionen nach sich ziehen sowie nach der ständigen Rechtsprechung des BAG – unabhängig vom Wert des Tatobjekts und der Höhe des eingetretenen Schadens – auch als Grund für eine außerordentliche Kündigung in Betracht kommen.[44]

Von den Vermögensdelikten im weiteren Sinne werden in der arbeitsrechtlichen Praxis in einer Vielzahl von Fällen der Diebstahl gemäß § 242 StGB und die Unterschlagung gemäß § 246 StGB als Grundlage für eine außerordentliche Kündigung gegenüber dem Delinquenten herangezogen. Aber auch Vermögensdelikte im engeren Sinne wie etwa der Betrug, insbesondere der Spesenbetrug (§ 263 StGB), wie auch die Hehlerei (§ 259 StGB) haben schon oft zum Ausspruch außerordentliche Kündigungen geführt.

Eine – freilich untechnische – Unter-Fallgruppe der Vermögens- und Eigentumsdelikte bilden die im Arbeitsrecht vielfach vorkommenden sog. Bagatelldelikte. Der Begriff des Bagatelldelikts wird im Gesetz zwar nicht verwendet, gilt aber dafür allgemein und insbesondere in der arbeitsrechtlichen Praxis für geringwertige Vermögensdelikte. Der Ausdruck Bagatelle geht auf das lateinische Wort *baca* (Beere) zurück und wird heute als Synonym für unbedeutende Sachen oder Geringfügigkeiten bzw. Geringwertigkeiten verwendet. Unter Bagatelldelikten werden somit Delikte verstanden, die aufgrund des zugrundeliegenden geringwertigen Schadens als belanglos erscheinen.[45]

Einen geringwertigen Schaden abstrakt zu definieren, bereitet Schwierigkeiten.[46] In der Rechtssprache ist die Geringwertigkeit ein unbestimmter

41 *Wessels/Hillenkamp*, Einl. Rn. 1.

42 *Rengier*, § 1 Rn. 2; *Wessels/Hillenkamp*, Einl. Rn. 1.

43 Zu Vermögensdelikten gegen Kollegen und Kunden des Arbeitgebers siehe unten B. I. 2. und 3.

44 Vgl. etwa BAG v. 17.5.1984, AP Nr. 14 zu § 626 BGB Verdacht strafbarer Handlung; BAG v. 12.8.1999, BAGE 92, 184; BAG v. 13.12.2007, AP Nr. 210 zu § 626 BGB; BAG v. 10.6.2010, NZA 2010, 1227 ff.; BAG v. 16.12.2010, NZA 2011, 571.

45 Siehe hierzu *Berger*, JbArbR 48, 41 (2011).

46 *Zech*, S. 37.

Rechtsbegriff. In dem hier interessierenden Regelungszusammenhang wird der Begriff der Geringwertigkeit in arbeitsrechtlichen Gesetzen nicht verwendet, ihm kommt jedoch in der arbeitsrechtlichen Praxis gleichwohl eine wichtige Rolle zu. Insbesondere bilden geringwertige Vermögensdelikte nach der ständigen Rechtsprechung des BAG einen wichtigen Grund „an sich" im Sinne von § 626 Abs. 1 BGB.[47] Zur Präzisierung dessen, was mit Geringwertigkeit gemeint ist, könnte eine mathematische Lösung vollzogen werden. Ein mathematischer Ansatz verlangt jedoch für eine Geringwertigkeit zumindest eine Wertigkeit. Nullwertigkeit kann demnach keine Geringwertigkeit sein. Ein Gegenstand, der keinen Wert (mehr) für den Arbeitgeber besitzt, kann mathematisch gesehen nicht unter den Tatbestand des geringwertigen Vermögensdelikts fallen. Mit dieser Grenzziehung ist das Problem somit arbeitsrechtlich nicht gelöst. Die arbeitsgerichtliche Rechtsprechung hält bis heute einen wirtschaftlichen Schaden des Arbeitgebers bzw. dessen Höhe für nachrangig.[48] Entscheidend soll es vielmehr auf den durch die betreffende Handlung eingetretenen Verlust des Vertrauens in die Redlichkeit des Arbeitnehmers ankommen.[49] Dieses Vertrauen kann, worauf die Arbeitsgerichte stets hinweisen, selbst bei wertlosen Gegenständen[50] und unabhängig von der Frage, ob überhaupt ein Vermögensschaden eingetreten ist, zerstört sein.[51] Insoweit kann also auch eine Nullwertigkeit des Schadens arbeitsrechtliche Sanktionen rechtfertigen. Die Arbeitsgerichtsbarkeit hält zudem – trotz der identischen Terminologie der „geringwertigen Vermögensdelikte" – auch die strafrechtliche Beurteilung für irrelevant.[52] So wird weder auf die zu § 248 a StGB gemachten Wertungen – bzgl. der Beurteilung einer Geringwertigkeit – zurückgegriffen[53] noch eine Strafrechtsakzessorietät der arbeitsrechtlichen Bewertung angenommen.[54] Letzteres bedeutet, dass ein wichtiger Grund zur Kündigung des Arbeitsverhältnisses nach Ansicht des BAG nicht von der Feststellung einer

47 BAG v. 10.6.2010, NZA 2010, 1227 mwN.

48 So etwa BAG v. 21.4.2005, BAGE 114, 264; BAG v. 10.6.2010, NZA 2010, 1227 ff.; BAG v. 16.12.2010, NZA 2011, 571 ff.

49 Siehe zum Vertrauensschutzprinzip unter Kapitel 3 A. V.

50 Etwa abgeschriebene Ware oder Ware, die der Müllverbrennungsanlage zugeführt werden soll.

51 BAG v. 17.5.1984, AP Nr. 14 zu § 626 BGB Verdacht strafbarer Handlung; BAG v. 12.8.1999, BAGE 92, 184; BAG v. 13.12.2007, AP Nr. 210 zu§ 626 BGB.

52 Dagegen *Schall*, RdA 2010, 225 ff.

53 Siehe hierzu ausführlich unter IV.

54 Vgl. hierzu Kapitel 2 B. I. 4.

Straftat abhängt.[55] Diese Sichtweise des BAG wird bisweilen kritisiert (vgl. zu diesem Problemkreis ausführlich unter Kapitel 2 B. I. 4.).

Es ist festzuhalten, dass eine vorsätzliche Verletzung der Vermögensinteressen des Arbeitgebers nach der arbeitsrechtlichen Rechtsprechung auch dann eine außerordentliche Kündigung rechtfertigen kann, wenn kein Straftatbestand erfüllt ist, insbesondere ein Delikt nach den §§ 242, 246, 263, 266 StGB nicht vorliegt. Es geht im Folgenden daher – trotz der sachlichen Nähe zum Strafrecht – nicht ausschließlich um Sachverhalte, denen zugleich strafrechtliche Relevanz zukommt.[56] Rein rechtstatsächlich ist zu konstatieren, dass die meisten Handlungen gegen das Vermögen des Arbeitgebers gleichzeitig auch ein strafrechtlich erhebliches Fehlverhalten des Arbeitnehmers in Form eines Vermögensdelikts darstellen.[57] In der Rechtsprechung bilden die strafrechtlichen Vermögensdelikte dann auch eine wichtige Fallgruppe zur Konkretisierung des wichtigen Grundes für eine außerordentliche Kündigung nach § 626 BGB.[58] Letztlich stellt eine Strafbarkeit nach Maßgabe der Strafgesetze – insbesondere des StGB – auch immer ein Indiz für eine gewisse Erheblichkeit der Tat dar, was rechtstatsächlich wiederum die Annahme eines wichtigen Grundes für eine außerordentliche Kündigung wahrscheinlicher macht. Nicht selten haben Arbeitsgerichte in ihren Entscheidungsgründen zudem auch eine strafrechtliche Prüfung vorgenommen.[59] Daher sollen nachfolgend vorab diejenigen Delikte kurz zusammengefasst werden, die bei der Verletzung von Vermögen oder Eigentum des Arbeitgebers durch Arbeitnehmer in den meisten Fällen verwirklicht werden. Um die Aufstellung der Vermögensdelikte zu komplettieren, muss letztendlich auch auf die vielfach mit der Kündigung wegen geringfügiger Vermögensdelikte verglichene Strafnorm des § 248 a StGB eingegangen werden. Hierbei wird auch auf die damit zusammenhängende Fragestellung der Sinnhaftigkeit einer Transformation der im

---

55 Siehe etwa BAG v. 21.4.2005, BAGE 114, 264; BAG v. 2.3.2006, AP Nr. 14 zu § 626 BGB; BAG v. 19.4.2007, AP Nr. 77 zu § 611 BGB; BAG v. 10.6.2010, NJW 2011, 167 ff.; BAG v. 16.12.2010, NZA 2011, 571 ff.

56 Aus Gründen einer einfacheren Darstellung wird in dieser Arbeit die Begrifflichkeit „geringfügige Vermögensdelikte" auch für nicht strafbare, allerdings rechtswidrige und vorsätzliche, unmittelbar gegen das Vermögen des Arbeitgebers gerichtete Handlungen des Arbeitnehmers mit geringem wirtschaftlichem Schaden gebraucht.

57 Vgl. *Hunold*, NZA-RR, 2011, 561.

58 *Schall*, RdA 2010, 225, 226; KR/*Fischermeier*, § 626 BGB Rn. 114; A/P/S*Vossen*, § 626 BGB Rn. 275; ErfK/*Niemann*, § 626 BGB Rn. 151.

59 Vgl. bspw. ArbG Berlin v. 21.8.2008 – 2 Ca 3632/08 Rn. 29 – juris; LAG Hessen v. 17.9.2008 – 8 Sa 548/08 Rn. 35–37 – juris.

Strafrecht geltenden Bagatellgrenze in das Kündigungsrecht erfolgen. Auf den Problemkreis einer Strafrechtsakzessorietät des Kündigungsrechts wird im späteren Verlauf der Untersuchung separat eingegangen.[60]

I. Diebstahl und Stromdiebstahl

Der Diebstahl gemäß § 242 StGB ist rechtstatsächlich die bedeutendste Straftat gegen das Eigentum.[61] Er beschreibt ein gegen fremdes Eigentum gerichtetes Zueignungsdelikt, bei dem der Täter wie ein Eigentümer mit einer für ihn fremden Sache verfährt. § 242 StGB schützt fremdes Eigentum, also die Befugnis des Eigentümers, mit der Sache nach Belieben verfahren zu können. Weiteres Schutzgut ist nach herrschender Meinung auch der Gewahrsam,[62] sodass auch derjenige einen nach §§ 247, 248 a StGB gegebenenfalls erforderlichen Strafantrag stellen kann, der Gewahrsamsinhaber der weggenommenen Sache war, ohne dass sie ihm gehörte.

Nach § 242 StGB setzt ein Diebstahl die Wegnahme einer fremden beweglichen Sache durch den Täter voraus, mit der Absicht, sich diese selbst oder einer anderen Person zuzueignen. Das Delikt kann nur vorsätzlich (§ 15 StGB) verwirklicht werden und verlangt zudem Zueignungsabsicht. Die beabsichtigte Zueignung muss zudem rechtswidrig sein. Zudem müssen die allgemeinen Rechtswidrigkeits- und Schuldmerkmale erfüllt sein müssen. Der Diebstahl kann mit einer Freiheitsstrafe von bis zu fünf Jahren bestraft werden; auch der Versuch ist strafbar (§ 242 Abs. 2 StGB). Die Feststellung, ob der Tatbestand eines Diebstahls im Arbeitsverhältnis erfüllt ist, hängt häufig von der Frage ab, ob der Arbeitnehmer an der betreffenden Sache einen relevanten Gewahrsamsbruch vorgenommen hat. Dies ist in diesem Bereich das wesentliche Abgrenzungsmerkmal zur Unterschlagung (§ 246 StGB). Häufiger werden mehrere Personen Gewahrsam an Sachgütern des Betriebes haben. Eine Wegnahme nach § 242 StGB erfordert dann stets, dass entweder der gleichberechtigte oder übergeordnete Mitgewahrsam eines anderen an der Sache gebrochen wird; der Bruch untergeordneten Mitgewahrsams genügt nicht. In sog. Subordinationsverhältnissen besteht regelmäßig ein solcher gestufter Mitgewahrsam.[63] So brechen Angestellte in größeren Kaufhäusern in der Regel den übergeordneten

60 Vgl. hierzu Kapitel 2 B. I. 4.

61 *Rengier*, § 2 Rn. 1.

62 BGH v. 26.7.1957, BGHSt 10, 400, 401; *Lackner/Kühl*, § 242 StGB Rn. 1; Ausführlich MüKo-StGB/*Schmitz*, § 242 Rn. 6 mwN.

63 BGH v. 26.7.1957, BGHSt 10, 400.

Mitgewahrsam des Kaufhausleiters, wenn sie Gegenstände des Sortiments ohne Einwilligung ihres Arbeitsgebers an sich nehmen. In kleineren, überschaubaren Läden wird eher ein Alleingewahrsam des Ladeninhabers anzunehmen sein. Bei dem Kassierer eines Supermarktes wird man Alleingewahrsam am Kasseninhalt annehmen können, wenn er für die Kasse allein verantwortlich ist. Verschwinden Berufskraftfahrer mit dem ihnen übergebenen Ladegut, kommt es für die Beantwortung der Frage, ob Allein- oder nur Mitgewahrsam des Fahrers bestand, darauf an, ob und inwieweit während der Fahrt Kontroll- und Einwirkungsmöglichkeiten des Arbeitgebers bestanden. Bei Fernfahrten wird man mangels Kontrollmöglichkeit in der Regel von Alleingewahrsam des Fahrers ausgehen müssen,[64] sodass bei einer Zueignung der Ware durch diesen der Diebstahlstatbestand ausscheidet.

Die Arbeitsgerichte haben sich mit solchen strafrechtlichen Detailfragen oft nur oberflächlich befasst und darauf verwiesen, dass eine Strafrechtsakzessorietät dem zivilrechtlichen Charakter des Arbeitsverhältnisses nicht gerecht werde und es auf die strafrechtliche Bewertung daher nicht ankomme.[65] Häufiger wird daher in Urteilen ein Vermögensdelikt bejaht, ohne dass eine substanzielle strafrechtliche Prüfung erfolgte.[66] So wurde beispielsweise ein Diebstahl angenommen, obwohl es sich nach einer substanziellen strafrechtlichen Prüfung um eine Unterschlagung gehandelt hatte etc. Bei den Fällen der arbeitsgerichtlichen Praxis handelt es sich in der Regel nicht um spektakuläre Entwendungen, sondern den Diebstahl eines Lippenstifts,[67] von Frischkäse,[68] Zigaretten,[69] eines Taschenkalenders[70] oder abgeschriebener Ware,[71] die Arbeitnehmer unerlaubterweise an sich nehmen. Sogar die Mitnahme von 17 Schlaftabletten, mit denen ein Altenpfleger – so wenigstens beteuerte er vor Gericht – wegen Mobbings Selbstmord begehen wollte, wurde zum Anlass genommen, ihm gegenüber eine

---

64 BGH v. 22.4.1952, BGHSt 2, 318.

65 BAG v. 21.4.2005, BAGE 114, 264; BAG v. 2.3.2006, AP Nr. 14 zu § 626 BGB; BAG v. 19.4.2007, AP Nr. 77 zu § 611 BGB; BAG v. 10.6.2010, NZA 2010, 1227 ff.

66 Vgl. hierzu *Schlösser*, HRRS 2009, 509 ff.; *Schall*, RdA 2010, 225 ff.; *ders.*, NJW 2010, 1248 ff.; *Hüpers*, Jura 2010, 52 ff.

67 BAG v. 13.12.2007, NZA 2008, 1008 ff.

68 LAG Schleswig-Holstein v. 18.1.2005, NZA-RR 2005, 367 f.

69 BAG v. 29.11.1984 – 2 AZR 581/83 – juris.

70 LAG Baden-Württemberg v. 30.9.2010, NZA-RR 2011, 76 ff.

71 LAG Hamm v. 13.3.2002 – 14 Sa 1731/01 – juris; nachgehend BAG v. 11.12.2003 – 2 AZR 36/03, Urteil: Zurückverweisung.

außerordentliche Kündigung auszusprechen.[72] Es handelt sich also in den überwiegenden Fällen - jedenfalls isoliert betrachtet - um allenfalls geringwertige Vermögensschäden, die dem Arbeitgeber durch die bekannt gewordenen Taten entstanden sind.

Manchmal sind im Arbeitsrecht auch Fälle des sogenannten „Stromdiebstahls“ anzutreffen. In den Kategorien des Strafrechts handelt es sich hierbei um den Tatbestand der Entziehung elektrischer Energie gemäß § 248 c StGB. Die Vorschrift erfasst den Entzug fremder elektrischer Energie aus einer elektrischen Anlage oder Einrichtung mittels eines nicht zur ordnungsgemäßen Entnahme bestimmten Leiters. § 248 c StGB ergänzt als eigenständiges diebstahlähnliches Delikt die Vorschriften der §§ 242 StGB, 246 StGB. Durch das 6. StrRG im Jahr 1998 wurde die Drittzueignungsabsicht in den Tatbestand eingeführt und unter Strafe gestellt[73] sowie in § 248 b Abs. 3 StGB die entsprechende Anwendung der §§ 247 StGB, 248 a StGB normiert. § 248 c StGB schließt die Strafbarkeitslücke, die darin bestand, dass der Stromdiebstahl zwar für strafwürdig angesehen, elektrische Energie aber nicht als Sache im Sinne des § 242 StGB bewertet wurde. Damit unterfielen solche Handlungen nicht den Tatbeständen der §§ 242 StGB, 246 StGB, 303 StGB.

§ 248 c StGB schützt die Verfügungsbefugnis über die elektrische Energie.[74] Bei dem Stromdiebstahl handelt sich um ein Dauerdelikt;[75] vollendet ist die Tat, wenn dem Berechtigten ein Energieverlust zugefügt worden ist, beendet aber erst dann wenn die Energieentziehung abgeschlossen ist.[76] Energie ist fremd für den Täter im Sinne von § 248 c StGB, wenn er kein Recht zu ihrer Entnahme hat, weil die Verfügungsbefugnis einer anderen Person zusteht.[77] Unter einer elektrischen Anlage oder Einrichtung versteht man die Sachgesamtheit zur Erzeugung, Weiterleitung und Ansammlung von elektrischer Energie. Entziehen ist die einseitige Entnahme von Strom, die beim Berechtigten zu einem Verlust und beim Empfänger zu einem Zufluss von Energie führt. Das Entziehen muss mittels eines Leiters erfolgen, worunter jeder physikalisch geeignete Stromleiter fällt.[78] Dieser Leiter darf nicht zur ordnungsgemäßen Entnahme von Energie bestimmt

---

72 LAG Rheinland-Pfalz v. 10.5.2007 – 4 Sa 103/07 – juris: Das Gericht erachtete die außerordentliche, nicht jedoch die ordentliche Kündigung für unwirksam.

73 BT-Drucks. 13/7164, S. 43.

74 *Fischer*, § 248 c StGB Rn. 1.

75 MüKo-StGB/*Hohmann*, § 248 c Rn. 3.

76 MüKo-StGB/*Hohmann*, § 248 c Rn. 3.

77 MüKo-StGB/*Hohmann*, § 248 c Rn. 6.

78 *Fischer*, § 248 c StGB Rn. 3 mwN.

sein. Ausschlaggebend ist hier der Wille des Verfügungsberechtigten über die Energie, der auch in einer Vereinbarung mit dem Abnehmer seinen Ausdruck finden kann.[79] Im Übrigen ist neben Vorsatz des Täters hinsichtlich der objektiven Tatbestandsmerkmale nach § 248 c Abs. 1 StGB die Absicht rechtswidriger Zueignung erforderlich, nicht aber eine Bereicherungsabsicht. Eine solche Zueignungsabsicht ist gegeben, wenn der Täter den Strom für sich verbrauchen oder (seit dem 6. StrRG) einem Dritten den Verbrauch durch die Zuleitung von Strom ermöglichen will.

Der Tatbestand des Stromdiebstahls bildete bereits mehrfach die Grundlage einer außerordentlichen Kündigung durch den Arbeitgeber, die im Nachgang von den Arbeitsgerichten zu überprüfen war.

So wurde bspw. im Jahr 2009 einem 51-jährigen Arbeitnehmer nach 15-jähriger Betriebszugehörigkeit außerordentlich gekündigt, weil er den Akku seines Mobiltelefons in der Firma aufgeladen hatte. Nach Berechnungen eines Fachingenieurs verbraucht eine Akku-Ladung für ein leeres Handy Strom im Wert von 0,014 Cent (= 0,00014 Euro). Hiergegen klagte der dreifache Familienvater vor dem Arbeitsgericht Oberhausen.[80] Ein Vergleichsvorschlag des Gerichts im Gütetermin scheiterte zunächst an der Ablehnung des Arbeitgebers. Nach Mitteilung des Arbeitsgerichts nahm der Arbeitgeber im Nachgang die fristlose Kündigung zurück, und der Arbeitnehmer durfte seine Tätigkeit wieder aufnehmen.[81]

Ein seit neunzehn Jahren in einem anderen Betrieb beschäftigter 41-jähriger Arbeitnehmer sollte im Jahr 2009 fristlos entlassen werden, weil er einen gemieteten *Segway* an seinem Arbeitsplatz auflud. Nach den auf Angaben des Roller-Herstellers gestützten Berechnungen des Arbeitsgerichts wurde dadurch Strom im Wert von 1,8 Cent entnommen. Die außerordentliche Kündigung wurde durch die Richter des LAG als unwirksam erachtet.[82] Neben dem geringen Schadenswert wurde auch die lange Betriebszugehörigkeit zugunsten des Arbeitnehmers berücksichtigt. Zudem stellte das Gericht fest, dass es in diesem Unternehmen erlaubt sei, private Mobiltelefone aufzuladen und elektronische Bilderrahmen zu benutzen. Da das Unternehmen dies dulde, hätte der Arbeitnehmer zunächst abmahnen müssen. Die Richter bestätigten damit eine Entscheidung des Arbeitsgerichts Siegen, das die Kündigung bereits im Januar aufgehoben hatte.[83]

Einem Rechtsanwaltsfachangestellten wurde außerordentlich gekündigt, weil er seinen privaten elektrischen Rasierapparat im Büro aufgeladen hatte. Das LAG gab jedoch der

79 MüKo-StGB/*Hohmann*, § 248 c Rn. 12.

80 ArbG Oberhausen – 4 Ca 1228/09.

81 ArbG Oberhausen, Pressemitteilung Nr. 06/09 v. 31.7.2009 und Pressemitteilung Nr. 07/09 v. 5.8.2009.

82 LAG Hamm v. 2.9.2010, AiB 2011, 135 f.

83 ArbG Siegen v. 14.1.2010, BB 2010, 244.

Kündigungsschutzklage des Arbeitnehmers statt und erklärte die fristlose Kündigung für unwirksam.[84]

Fraglos gehört Strom aus den Steckdosen des Unternehmens zu den Arbeitsmitteln des Arbeitgebers. Diese sind für die Arbeit zu nutzen und grundsätzlich nicht dafür, dass sich die Arbeitnehmer ihren Büroalltag angenehmer gestalten, indem sie sich bspw. mit der eigenen Kaffeemaschine ihren Kaffee zubereiten, anstatt auf den Filterkaffee aus der Kantine zurückzugreifen. Ob in Fällen der Stromentnahme durch Arbeitnehmer für private Zwecke von einem zerstörten Vertrauen im Verhältnis der Arbeitsvertragsparteien gesprochen werden kann, erscheint allerdings in mehrerlei Hinsicht fragwürdig, insbesondere, wenn man an den Stromverbrauch durch Wasserkocher, Tischventilatoren, Kleinklimageräte, elektrische Bilderrahmen oder ähnliche Elektrogeräte denkt, die sich – in aller Regel vollkommen unbeanstandet – in vielen Büros finden. Arbeitgeberseitige Richtlinien dazu, in welchen Fällen Arbeitnehmer für private Geräte Strom entnehmen dürfen, gibt es oftmals nicht. Wer bspw. an seinem Arbeitsplatz den Akku seines Mobiltelefons auflädt, meint gewiss, sich sozialadäquat zu verhalten, und er mag sich darin gestärkt fühlen, wenn sein Arbeitgeber die entsprechende Mobilnummer des Arbeitnehmers nutzt, um Arbeitsfragen abzustimmen. Diese Fälle der Stromentnahme unterscheiden sich freilich quantitativ erheblich von Fällen, in denen der Arbeitnehmer eine Aufpasserfunktion für den Strom innehat, bspw. der Fall eines Tankwarts einer Stromtankstelle, der einen Freund für 1,00 Euro zapfen lässt.[85]

II. Unterschlagung

Ebenso wie der Diebstahl ist auch die Unterschlagung (§ 246 StGB) ein Eigentumsdelikt in Form eines Zueignungsdelikts. Die Unterschlagung nach § 246 StGB ist die Zueignung einer Sache bzw. des Sachwerts ohne vorherigen Gewahrsamsbruch.[86] Geschütztes Rechtsgut ist also nur das Eigentum, nicht aber der Gewahrsam.[87] Eine Wegnahme und damit ein Gewahrsamsbruch ist bei § 246 Abs. 1 StGB im Gegensatz zu dem Diebstahlstatbestand des § 242 StGB nicht erforderlich. Vielmehr greift § 246 Abs. 1 StGB insbesondere dann ein, wenn sich eine Person eine Sache zueignet, an der sie bereits Gewahrsam hat. Die Unterschlagung ist gegenüber anderen strafbaren Taten kraft Gesetzes subsidiär.[88]

---

84 LAG Köln v. 20.1.2012, NZA-RR 2012, 356 ff.
85 Vgl. hierzu auch Kapitel 3 A. II. 1. a) cc) (2).
86 Schönke/Schröder/*Eser/Bosch*, § 246 StGB Rn. 1.
87 Schönke/Schröder/*Eser/Bosch*, § 246 StGB Rn. 1, *Lackner/Kühl*, § 246 StGB Rn. 3.
88 Vgl. § 246 Abs. 1 StGB.

Tatobjekt ist, wie beim Diebstahl, eine fremde bewegliche Sache. Die Tathandlung besteht in der Zueignung der fremden beweglichen Sache. Für die Zueignung genügt nicht der bloße innere Entschluss; dieser muss vielmehr durch eine sogenannte „Manifestation des Zueignungswillens" betätigt werden.[89] Die (beabsichtigte) Zueignung muss zudem rechtswidrig sein. Der subjektive Tatbestand verlangt Vorsatz des Täters, der also wissen muss, dass die Sache für ihn fremd ist.[90] Vollendet ist die Unterschlagung mit dem nach außen manifestierten Zueignungsakt.[91]

Wie bereits erwähnt, handelt es sich bei vielen den Bagatellkündigungen zugrunde liegenden Sachverhalten selten um Diebstähle im Sinne von § 242 StGB, sondern meist um Fälle von Unterschlagungen nach § 246 StGB.

Beispielhaft: In einem Fall des ArbG Bonn hatte der Arbeitgeber dem Betriebsratsvorsitzenden fristlos gekündigt, da dieser einem früheren Kollegen drei Schrauben im Wert von 28 Cent bei der Materialausgabe besorgt und dort angegeben hatte, die Schrauben für eine bestimmte Maschine zu benötigen.[92] Das ArbG Bonn betonte zwar, dass auch die Unterschlagung dreier Schrauben ein wichtiger Grund für eine fristlose Kündigung sein könne, wobei die Höhe des Schadens zunächst keine Rolle spielen dürfe; allerdings fiel hier die Interessenabwägung zugunsten des Betriebsratsvorsitzenden aus.

Einen Qualifikationstatbestand der Unterschlagung, die sogenannte „veruntreuende Unterschlagung", regelt § 246 Abs. 2 StGB. Der Straftatbestand setzt voraus, dass das Tatobjekt dem Täter zuvor anvertraut war, was im Rahmen eines Arbeitsverhältnisses nicht selten der Fall ist. Als verschärft wird hier der Umstand des Anvertrauens strafrechtlich gewürdigt.[93] Anvertraut ist eine Sache dann, wenn sie der Täter von einem Dritten mit der Verpflichtung erlangt hat, sie zu einem bestimmten Zweck zu verwenden und/oder zurückzugeben.[94] Der Begriff des Anvertrauens geht damit über den Begriff des Überlassens hinaus. In Arbeitsverhältnissen kann ein solches Anvertrautsein an Betriebsmitteln zu bejahen sein, wenn der Arbeitnehmer eine bestimmte Stellung im Betrieb hat oder aber eine Stellung begleitet, die mit einer bestimmten Aufpasserfunktion von Betriebsmitteln

89 *Lackner/Kühl*, § 246 StGB a).

90 Schönke/Schröder/*Eser/Bosch*, § 246 StGB Rn. 24.

91 Schönke/Schröder/*Eser/Bosch*, § 246 StGB Rn. 26.

92 ArbG Bonn v. 21.10.2010 – 1 BV 47/10 – juris.

93 Die Arbeitsgerichte prüfen den Umstand des Anvertrauens im Rahmen des Prinzips der Güter- und Interessenabwägung als auch im Rahmen des Vertrauensschutzprinzips.

94 BGH v. 13.3.1956, BGHSt 9, 90, 91; BGH v. 17.10.1961, BGHSt 16, 280; BGH v. 4.6.2013, NStZ-RR 2014, 13.

einhergeht. Dies dürfte bspw. für Arbeitnehmer des Einzelhandels gelten, da es zu deren üblichen Aufgaben gehört, das Vermögen des Arbeitgebers zu wahren. In solchen Fällen liegt nach der gesetzlichen Wertung ein größeres Unrecht vor, als wenn dem Arbeitnehmer kein Vermögen anvertraut wurde, er aber gleichwohl ein Vermögensdelikt aus der Gelegenheit heraus begeht.[95] Man denke beispielsweise an die Kellnerin eines Lokals, die sich Geldscheine aus einer von einem Gast im Restaurant vergessenen Geldbörse zueignet. Das in den Arbeitnehmer gesetzte Vertrauen ist bei einem Anvertrauen von Gegenständen regelmäßig größer, als dies bei anderen Arbeitnehmern der Fall ist.[96] Ein besonderes Treueverhältnis (rechtliches, aber auch faktisches Treueverhältnis), wie dies der Tatbestand der Untreue (§ 266 StGB) verlangt, ist nach der ganz überwiegenden Rechtsprechung[97] für § 246 Abs. 2 StGB nicht erforderlich. Es genügt demnach, dass der Täter durch Auftrag, Leihe, Mietvertrag oder eben einen Arbeitsvertrag ein auch nur konkludentes Vertrauen in Anspruch nimmt, er werde im Sinne des Eigentümers verfahren.

III. Betrug

Der Betrug ist in forensischer Hinsicht das bedeutsamste Vermögensdelikt im engeren Sinne. Schutzgut des Straftatbestands von § 263 StGB ist nicht das Eigentum, sondern das Vermögen als Ganzes in seinem wirtschaftlichen Wert.[98] Normstrukturell ist der Betrug die täuschungsbedingte Herbeiführung eines Vermögensschadens in Bereicherungsabsicht, die durch eine Vermögensverfügung des Opfers verursacht wurde.[99] Der Täter bringt das Opfer dazu, sich selbst - oder einen Dritten, für den das Opfer handeln kann - durch die Verfügung einen Vermögensnachteil zuzufügen. Es handelt sich also um ein Selbstschädigungsdelikt. Der Gesetzeswortlaut des § 263 StGB wird allgemein für unvollständig und wenig geglückt gehalten.[100] Durchgesetzt hat sich eine Prüfung des objektiven Betrugstatbestands anhand der folgenden vier Merkmale: Täuschung durch den Täter, Irrtum des Opfers bzw. des Verfügenden, Vermögensverfügung des Getäuschten und Vermögensschaden des Geschädigten. Zwischen diesen

---

95 Vgl. hierzu LAG Berlin-Brandenburg v. 16.9.2010, NZA-RR 2010, 633 ff.

96 Vgl. zu diesem Problemkreis die Ausführungen zum Vertrauensschutzprinzip in Kapitel 3 A. V.

97 BGH v. 13.3.1956, BGHZ 9, 90, 91 f.

98 BGH v. 6.6.2000, NStZ-RR 2000, 331.

99 D/D/K/R/*Duttge*, § 263 Rn. 2.

100 BeckOK-StGB/*Beukelmann*, § 263 Rn. 2.

Merkmalen muss ein durchlaufender, ursächlicher Zusammenhang bestehen. Der subjektive Tatbestand setzt sich aus Vorsatz und der Absicht der stoffgleichen Bereicherung des Täters als überschießende Innentendenz[101] zusammen. Erst danach kann die Rechtswidrigkeit der erstrebten Bereicherung[102] mit dem entsprechenden Vorsatz festgestellt werden.[103] Bezogen auf das Arbeitsverhältnis ist der Betrugstatbestand insbesondere in Form des Arbeitszeitbetrugs, des Spesenbetrugs und des Prozessbetrugs von praktischer Bedeutung.

1. Arbeitszeitbetrug

Als Arbeitszeitbetrug wird allgemein die Einforderung einer Gegenleistung (Zahlung von Entgelt) für eine Leistung, die tatsächlich nicht erbracht wurde (Arbeitsleistung), bezeichnet. Neben der Leistungspflichtverletzung durch den Arbeitnehmer wird in solchen Fällen regelmäßig zugleich eine schwere Störung im Vertrauensbereich angenommen, die eine außerordentliche Kündigung des Arbeitsverhältnisses rechtfertigen kann.[104] In arbeitsrechtlicher Hinsicht wird für die Beurteilung der Rechtmäßigkeit der Kündigung in den Fällen des sogenannten Arbeitszeitbetruges nicht entscheidend auf die strafrechtliche Bewertung abgestellt, sondern auf den mit der Pflichtverletzung verbundenen Vertrauensbruch.[105] Nicht stets sind und müssen also die Strafbarkeitsvoraussetzungen erfüllt sein, wenn in der Praxis von einem Arbeitszeitbetrug gesprochen wird.

Von Arbeitszeitbetrug wird gesprochen, wenn ein Arbeitnehmer dem Arbeitgeber geleistete Arbeitszeit vorspiegelt oder sich eine Arbeitsbefreiung erschleicht, um Freizeit zu erlangen oder aber um einer nebenberuflichen Tätigkeit nachzugehen. Weiter werden hierzu Fälle einer großen Anzahl von Privatgesprächen auf Kosten des Arbeitgebers gezählt,[106] da hier neben den ggf. zulasten des Arbeitgebers angefallenen Telefongebühren auch die Arbeitszeit für private Zwecke verwendet wird. Schließlich tritt Arbeitszeitbetrug oft im Zusammenhang mit dem Missbrauch von Kontrolleinrichtungen (Stempeluhren) auf. Der Missbrauch solcher Kontrolleinrichtungen wird als ein schwerer Verstoß gegen die arbeitsvertraglichen Pflichten angesehen.[107] Die Rechtsprechung

101 Überschießende Innentendenz bedeutet, dass beim Betrugstatbestand im subjektiven Tatbestand mehr verlangt wird, als im objektiven Tatbestand passiert sein muss.

102 Objektives Tatbestandsmerkmal.

103 *Rengier*, § 13 Rn. 1.

104 MüKo-BGB/*Henssler*, § 626 Rn. 137.

105 LAG Köln v. 22.5.2003, LAGE Nr. 150 zu § 626 BGB.

106 Vgl. ArbG Würzburg v. 16.12.1997 – 1 Ca 1326/97 Rn. 22 – juris.

107 BAG v. 21.4.2005, NZA 2005, 991 ff.

lässt in dem Fall in aller Regel ohne vorherige Abmahnung die außerordentliche Kündigung zu.[108]

So wurde bspw. einer Arbeitnehmerin außerordentlich gekündigt, die zulasten ihres Arbeitgebers fehlerhaft Arbeitszeiten in der Zeiterfassung dokumentiert hatte.[109]

Ebenso erging es einem Arbeitnehmer, der verpflichtet war, Arbeitszeitnachweise ohne technische Hilfsmittel selbst zu führen.[110] Er hatte falsche Angaben in einem Timesheet gemacht, indem er überzogene Mittagspausen nicht notierte und damit unrichtig eine zu hohe Wochenstundenzahl angab.

Die falsche Angabe von Arbeitszeit wird - ähnlich wie der Missbrauch von Stempeluhren - jedenfalls nach vorheriger einschlägiger Abmahnung grundsätzlich als geeignet angesehen, eine verhaltensbedingte Kündigung zu rechtfertigen, da der Arbeitnehmer die Grundlagen für die Lohnabrechnung zu seinen Gunsten verfälscht, um bei dem Arbeitgeber einen entsprechenden Irrtum zu erregen und so eine Bezahlung von nicht geleisteten Arbeitsstunden zu erhalten. Hierdurch zerstöre der Arbeitnehmer (versuchter Betrug) das Vertrauensverhältnis zu seinem Arbeitgeber. Entsprechendes soll für Gleitzeitmanipulationen gelten.[111]

Das BAG bestätigte die außerordentliche Kündigung eines Arbeitnehmers, der an der Kontrolluhr des Betriebes nicht nur seine eigene Anwesenheitskarte, sondern auch die Karte eines Kollegen abstempelte und sich durch die Verspätung des Arbeitskollegen der Betriebsablauf verzögerte.[112]

Außerordentliche Kündigungen wurden ferner bestätigt, wenn Arbeitnehmer eine Kontrolluhr verstellten oder nach Betätigung der Kontrolluhr den Betrieb wieder heimlich verließen.[113] Dasselbe gilt für Fälle, bei denen Zeitangaben auf der Stempelkarte manipuliert wurden, um unberechtigte Vergütungszahlungen zu erlangen.[114] Das Vortäuschen von Arbeitsunfähigkeit und die dadurch ausgelöste unberechtigte Entgeltfortzahlung im Krankheitsfall wurden ebenfalls als Arbeitszeitbetrug behandelt und daraufhin ausgesprochene außerordentliche Kündigungen bestätigt.[115] Darüber hinaus soll bereits der dringende Verdacht,

---

108 BAG v. 24.11.2005, AP Nr. 197 zu § 626 BGB; BAG v. 9.6.2011, NZA 2011, 1027 ff.

109 BAG v. 9.6.2011, NZA 2011, 1027 ff.

110 ArbG Frankfurt/Main v. 24.7.2001, NZA-RR 2002, 133; ähnlich BAG v. 25.3.2004, AP Nr. 40 zu § 611 BGB Kirchendienst; BAG v. 19.4.2007, AP Nr. 77 zu § 611 BGB.

111 BAG v. 12.8.1999, EzA Nr. 53 zu § 123 BGB.

112 BAG v. 23.1.1963, AP Nr. 8 zu § 124 a GewO.

113 BAG v. 27.1.1977, AP Nr. 7 zu § 103 BetrVG 1972.

114 Vgl. LAG Hamm v. 20.2.1986, DB 1986, 1338.

115 BAG v. 26.8.1993, AP Nr. 112 zu § 626 BGB.

dass der Arbeitnehmer die Arbeitsunfähigkeitsbescheinigung erschlichen habe, ausreichen, um eine Verdachtskündigung zu rechtfertigen.[116] Ebenso wurde der Verdacht einer Fälschung von Arbeitsunfähigkeitsbescheinigungen, Stundenzetteln oder Stempelkarten behandelt.[117] Insbesondere in Unternehmen, in denen keine technischen Geräte zur Arbeitszeiterfassung eingesetzt werden und der Arbeitgeber den Arbeitnehmern die Auflistung der Arbeitszeit selbst überträgt, kommt dem Vertrauen des Arbeitgebers in das korrekte Verhalten des Arbeitnehmers eine besondere Rolle zu.[118] Gleiches soll für Mitarbeiter gelten, die im Außendienst tätig sind. Hier wird das unbedingte Vertrauen ihres Vorgesetzten für erforderlich gehalten, dass diese die häufige physische Abwesenheit nicht dazu ausnutzen, private Dinge zu erledigen.[119] In all diesen Fällen kann strafrechtlich relevantes Verhalten des Arbeitnehmers, auch wenn es um schadensmäßig geringe Beträge geht, eine unverzügliche Beendigung des Arbeitsverhältnisses durch den Arbeitgeber rechtfertigen.

2. Spesenbetrug

Unter Spesen werden die Ausgaben eines Betriebes zur Sicherung betrieblicher Einnahmen verstanden. Arbeitnehmer sind grundsätzlich verpflichtet, die bei ihnen angefallenen Spesen korrekt abzurechnen.[120] Als Spesenbetrug werden Fälle bezeichnet, in denen der Arbeitnehmer vorsätzlich eine falsche Spesenabrechnung bei seinem Arbeitgeber einreicht. Die Arbeitsgerichte hatten über Fälle überhöhter Kilometerabrechnungen, unzutreffender und/oder gefälschter Bewirtungsbelege oder Hotelabrechnungen und unkorrekter Reiseberichte zu entscheiden, die Arbeitnehmer ihrem Arbeitgeber vorlegten, um sich die (vermeintlich) angefallenen Kosten erstatten zu lassen.[121]

---

116 Vgl. LAG Schleswig-Holstein v. 28.11.1983, DB 1984, 1355; LAG Berlin v. 1.11.2000, NZA-RR 2001, 470 ff.; LAG Hamm v. 22.9.2004, LAGE Nr. 1 zu § 1 KSchG Verdachtskündigung.

117 *Berkowsky*, § 8 Rn. 250.

118 Vgl. hierzu auch LAG Berlin-Brandenburg v. 1.12.2011, DB 2012, 866 wo ein Berufskraftfahrer seine schwer zu kontrollierenden Fahr- und Arbeitszeiten zu hoch angab.

119 *Becker*, jurisPR-ArbR 3/2004 Anm. 3.

120 Backmeister/Trittin/Mayer/*Mayer*, § 626 BGB Rn. 136; LAG Rheinland-Pfalz v. 14.3.2013 – 5 Sa 385/12 – juris.

121 Vgl. etwa LAG Schleswig-Holstein v. 9.6.2009 – 5 Sa 430/08 – juris; LAG Berlin-Brandenburg v. 16.9.2010, NZA-RR 2010, 633; LAG Rheinland-Pfalz v. 14.3.2013 – 5 Sa 385/12 – juris; Nachgehend BAG v. 23.1.2014 – 2 AZN 684/13, Beschluss:

In diesen Konstellationen soll der Arbeitgeber also zu einer Kostenerstattung bewegt werden, zu der er tatsächlich oder zumindest in dieser Höhe nicht verpflichtet gewesen wäre. Ein Arbeitgeber, der grundsätzlich für beliebig viele zurückliegende Jahre die Spesenabrechnungen seiner Arbeitnehmer überprüfen kann, wird nicht selten auf Unregelmäßigkeiten stoßen, die seine Arbeitnehmer oftmals nicht mehr erklären können.[122] Gerade Mitarbeiter im Außendienst oder Personal mit Verfügungsgewalt über die Kasse sind von den Spesenbetrugsfällen betroffen. Der Spesenbetrug eines Mitarbeiters soll den Arbeitgeber zwar nicht ausnahmslos, wohl aber regelmäßig zur außerordentlichen Kündigung berechtigen, da er zu einer massiven Störung des Vertrauensverhältnisses führt.[123] Eine außerordentliche Kündigung wurde auch dann als Mittel erster Wahl angesehen, wenn zu dem Spesenbetrug noch eine weitere Straftat – bspw. eine Urkundenfälschung – hinzutrat.[124] Unkorrektheiten in der Spesenabrechnung sollen selbst dann eine Kündigung rechtfertigen, wenn es sich um einen einmaligen Vorfall und einen geringen Erstattungsbetrag handelt.[125] Etwas anderes wurde jedoch teilweise angenommen, wenn der Arbeitgeber ein derartiges Verhalten in ähnlichen Fällen hingenommen oder gefördert hat.[126] Hier wurde argumentiert, dass ein Arbeitgeber, der sich in diesen Fällen selbst widersprüchlich verhält, vor Ausspruch der Kündigung eine Abmahnung aussprechen müsse.

3. *Prozessbetrug*

Auch durch einen sogenannten Prozessbetrug verletzt ein Arbeitnehmer vertragliche Nebenpflichten, nämlich die dem Arbeitgeber geschuldete Rücksichtnahme auf dessen Interessen gemäß § 241 Abs. 2 BGB.[127] Ein Prozessbetrug wird - soweit hier relevant - angenommen, wenn ein Arbeitnehmer im Rechtsstreit über eine Kündigung bewusst wahrheitswidrig vorträgt oder vortragen lässt, weil er befürchtet, mit wahrheitsgemäßen Angaben den Prozess nicht

---

Zurückweisung (nicht dokumentiert); LAG Rheinland-Pfalz v. 11.12.2014 – 5 Sa 497/14 – juris; LAG Rheinland-Pfalz v. 6.11.2014 – 5 Sa 238/14 – juris; Nachgehend BAG v. 22.4.2015 – 2 AZN 121/15, Beschluss: Verwerfung (nicht dokumentiert).

122 *Trittin/Fütterer*, AuR 2010, 62, 63.

123 MüKo-BGB/*Henssler*, § 626 Rn. 178.

124 LAG Hamm v. 10.5.2013 – 10 Sa 1732/12 – juris.

125 BAG v. 2.6.1960, AP Nr. 42 zu § 626 BGB; BAG v. 22.11.1962, AP Nr. 49 zu § 626 BGB; BAG v. 6.9.2007, AP Nr. 208 zu § 626 BGB; BAG v. 11.7.2013, NZA 2014, 250.

126 LAG Kiel v. 18.10.1963, AuR 964, 284.

127 BAG v. 8.11.2007, AP Nr. 209 zu § 626 BGB.

gewinnen zu können.[128] Arbeitnehmer dürfen auch im Kündigungsschutzprozess nicht straffrei unwahre Behauptungen vortragen oder etwas für den Fall Wesentliches weglassen. Vielmehr ist jede Partei verpflichtet, sich zu den maßgeblichen Umständen des Falls wahrheitsgemäß und vollständig zu erklären. Gleiches soll für die vorsätzliche Abgabe einer eidesstattlichen Versicherung gelten.[129] Zudem wird bereits ein versuchter Prozessbetrug des Arbeitnehmers im Kündigungsrechtsstreit als ausreichend angesehen, um einen außerordentlichen Kündigungsgrund des Arbeitgebers anzuerkennen. Auch hier soll es allerdings auf eine strafrechtliche Einordnung nicht entscheidend ankommen, sodass bspw. die Frage, ob ein untauglicher Betrugsversuch vorliegt, nicht relevant sein soll.

Der Kassiererin Barbara Emme wurde aufgrund ihres mehrfach wechselnden Tatsachenvortrags im Hinblick auf die Prozesskosten zweiter Instanz ein solcher (versuchter) Prozessbetrug vorgeworfen.[130] Das BAG spricht hingegen von einer möglicherweise ungeschickten und widersprüchlichen Verteidigung bzw. einer wechselhaften Einlassung.[131]

Einem anderen Arbeitnehmer wurde versuchter Prozessbetrug im Berufungstermin des Vorprozesses vorgeworfen, weil er dort behauptet hatte, er habe die pornografischen Dateien, derentwegen er die erste Kündigung erhalten hatte, nicht bewusst geöffnet. Die erste Kündigung wurde als unbegründet zurückgewiesen, da der Arbeitnehmer - trotz des Vorliegens eines wichtigen Grunds - zunächst hätte abgemahnt werden müssen. Zudem sei die Interessenabwägung fehlerhaft durchgeführt worden. Die zweite Kündigung, die der Arbeitgeber mit einem versuchten Prozessbetrug in der Berufungsverhandlung des Vorprozesses begründete, wurde ebenfalls zurückgewiesen, da dieser Kündigung die Rechtskraft des Urteils im vorausgegangenen Kündigungsschutzprozess entgegenstehe.[132]

Immer dann, wenn Arbeitnehmer und Arbeitgeber im Kündigungsschutzprozess den Sachverhalt unterschiedlich darstellen, drängt sich der Verdacht auf, dass einer von beiden nicht die Wahrheit sagt. Ob sodann ein strafrechtliches Ermittlungsverfahren wegen Betruges eingeleitet wird, hängt allein davon ab, ob das Gericht oder die Gegenseite diesen Verdacht zur Anzeige bringen. Die Dunkelziffer dürfte beim Prozessbetrug daher sehr hoch liegen. Zudem kommt es in

128 BAG v. 8.11.2007, AP Nr. 209 zu § 626 BGB.
129 Siehe auch BAG v. 24.11.2005, EzA Nr. 5 zu § 103 BetrVG.
130 Vgl. hierzu *Rieble*, NJW 2009, 2101.
131 Vgl. hierzu ausführlicher Kapitel 2 A. I. 3. sowie Kapitel 3 A. II. 1. a) ff).
132 BAG v. 8.11.2007, AP Nr. 209 zu § 626 BGB.

der arbeitsrechtlichen Praxis selten vor, dass die Gerichte Kündigungen bestätigt haben, die auf einen (versuchten) Prozessbetrug gestützt werden.[133]

4. *Hehlerei*

Letztlich sei hier noch kurz auf den Tatbestand der Hehlerei nach § 259 StGB einzugehen. Die Hehlerei ist ein Vermögensgefährdungsdelikt; es handelt sich um eine Anschlussstraftat an eine zuvor begangene, gegen fremdes Vermögen gerichtete Straftat.[134] Zweck der Hehlerei ist die Aufrechterhaltung einer widerrechtlichen Besitzlage an der durch eine Vortat erlangten Sache. Als taugliche Vortat kommt nur eine rechtswidrige Tat gemäß § 11 Abs. 1 Nr. 5 StGB in Betracht. Taugliches Tatobjekt der Hehlerei sind ausschließlich körperliche Gegenstände, also Sachen im Sinne von § 90 BGB. Die Tathandlungen der Hehlerei bestehen nach § 259 Abs. 1 StGB darin, dass der Hehler die betreffende Sache ankauft, sich selbst oder einem Dritten verschafft oder dass er sie absetzt oder abzusetzen hilft. Der subjektive Tatbestand der Hehlerei setzt Vorsatz und Bereicherungsabsicht voraus. § 259 Abs. 3 StGB sieht für alle Begehungsformen die Strafbarkeit der versuchten Hehlerei vor. Nach § 259 Abs. 2 StGB gelten die § 247 StGB, § 248a StGB entsprechend.

Verzehrt bspw. ein Arbeitnehmer die von einem Kollegen entwendeten und ihm überlassenen Lebensmittel in Kenntnis des Sachverhalts, soll dies den Arbeitgeber zur außerordentlichen Kündigung berechtigen können.[135]

Die Lagerung von Hehlerware auf dem Betriebsgelände zum Zwecke der Veräußerung wurde ebenfalls als wichtiger Grund im Sinne von § 626 BGB anerkannt.[136]

IV. § 248 a StGB Diebstahl und Unterschlagung geringwertiger Sachen

Eine häufig im Zusammenhang mit der Kündigung wegen geringfügiger Vermögensdelikte herangezogene Strafnorm ist § 248 a StGB. Diese Vorschrift behandelt den Diebstahl und die Unterschlagung geringwertiger Sachen.

---

133 Vgl. LAG Baden-Württemberg v. 25.5.2007 – 7 Sa 103/06 – juris; LAG Köln v. 12.4.2010 – 2 Sa 819/09 – juris; Nachgehend BAG v. 27.1.2011 – 2 AZN 860/10, Beschluss: Zurückweisung (nicht dokumentiert).

134 BeckOK-StGB/*Ruhmannseder*, § 259 Rn. 2.

135 LAG Düsseldorf v. 11.5.2005, NZA-RR 2005, 585, 586.

136 LAG Köln v. 11.4.2005 – 3 Sa 481/04 – juris, AuR 2005, 384 (Leitsatz 1).

Auch wenn § 248 a StGB in das Strafgesetzbuch und nicht in die Strafprozessordnung eingegliedert ist, ist die Vorschrift prozessual ausgestaltet.[137]

§ 248 a StGB – Diebstahl und Unterschlagung geringwertiger Sachen

Der Diebstahl und die Unterschlagung geringwertiger Sachen werden in den Fällen der § 242 und § 246 nur auf Antrag verfolgt, es sei denn, dass die Strafverfolgungsbehörde wegen des besonderen öffentlichen Interesses an der Strafverfolgung ein Einschreiten von Amts wegen für geboten hält.

Die durch das EGStGB im Jahr 1975 eingefügte Vorschrift, deren Verfassungsmäßigkeit durch das BVerfG bestätigt wurde,[138] trat an die Stelle des früheren „Mundraubs“[139] und der sog. „Notentwendung“.[140] Obwohl diese beiden Vorschriften nunmehr außer Kraft sind, kann diesen Vorläufervorschriften bei der Strafzumessung dennoch eine gewisse Bedeutung zukommen.[141]

Grundsätzlich bezieht sich § 248 a StGB nur auf den einfachen Diebstahl nach § 242 StGB und die Unterschlagung nach § 246 StGB.[142] Die Norm gilt also insbesondere nicht für den Diebstahl in einem besonders schweren Fall nach § 243 Abs. 1 StGB (zB gewerbsmäßiger Diebstahl). Da § 243 Abs. 2 StGB einen besonders schweren Fall des Diebstahls bei Geringwertigkeit – mit Ausnahme von § 243 Abs. 1 S. 2 Nr. 7 StGB – ausschließt und es damit beim Grunddelikt des § 242 StGB verbleibt, soll in solchen Konstellationen § 248 a StGB mittelbar eingreifen.[143] Für die übrigen Qualifikationen des Diebstahls (§§ 244, 244 a StGB) kommt die Anwendung des § 248 a StGB ebenfalls nicht in Betracht.[144] Auch

137 *Fischer*, StGB § 248 a Rn. 1.

138 BVerfG Beschluss v. 17.1.1979, NJW 1979, 1039 f.

139 Unter dem Mundraub verstand man die Entwendung oder Unterschlagung von Nahrungs- oder Genussmitteln oder von anderen Gegenständen des hauswirtschaftlichen Gebrauchs in geringer Menge oder von unbedeutendem Wert zum alsbaldigen Verbrauch. Der Mundraub war in § 370 Abs. 1 Nr. 5 StGB a.F. geregelt. Im Rahmen der Strafrechtsreform wurde der Mundraub zum 1.7.1975 als eigenständiges Delikt abgeschafft.

140 Vgl. § 248 a StGB aF BT-Drucks. 7/550, S. 247. Nach dieser Vorschrift wurde mit Geldstrafe oder mit Freiheitsstrafe bis zu drei Monaten bestraft, wer aus Not geringwertige Gegenstände entwendete oder unterschlug. Die Verfolgung trat nur auf Antrag ein. Die Zurücknahme des Antrags war zulässig. Wer die Tat gegen einen Verwandten absteigender Linie oder gegen seinen Ehegatten beging, blieb straflos.

141 LG Münster v. 8.11.1993, NStZ 1994, 191, 192.

142 *Fischer*, § 248 a StGB Rn. 2; K/N/P/*Kindhäuser*, § 248 a StGB Rn. 1.

143 K/N/P/*Kindhäuser*, § 248 a StGB Rn. 2.

144 *Fischer*, § 248 a StGB Rn. 2.

die Anwendung bei allen Raubdelikten nach §§ 249 bis 252, 255, 316 a StGB ist ausgeschlossen.[145]

Die meisten übrigen Delikte, die sich gegen das Eigentum oder Vermögen richten, verweisen jedoch auf die Vorschrift des § 248 a StGB. Es handelt sich dabei um die Entziehung elektrischer Energie nach § 248 c Abs. 3 StGB, die Begünstigung nach § 257 Abs. 4 S. 2 StGB, die Hehlerei nach § 259 Abs. 2 StGB, den Betrug nach § 263 Abs. 4 StGB bzw. den Computerbetrug nach § 263 a Abs. 2 StGB das Erschleichen von Leistungen nach § 265 a Abs. 3 StGB, die Untreue nach § 266 Abs. 2 StGB und den Missbrauch von Scheck- und Kreditkarten nach § 266 b Abs. 2 StGB. Die Vorschrift des § 248 a StGB beschreibt somit keine selbstständigen Delikte, sondern enthält lediglich zusammen mit den genannten Vorschriften eine insgesamt prozessrechtliche Konzeption, die der Bewältigung der Bagatellkriminalität im Bereich der Aneignungs-, Bereicherungs- und Begünstigungsdelikte dient.

Aus strafrechtlicher Sicht hatten die Bagatelldelikte – und hier insbesondere die Vermögensdelikte – seit der flächendeckenden Einführung des Selbstbedienungsverfahrens im Einzelhandel an Bedeutung gewonnen.[146] Gerade der Ladendiebstahl nahm und nimmt durch seinen hohen Anteil an der polizeilich registrierten Kriminalität in erheblichem Umfang die Strafverfolgungsorgane in Anspruch. Die Verfolgung und Bestrafung dieses Deliktes erforderte demnach eine angemessene und zugleich praktikable gesetzliche Regelung.[147] Bei der Diskussion zum zweiten Gesetz zur Reform des Strafrechts Anfang der 1970er-Jahre wurden bereits unterschiedliche Lösungswege erörtert, wie man den sog. „Bagatelldelikten“ angemessen begegnen kann. Der Gesetzgeber entschied sich mit dem zweiten Gesetz zur Strafrechtsreform vom 1.1.1975 für den Einsatz prozessualer Vorschriften, um die Prozessflut der „Bagatellkriminalität“ zu bewältigen.

Sofern sich Vermögensdelikte auf geringwertige Gegenstände beziehen, ist ihre Verfolgung nur noch aufgrund eines Strafantrags bzw. bei Vorliegen eines besonderen öffentlichen Interesses zulässig.[148] Der Gesetzgeber erhoffte sich durch die Vorschrift des § 248 a StGB eine Entlastung der Staatsanwaltschaft,[149] indem die seit Längerem als unbefriedigend angesehene Bewältigung der Bagatellkriminalität bei Eigentums- und Vermögensdelikten durch eine neue, insgesamt

---

145 *Kindhäuser*, § 248 a StGB Rn. 1.

146 *Nugel*, S. 1.

147 *Nugel*, S. 15.

148 Schönke/Schröder/*Eser/Bosch*, § 248 a StGB Rn. 3.

149 BT-Drucks. 7/1261, S. 17 ff.

prozessuale Lösung erleichtert wird.[150] Die Vorschrift des § 248 a StGB wird durch die §§ 153 Abs. 1 und 153 a StPO ergänzt, die bei Vermögensdelikten mit geringem Schaden die Einstellung des Verfahrens durch die Staatsanwaltschaft mit Zustimmung des Gerichts erlauben und somit die Einstellungsmöglichkeiten von Strafverfahren wegen Geringfügigkeit allgemein erweitern. Dieser Lösungsansatz zur Bewältigung der nicht mit Kriminalstrafe zu ahndenden Bagatelldelikte wird bis heute vertreten und durch das Inkrafttreten des Rechtspflegeentlastungsgesetzes am 1.3.1993 und die damit verbundene Ausweitung des § 153 a StPO noch weiter verstärkt.[151]

Auf die in § 248 a StGB enthaltenen gesetzlichen Termini der Geringwertigkeit sowie des Strafantrags und des besonderen öffentlichen Interesses soll im Folgenden zum näheren Verständnis kurz eingegangen werden.

1. Geringwertigkeit

Ob eine Sache als geringwertig im Sinne von § 248 a StGB anzusehen ist, bestimmt sich nach ihrem objektiven Verkehrswert zum Zeitpunkt der Tat;[152] nachträgliche Veränderungen zum Zwecke besserer Verwertung sind unerheblich.[153] Beim Versuch entscheidet der Wert der Sache, zu deren Wegnahme oder Zueignung der Täter entschlossen war.[154] Wegen des prozessualen Charakters des Antragserfordernisses ist ein Irrtum des Täters über die Wertigkeit des Tatgegenstands unerheblich.[155] Wird eine Sache ohne messbaren Verkehrswert nicht zur wirtschaftlichen Verwendung, sondern zu anderen Zwecken entwendet,[156] so entscheidet das Gewicht der funktionellen Möglichkeiten, die nach der Verkehrsanschauung allgemein mit der Herrschaft über solche Sachen verknüpft

---

150 MüKo-StGB/*Hohmann*, § 248 a Rn. 3; Schönke/Schröder/*Eser/Bosch*, § 248 a StGB Rn. 3.

151 BT-Drucks. 12/1217, S. 34, nach der der Gesetzgeber eine Erweiterung des Anwendungsbereichs des § 153 a StPO auf den Bereich der mittleren Kriminalität beabsichtigt hat.

152 *Fischer*, § 248 a StGB Rn. 3; Schönke/Schröder/*Eser/Bosch*, § 248 a StGB Rn. 7; *Kindhäuser*, § 248 a StGB Rn. 1; K/N/P/*Kindhäuser*, § 248 a StGB Rn. 4.

153 *Lackner/Kühl*, § 248 a StGB Rn. 3.

154 *Fischer*, § 248 a StGB Rn. 5; Schönke/Schröder/*Eser/Bosch*, § 248 a StGB Rn. 17.

155 *Fischer*, § 248 a StGB Rn. 6; Schönke/Schröder/*Eser/Bosch*, § 248 a StGB Rn. 16; *Kindhäuser*, § 248 a StGB Rn. 5.

156 Man denke bspw. an den Diebstahl belastender Akten oder den Diebstahl von Scheckformularen zur Fälschung.

sind.[157] Die Obergrenze der Geringwertigkeit schwankt derzeit in der Rechtsprechung der Strafgerichtsbarkeit zwischen 25,00 und 50,00 Euro.[158] Überwiegend wird jedoch in der neueren Rechtsprechung und in der jüngeren Literatur davon ausgegangen, dass die in weiten Teilen der Rechtsprechung bereits seit Beginn der 1980er-Jahre angenommene Wertgrenze von 50,00 DM nicht einfach durch Umrechnung in Euro bei nunmehr 25,00 bis 30,00 Euro anzusetzen ist. Vielmehr sei angesichts der zwischenzeitlichen Preis- und Lohnentwicklungen die Grenze für die Geringwertigkeit im Sinne von § 248 a StGB im Regelfall bei etwa 50,00 Euro zu ziehen.[159] Es soll sich nach der Konzeption des Gesetzes jedoch um keine starre gesetzliche Grenze handeln. Sie sei vielmehr fließend und passe sich den Gegebenheiten des Einzelfalls an.[160]

Trotz § 248 a StGB kann dem Täter bei einer Unterschreitung der Bagatellgrenze ein Strafverfahren drohen.[161] Die Geringwertigkeit des Tatgegenstands beseitigt nicht die Strafandrohung oder setzt den Strafrahmen herab.[162] Es handelt sich bei § 248 a StGB keinesfalls um eine die materielle Strafbarkeit begrenzende „Erheblichkeitsschwelle".[163] Der Bagatelldiebstahl ist kein den Täter privilegierendes Sonderdelikt, und § 248 a StGB stellt die strafrechtliche Verfolgbarkeit auch nicht in das alleinige Belieben des Verletzten.[164] Der öffentliche Strafanspruch ist hier lediglich im Gegensatz zu den Offizialdelikten nicht uneingeschränkt gegeben, sondern erst dann, wenn entweder ein Strafantrag oder ein besonderes öffentliches Interesse an der Strafverfolgung vorliegen.

2. *Strafantrag und besonderes öffentliches Interesse*

Liegt eine Geringwertigkeit im Sinne des § 248 a StGB vor, hängt die strafrechtliche Verfolgung der Tat davon ab, dass ein Strafantrag gestellt wurde oder die Strafverfolgungsbehörde das besondere Interesse an der Strafverfolgung bejaht.

157 *Lackner/Kühl*, § 248 a StGB Rn. 3.

158 D/D/K/R/*Duttge*, § 248 a StGB Rn. 3 mwN.

159 MüKo-StGB/*Hohmann*, § 248 a Rn. 6.

160 *Vogel*, § 248 a StGB, Rn. 6.

161 *Reuter*, NZA 2009, 594.

162 Vgl. MüKo-StGB/*Hohmann*, § 248 a Rn. 1: „Der Unrechts- und Schuldgehalt der Tat selbst wird von dem § 248 a StGB nicht berührt."

163 *Keiser*, JR 2010, 55, 57.

164 *Keiser*, JR 2010, 55, 5.

a) *Strafantrag*

Gemäß § 77 Abs. 1 StGB ist grundsätzlich allein der Verletzte zum Stellen des Strafantrags berechtigt. Verletzter in diesem Sinne ist der Inhaber des durch die Tat unmittelbar verletzten bzw. gefährdeten Rechtsguts, also derjenige, in dessen Rechtskreis der Täter durch die verbotene Handlung eingegriffen hat bzw. bei einer versuchten Tat eingreifen wollte. Verletzter eines Diebstahls sowie einer Unterschlagung ist der Eigentümer.[165] Besteht Miteigentum an der unterschlagenen Sache, ist jeder einzelne Miteigentümer ein Tatopfer. Bereits der Strafantrag eines einzelnen Miteigentümers genügt dann, um die Verfolgbarkeit der Tat herbeizuführen; auf die Zustimmung der übrigen Antragsberechtigten kommt es nicht an (§ 77 Abs. 4 StGB). Da beim Diebstahl nicht nur das Eigentum, sondern auch der Gewahrsam geschütztes Rechtsgut ist, steht das Strafantragsrecht – für den Fall das Eigentümer und Gewahrsamsinhaber verschiedene Personen sind – beiden zu. Es ist allerdings nicht notwendig, dass die Inhaber beider Rechtsgüter kumulativ einen Strafantrag stellen.[166]

Ein Strafantrag des Verletzten hat allerdings nicht zwingend die Erhebung einer öffentlichen Klage zur Folge. Kommt die Strafverfolgungsbehörde zu dem Ergebnis, dass die Schuld des Täters als gering anzusehen ist und kein öffentliches Interesse an der Verfolgung besteht, so kann sie gemäß § 153 Abs. 1 S. 1 StPO das Verfahren einstellen. Der Zustimmung des Gerichts bedarf es hierfür nicht.[167] Selbst, wenn die Strafverfolgungsbehörde aufgrund der Prüfung eines Strafantrags oder von Amts wegen ein besonderes öffentliches Strafverfolgungsinteresse bejaht, kommt ein Absehen von der weiteren Strafverfolgung gemäß § 153 a Abs. 1 StPO in Betracht, wenn schon Auflagen oder Weisungen geeignet sind, das öffentliche Interesse zu befriedigen.

b) *Besonderes öffentliches Interesse*

Wenn die Strafverfolgungsbehörden aufgrund des besonderen öffentlichen Interesses ein Einschreiten von Amts wegen für geboten hält, kann die Tat ausnahmsweise („es sei denn") auch ohne Strafantrag des Verletzten und sogar gegen dessen Willen oder trotz dessen Verzichts verfolgt werden.[168] Für die Annahme eines solchen „besonderen öffentlichen Interesses" an der Strafverfolgung mangelt es an gesetzlichen Vorgaben. Die Staatsanwaltschaft trifft nach

---

165 K/N/P/*Kindhäuser*, § 248 a StGB Rn. 12.
166 MüKo-StGB/*Hohmann*, § 247 a Rn. 11.
167 Vgl. § 153 Abs. 1 S. 2 StPO.
168 K/N/P/*Kindhäuser*, § 248 a StGB Rn. 13.

pflichtgemäßem Ermessen eine Bewertung darüber, deren Entscheidung gerichtlich nicht überprüft werden kann.[169]

Ein besonderes öffentliches Interesse kann insbesondere aus spezialpräventiven Gründen folgen.[170] Dies kann der Fall sein, wenn die Tat auf eine erhebliche kriminelle Energie beim Täter schließen lässt, wie bspw. bei einer wiederholten Tatbegehung, etwa durch Serien- oder Rückfalltäter.[171] Für die Bejahung eines besonderen öffentlichen Interesses können jedoch auch generalpräventive Gründe[172] in Betracht kommen, etwa, wenn entsprechende Taten gehäuft auftreten und die Allgemeinheit belasten.[173] Spezifische private Interessen des Opfers sollen allerdings für die Strafverfolgungsbehörden keine entscheidungsrelevante Rolle spielen, da diesen Aspekten durch die Einräumung des Strafantragsrechts bereits hinreichend Rechnung getragen wird.[174] Auch der Missbrauch von Vertrauensbeziehungen begründet allein kein besonderes öffentliches Interesse an der Strafverfolgung.[175] Anderenfalls hätte es des § 266 Abs. 2 StGB nicht bedurft, der den § 248 a StGB auf die Untreue für entsprechend anwendbar erklärt. Individuelle Verhältnisse beim Verletzten, wie etwa sein Affektionsinteresse an der Sache, können für sich allein ebenfalls allein kein besonderes öffentliches Strafverfolgungsinteresse begründen,[176] da diesen Aspekten durch die Einräumung des Strafantragsrechts bereits hinreichend Rechnung getragen wird.[177] Ist hingegen zu befürchten, dass das Opfer in seiner Entscheidungsfreiheit beeinträchtigt ist, zB, weil es im Fall eines Strafantrags Repressalien befürchtet, kann die Strafverfolgung auch dann im besonderen öffentlichen Interesse liegen, wenn die Tat ausschließlich individuelle Interessen des Opfers verletzt.[178] Die Bejahung eines öffentlichen Strafverfolgungsinteresses nach § 248 a StGB wird zwar regelmäßig eine Einstellung nach § 153 StPO ausschließen, nicht jedoch nach § 153 a StPO,

---

169 K/N/P/*Kindhäuser*, § 248 a StGB Rn. 16.

170 *Kindhäuser*, § 248 a StGB Rn. 6; Schönke/Schröder/*Eser/Bosch*, § 248 a StGB Rn. 26.

171 Schönke/Schröder/*Eser/Bosch*, § 248 a StGB Rn. 26.

172 K/N/P/*Kindhäuser*, § 248 a StGB Rn. 14.

173 Hier ist der Ladendiebstahl zu nennen – der erhebliche Gesamtschaden, der jährlich durch die Summe aller Ladendiebstähle entsteht, kann Preiserhöhungen für die Allgemeinheit zur Folge haben.

174 Vgl. Bt-Drucks. 7/1261, S. 27.

175 MüKo-StGB/*Hohmann*, § 248 a Rn. 9.

176 K/N/P/*Kindhäuser*, § 248 a StGB Rn. 14; Schönke/Schröder/*Eser/Bosch*, § 248 a StGB Rn. 27.

177 Vgl. Bt-Drucks. 7/1261, S. 27; Schönke/Schröder/*Eser/Bosch*, § 248 a StGB Rn. 27.

178 K/N/P/*Kindhäuser*, § 248 a StGB Rn. 14.

wenn dem Verfolgungsinteresse durch entsprechende Auflagen oder Weisungen hinreichend Rechnung getragen werden kann.[179]

3. *Transfer des Gedankens von § 248 a StGB in das Kündigungsrecht*

Um im Hinblick auf § 248 a StGB eine Brücke zu den Kündigungen wegen geringfügiger Vermögensdelikte zu schlagen, sind folgende Punkte festzuhalten:

In der strafrechtlichen Praxis ermöglichen die §§ 248 a StGB, 153, 153 a StPO bei geringwertigen Vermögensdelikten regelmäßig eine Einstellung des Verfahrens. Legislatorischer Hintergrund für diese Regelungen war das Ziel, die Befassung der überlasteten Gerichte mit Bagatellfällen zu reduzieren.[180] Wenn der Staat von der Strafverfolgung bei bestimmten, einmalig begangenen Bagatelldelikten absieht, so geschieht dies oftmals vor allem auch deswegen, weil ein entsprechendes Strafverfahren sehr aufwendig wäre. Diese Wertung lässt sich freilich auf das Arbeitsrecht nicht übertragen. So ist die Befreiung des Strafrechts von Belanglosigkeiten weitaus dringlicher als im Arbeitsrecht. Das Strafverfahren ist auf den typischen Fall schwerwiegender Kriminalität zugeschnitten.[181] Während auf die Ahndung schwerwiegender Delikte im Strafrecht nicht verzichtet werden kann, ergeben sich prinzipielle Bedenken gegen die Eignung des Strafrechts im Bereich der Bagatellkriminalität. Bagatellkriminalität kann im Strafrecht lebensnaher behandelt werden als im Arbeitsrecht. Demnach ist es verfehlt, aufgrund der im Strafrecht anzuwendenden Norm des § 248 a StGB Schlüsse für die Einordnung im Arbeitsvertragsrecht zu ziehen.[182] Selbst, wenn man meint, eine Entlastung der Arbeitsgerichte sei ebenso wünschenswert, so wäre dafür – ebenso wie im Strafrecht – zunächst eine entsprechende Entscheidung des Gesetzgebers erforderlich. Außerdem ist zu bedenken, dass im Arbeitsrecht die im Strafrecht im Zusammenhang mit der Einstellung eines Verfahrens wegen der Geringwertigkeit eines Vermögensdelikts denkbaren Sanktionen in Form von Auflagen und Weisungen als Alternative nicht zur Debatte stehen.[183] So kann einem Arbeitnehmer auferlegt werden, zur Wiedergutmachung des durch die Tat verursachten Schadens eine bestimmte Leistung zu erbringen, einen Geldbetrag zugunsten einer gemeinnützigen Einrichtung oder der Staatskasse zu zahlen, sonstige gemeinnützige Leistungen zu erbringen oder sich ernsthaft zu bemühen, einen

---

179 Schönke/Schröder/*Eser/Bosch*, § 248 a StGB Rn. 28.
180 *Lackner/Kühl*, § 248 a StGB Rn. 1.
181 So auch *Kunz*, Bagatellprinzip, S. 12.
182 So auch S/P/V/*Preis*, § 22 Rn. 688.
183 *Schlachter*, NZA 2005, 433, 434.

Ausgleich mit dem Verletzten zu erreichen (§§ 153, 153 a StPO), ohne dass dies rechtliche Relevanz für das Arbeitsverhältnis hätte.

Zudem liegt der Vorschrift des § 248 a StGB eine Wertungsentscheidung des Gesetzgebers darüber zugrunde, ab welcher Grenze staatliche Sanktionen für Rechtsverstöße in diesem Bereich zwingend geboten sind.[184] Ein solcher Ansatz muss dem Schuldrecht fremd sein, da dieses das Ziel eines störungsfreien Leistungsaustausches unter Privaten verfolgt.[185] Letztlich lässt sich aus § 248 a StGB auch deshalb nicht viel für die arbeitsrechtlichen Wertungen gewinnen, weil diese Vorschrift lediglich eine Verfahrensnorm darstellt, jedoch nicht regelt, ob ein Delikt angeklagt werden kann oder strafwürdig ist.[186] § 248 a StGB ist eine Strafverfolgungsvoraussetzung, die keinesfalls einen Tatbestandsausschluss bei Bagatellen darstellt.[187] Es gibt somit auch im Strafrecht keine straffreien geringwertigen Vermögensdelikte. Auch im Strafrecht werden geringwertige Vermögensdelikte als missbilligenswert und unvereinbar mit dem Rechtsstaat erachtet.[188] Allein die Strafverfolgung hängt davon ab, ob ein Strafantrag gestellt wurde oder aber ein besonderes öffentliches Interesse besteht. Es ist deshalb nicht einsichtig, warum geringwertige Vermögensdelikte, die von der Rechtsordnung missbilligt und sogar unter Strafe gestellt werden, gerade im Arbeitsverhältnis, wo das gegenseitige Vertrauen für eine gedeihliche Zusammenarbeit besonders wichtig ist, ohne Konsequenzen bleiben sollten.[189]

Selbst, wenn man die Regelungsgedanken des § 248 a StGB auf das Kündigungsrecht übertragen wollte, bleibt zu konstatieren, dass die Norm dem durch die Tat Verletzten mit der Strafantragsbefugnis eine Entscheidungsbefugnis einräumt. Diese Entscheidungshoheit liegt im Arbeitsrecht und namentlich bei der Frage, ob ein Vermögensdelikt mit einer Kündigung sanktioniert werden soll, gleichermaßen bei dem (regelmäßig) Geschädigten, dem Arbeitgeber. Will man also eine auf einer Straftat beruhende Kündigung bewerten, steht diese einem solchen Strafantrag gleich. Diese lässt nämlich erkennen, dass der Geschädigte – hier der Arbeitgeber – das Verhalten eben nicht sanktionslos hinzunehmen bereit ist. Der Arbeitgeber kann damit durch das Stellen eines

---

184 Vgl. bzgl. des Problemkreises um die Einführung einer Bagatellgrenze im Arbeitsrecht unter Kapitel 2 A. II.

185 BAG v. 10.6.2010, NZA 2010, 1227 ff.; siehe hierzu auch ausführlich Kapitel 2 B. I.

186 So auch *Reuter*, NZA 2009, 594.

187 *Schlachter*, NZA 2005, 433, 435; *Walker*, NZA 2009, 921, 925; *ders.*, NZA 2011, 1, 2.

188 *Birnbaum*, AuA 2010, 212.

189 *Birnbaum*, AuA 2010, 212, 213.

Antrages die Strafverfolgung herbeiführen.[190] Ihm dann aber – obgleich der ihm nach § 248 a StGB zustehenden Antragsbefugnis – das Kündigungsrecht wegen der Geringwertigkeit abzuerkennen, erscheint nicht sachgerecht. Insofern sind wertungsmäßig keine erheblichen Unterschiede zu erkennen.[191]

Das für die Kündigung zum Anlass genommene Verhalten des Arbeitnehmers dürfte in der Regel auch strafbar sein, da die bloße Geringwertigkeit entzogener Gegenstände auch nach Maßgabe des § 248 a StGB die Strafandrohung nicht beseitigt oder den Strafrahmen herabsetzt.[192] Wenn der Arbeitgeber also die strafrechtliche Verfolgung initiieren kann, dann kann aus der strafgesetzlichen Behandlung von geringwertigen Vermögensdelikten letztlich keine grundsätzliche Einschränkung für die kündigungsrechtliche Behandlung solcher Taten abgeleitet werden.[193]

Letztlich ist ein Transfer des Gedankens der Strafnorm des § 248 a StGB in das Kündigungsrecht aber auch deshalb abzulehnen, da zwischen dem Staat und dem Straftäter keine nähere Beziehung besteht. Der Arbeitgeber dagegen müsste in der Zukunft mit einem diebischen oder betrügerischen Arbeitnehmer zusammenarbeiten und ihn weiter in seinem Team dulden, wenn ihm nicht das Recht zur außerordentlichen Kündigung zustünde.

V. Zwischenfazit

Es lässt sich eine Reihe von Delikten feststellen, die typischerweise in Arbeitsverhältnissen begangen und als Anlass für (außerordentliche) Kündigungen durch den Arbeitgeber genommen werden. Um zu entscheiden, ob ein strafbares Verhalten des Arbeitnehmers einen wichtigen Grund nach § 626 Abs. 1 BGB darstellt, muss zunächst überprüft werden, ob das deliktische Verhalten in einem relevanten Zusammenhang mit dem Arbeitsverhältnis steht. Falls dies zu bejahen ist und zudem auch ein Vermögensdelikt im Sinne des StGB vorliegt, kann dies als Indiz für eine gewisse Erheblichkeit der Tat auch im Rahmen des Arbeitsverhältnisses gewertet werden. Das Vorliegen eines Vermögensdelikts nach

190 *Reuter*, NZA 2009, 594, 595.

191 Wenn aber die Anwendung der Verfahrensnorm des § 248 a StGB von dem Strafantrag des Geschädigten abhängt, kann man eine solche Initiative unproblematisch in der Kündigungserklärung durch den Arbeitgeber sehen.

192 MüKo-StGB/*Hohmann*, § 248 a Rn. 1 „Der Unrechts- und Schuldgehalt der Tat selbst wird von § 248 a StGB nicht berührt".

193 So auch *Keiser*, JR 2010, 55, 58.

den Vorschriften des StGB kann somit die Wahrscheinlichkeit erhöhen, dass ein wichtiger Grund im Sinne des § 626 Abs. 1 BGB gegeben ist.

Eine Strafrechtsakzessorietät, wonach das Bestehen eines wichtigen Kündigungsgrundes von dem Vorliegen einer Straftat abhängt, wird von den Arbeitsgerichten allerdings strikt abgelehnt.[194] Vielmehr soll ein Verhalten des Arbeitnehmers auch dann als wichtiger Grund im Sinne des § 626 Abs. 1 BGB in Betracht kommen können, wenn es straflos ist, aber gleichwohl eine erhebliche Verletzung der sich aus dem Arbeitsverhältnis ergebenden Pflichten darstellt.[195] Dies insbesondere dann, wenn die Pflichtverletzung mit einem vorsätzlichen Verstoß gegen eine die unmittelbaren Vermögensinteressen des Arbeitgebers dienende Weisung des Arbeitgebers einhergeht. Die Arbeitsgerichte entscheiden allein danach, ob es dem Arbeitgeber noch zugemutet werden kann, das Arbeitsverhältnis nach einer solchen Pflichtverletzung fortzuführen.[196] Die Beurteilung des Sachverhaltes durch die Strafjustiz bindet die Arbeitsgerichtsbarkeit aber nicht, da der arbeitsvertragliche Maßstab ein zivil- und kein strafrechtlicher ist.[197] Dennoch sollte es sowohl für die Beantwortung der Frage nach dem wichtigen Grund als auch ggf. für die Interessenabwägung nicht völlig unerheblich sein, ob überhaupt ein Vermögensdelikt gegen den Arbeitgeber vorliegt, ob ein Schaden gegeben ist, wer diesen erlitten hat und welche Konsequenzen daraus folgen.[198]

Aus Gründen der vereinfachten Darstellung werden in dieser Untersuchung die Begriffe „geringwertiges Vermögensdelikt“ und „Bagatelldelikt“ synonym verwendet und auch für nicht strafbare, allerdings rechtswidrige und vorsätzliche, unmittelbar gegen das Vermögen des Arbeitgebers gerichtete Handlungen des Arbeitnehmers mit geringem wirtschaftlichen Schaden gebraucht.

B. Vermögensdelikte im dienstlichen und außerdienstlichen Bereich

Die vorgestellten Vermögensdelikte, aber auch andere - ähnliche, aber nicht strafbare - Pflichtverletzungen gegen das Arbeitgebervermögen kann ein Arbeitnehmer sowohl im dienstlichen als auch im außerdienstlichen Bereich begehen.

194 BAG v. 21.4.2005, BAGE 114, 264; BAG v. 2.3.2006, AP Nr. 14 zu § 626 BGB; BAG v. 19.4.2007, AP Nr. 77 zu § 611 BGB; BAG v. 10.6.2010, NJW 2011, 167 ff.; BAG v. 16.12.2010, NZA 2011, 571 ff.

195 Siehe zu diesem Problemkreis ausführlich Kapitel 2 B. I. 4.

196 BAG v. 22.12.1956, NJW 1957, 478.

197 BAG v. 12.1.1956, BAGE 2, 252, 255; BAG v. 12.8.1999, BAGE 92, 184 ff.

198 *Rieth*, HFR 2011, 122, 131.

Welche Auswirkungen ein Vermögensdelikt auf das Arbeitsverhältnis und dessen Bestand hat, hängt maßgeblich davon ab, ob in seiner Begehung zugleich eine Verletzung arbeitsvertraglicher Haupt- oder Nebenpflichten liegt oder ob nur die private Sphäre des Arbeitnehmers hiervon betroffen ist. Bei Vermögensdelikten im betrieblichen Bereich liegt im Grundsatz ein verhaltensbedingter Kündigungsgrund vor, weil in der Straftat zugleich auch eine Verletzung vertraglicher Pflichten zu sehen ist.[199] Bei außerbetrieblich begangenen Straftaten können hingegen nur personenbedingte Kündigungsgründe gegeben sein, da Straftaten im privaten Bereich oder deren Folgen gerade nicht auf vertragsbezogenen Pflichtverletzungen des Arbeitnehmers beruhen. Dennoch können sie aber gegebenenfalls dessen Eignung und Fähigkeit zur Erbringung der Arbeitsleistung entfallen lassen.[200]

I. Vermögensdelikte im dienstlichen Bereich

Unter Vermögensdelikten im dienstlichen Bereich versteht man solche Straftaten, die ein Arbeitnehmer während seiner Arbeitszeit begeht.[201] Ein Vermögensdelikt, das der Arbeitnehmer bei oder im Zusammenhang mit seiner Arbeit begeht, stellt regelmäßig eine Verletzung des Arbeitsvertrags dar und zieht - je nach Toleranzgrenze des Arbeitgebers - arbeitsrechtliche Konsequenzen nach sich.[202] Je nachdem, welche Tätigkeit der Arbeitnehmer vertraglich schuldet, kann das Begehen eines Vermögensdelikts eine Hauptpflichtverletzung[203] oder nur eine vertragliche Nebenpflichtverletzung gemäß § 242 Abs. 2 BGB darstellen, da der Arbeitnehmer dann Schutz- und Rücksichtnahmepflichten missachtet haben kann.[204] Weiterhin sind auch Differenzierungen dahingehend vorzunehmen, zu wessen Lasten das Vermögensdelikt begangen worden ist. Als Opfer eines Vermögensdelikts kommen hier neben dem Arbeitgeber selbst auch die Kollegen des Arbeitnehmers sowie Kunden oder Lieferanten des Arbeitgebers in Betracht.[205] Letztendlich können im Arbeitsverhältnis relevante

---

199 Sofern nicht im Ausnahmefall eine kleptomanische Erkrankung des Arbeitnehmers, sog. pathologisches Stehlen vorliegt; dies soll hier außer Betracht bleiben.

200 Widmaier/*Hiebl/Becker*, § 30 II Rn. 56.

201 *Hoefs*, S. 147.

202 Vgl. hierzu unter C.

203 Bspw. ein Kassierer, dem eine Vermögensbetreuungspflicht über den Inhalt der Kasse obliegt.

204 *Preis*, AuR 2010, 186.

205 Siehe hierzu etwa BAG v. 5.4.2001, AP Nr. 34 zu § 626 BGB Verdacht strafbarer Handlung.

Vermögensdelikte aber auch gegen gänzlich unbeteiligte Dritte oder aber Allgemeininteressen begangen werden.

1. Vermögensdelikte gegen den Arbeitgeber

In der Praxis bilden Diebstahls- und Unterschlagungsfälle gegen das Arbeitgebereigentum die häufigste Fallgruppe. Solche Fälle werden somit auch bei der hiesigen Untersuchung im Zentrum des Interesses stehen.

Der Arbeitnehmer ist durch den Arbeitsvertrag verpflichtet, auf die berechtigten Interessen seines Arbeitgebers Rücksicht zu nehmen. Diese Verpflichtung beinhaltet das Verbot, den Arbeitgeber rechtswidrig und vorsätzlich zu schädigen. Vermögensdelikte gegen den Arbeitgeber als Vertragspartner stellen schwerwiegende Vertragspflichtverletzungen dar. Mit einer vertragsrechtlichen Sanktion muss der Arbeitnehmer als Schuldner somit regelmäßig rechnen.[206]

Da sich Vermögensdelikte gegen den Arbeitgeber schon kraft Gesetzes verbieten, bedarf es grundsätzlich keines ausdrücklichen Verbots durch den Arbeitgeber in Bezug auf die inkriminierten Verhaltensweisen. Dennoch kann es im Einzelfall einen Unterschied machen, ob das Verbot, Vermögensdelikte zu begehen, lediglich stillschweigend vorausgesetzt oder durch schriftliche Hinweise des Arbeitgebers oder Anordnungen spezifisch zum Ausdruck gebracht wird.[207] So kann etwa im Rahmen einer außerordentlichen Kündigung eine solche klare Regelung mit Bezug auf die diesbezüglichen Pflichten des Arbeitnehmers die nach § 626 BGB durchzuführende Interessenabwägung nachhaltig beeinflussen.[208] Zudem sind branchenspezifische Unterschiede und darauf gründende unausgesprochene Verhaltensnormen in der betrieblichen Praxis zu berücksichtigen.[209] Im Einzelhandel kann die Versuchung, ein Vermögensdelikt zu begehen, aufgrund der Auswahl und der Zugriffsmöglichkeit auf die Gegenstände erheblich reizvoller und umfangreicher sein als bspw. im administrativen Bereich.[210] Zu dem höheren Anreiz im Einzelhandel kommt oftmals auch ein Überwachungsproblem hinzu sowie die Vermutung, dass einem entdeckten Vermögensdelikt oftmals viele unentdeckte gegenüberstehen.[211] Deshalb besteht

206 *Preis*, AuR 2010, 186.

207 *Zech*, S. 41.

208 Vgl. hierzu Kapitel 3 A. II.

209 Dennoch unterliegen alle Branchen den gleichen gesetzlichen Vorschriften.

210 *Zech*, S. 42.

211 Vgl. hierzu LAG Düsseldorf v. 7.12.2015 – 7 Sa 1078/14 – juris, anhängig beim BAG, Az 2 AZR 848/15, Termin: 22.9.2016.

insbesondere dort aufseiten des Arbeitsgebers ein starkes Bedürfnis, dass Arbeitnehmer ein begangenes Vermögensdelikt eindeutig als ihren Arbeitsplatz gefährdend qualifizieren.

In der Praxis entstehen Wertungsprobleme häufig dann, wenn der Arbeitgeber die private Inanspruchnahme von Arbeitgebereigentum zunächst hingenommen hat, diese dann aber als Grundlage für eine außerordentliche Kündigung heranziehen möchte.[212] Dies betrifft insbesondere Fallgestaltungen, in denen dem Arbeitgeber bekannt war, dass seine Mitarbeiter sich an Betriebsmitteln bedienen, er aber keine Konsequenzen daraus gezogen hat und das Mitarbeiterverhalten duldete. Dies verleitet dann möglicherweise die Arbeitnehmer bei Kenntnis der Pflichtwidrigkeit, aber in durch Erfahrung gewachsenem Vertrauen auf ausbleibende Konsequenzen derselben dazu, ein geringwertiges Vermögensdelikt zu begehen.[213] Ausbleibende Konsequenzen führten bei diesen dann zu einer gefühlten, aber natürlich keineswegs vorhandenen Legalität bei der Entwendung von Arbeitgebervermögen. Sind solche Fälle zunächst ohne Konsequenzen geblieben und will der Arbeitgeber dann von seinem Beurteilungsmaßstab abweichen und einem Arbeitnehmer kündigen, ist fraglich, ob der Arbeitnehmer aufgrund der vorangegangenen Praxis auf die Tolerierung durch den Arbeitgeber vertrauen durfte.[214]

Beispielhaft: Zwei beim Bauverband Westfalen beschäftigte Mitarbeiterinnen, die von ihrem Arbeitgeber den Auftrag erhalten hatten, ein Buffet für Besucher zuzubereiten, verzehrten von diesem Buffet zwei halbe Brötchen und zwei Frikadellen. Hierauf angesprochen, erklärten sie, dies schon früher gemacht zu haben, woraufhin beiden Mitarbeiterinnen außerordentliche fristlose Kündigungen ausgesprochen wurden. Der Arbeitgeber war der Auffassung, die zugegebenen Verfehlungen über einen langen Zeitraum würden dazu führen, dass es sich nicht mehr um ein Bagatelldelikt handele, da der Wert der verzehrten Lebensmittel zusammengerechnet werden müsse. Die gekündigten Arbeitnehmerinnen wandten ein, das Verbot, Lebensmittel zu verzehren, sei nicht bekannt gewesen, und sie hätten auch deshalb in gutem Glauben an die Zulässigkeit ihres Verhaltens gehandelt, da dieses seit Jahren vom Arbeitgeber unbeanstandet geduldet worden sei. Die fristlosen Kündigungen wurden durch den Arbeitgeber letztlich zurückgenommen; zu gerichtlichen Feststellungen kam es in diesen Fällen somit nicht.[215]

---

212 Siehe hierzu Kapitel 3 A. II. 1. a) dd).

213 *Zech*, S. 94.

214 *Schlachter*, NZA 2005, 433, 436; Siehe auch *Thüsing* in weltonline v. 8.10.2009.

215 Es fand lediglich ein Gütetermin vor dem ArbG Dortmund am 6.10.2009 statt.

Als problematisch hat sich in der Praxis auch der Umgang mit Fundstücken[216] oder beispielsweise übrig gebliebenen Lebensmitteln[217] erwiesen. Hier geht es um Konstellationen, bei denen das Verhalten der Arbeitnehmer - anders als in der juristischen Wertung - häufig als sozialadäquat und rechtmäßig empfunden wird:

Bspw. wurde einem Arbeitnehmer eines Müllentsorgungsunternehmens gekündigt, der auf dem Förderband ein noch brauchbares Kinderreisebett fand. Der Vater zweier Kinder hatte Verwendung für das Bett, welches anderenfalls unmittelbar der Vernichtung zugeführt worden wäre. Da der Arbeitgeber in vergleichbaren Fällen früher auf Anfrage in der Regel seine Genehmigung erteilt hatte, dass Arbeitnehmer solche Fundstücke an sich nehmen, hat der Mitarbeiter offen - vor den Augen aller Mitarbeiter sowie seines Vorgesetzten - das Reisebett für sich vom Band genommen. Dieses hatte er zunächst vor seinem Pkw deponiert und später eingeladen. Dieser Vorgang wurde von einer Videokamera gefilmt.

Dem Arbeitnehmer wurde außerordentlich gekündigt und vorgehalten, dass es nur nach ausdrücklicher, im Einzelfall erteilter Genehmigung der Geschäftsleitung erlaubt sei, Gegenstände aus dem zu entsorgenden Müll privat an sich zu nehmen. Der Arbeitnehmer sei zuvor vom Arbeitgeber darauf hingewiesen und auch abgemahnt worden, dass recycelbare Gegenstände, die noch einen bestimmten Restwert haben und einer Weiterverwertung zugeführt werden können, nicht von den Angestellten selbst verwertet werden dürfen.[218] Der Arbeitnehmer wandte ein, das Kinderreisebett sei kein recycelbares Gut gewesen, sondern unstreitig zur endgültigen Vernichtung und Entsorgung vorgesehen. Das ArbG Mannheim[219] als erste Instanz hielt die Kündigung für unverhältnismäßig. Offensichtlich fehle es am Vorsatz, eine Straftat zu begehen, was allein die Kündigung bereits rechtswidrig mache. Die Berufung des Arbeitgebers blieb ebenfalls erfolglos. Das LAG hielt sowohl die vom Arbeitgeber ausgesprochene außerordentliche Kündigung als auch die hilfsweise ausgesprochene ordentliche Kündigung des Arbeitnehmers für unverhältnismäßig.[220] Im Mittelpunkt der Überlegungen stand nicht die sachenrechtliche Ausgangslage, also die Frage, ob das Eigentum an dem Bett auf den Arbeitgeber übergegangen war. Das LAG stellte darauf ab, dass der Arbeitnehmer zwar gegen eine betriebliche Weisung des Arbeitgebers zum Umgang mit Gegenständen, die dem Arbeitnehmer nicht gehören, verstoßen habe. Insofern hat es ein Fehlverhalten des Arbeitnehmers im Grundsatz bejaht. Es hat zugunsten des Arbeitgebers des Weiteren eine ausreichend wirksame Abmahnung gegenüber dem Kläger als Voraussetzung für eine verhaltensbedingte Kündigung anerkannt. Die Interessenabwägung fiel jedoch für beide Kündigungsarten nicht zugunsten des Arbeitgebers aus. Dabei stellte das LAG die unmittelbaren klägerischen persönlichen Motive in den Hintergrund. Für maßgeblich

216 LAG Baden-Württemberg v. 10.2.2010, AuR 2010, 135 f.

217 ArbG Lörrach v. 16.10.2009, AuR 2010, 79 f.

218 Dies wurde vom LAG auch als richtig unterstellt.

219 ArbG Mannheim v. 30.7.2009, NZA-RR 2009, 580 ff.

220 LAG Baden-Württemberg v. 10.2.2010, AuR 2010, 135 f.

hielt das Gericht vielmehr die besonderen Umstände der Aufgabenstellung des Klägers im Betrieb und betonte, der Gekündigte habe keine besondere Vertrauensstellung mit vermögensrelevantem Einschlag gehabt. Das LAG verneinte ein anerkennenswertes Interesse des Arbeitgebers an einer Kündigung auch deshalb, weil der Arbeitgeber an dem Kinderreisebett kein eigenes vermögensrechtliches Interesse hatte. Der bloße Verstoß eines Arbeitnehmers gegen eine allgemeine betriebliche Weisung rechtfertige keine Kündigung, wenn der Arbeitgeber nicht darlegen könne, warum er ein gesteigertes Interesse an dem Kinderreisebett geltend machen könne. Das schützenswerte Interesse des Arbeitgebers, seine Weisungen zu befolgen, könne er auch ohne Kündigung eines fast zehnjährigen Arbeitsverhältnisses durchsetzen.[221]

In einem weiteren Fall wurde einer Altenpflegerin nach siebzehn Jahren weitgehend beanstandungsloser Beschäftigung durch ihren Arbeitgeber fristlos gekündigt, weil sie entgegen einem ausdrücklichen Verbot der Heimleitung drei bis sechs nach der Essensausgabe übrig gebliebene Maultaschen[222] von der Arbeitsstelle heimlich mitgenommen hatte. Die Maultaschen wären andernfalls weggeworfen worden. Angesichts ihres Lebensalters von 58 Jahren wäre die Arbeitnehmerin im Falle einer gerichtlichen Bestätigung der Kündigung wohl künftig erwerbslos geblieben. Nachdem das Gericht in erster Instanz die Kündigung bestätigt hatte,[223] akzeptierten die Parteien im Berufungsverfahren einen Vergleichsvorschlag des LAG Baden-Württemberg.[224]

In einem ähnlichen Fall hatte ein Krankenhaus einem langjährig beschäftigten Pflegehelfer fristlos gekündigt, weil dieser angeblich von übrig gebliebenen Patientenessen (Gulasch sowie ein Stück Pizza) verzehrt haben soll. Die Kündigung wurde vom Berufungsgericht als unwirksam angesehen.[225]

In einem Vorgang des ArbG Düsseldorf hatte der Schichtleiter eines Bordverpflegungslieferanten für Flugzeuge, solche Lebensmittel, die wegen Ablauf des Haltbarkeitsdatums ausgesondert und vernichtet werden sollten, der Heilsarmee zukommen lassen. Das Gericht erklärte die hierauf gestützte, fristlose Kündigung für unwirksam, da die Vernichtung von Lebensmitteln zwar nicht verboten, aber moralisch anstößig sei.[226]

In solchen Fallgestaltungen kommt es entscheidend auf die Frage an, ob die (regelmäßig vorliegende) Fehleinschätzung dem Arbeitnehmer vorgehalten werden kann.[227] Festzuhalten ist für die zuletzt beschriebenen drei Fälle, dass die Motivation des Schichtleiters sicherlich altruistischer war als die des Pflegehelfers oder

221 Vgl. hierzu Kapitel 3 A. II. 1. a) cc) (1).
222 Die genaue Menge ist zwischen den Parteien umstritten.
223 ArbG Lörrach v. 16.10.2009, AuR 2010, 79 f.
224 LAG Baden-Württemberg – 9 Sa 75/09 (Das Verfahren endete durch Vergleich v. 30.3.2010).
225 LAG Schleswig-Holstein v. 29.9.2010, NZA-RR 2011, 126 ff.
226 ArbG Düsseldorf v. 5.4.1995, AuR 1995, 334 f.
227 *Rieth*, HFR 2011, 122, 139.

der Altenpflegerin, da diese die Lebensmittel für den Eigenverbrauch verzehrten bzw. mitnahmen. Dennoch wurden auch hier durchaus vergleichbare Fälle konträr von der Arbeitsgerichtsbarkeit entschieden. Auch die herangezogenen Erwägungen divergierten stark: So wurde im Fall der Altenpflegerin der Aspekt der Missbilligung einer Vernichtung von Lebensmitteln überhaupt nicht angesprochen.[228] In strafrechtlicher Hinsicht (nicht aber arbeitsrechtlich) stellt sich bei den geschilderten Fällen zudem die Frage, ob überhaupt ein Diebstahl oder ein sonstiges Eigentumsdelikt vorliegt. Ein solches Delikt setzt, wie bereits beschrieben, den Vorsatz voraus, sich eine fremde Sache zuzueignen, was bei wertlosen und zum Wegwerfen bestimmten Essensresten angezweifelt werden kann.

2. Vermögensdelikte gegen Mitarbeiter

Von den Vermögensdelikten gegen den Arbeitgeber sind als weitere Fallgruppe während der Arbeitszeit verübte Vermögensdelikte gegen Mitarbeiter, also gegen andere Arbeitnehmer des Arbeitsgebers, abzugrenzen. Arbeitnehmer sind nicht nur nach allgemeinen Rechtsgrundsätzen, sondern auch arbeitsvertraglich gegenüber dem Arbeitgeber verpflichtet, während der Arbeitszeit keine Vermögensdelikte gegen Kollegen zu verüben.[229]

Aufgrund seiner Fürsorgepflicht ist der Arbeitgeber zudem dafür verantwortlich, seine Arbeitnehmer vor Schäden zu bewahren.[230] Diese Verantwortung umfasst neben dem Schutz vor zB Handgreiflichkeiten oder Mobbing auch den Schutz vor Vermögensdelikten von Arbeitskollegen.[231] Infolge dieser arbeitsvertraglichen Fürsorgepflicht muss der Arbeitgeber seine Arbeitnehmer (auch) davor schützen, dass Mitarbeiter sich an deren Sachen bzw. Vermögen in rechtswidriger Weise vergreifen.

Letztlich schädigen Vermögensdelikte unter Mitarbeitern den Betriebsfrieden und den ordnungsgemäßen Betriebsablauf.[232] Die Unterbindung von Straftaten unter Mitarbeitern dient damit auch der Sicherung des Betriebsfriedens. Der Arbeitgeber hat folglich ein legitimes Interesse daran, Straftaten unter Kollegen zu verhindern und ggf. auch kündigungsrechtliche Konsequenzen daraus zu ziehen. Aus Gründen der Prävention kann es dem Arbeitgeber zuzubilligen sein, bereits den geringfügigen Diebstahl unter Kollegen zum Anlass für

---

228 So auch *Walter*, AuR 2010, 59, 61.
229 *Hoefs*, S. 149.
230 *Hoefs*, S. 149.
231 *Madeja/Mack*, Teil 5/3, Straftaten des Arbeitnehmers 4, S. 47.
232 *Hoefs*, S. 149.

eine - dann in der Regel fristlose - Kündigung zu nehmen. Im Wege eines „Erst-recht-Schlusses“ gilt dies natürlich auch, wenn die Grenze der Geringfügigkeit (weit) überschritten ist.[233] Wenn durch eine strafbare Handlung Rechte oder Rechtsgüter anderer Arbeitnehmer verletzt oder konkret beeinträchtigt werden, kommt daher eine außerordentliche Kündigung, andernfalls eine ordentliche Kündigung in Betracht.

In einem vom LAG Rheinland-Pfalz zu entscheidendem Fall wurde eine verhaltensbedingte Kündigung des Arbeitgebers bestätigt, die sich gegen einen Arbeitnehmer richtete, der 600 Euro aus der mit seinen Kollegen geführten Kaffeekasse entnahm.[234] Das LAG stellte fest, dass die Entwendung von im Eigentum von Arbeitskollegen stehenden Sachen eine erhebliche Pflichtverletzung darstellt, die eine fristlose Kündigung rechtfertigen kann. Eine Zueignungsabsicht des Arbeitnehmers wurde bejaht, da die Geldentnahme aus der Kaffeekasse ohne entsprechende Absprache mit dem Verwalter der Kasse und ohne Information an diesen vorgenommen wurde und außerdem der Arbeitnehmer von einem Einverständnis der weiteren an der Kasse beteiligten Arbeitnehmer und von einer zeitnahen Rückführung des Betrages nicht ausgehen konnte. Zudem hätten die Umstände der Entwendung des Geldbetrages wie etwa die Heimlichkeit der Entnahme belegt, dass dem Arbeitnehmer die Rechtswidrigkeit seines Verhaltens bewusst war. Aus diesem Grund könne der Arbeitgeber nicht davon ausgehen, dass der Arbeitgeber dieses unmittelbar auch den Vertrauensbereich berührende Verhalten tolerieren werde, sodass eine Abmahnung als entbehrlich angesehen wurde.

Grundsätzlich soll also auch der Diebstahl zum Nachteil eines Arbeitskollegen einen wichtigen Grund für eine außerordentliche Kündigung darstellen und diese rechtfertigen können – selbst dann, wenn die Ursache für die Begehung eines Vermögensdelikts aufgrund einer Suchtabhängigkeit – gleich welcher Art – begangen wurde, soll eine außerordentliche Kündigung möglich sein.

In einem vom LAG Köln zu entscheidenden Fall hatte ein unter Spielsucht leidender Montagearbeiter die Scheckkarte eines Kollegen entwendet und von dessen Konto 9900 DM abgehoben, um an finanzielle Mittel zu gelangen. Hier urteilte das Gericht, dass eine Spielsucht zwar ähnlich dem Alkoholismus als eine Krankheit angesehen werden könne, die regelmäßig nur dann als Grund für eine Kündigung ausreiche, wenn dem Arbeitnehmer die Gelegenheit zur Wahrnehmung einer Therapie eingeräumt und deren Ergebnis abgewartet worden sei. Hiervon sei aber eine Ausnahme zu machen und eine außerordentliche Kündigung auch ohne Therapie gerechtfertigt, wenn der Süchtige erhebliche Pflichtverletzungen begehe. Solche seien dann anzunehmen, wenn das Fehlverhalten des Arbeitnehmers über typische suchtbedingte Ausfallerscheinungen[235]

233 LAG Köln v. 12.3.2002, NZA-RR 2002, 519.

234 LAG Rheinland-Pfalz v. 25.1.2008, AuA 2008, 433.

235 Verspätungen am Arbeitsplatz, Erschöpfung, Unkonzentrierte Arbeitsweise etc.

hinausgehe, wie dies bspw. bei Tätlichkeiten und bei gegen Arbeitskollegen gerichteten Vermögensdelikten der Fall sei. Hier entferne sich der Arbeitnehmer weit von den sog. suchtbedingten Unregelmäßigkeiten, die die Rechtsordnung bzw. der arbeitsrechtliche Betrieb - anders als die Beschaffungskriminalität - noch in gewissem Umfang tolerieren könne.[236]

3. *Vermögensdelikte gegen Kunden*

Ähnliche Grundsätze wie bei Vermögensdelikten gegen andere Mitarbeiter des Arbeitgebers gelten für gegen Kunden gerichtete Taten oder gegen potenzielle Kunden und mit diesen in enger Verbindung stehenden Personen wie deren Mitarbeiter oder Familienmitglieder.[237] Dies wird damit begründet, dass Delikte gegen Kunden des Arbeitgebers die Geschäftsbeziehungen und den guten Ruf des Unternehmens erheblich gefährden können. Dies wird insbesondere dann bejaht, wenn durch das begangene Vermögensdelikt das Vertrauensverhältnis zwischen den Arbeitsvertragsparteien zerstört oder erheblich belastet und die Beziehungen zwischen dem Arbeitgeber und seinem Geschäftspartner beeinträchtigt wird.[238] Gerade Kunden des Arbeitgebers seien auf die Zuverlässigkeit und Ehrlichkeit derjenigen Mitarbeiter angewiesen, die der Arbeitgeber bisweilen zu ihnen entsendet und die dort Zugriff auf die Vermögenswerte der Kunden haben. Ein solches Vermögensdelikt wiegt umso schwerer für den Arbeitgeber, je wichtiger der Kunde für den Arbeitgeber ist.[239] Vermögensdelikte am Kundeneigentum sollen demnach ebenfalls eine außerordentliche Kündigung des Arbeitnehmers tragen können.

Bereits im Jahr 1973 entschied das LAG Düsseldorf, dass ein Auszubildender einer Kfz-Reparaturwerkstatt wegen der Entwendung eines Markstücks aus einem Kundenfahrzeug fristlos entlassen werden kann.[240]

Auch die außerordentliche Kündigung eines am Flughafen beschäftigten Codierers wurde von dem ArbG Frankfurt im Jahr 2001 bestätigt, nachdem dieser zwei Kollegen dabei unterstütze, das Reisegepäck von Passagieren zu durchsuchen und Gegenstände daraus zu entnehmen.[241]

Die außerordentliche Kündigung eines schwerbehinderten Auslieferungsfahrers, der bei einem Kunden seines Arbeitgebers eine Flasche Whisky entwendete, wurde vom

---

236 LAG Köln v. 12.3.2002, NZA-RR 2002, 519.

237 *Hoefs*, S. 150.

238 Vgl. LAG Köln v. 11.8.1998, NZA-RR 1999, 415.

239 LAG Hessen v. 20.3.2014 - 5 Sa 1145/13 Rn. 24 - juris.

240 LAG Düsseldorf v. 6.11.1973, DB 1974, 928.

241 ArbG Frankfurt v. 31.1.2001 - 7 Ca 3997/00 - juris.

LAG Köln im Jahr 2009 allerdings nicht bestätigt. Hier wurden zugunsten des Arbeitnehmers seine 26-jährige unbelastete Betriebszugehörigkeit sowie der Umstand berücksichtigt, dass der Arbeitnehmer aufgrund eines Anfallsleidens und einer Minderbegabung die Kündigungsfrist zur psychischen und sozialen Umstellung auf den Verlust des Arbeitsplatzes benötigte. Eine Umdeutung der außerordentlichen in eine ordentliche Kündigung wurde abgelehnt, da für die ordentliche Kündigung die Zustimmung des Integrationsamts nicht vorlag.[242]

Der Vollständigkeit halber soll hier noch auf den Missbrauch von Kundenbonuskarten durch den Arbeitnehmer eingegangen werden. Zwar ist hier kein Vermögensdelikt im strafrechtlichen Sinne gegen den Kunden zu verzeichnen, sondern vielmehr eine Vermögensschädigung gegen den Arbeitgeber im weitesten Sinne gegeben. Gleichwohl soll dieser Komplex aus systematischen Gründen sowie der Kundennähe unter diesem Punkt angesprochen werden.

Oft werden in Kaufhäusern zur Kundenbindung und als Anreiz zu weiteren Einkäufen Bonuskarten an die Kunden ausgegeben. Für jeden Einkauf auf dieser Karte werden Punkte gutgeschrieben, die von den Kunden nach Erreichen einer gewissen Punktezahl als Einkaufsgutscheine eingelöst werden können. Hier sind zum Teil widersprüchliche Entscheidungen ergangen.

In einem vom LAG Hessen zu entscheidenden Fall schrieb eine Mitarbeiterin von einem Kunden nicht geltend gemachte Bonuspunkte ihrer eigenen Bonuskarte sowie der Karte einer Familienangehörigen gut. Für jeden Einkauf können sich die Kunden Punkte (ein Cent pro Euro) in der Weise gutschreiben lassen, dass der Wert des Einkaufs auf ihre Karte eingescannt wird. Die Punkte können in Form von Einkaufsgutscheinen eingelöst werden. Das Gericht urteilte, sie begehe damit eine erhebliche widerrechtliche Manipulation, die ein Arbeitgeber auch bei langjähriger Beschäftigungszeit und hohem Lebensalter nicht hinnehmen müsse. Eine Abmahnung wurde aufgrund des damit verbundenen massiven Vertrauensmissbrauchs nicht für erforderlich gehalten. Vielmehr sei die außerordentliche Kündigung der Kassiererin wegen der Buchungen von Kundenbonuspunkten auf ihre Happy-Digits-Karte zu bestätigen.[243] Zwar machte die Arbeitnehmerin geltend, dass es bei ihrem Arbeitgeber üblich und geduldet gewesen sei, dass Mitarbeiter entsprechende Bonuspunkte von Kunden auf ihre eigenen Karten buchten. Der Arbeitgeber sei daher verpflichtet gewesen, diese Praxis durch eine ausdrückliche Anweisung zu ändern, bevor er ihr Verhalten zum Anlass einer Kündigung machen könne. Allerdings konnte diese Duldung nicht belegt werden.

In einem vergleichbaren Fall urteilte dasselbe Gericht zwei Jahre später, dass ein Tankstellenmitarbeiter, der ungenutzte Bonuspunkte von Kunden für deren Benzineinkauf auf die Bonuskarte eines Kollegen buchte, zwar eine schwerwiegende Pflichtverletzung

242 LAG Köln v. 11.8.1998, NZA-RR 1999, 415 f.

243 LAG Hessen v. 11.12.2008, LAGE Nr. 18 zu § 626 BGB 2002.

begangen habe, diese aber ohne eine vorherige Abmahnung keine außerordentliche Kündigung rechtfertige. Dies gelte nach Ansicht des Gerichts insbesondere dann, wenn der Arbeitgeber nicht konkret dargelegt habe, dass er die Mitarbeiter vorab auf die Konsequenzen eines missbräuchlichen Verhaltens im Umgang mit der Kundenkarte hingewiesen habe.[244] Auch wenn aus der Zielsetzung von Bonussystemen erkennbar sei, dass keine fremden Kundenumsätze auf eigene Karten bzw. Karten von Arbeitskollegen gutgeschrieben werden dürfen, wäre im Hinblick auf die nach dem System teilweise zulässigen Umbuchungen eine Abmahnung notwendig, um dem Kläger die Gelegenheit zu geben, sein Verhalten entsprechend korrigieren zu können.

4. *Vermögensdelikte gegen unbeteiligte Dritte oder Allgemeininteressen*

Die letzte Fallgruppe bilden Vermögensdelikte gegen unbeteiligte Dritte oder Allgemeininteressen. Entscheidend soll sein, ob sich das Vermögensdelikt zumindest mittelbar gegen den Arbeitgeber, Mitarbeiter oder Kunden richtet. Sofern dies der Fall ist, wird auf die zuvor aufgeführten Grundsätze zurückgegriffen und gegebenenfalls eine (außerordentliche) Kündigung zugelassen.[245] Sollte ein solcher Bezug nicht bestehen, sei entscheidend, ob das Vermögensdelikt des Arbeitnehmers mit dem Arbeitgeber in Verbindung gebracht werden kann. Eine solche Verbindung soll vorliegen, wenn der Arbeitnehmer betriebliche Gegebenheiten wie etwa Geräte des Arbeitgebers oder betrieblich erworbene Kenntnisse ausnutzt.[246] Dem Arbeitgeber sei es nicht zuzumuten, in den Verdacht zu geraten, Vermögensdelikte seiner Arbeitnehmer zu unterstützen. Unabhängig von einer etwaigen Rufschädigung müsse der Arbeitgeber daher nicht dulden, dass seine Arbeitnehmer Gerätschaften oder aber Kenntnisse dazu missbrauchen, um Straftaten zu begehen.[247]

Ob Vermögensdelikte arbeitsvertragliche Pflichten verletzen, die nur bei Gelegenheit der Arbeitsverrichtung erfolgen, ist regelmäßig eine Einzelfallentscheidung. Eine solche Pflichtverletzung soll auch hier anzunehmen sein, wenn der gute Ruf des Unternehmens geschädigt werden kann.[248] Eine arbeitsvertragliche Pflichtverletzung soll demgegenüber nicht vorliegen, wenn die Straftat außerhalb der Arbeitszeit verübt wurde, keinen Bezug zum Arbeitsverhältnis aufweist und auch nicht geeignet sei, die Arbeitgeberinteressen zu beeinträchtigen.[249]

---

244 LAG Hessen v. 4.8.2010 – 2 Sa 422/10 – juris.

245 *Hoefs*, S. 150.

246 Arbeitnehmer nutzt bspw. den betrieblichen Farbkopierer zur Geldfälschung.

247 *Madeja/Mack*, Teil 5/3, Straftaten des Arbeitnehmers 2.1, S. 2.

248 *Hoefs*, S. 151.

249 *Hoefs*, S. 151.

Ein Vermögensdelikt soll allerdings eine personenbedingte (außerordentliche) Kündigung unter dem Gesichtspunkt der mangelnden Eignung rechtfertigen können, auch wenn keine arbeitsvertragliche Pflichtverletzung besteht.[250]

5. *Sonderfälle*

Um die Übersicht zu vervollständigen, soll noch in der gebotenen Kürze auf einige Sonderkonstellationen im dienstlichen Bereich eingegangen werden.

a) Beobachten von Vermögensdelikten und Nichtmeldung

Der Bestand des Arbeitsverhältnisses kann nicht nur bei der aktiven Begehung eines Vermögensdelikts gefährdet sein, sondern auch bei einem Untätigbleiben des Arbeitnehmers in Bezug auf Taten anderer. So soll auch das Beobachten eines Vermögensdelikts durch einen Kollegen und die Nichtmeldung an den Arbeitgeber eine außerordentliche Kündigung ohne vorherige Abmahnung rechtfertigen können. Hierfür wird vorgebracht, dass grundsätzlich von jedem Arbeitnehmer erwartet werden könne, seine Kenntnis über Vermögensdelikte von Kollegen an seinen Vorgesetzten weiterzugeben. Wer als Arbeitnehmer dieses Vertrauen nicht rechtfertigt, müsse regelmäßig mit arbeitsrechtlichen Konsequenzen rechnen.[251] Eine solche Verpflichtung bestehe insbesondere, wenn sich das Vermögensdelikt in demjenigen Aufgabenbereich abspiele, mit dem der betreffende Arbeitnehmer betraut ist. In diesem Fall erfordere sowohl die aufgrund des Arbeitsvertrages gegebene Sachnähe als auch das Arbeitgeberinteresse, dass der Arbeitnehmer den Arbeitgeber über solche Delikte informiert.[252] Dadurch werde dem Arbeitnehmer auch nicht ungerechtfertigterweise eine Anschwärzung seiner Arbeitskollegen zugemutet. Vielmehr verlange die arbeitsvertragliche Treuepflicht, dass der Arbeitnehmer seinem Arbeitgeber Meldung erstattet, wenn in seinem Aufgabenbereich und durch eine Person, mit der der Arbeitnehmer aufgrund des Arbeitsvertrages dienstlich zusammenarbeitet, Vermögensschädigungen für den Arbeitgeber erkennbar werden.[253]

---

250 Vgl. hierzu die Ausführungen unter II. 2.

251 ArbG Frankfurt v. 31.1.2001, SuP 2001, 539. In diesem Fall hatte der gekündigte Mitarbeiter im Rahmen seiner Tätigkeit auf einem Flughafen beobachtet, wie Kollegen das Gepäck von Passagieren durchsucht haben. Zudem soll er sogar seinen Kollegen insofern behilflich gewesen sein, dass er einen Schraubendreher zum gewaltsamen Öffnen eines Gepäckstücks gereicht hat.

252 BAG v. 18.6.1970, AP Nr. 57 zu § 611 BGB Haftung des Arbeitnehmers.

253 BAG v. 18.6.1970, AP Nr. 57 zu § 611 BGB Haftung des Arbeitnehmers; LAG Hamm v. 29.7.1994, BB 1994, 2352.

Ob ein Arbeitnehmer zudem verpflichtet ist, eine von einem anderen Arbeitnehmer begangene Straftat aufzudecken, wird hingegen nach den Umständen des Einzelfalls bewertet. Bei Arbeitnehmern, die eine Vertrauensstellung oder eine Position besetzen, die mit der Überwachung anderer Arbeitnehmer einhergeht, muss dies wohl bejaht werden. Dem Arbeitnehmer sollte dann bekannt sein, dass der Arbeitgeber von ihm die Ausübung von Überwachungs- oder Kontrollaufgaben erwartet. Erforderlich wird dann jedoch sein, dass diese Aufgaben für den Arbeitnehmer erkennbar zum Inhalt des Arbeitsverhältnisses geworden sind.

b) Das versuchte Vermögensdelikt

Bei einem versuchten Vermögensdelikt ist weder eine Rechtsgutverletzung noch ein Schaden gegeben. Für die Frage, ob versuchte Vermögensdelikte dennoch eine Kündigung rechtfertigen sollen, gelten nach Ansicht der Rechtsprechung dieselben Grundsätze wie für vollendete Vermögensdelikte. Diese Gleichstellung wurde von der Rechtsprechung allerdings nicht näher begründet. Es findet sich zumeist nur die allgemeine Erwägung, dass sowohl vollendete als auch lediglich versuchte Eigentums- oder Vermögensdelikte zum Nachteil des Arbeitgebers grundsätzlich geeignet sind, eine außerordentliche Kündigung zu stützen und dass solche Delikte an sich einen wichtigen Grund für eine außerordentliche Kündigung darstellen.[254] Auch ein Vermögensdelikt im Versuchsstadium soll also grundsätzlich geeignet sein, die fristlose Entlassung eines Arbeitnehmers zu rechtfertigen.[255] Der Nachweis eines versuchten Vermögensdelikts soll als Kündigungsgrund genügen können.

Kontrovers beurteilt wird hingegen die Frage, ob auch der bloße Verdacht eines versuchten Vermögensdelikts ausreicht, um eine Kündigung zu rechtfertigen. Hiergegen wird eingewendet, dass bei dem Versuch des Arbeitnehmers, ein Vermögensdelikt zu begehen, kein Rechtsgut verletzt und somit auch kein Schaden entstanden ist.[256] Komme dann noch hinzu, dass nur der Verdacht besteht, der Arbeitnehmer habe womöglich ein Vermögensdelikt begangen, führe dies zu einem sehr unsicheren Kündigungsgrund. Bei einer Kündigung wegen des Verdachts eines nur versuchten Vermögensdelikts sei dann nämlich weder

254 Vgl. hierzu bspw. BAG v. 11.12.2003 – 2 AZR 36/03 Rn. 16 – juris; LAG Hessen v. 11.12.2008, LAGE Nr. 18 zu § 626 BGB 2002.

255 LAG Hamm v. 5.7.1988, LAGE Nr. 23 zu § 1 KSchG Verhaltensbedingte Kündigung (versuchter Lohnbetrug); LAG Köln v. 22.1.1996, AP Nr. 127 zu § 626 BGB (versuchter Diebstahl); MüKo-BGB/*Henssler*, § 626 Rn. 185.

256 *Hoefs*, S. 160.

eine nachgewiesene arbeitsvertragliche Pflichtverletzung noch ein Schaden festzustellen. Dies spreche dafür, eine Verdachtskündigung nur zuzulassen, wenn das Verhalten, dessen der Arbeitnehmer verdächtigt wird, bereits einen Schaden verursacht hat. Folglich müsse eine solche abgelehnt werden, wenn sich der Verdacht lediglich auf eine versuchte Straftat bezieht, da ein solcher Schaden dann gerade nicht gegeben sei.

Auf der anderen Seite wird der bloße Verdacht, der Arbeitnehmer könnte ein versuchtes Vermögensdelikt begangen haben, als ausreichend erachtet, um daran arbeitsrechtliche Konsequenzen zu knüpfen. Argumentiert wird damit, dass auch eine verhaltensbedingte Tatkündigung aufgrund eines Vermögensdelikts nicht voraussetze, dass es zu einer über die Verletzung vertraglicher Pflichten hinausgehenden Beeinträchtigung betrieblicher Interessen komme. Der Eintritt eines Schadens sei auch hier nicht erforderlich.[257] Zudem sei zu berücksichtigen, dass es einem Arbeitgeber nur schwerlich zuzumuten sei, zu warten, bis ein versuchtes Vermögensdelikt vollendet ist, ohne gegen einen stark verdächtigen Arbeitnehmer vorgehen zu können.[258] Unter dem Aspekt des vorbeugenden Selbstschutzes müsse somit eine Verdachtskündigung möglich sein, auch wenn es noch zu keiner Schädigung gekommen sei, da sich die Tat noch im Versuchsstadium befinde. Ein Schaden müsse nicht eingetreten sein. Es sei maßgeblich auf die Gefährdung von Rechtsgütern sowie Interessen des Arbeitgebers abzustellen. Eine solche Gefährdung könne jedoch bereits durch den Versuch eines Vermögensdelikts eintreten.[259]

Richtigerweise muss hier eine Einzelfallbetrachtung vor dem Hintergrund des Sinns und Zwecks der Verdachtskündigung erfolgen. Die Verdachtskündigung dient dem vorbeugenden Rechtsschutz des Arbeitgebers. Somit ist genau zu prüfen, ob diesem zugemutet werden kann, abzuwarten, bis die Gefahr in einen Schaden umschlägt.

c) Kündigung bei zukünftigen Vermögensdelikten

Die bereits bei der Kündigung wegen eines versuchten Vermögensdelikts dargestellte Problematik stellt sich zudem bei der Kündigung wegen geplanter Vermögensdelikte. Hier geht es um Fälle, in denen der Arbeitnehmer eine Tat plant, mit deren Ausführung er aber (noch) nicht begonnen hat und es daher auch nicht zu einer Schädigung gekommen ist.

---

257 *Hoefs*, S. 160.
258 *Hoefs*, S. 160.
259 So etwa *Hoefs*, S. 160.

Es ist unklar, ob geplante Vermögensdelikte eine Kündigung des betreffenden Arbeitnehmers rechtfertigen können. Zunächst wird auch hier differenziert zwischen einer Kündigung bei einer nachweisbar geplanten Tat und der Kündigung beim bloßen Verdacht der Planung einer Tat. Die bloße gedankliche Planung eines Vermögensdelikts durch den Arbeitnehmer kann für eine Kündigung hingegen kaum ausreichen; es dürfte jedenfalls zu fordern sein, dass sich die Planung des Vermögensdelikts durch eine nach außen getretene Handlung manifestiert hat, auch wenn die Schwelle zum Versuch noch nicht überschritten wurde.[260]

Im Falle einer nachweisbar nach außen getretenen Planungshandlung kann bereits in der Organisation des Vermögensdelikts eine eigenständige Pflichtverletzung liegen. Dem Arbeitgeber muss zugestanden werden, sich vor künftig drohenden Gefahren zu schützen. Ihm ist es nicht zuzumuten, abzuwarten, bis die Gefährdung in einen Schaden umschlägt, oder sich auf eine präventive Unterbindung der geplanten Tat zu beschränken.[261] Somit muss eine Entlassung möglich sein, wenn er nachweisen kann, dass ein Arbeitnehmer ein Vermögensdelikt zu seinem Nachteil plant oder seine Interessen gefährden möchte. Vor dem Hintergrund, dass die Planung allein das Arbeitsverhältnis nicht konkret beeinträchtigt, sind an den Nachweis der Planung eines Vermögensdelikts aber strenge Anforderungen zu stellen.[262]

Gegen eine Verdachtskündigung wegen des bloßen Verdachts der Planung eines Vermögensdelikts ist auf die zum Verdacht einer versuchten Straftat ausgeführten Bedenken zu verweisen; insbesondere ist auch hier zu berücksichtigen, dass kein Schaden entstanden ist. Zudem resultiert aus der Kombination der unbestimmten Begriffe von Verdacht und Planung auch hier ein sehr instabiler Kündigungsgrund.[263] Andererseits ist der Zweck der - grundsätzlich anerkannten - Verdachtskündigung, dh der vorbeugende Rechtsschutz für den Arbeitgeber, zu berücksichtigen.[264] Maßgeblich ist die Frage, ob es dem Arbeitgeber zuzumuten ist, abzuwarten, bis die Gefahr in einen Schaden umschlägt. Insoweit soll es nicht auf die strafrechtliche Bewertung ankommen, also darauf, ob der Arbeitnehmer bereits unmittelbar zur Straftat angesetzt hat und damit ein ggf. strafbarer Versuch vorliegt. Vielmehr soll entscheidend sein, ob die Möglichkeit besteht, dass die Gefährdung eintreten kann. Vertreten wird daher, nicht wie im Strafrecht an den Versuchsbeginn anzuknüpfen, sondern dem Arbeitgeber

260 Siehe hierzu *Hoefs*, S. 161.

261 Siehe hierzu LAG Bayern v. 15.6.1967, ARST 1969, S. 69 Nr. 71.

262 *Hoefs*, S. 162.

263 Vgl. *Hoefs*, S. 162.

264 Siehe ausführlich zur Verdachtskündigung unter C. IV.

schon früher unter milderen Voraussetzungen eine arbeitsrechtliche Sanktion zu ermöglichen.[265]

Deshalb muss auch hier berücksichtigt werden, dass der Arbeitgeber ohne das Instrument der Verdachtskündigung weitgehend schutzlos wäre, da der Nachweis, der Arbeitnehmer plane ein Vermögensdelikt, in der Regel schwer zu erbringen sein dürfte. An eine Kündigung wegen des Verdachts eines geplanten Vermögensdelikts sind sehr strenge Anforderungen zu stellen.[266] So spricht es für den Arbeitnehmer, wenn er sich von seinem ursprünglichen Plan distanziert. Weiterhin ist auch zu berücksichtigen, ob von einer langfristig detaillierten Planung oder von einem spontanen Entschluss auszugehen ist.[267] (Vgl. ausführlich zur Verdachtskündigung unten C. IV.)

d) Vermögensdelikte des Arbeitnehmers aus Beweisnot

Es kann schließlich Konstellationen geben, in denen der Arbeitnehmer ein Vermögensdelikt nicht aus einer eigen- oder fremdnützigen Bereicherungsabsicht begeht, sondern allein deshalb, weil er ohne das Vermögensdelikt begangene Rechtsverstöße des Arbeitgebers nicht nachweisen kann, die in einem Kündigungsschutzprozess aber erheblich sein könnten.[268] Der Arbeitnehmer nimmt hier zwar eine Handlung gegen das Vermögen seines Arbeitgebers vor, dies aber, um zu beweisen, dass er zu einer bestimmten Handlung oder einem Unterlassen berechtigt gewesen ist.[269] Sein Ziel besteht allein darin, sich vor unzumutbaren Nachteilen (wie bspw. einer Kündigung oder Schadensersatzansprüchen durch seinen Arbeitgeber) für sich selbst und seine schutzwürdigen Rechtsgüter zu bewahren. Oft stellt ein (meist geringwertiges) Vermögensdelikt in solchen Fällen die einzige Möglichkeit des Arbeitnehmers dar, seine aufgestellten Behauptungen gegen den eigenen Arbeitgeber vor dem Arbeitsgericht zu beweisen.[270]

Beispielhaft: Wird ein Arbeitnehmer von seinem Arbeitgeber zur Verwendung unsterilen Nahtmaterials beim Arzt gezwungen, darf der Arbeitnehmer die Vornahme dieser rechtswidrigen Handlung verweigern.[271] Macht der Arbeitnehmer von seinem Arbeitsverweigerungsrecht Gebrauch und wird er aus diesem Grund gekündigt, so wird er sein Arbeitsverweigerungsrecht regelmäßig in

---

265 *Hoefs*, S. 162.
266 Siehe zu diesem Problemkreis LAG Bayern v. 15.6.1967, ARST 1969, S. 69 Nr. 71.
267 *Hoefs*, S. 163.
268 *Haller*, BB 1997, 202.
269 *Haller*, BB 1997, 202.
270 *Haller*, BB 1997, 202.
271 *Haller*, BB 1997, 202.

einem arbeitsgerichtlichen Verfahren nur dann beweisen können, wenn er auch das Beweismaterial entwendet.[272] Strafrechtlich gesehen ist bereits fraglich, ob in solchen Fällen ein Vermögensdelikt überhaupt tatbestandlich vorliegen kann, da es bereits am Enteignungsvorsatz – namentlich dem Vorsatz, den Arbeitgeber dauerhaft aus seiner Eigentümerposition zu verdrängen – fehlen dürfte. Selbst wenn diese Frage aber zunächst bejaht werden könnte, wäre fraglich, ob das Vermögensdelikt nicht ausnahmsweise gerechtfertigt ist. Fälle, in denen die Tat weder aus eigennütziger noch aus fremdnütziger Bereicherungsabsicht begangen wird, sondern sich der Arbeitnehmer in Beweisnot befindet, müssen demnach allein schon nach dem allgemeinen Rechtsempfinden anders beurteilt werden als solche, in denen eine Bereicherungsabsicht besteht.

Ein Arbeitnehmer befindet sich in Beweisnot, wenn er ohne das Vermögensdelikt die Rechtsverstöße des Arbeitgebers nicht nachweisen kann, die in einem Kündigungsschutzprozess relevant werden können, oder er sich auch sonst nicht von einem auf ihm lastenden Verdacht einer Straftat entlasten könnte.[273] In einem solchen Fall könnte es an der tatbestandsmäßigen Aneignung gemäß § 242 StGB oder § 246 StGB mangeln, wenn der Arbeitnehmer das im Eigentum seines Arbeitgebers befindliche Beweismaterial lediglich seinem Anwalt übergibt und die spätere Rückführung an den Arbeitgeber geplant ist. In diesem Fall leugnet der Arbeitnehmer an keiner Stelle das Eigentum des Arbeitgebers und möchte es ihm auch nicht dauerhaft entziehen.[274] Unabhängig davon dürften dem Arbeitnehmer aber Rechtfertigungs- und Entschuldigungsgründe gemäß § 32 ff. StGB zustehen, sodass ein Eingriff in die Eigentumsordnung ausnahmsweise gestattet ist.[275] In der arbeitsrechtlichen Praxis erfolgt eine solche strafrechtliche Prüfung jedoch meist ohnehin nicht. Selbst, wenn die Gerichte aber das Vorliegen eines Vermögensdelikts oder zumindest eine Handlung gegen das Vermögen des Arbeitgebers annehmen sollten, bedarf es im Rahmen des § 626 BGB dennoch einer umfassenden Interessenabwägung. Spätestens innerhalb dieser Interessenabwägung wäre die Beweisnot zu berücksichtigen, in der sich der Arbeitnehmer bei Begehung der Tat befand.[276] Insbesondere wäre hier auch zu beachten, dass ein Arbeitnehmer, der seine absoluten Rechtsgüter wie Ehre, Leben und Gesundheit vor rechtswidrigen Eingriffen schützen will, auch schutzwürdig sein muss. Das Vermögensdelikt ist weiterhin auch ein geeignetes Mittel, da die so

272 *Haller*, BB 1997, 202, 203.
273 *Haller*, BB 1997, 202.
274 Allenfalls möchte er sich den Gebrauch für die Zeit seiner Beweisnot anmaßen.
275 *Haller*, BB 1997, 202, 203.
276 *Haller*, BB 1997, 202, 204.

erlangten Beweise gerichtlich verwertbar sind. Das Vermögensdelikt ist gegenüber einem Beweissicherungsverfahren oder sonstigen Maßnahmen auch das relativ mildeste Mittel, sodass auch die Verhältnismäßigkeit gewahrt ist.[277] Somit stellt das Vermögensdelikt häufig das einzig taugliche Mittel dar, die Gefahr einer unrechtmäßigen Kündigung für den Arbeitnehmer abzuwehren.

Zusammenfassend lässt sich demnach feststellen, dass arbeitsrechtliche Sanktionen wie bspw. eine außerordentliche Kündigung ausnahmsweise dann nicht gerechtfertigt sein können, wenn der Arbeitnehmer das Vermögensdelikt allein aus einer Beweisnot begeht, um damit unzumutbare Nachteile für sich selbst oder seine schutzwürdigen Rechtsgüter zu verhindern.[278]

II. Vermögensdelikte im außerdienstlichen Bereich

Als Vermögensdelikte im außerdienstlichen Bereich werden solche Taten zusammengefasst, die vom Arbeitnehmer außerhalb der Arbeitszeit begangen werden.[279] Die Frage, unter welchen Umständen ein außerdienstliches Verhalten die Kündigung des Arbeitsverhältnisses rechtfertigen kann, birgt schwierige Abgrenzungsprobleme. Zwar besteht einerseits die Möglichkeit, dass sich aus einem privaten Verhalten des Arbeitnehmers nachteilige Folgen für den Betrieb des Arbeitgebers ergeben können; andererseits hat der Arbeitnehmer ein berechtigtes Interesse daran, sein Privatleben nach eigenen Vorstellungen gestalten zu können, ohne dabei berufliche Nachteile in Kauf nehmen zu müssen.[280]

Im Grundsatz dürfte der Persönlichkeitsschutz des Arbeitnehmers verlangen, dass seine arbeitsvertraglichen Pflichten den außerdienstlichen Bereich nicht berühren.[281] Das Privatleben des Arbeitnehmers ist regelmäßig kündigungsirrelevant und wird durch arbeitsvertragliche Pflichten nicht eingeschränkt.[282] Die arbeitsfreie Zeit ist der Disposition des Arbeitnehmers überlassen. Grundsätzlich verstoßen Vermögensdelikte im außerdienstlichen Bereich auch deshalb nicht gegen den Arbeitsvertrag, weil sich diesem regelmäßig keine Pflicht des Arbeitnehmers entnehmen lasse, seine private Lebensführung an den Interessen des Unternehmens auszurichten.[283] Da der Arbeitgeber grundsätzlich keine besonderen

277 *Haller*, BB 1997, 202, 204.

278 *Haller*, BB 1997, 202, 204.

279 *Hoefs*, S. 151.

280 *Dudenbostel/Klas*, AuR 1979, 296.

281 D/D/Z/*Däubler*, § 626 BGB Rn. 105.

282 MüKo-BGB/*Henssler*, § 626 Rn. 229; ErfK/*Oetker*, § 1 KSchG Rn. 193; *Berkowsky*, § 8 Rn. 284; Ähnlich auch D/D/Z/*Däubler*, § 626 BGB Rn. 105.

283 ErfK/*Preis*, § 611 a BGB Rn. 730.

Anforderungen an die private Lebensführung der Arbeitnehmer stellen darf, sind Nebenpflichten, die sich auf außerdienstliches Verhalten beziehen, selten.[284] Besondere Anforderungen an die private Lebensführung darf der Arbeitgeber nur stellen, wenn die Art des Arbeitsverhältnisses dies zwingend rechtfertigt.[285] Eine verhaltensbedingte Kündigung aufgrund eines außerdienstlichen Verhaltens scheidet somit mangels Vertragspflichtverletzung im Grundsatz aus.

Dieser Grundsatz kann jedoch bei Straftaten (und damit auch bei Vermögensdelikten) durch den Arbeitnehmer keine Anwendung finden. Erfolgt ein Vermögensdelikt zwar außerhalb der Arbeitszeit, aber in den Räumlichkeiten des Arbeitgebers, so wird eine schwerwiegende Pflichtverletzung bejaht werden müssen.[286] Der Arbeitnehmer sei insoweit nach § 241 Abs. 2 BGB verpflichtet, auf die berechtigten Interessen des Arbeitgebers Rücksicht zu nehmen. Die Verletzung der Pflicht zur Rücksichtnahme soll den Arbeitgeber daher zur Kündigung berechtigen können, wenn das außerdienstliche Verhalten negative Auswirkungen auf den Betrieb oder einen Bezug zum Arbeitsverhältnis habe. Davon sei typischerweise auszugehen, wenn der Arbeitnehmer in seiner Freizeit in Bereicherungsabsicht das dem Unternehmen zuzurechnende Vermögen des Arbeitgebers unmittelbar vorsätzlich schädige oder gefährde.[287]

Das BAG bestätigte die außerordentliche Kündigung einer als Kassiererin in einer Drogeriekette beschäftigten Arbeitnehmerin, die nach Dienstschluss den Preis ihres Personaleinkaufs durch produktbezogene Rabattcodes reduzieren ließ, indem sie diese nicht ihrem Verwendungszweck entsprechend einsetzte.[288] Die produktbezogenen Rabatt-Coupons waren an den jeweiligen Warenregalen angebracht und wurden auch in Form von Gutscheinheften an die Kunden ausgegeben. Sie durften, wie der Klägerin bekannt war, nur beim Erwerb der betreffenden Waren verrechnet werden.[289]

Das BAG vertrat zudem die Auffassung, dass eine Hehlerei eines Arbeitnehmers mit gestohlenen Handys eines in Geschäftsbeziehung zum Arbeitgeber stehenden Kunden auf dem Firmenparkplatz des Arbeitgebers dessen Integritätsinteresse erheblich verletzte

---

284 *Hoefs*, S. 152.

285 Bspw. bei Tendenzbetrieben oder einem Arzt in Rufbereitschaft. Die Rufbereitschaft ist nach § 5 ArbZG Ruhezeit und keine Arbeitszeit. Dennoch darf der Arbeitgeber hier erwarten, dass sich der Arbeitnehmer nicht betrinkt oder ähnliches, um im Falle seines Einsatzes die erforderliche Arbeitsleistung erbringen zu können.

286 So auch im Fall „Emmely": Diese hatte die Pfanbons nach Ende der Arbeitszeit eingelöst.

287 BAG v. 16.12.2010, NZA 2011, 571 ff.

288 BAG v. 16.12.2010, NZA 2011, 571 ff.

289 Zu diesem Fall ausführlicher in Kapitel 2 A. I. 3.

und zu einer kündigungsrechtlich beachtlichen Nebenpflichtverletzung führe. Der Arbeitgeber brauche nicht zu dulden, dass sein Betriebsgelände von den Mitarbeitern für strafbare Privatgeschäfte genutzt werde.[290]

Wenn sich die Straftat nicht in den Firmenräumen des Arbeitgebers ereignet hat, so soll eine Kündigung aufgrund eines Vermögensdelikts unter zwei Gesichtspunkten möglich sein: Zum einen können außerdienstlich begangene Vermögensdelikte gegen außerdienstliche Verhaltenspflichten verstoßen und eine verhaltensbedingte Kündigung ermöglichen. Zum anderen können durch das außerdienstlich begangene Vermögensdelikt Zweifel an der Eignung des Arbeitnehmers für die geschuldete Tätigkeit entstehen, sodass eine personenbedingte Kündigung gerechtfertigt sein kann.

1. Verstoß gegen außerdienstliche Verhaltenspflichten

Ein außerdienstlich begangenes Vermögensdelikt soll grundsätzlich nur dann als verhaltensbedingter Kündigungsgrund in Betracht kommen, wenn das Arbeitsverhältnis konkret berührt ist.[291] Dies sei der Fall, wenn das außerdienstliche Verhalten negative Auswirkungen auf den Betrieb oder einen Bezug zum Arbeitsverhältnis habe und zu nachvollziehbaren Störungen führe.[292] Eine konkrete Beeinträchtigung kann auch dann vorliegen, wenn die Pflichtverletzung gegenüber einer Konzernschwester des Arbeitgebers erfolgt.[293] Es reicht aus, wenn nicht unmittelbar die Vermögensinteressen des Arbeitgebers selbst, sondern die eines verbundenen Unternehmens, erheblich beeinträchtigt sind. Derartige Auswirkungen auf das Arbeitsverhältnis müsse der Arbeitgeber dann aber konkret belegen können.[294]

Ein solcher Bezug wird bejaht, wenn der Arbeitnehmer durch die außerdienstliche Straftat gegen vertragliche Nebenpflichten verstößt. Jedem Arbeitsverhältnis seien solche allgemeine Nebenpflichten immanent.[295] Diese Nebenpflichten können sich nach Qualität und Intensität der Vertragsbeziehung weiterhin verstärken.[296] Gemäß § 241 Abs. 2 BGB sei jede Partei des Arbeitsvertrags zur

290 BAG v. 6.11.2003, NZA 2003, 919, 921.

291 BAG v. 20.9.1984, NZA 1985, 285 f.; BAG v. 24.9.1987, NJW 1988, 2261 f.; BAG v. 23.10.2008, NZA-RR 2009, 362; ArbG Bremen-Bremerhaven v. 12.3.2008 – 8 Ca 8275/07, Rn. 44 – juris.

292 LAG Hamm v. 12.8.2014 – 7 Sa 708/14 – juris.

293 Vgl. hierzu LAG Rheinland-Pfalz v. 29.5.2015 – 1 Sa 597/14 – juris.

294 Vgl. BAG v. 24.9.1987, AP Nr. 19 zu § 1 KSchG 1969 Verhaltensbedingte Kündigung.

295 *Hoefs*, S. 153.

296 *Preis*, AuR 2010, 4, 9.

Rücksichtnahme auf die Rechte, Rechtsgüter und Interessen ihres Vertragspartners verpflichtet. Auch außerhalb der Arbeitszeit sei der Arbeitnehmer verpflichtet, auf die berechtigten Interessen seines Arbeitgebers Rücksicht zu nehmen. Voraussetzung für eine Verletzung dieser Rücksichtnahmepflicht durch ein außerdienstliches Verhalten sei es aber, dass durch das rechtswidrige Verhalten des Arbeitnehmers berechtigte Interessen des Arbeitgebers beeinträchtigt werden.[297] Nach Auffassung des BAG ist dies bei außerdienstlichen Straftaten jedenfalls dann der Fall, wenn der Arbeitnehmer diese unter Nutzung von Betriebsmitteln oder betrieblichen Einrichtungen begangen hat. Dies kann zB der Fall sein, wenn der Arbeitnehmer mit seinem Diensttelefon Privatgespräche außerhalb der Arbeitszeit führt oder den Firmenkopierer nutzt, um nach Dienstende Privatkopien anzufertigen.

Bereits im Jahr 1984 wurde einer Sachbearbeiterin eines Versandhauses außerordentlich gekündigt, die außerhalb ihres Beschäftigungsbetriebs sowie außerhalb ihrer Arbeitszeit einen Diebstahl in einem anderen, räumlich entfernten Betrieb des Arbeitgebers (Warenhaus) beging. Diese war berechtigt, in den ebenfalls von dem Arbeitgeber betriebenen Warenhäusern gegen Vorlage eines Einkaufsscheins mit einem Personalrabatt von 10 % einzukaufen. Auf dem Heimweg von der Arbeit begab sich die Arbeitnehmerin in ein von dem Arbeitgeber betriebenes Warenhaus, um dort einzukaufen. Während sie an der Kasse anstand, nahm sie von den im Einkaufswagen befindlichen Waren drei Kiwi-Früchte im Wert von 2,97 DM heraus und steckte sie in ihre Einkaufstasche. An der Kasse bezahlte sie nur die im Einkaufswagen verbliebenen Waren. Nach Passieren der Kasse wurde die Klägerin von einem Hausdetektiv, der den Vorgang beobachtet hatte, zur Rede gestellt. Das BAG erklärte 1984 die außerordentliche Kündigung jedoch für unwirksam.[298] Zwar sei die Arbeitnehmerin aufgrund ihrer arbeitsvertraglichen Treuepflicht gehalten, auch außerhalb des Beschäftigungsverhältnisses zumindest das zum Unternehmen des Arbeitgebers gehörende Vermögen nicht vorsätzlich zu schädigen. Darüber hinaus komme die außerordentliche Kündigung nur als letztes Mittel in Betracht. Die Interessenabwägung falle hier jedoch im Hinblick auf die lange und bisher auch ohne Zwischenfälle verlaufene Betriebszugehörigkeit der Klägerin, ihr Alter und die sich daraus ergebenden Schwierigkeiten, eine neue Arbeitsstelle zu finden, zugunsten der Arbeitnehmerin aus, sodass das BAG die fristlose Kündigung als Sanktion auf die erstmalige, wenn auch nicht leicht zu nehmende Verfehlung der Klägerin für eine unverhältnismäßige Maßnahme hielt.

In einem weiteren Fall bestätigte das LAG Hessen die außerordentliche Kündigung eines Arbeitnehmers wegen privater Nutzung des Mobiltelefons im Urlaub.[299] Die Richter

297 *Hoefs*, S. 153.

298 BAG v. 20.9.1984, DB 1985, 655 ff.

299 LAG Hessen v. 25.7.2011, NZA-RR 2012, 76 ff.

wiesen die Kündigungsschutzklage eines Hubwagenfahrers gegen seinen Arbeitgeber, die Service-Gesellschaft einer Fluglinie, zurück. Der Arbeitnehmer war seit mehr als 25 Jahren bei der Service-Gesellschaft beschäftigt. Um für Kollegen und Vorgesetzte im Dienst auf dem Rollfeld des Flughafens erreichbar zu sein, hatte dieser ein Mobiltelefon erhalten. Nach dem Urlaub des Arbeitnehmers erhielt der Arbeitgeber von dem Netzanbieter eine Rechnung über Auslandsgespräche von mehr als 500,00 Euro. Der Arbeitnehmer gab an, versehentlich die dienstliche statt der privaten PIN eingegeben zu haben. Das Berufungsgericht hielt es indes für unglaubhaft, dass er die PIN offenbar in 113 Einzelfällen verwechselt hatte, und bestätigte die fristlose Kündigung. Eine ausgiebige Privatnutzung eines Diensthandys auf Kosten des Arbeitgebers sei für diesen ein Grund zur fristlosen Kündigung, auch ohne Abmahnung. Dem Arbeitnehmer müsse ohne entsprechenden Hinweis klar sein, dass sein Arbeitgeber keine Privatgespräche in einem Umfang von mehreren Hundert Euro akzeptieren werde. Auch könne er sich dabei nicht auf seine langjährige Betriebszugehörigkeit berufen. In erster Instanz hatte das Arbeitsgericht Frankfurt noch die fehlende Abmahnung beanstandet und die außerordentliche Kündigung deshalb für unwirksam gehalten.[300]

Das LAG Rheinland-Pfalz war im Jahr 2014 mit einem Fall befasst, in dem ein Arbeitnehmer einen versuchten Pfandbetrug beging.[301] Der Arbeitnehmer befüllte in seiner Freizeit bei einem fremden Discounter einen Leergutautomaten mit pfandfreien Plastikflaschen. Diese Flaschen hatte er zuvor mit Pfand-Etiketten der Getränkemarke seiner Arbeitgeberin beklebt, um hierdurch die Erstattung eines Pfandes von 25 Cent pro Flasche zu erlangen. Der Kläger entnahm dem Automaten einen ausgedruckten Pfandbon, den er an der Kasse allerdings nicht mehr einlösen konnte, weil das Personal des Discounters auf sein Verhalten aufmerksam geworden war. Nach Auffassung des LAG stand der schwerwiegenden Pflichtverletzung nicht entgegen, dass der Arbeitnehmer den Pfandbetrug außerhalb der Dienstzeiten, in seiner Freizeit bei einem fremden Discounter verübt hatte. Der Kläger sei auch insoweit verpflichtet, auf die berechtigten Interessen des Arbeitgebers Rücksicht zu nehmen. Die Verletzung des Rücksichtnahmegebots berechtige den Arbeitgeber zur außerordentlichen Kündigung, wenn das außerdienstliche Verhalten negative Auswirkungen auf den Betrieb oder einen Bezug zum Arbeitsverhältnis hat. Davon ist typischerweise auszugehen, wenn der Arbeitnehmer in seiner Freizeit in Bereicherungsabsicht das dem Unternehmen zuzurechnende Vermögen des Arbeitgebers unmittelbar vorsätzlich schädige oder gefährde.[302]

300 ArbG Frankfurt v. 2.12.2010 – 3 Ca 2530/10 – nv.

301 LAG Rheinland Pfalz v. 27.11.2014 – 5 Sa 420/14 – juris.

302 BAG v. 16.12.2010, NZA 2011, 571 ff.

2. *Zweifel an der Eignung des Arbeitnehmers als Folge außerdienstlicher Delinquenz*

Außerhalb des Arbeitsverhältnisses begangene Vermögensdelikte, die auch keinen Bezug zum Arbeitsverhältnis aufweisen – insbesondere keinen Verstoß gegen außerdienstliche Verhaltenspflichten – darstellen (vgl. soeben, 1), verletzen grundsätzlich keine Nebenpflichten des Arbeitnehmers aus dem Arbeitsvertrag. Es sind dennoch Fallgestaltungen möglich, in denen die private Lebensführung des Arbeitnehmers Einfluss auf das Arbeitsverhältnis haben kann.[303] Solche Fälle können dann im Einzelfall kündigungsrelevant sein.[304]

So kann bei außerdienstlich begangenen Straftaten, die nicht pflichtwidrig im Verhältnis zum Arbeitgeber sind, eine personenbedingte Kündigung gerechtfertigt sein, wenn sie Anlass zu erheblichen Zweifeln an der Eignung des Arbeitnehmers für die geschuldete Arbeitsleistung geben.[305] Außerbetrieblich begangene Vermögensdelikte können die Eignung des Arbeitnehmers für die vertraglich geschuldete Tätigkeit infrage stellen, wenn von ihnen negative Auswirkungen auf die arbeitsrechtlichen Beziehungen ausgehen und sich die Straftat somit auf das Arbeitsverhältnis konkret auswirkt.[306] Damit eine (außerordentliche) personenbedingte Kündigung rechtmäßig ist, muss allerdings ein besonderer Bezug der Straftat zu der arbeitsvertraglich geschuldeten Tätigkeit bestehen. Entscheidend ist somit immer das Verhältnis von Tätigkeit und Aufgabengebiet des Arbeitnehmers zu der außerdienstlich begangenen Straftat.[307] Aus dem außerdienstlichen Verhalten des Arbeitnehmers muss die fehlende Eignung für die vertraglich geschuldete Tätigkeit gefolgert werden können.[308]

So können derartige Eignungszweifel beispielsweise durch Vermögensdelikte eines leitenden Angestellten, Geldboten, Kassierers, Buchhalters, Anlageberaters oder Lagerverwalters die Fortsetzung des Arbeitsverhältnisses für den Arbeitgeber unzumutbar machen, wenn sie auf fehlende Vertrauenswürdigkeit schließen lassen.[309] In solchen Fällen kann das für das Arbeitsverhältnis erforderliche Vertrauensverhältnis zerrüttet sein, wenn ein Arbeitnehmer, der Vermögenswerte

---

303 Siehe hierzu sogleich unten.

304 *Hoefs*, S. 155.

305 MüKo-BGB/*Hergenröder*, § 1 KSchG Rn. 234; *v. Hoyningen-Huene/Linck*, § 1 Rn. 311; D/D/Z/*Deinert*, § 1 KSchG Rn. 225; *Grunsky*, JuS 1989, 593, 597.

306 T/L/L/*Jacobs/Weges*, § 1 Rn. 336.

307 *Hoefs*, S. 155.

308 A/P/S/*Vossen*, § 1 KSchG Rn. 328.

309 KR/*Fischermeier*, § 626 BGB Rn. 122; *Preis*, DB 1990, 630, 633 (Fn. 52).

des Arbeitgebers zu betreuen hat, außerdienstlich ein Vermögensdelikt begeht. Das Verhalten des Arbeitnehmers soll dann den Schluss zulassen, dass seine Hemmschwelle, fremdes Vermögen zu schädigen, nicht sehr bzw. nicht ausreichend hoch sei.[310] Exemplarisch soll nach von der Rechtsprechung entschiedenen Fällen die persönliche Eignung für den ausgeübten Beruf etwa in den folgenden Konstellationen entfallen:

Steuerhinterziehung durch einen Angestellten der Finanzverwaltung: Das befasste LAG Düsseldorf stellte fest, dass ein solches außerdienstliches Verhalten das betreffende Arbeitsverhältnis unmittelbar berühre, weil es die Finanzverwaltung in der Öffentlichkeit als unglaubhaft erscheinen lasse und ihr Ansehen gefährde. Eine außerordentliche Kündigung könne ggf. geeignet sein, das Vertrauen in das korrekte Verhalten der Angestellten der Finanzverwaltung wiederherzustellen.[311]

Ähnlich entschied das BAG im Fall einer Angestellten des Finanzamtes, die über acht Jahre hinweg eine fortgesetzte vorsätzliche Steuerhinterziehung beging, indem sie Zinseinkünften von insgesamt ca. 170.000 DM nicht ordnungsgemäß angab. Das Gericht betonte, ein solches außerdienstliches Verhalten berühre wegen der erheblichen Herabsetzung der Glaubwürdigkeit der Finanzverwaltung in der Öffentlichkeit das Arbeitsverhältnis unmittelbar, sodass eine außerordentliche Kündigung gerechtfertigt sei.[312]

Ladendiebstahl durch einen Angestellten der Staatsanwaltschaft: Als ausreichender Kündigungsgrund wurde auch der Ladendiebstahl einer bei der Staatsanwaltschaft beschäftigten Mitarbeiterin angesehen.[313] Das LAG Frankfurt bestätigte das überwiegende Interesse der Staatsanwaltschaft an der Kündigung, die erforderlich sei, um das Ansehen der Behörde in der Öffentlichkeit zu wahren.

Eignungsmängel können ferner auch schon aufgrund des Verdachts einer außerdienstlichen Straftat bestehen.[314] Hier gelten die gleichen Grundsätze wie bei dem Versuch innerbetrieblicher Straftaten (vgl. oben, I. 5. b)).[315]

III. Zwischenergebnis

Von den soeben dargestellten Fallgruppen bilden die Vermögensdelikte im dienstlichen Bereich gegen das Arbeitgebervermögen die häufigste Fallgruppe,

---

310 *Wisskirchen*, S. 98.

311 LAG Düsseldorf v. 20.5.1980, EzA Nr. 72 zu § 626 BGB.

312 BAG v. 21.6.2001, NZA 2002, 1030 ff.

313 LAG Frankfurt v. 4.7.1985, LAGE Nr. 22 zu § 626 BGB.

314 Bspw. der Verdacht eines Bankeinbruchs in einer fremden Bank gegenüber einem Bankkassierer.

315 Mues/Eisenbeis/Laber/*Laber*, Teil 3 Personenbedingte Kündigung, Rn. 145.

mit der sich die Arbeitsgerichte beschäftigen mussten. Diese wird daher auch bei den nachfolgenden Ausführungen im Zentrum der Untersuchung stehen.

C. Reaktionsmöglichkeiten des Arbeitgebers auf Vermögensdelikte

Gerade bei geringwertigen Vermögensdelikten von Arbeitnehmern gegen Arbeitgebereigentum verhalten sich Arbeitgeber häufig bei äußerlich recht identischen Lebenssachverhalten unterschiedlich. Deshalb stellt sich nicht selten die Frage, warum mancher Arbeitgeber das Verhalten eines Arbeitnehmers einmal als Grund für eine außerordentliche verhaltensbedingte Tat- oder Verdachtskündigung nimmt, wohingegen ein anderer Arbeitgeber - oder sogar derselbe in einem anderen Fall - dieses Verhalten nicht einmal als Anlass für eine Abmahnung nimmt oder keine ordentliche verhaltensbedingte Kündigung in Erwägung zieht.[316]

So wird auch kritisiert, dass es sich bei den Opfern von Bagatellkündigungen nicht selten um Arbeitnehmer am unteren Ende der Lohnskala und somit um solche Arbeitnehmer handele, deren Arbeitskraft im Bedarfsfall leicht zu ersetzen ist.[317] Ab der mittleren Führungsebene würden hingegen andere Bewertungsmaßstäbe gelten.[318] Käme es hier - was selten der Fall sei - zu einer Beendigung des Arbeitsverhältnisses, würden sich die Parteien zumeist außergerichtlich einigen. Zudem würden häufig noch hohe Abfindungen gezahlt. Es seien hingegen nur wenige Fälle bekannt, in denen Arbeitsgerichte die Kündigung einer Führungskraft wegen eines Bagatelldelikts bestätigt hätten (vgl. hierzu Kapitel 2 B. II.). Den Arbeitgebern, aber auch den Arbeitsgerichten wird vorgeworfen, insoweit mit zweierlei Maß zu messen. Freilich mag der Arbeitgeber sich hier auch oft von einer Kosten-Nutzen-Bewertung in Bezug auf den betreffenden Arbeitnehmer leiten lassen.[319] Je wertvoller der Arbeitnehmer für den Betrieb des Arbeitgebers ist, desto eher könne er geneigt sein, auch bei schwereren - und an sich kündigungsrelevanten - Verfehlungen anders als mit einer Kündigung[320] auf dieses Verhalten zu reagieren.[321] Erscheint der Arbeitnehmer

---

316 *Berkowsky*, § 6 Rn. 4.

317 *Däubler*, dbr 2/2010, 3.

318 *Nägele*, zit. nach Spiegel v. 30.11.2009, 46, 48; siehe hierzu auch *Wilke*, PersF 10/2009, 48, 49; *Budras*, FAZ v. 10.6.2010, S. 11 „in der Kündigungsfalle".

319 Vgl. *Diller*, NZA 2006, 569, 572.

320 Bspw. wird es der Arbeitgeber bei einer mündlichen Verwarnung belassen.

321 Siehe hierzu *Diller*, NZA 2006, 569, 572.

dem Arbeitgeber hingegen leicht ersetzbar, lässt sich die Toleranzschwelle deutlich niedriger ansetzen, und es bestehen geringere Vorbehalte, eine Abmahnung oder (außerordentliche) Kündigung auszusprechen.

Zunächst sollen die einzelnen Reaktionsmöglichkeiten des Arbeitgebers auf durch den Arbeitnehmer begangene Vermögensdelikte kurz vorgestellt werden, um diese in Kapitel 3 vor dem Grundsatz der Verhältnismäßigkeit bewerten und analysieren zu können. Die Abstufung des arbeitsrechtlichen „Sanktionensystems" ist in der Theorie vergleichsweise einfach. Als arbeitsrechtliche „Sanktion" bei geringwertigen Vermögensdelikten nimmt die außerordentliche Tat- oder Verdachtskündigung nicht selten als härteste Reaktion des Arbeitgebers eine Schlüsselstellung ein und wird dementsprechend bei dieser Untersuchung auch das Kernelement darstellen. Bisweilen reagieren Arbeitgeber aber auch nur mit einer ordentlichen verhaltensbedingten Kündigung (§ 1 KSchG) oder mit dem vorrangigen Instrument der Abmahnung, um den Arbeitnehmer zu einer ordnungsgemäßen Vertragserfüllung anzuhalten, sodass auch diese Reaktionsmöglichkeiten hier kurz anzusprechen sind. Bis zur arbeitsgerichtlichen Entscheidung steht es demnach im rein subjektiven Ermessen des Arbeitgebers, ob er bei einem geringwertigen Vermögensdelikt die rechtlich maximal vertretbaren Reaktionsmöglichkeiten wählt oder es aber bei einem milderen Mitteln belässt.[322]

I. Die Abmahnung

Die Abmahnung ist eine Möglichkeit zur Rüge von Vertragsverstößen[323] im Arbeitsverhältnis und stellt auf der „Sanktionsskala" die mildeste Arbeitgeberreaktion[324] auf ein geringwertiges Vermögensdelikt dar.

1. Allgemeine Anforderungen, Funktionen und Herleitung der Abmahnung

Eine Abmahnung dient dazu, dem Arbeitnehmer vor Ausspruch einer (außerordentlichen) Kündigung die Folgen seines säumigen Verhaltens vor Augen zu führen, um diesem die Gelegenheit zu geben, zu einem vertragskonformen

322 So auch *Zech*, S. 51.

323 Der kollegiale Ratschlag, das Kritikgespräch, die Belehrung, Vorhaltungen, die mündliche oder schriftliche Ermahnung, Verwarnungen, der Verweis, die Korrekturvereinbarung sind Vorstufen der Abmahnung, dürften aber bei geringwertigen Vermögensdelikten die Ausnahme darstellen.

324 Im Vergleich zur Ermahnung ist nur diese zur Vorbereitung einer Kündigung geeignet.

Verhalten zurückzukehren.[325] Sie ist formfrei möglich und kann deshalb sowohl schriftlich als auch mündlich ausgesprochen werden.[326] Das Fehlverhalten des Arbeitnehmers wird sowohl durch eine schriftliche Abmahnung, die der Arbeitgeber dem Arbeitnehmer zukommen lässt, als auch durch eine mündliche Abmahnung festgehalten, indem sie zur Personalakte genommen wird.[327] Durch das schriftliche Festhalten kann der Arbeitgeber später seiner Darlegungslast hinsichtlich der Abmahnung nachkommen.[328] Sobald der Arbeitgeber eine Abmahnung ausspricht, erklärt er damit konkludent, wegen der abgemahnten Pflichtverletzung auf eine Kündigung zu verzichten.[329] Zudem soll ein enger zeitlicher und inhaltlicher Zusammenhang zwischen dem Gegenstand der Abmahnung und der Pflichtverletzung bestehen. Bei länger zurückliegenden Verstößen kann eine erneute Abmahnung erforderlich werden. Feste Fristen für eine Abmahnung gibt es allerdings nicht. Insbesondere kann der Rechtsgedanke des § 626 Abs. 2 BGB, der für die außerordentliche Kündigung eine Zwei-Wochen-Frist vorsieht, nicht auf die Abmahnung übertragen werden.[330] Es kann jedoch eine Verwirkung in Betracht kommen (§ 242 BGB), wenn der Arbeitgeber nach dem Verstoß einen zu langen Zeitraum verstreichen lässt, bevor er hierauf mit einer Abmahnung reagiert.[331]

Eine ordnungsgemäße Abmahnung muss drei Funktionen erfüllen. Durch die sog. Beanstandungsfunktion wird dem Arbeitnehmer gegenüber zum Ausdruck gebracht, dass der Arbeitgeber die erbrachten Arbeitsleistungen oder ein bestimmtes Verhalten als nicht vertragsgemäß erachtet. Der Arbeitgeber muss also in einer für den Arbeitnehmer hinreichend deutlich erkennbaren Art und Weise die Leistungsmängel bzw. die Pflichtverletzung beanstanden. Durch die weiterhin erforderliche Ermahnungsfunktion soll der Arbeitnehmer zu einem vertragskonformen Verhalten angehalten werden. Schließlich muss der Arbeitnehmer im Zuge der Warnfunktion auch darauf hingewiesen werden, dass der Arbeitgeber künftig nicht gewillt ist, vergleichbare Vertragsverletzungen hinzunehmen, und es ist deutlich zu machen, dass in diesem Fall der Inhalt oder

---

325 *Preis*, AuR 2010, 242, 244.
326 ErfK/*Niemann*, § 626 BGB Rn. 30.
327 MüKo-BGB/*Hergenröder*, § 1 KSchG Rn. 199.
328 MüKo-BGB/*Hergenröder*, § 1 KSchG Rn. 199.
329 *Hunold*, NZA-RR 2000, 169; *Schiefer*, DB 2013, 1785, 1789.
330 MüArbR/*Berkowsky*, Bd. I 2009, § 114 Rn. 144.
331 BAG v. 14.12.1994, EzA Nr. 109 zu § 4 TVG; Backmeister/Trittin/Mayer/*Mayer*, § 1 KSchG Rn. 204.

der Bestand des Arbeitsverhältnisses gefährdet ist.[332] Diese Warnfunktion unterscheidet die Abmahnung von einer bloßen Ermahnung, bei der lediglich eine Vertragsverletzung beanstandet wird, ohne dass konkrete arbeitsrechtliche Konsequenzen angedroht werden.[333]

Die Notwendigkeit einer Abmahnung wurde aus dem Verhältnismäßigkeitsprinzip und dem Rechtsgedanken des § 326 Abs. 1 BGB aF entwickelt. Seit dem 1.1.2002 ist der Gedanke der Abmahnung in § 314 Abs. 2 BGB gesetzlich normiert[334] und damit als allgemeine Voraussetzung für eine Kündigung von Dauerschuldverhältnissen vorgegeben.[335] Die Gesetzesbegründung zu § 314 BGB[336] weist darauf hin, dass sich das Erfordernis der Abmahnung allgemein durchgesetzt habe und diese bei allen Pflichtverletzungen grundsätzlich eine Wirksamkeitsvoraussetzung für eine spätere Kündigung darstellt.

Eine Unterscheidung im Hinblick auf das Erfordernis einer Abmahnung als Kündigungsvoraussetzung zwischen Störungen im Leistungsbereich und solchen im Vertrauensbereich wird zumeist abgelehnt, da sich dies § 314 Abs. 2 BGB nicht entnehmen lasse.[337] Eine solche Unterscheidung sei zudem unscharf und wenig praktikabel.[338] Insoweit wird darauf hingewiesen, dass Pflichtwidrigkeiten im Leistungsbereich oft zugleich als Störung des Vertrauensbereichs begriffen werden können.[339] Da § 314 Abs. 2 BGB nunmehr alle Pflichtverletzungen erfasse, könne eine solche Differenzierung keine tragfähige Grundlage für die Beurteilung des Erfordernisses einer Abmahnung sein.[340] Die früher vertretene Ansicht, dass die Abmahnung nur bei Pflichtverletzungen im Leistungsbereich erforderlich sei,[341] ist somit spätestens seit der Kodifikation des Abmahnungserfordernisses in § 314 Abs. 2 BGB als überholt anzusehen.[342]

---

332 BAG v. 19.7.2012, DB 2012, 2439.

333 *Schaub/Linck*, § 132 Rn. 2.

334 Erwähnt wird die Abmahnung unter anderem auch in § 12 Abs. 3 AGG als mögliche Maßnahme, mit der der Arbeitgeber auf Verstöße Beschäftigter gegen das Benachteiligungsverbot des § 7 Abs. 1 AGG zu reagieren hat.

335 *Weth*, jurisPK-BGB § 626 Rn. 32.

336 BT-Drucks. 14/6040, S. 178.

337 *Weth*, jurisPK-BGB, § 626 Rn. 32; *Schlachter*, NZA 2005 433, 437.

338 Staudinger/*Preis*, § 626 BGB Rn. 117.

339 Staudinger/*Preis*, § 626 BGB Rn. 117.

340 *Weth*, jurisPK-BGB § 626 Rn. 32.

341 BAG v. 26.8.1993, AP Nr. 112 zu § 626 BGB.

342 MüKo-BGB/*Henssler*, § 626 Rn. 98.

2. *Die Abmahnung im Kontext von Vermögensdelikten*

Das BAG hat die Fragestellung der Erforderlichkeit einer Abmahnung nur langsam fortentwickelt.[343] Bei Störungen im Vertrauensbereich - und damit bei geringwertigen Vermögensdelikten - hielt das BAG eine Abmahnung grundsätzlich für entbehrlich.[344] Auch in seiner sog. „Bienenstich"-Entscheidung aus dem Jahr 1984 hielt das BAG eine Abmahnung noch für nicht erforderlich.[345] Hier wurde vorgetragen, dass eine vorherige Abmahnung als Teil des Kündigungsgrundes nur dann auszusprechen ist, wenn der Arbeitnehmer mit vertretbaren Gründen, etwa aufgrund einer unklaren Regelung oder Anweisung, annehmen konnte, sein Verhalten sei nicht vertragswidrig oder werde vom Arbeitgeber zumindest nicht als ein erhebliches, den Bestand des Arbeitsverhältnisses gefährdendes Fehlverhalten angesehen. Entbehrlich sei eine Abmahnung bei besonders schwerwiegenden Verstößen des Arbeitnehmers, deren Rechtswidrigkeit dem Arbeitnehmer ohne Weiteres erkennbar und bei denen es offensichtlich ausgeschlossen sei, dass der Arbeitgeber sie hinnehme. In solchen Fällen könne eine Wiederherstellung des für das Arbeitsverhältnis notwendigen Vertrauensverhältnisses nicht mehr erwartet werden. Dieser Auffassung folgte der überwiegende Teil der Rechtsprechung, wenn es um die Beurteilung geringfügiger Vermögensdelikte ging.[346] Die von der Rechtsprechung befürwortete Entbehrlichkeit einer Abmahnung bei vermögensbezogenen Pflichtverletzungen wurde, soweit geringwertige Güter des Arbeitgebers betroffen sind, mehrfach kritisiert, insbesondere, weil sie kategorisch eine mögliche Wiederherstellung des durch die Tat gestörten Vertrauens ausschloss.[347] Diese Rechtsprechung wurde im Jahr 1996 dahingehend modifiziert, dass bei Störungen im Vertrauensbereich eine Abmahnung nur dann erforderlich ist, wenn der Arbeitnehmer annehmen durfte, sein Verhalten sei nicht vertragswidrig bzw. werde vom Arbeitgeber nicht als den Bestand des Arbeitsverhältnisses gefährdendes Fehlverhalten angesehen.[348]

Kurz darauf, im Jahr 1997, stellte das BAG klar, dass das Abmahnungserfordernis grundsätzlich bei jeder Kündigung zu prüfen sei, die wegen eines

---

343 Siehe hierzu auch unter Kapitel 3 A. III.

344 BAG v. 4.4.1974, BAGE 26, 116 ff.

345 BAG v. 20.9.1984, AP Nr. 80 zu § 626 BGB.

346 Siehe etwa BAG v. 20.9.1984, AP Nr. 80 zu § 626 BGB; BAG v. 29.11.1984, Nr. 18 zu § 626 BGB; BAG v. 13.12.1984, AP Nr. 81 zu § 626 BGB; BAG v. 16.10.1986, RzK I 6 d Nr. 5; BAG v. 6.7.2000, RzK I 8 c Nr. 54; BAG v. 11.12.2003, NZA 2004, 486.

347 Vgl. *Preis*, DB 1990, 685, 688; *ders.*, AuR 2010, 242, 245; *Oetker*. SAE 1985, 177; *Schaub*. NZA 1997, 1185, 1186.

348 BAG v. 14.2.1996, NJW 1996, 2253 ff.

steuerbaren Verhaltens des Arbeitnehmers oder aus einem Grund in seiner Person ausgesprochen wurde, wenn die Wiederherstellung des Vertrauens erwartet werden könnte.[349] Diese Klarstellung modifizierte das BAG in weiteren Urteilen und betonte, dass dies nicht für schwere Pflichtverletzungen gelte, bei denen der Arbeitnehmer die Rechtswidrigkeit kannte und die Hinnahme des Arbeitgebers offensichtlich ausgeschlossen ist. In solchen Fällen könne eine Wiederherstellung des für das Arbeitsverhältnis notwendigen Vertrauens ohnehin nicht erwartet werden, weshalb unter diesen Voraussetzungen eine Abmahnung weiterhin entbehrlich sei.[350]

Im Jahr 2009 erkannte das BAG an, dass es selbst bei Störungen im Vertrauensbereich durch Eigentums- und Vermögensdelikte Fälle geben könnte, in denen eine Abmahnung nicht ohne Weiteres entbehrlich erscheint, wenn der Arbeitnehmer zwar die Verbotswidrigkeit kannte, er aber annehmen durfte, der Arbeitgeber werde das Verhalten nicht als erheblich werten, sodass der Bestand des Arbeitsverhältnisses nicht auf dem Spiel stehe.[351] Diese Sichtweise bestätigte das BAG sodann im Jahr 2010 in der sog. „Emmely"-Entscheidung. Hier wurde die bislang vertretene Linie, einer Abmahnung bedürfe es nicht, wenn jedem verständigen Arbeitnehmer die Rechtswidrigkeit seines Tuns bekannt sei, endgültig verlassen. Das BAG betonte, es komme bei Vermögensdelikten, bei denen allgemein von einem vorhandenen Unrechtsbewusstsein ausgegangen werden könne, allein darauf an, ob die Prognose berechtigt sei, der Arbeitnehmer werde sich nach einer Abmahnung künftig (wieder) vertragstreu verhalten. Selbst, wenn eine Verhaltensänderung durch den Arbeitnehmer nach einer ausgesprochenen Abmahnung angenommen werden kann, sei der Ausspruch einer Abmahnung dennoch nicht erforderlich, wenn die Pflichtverletzung so schwerwiegt, dass eine Hinnahme durch den Arbeitgeber offensichtlich – auch für den Arbeitnehmer erkennbar – ausgeschlossen ist. Das BAG wendet sich damit für die Prüfung des Erfordernisses einer Abmahnung dem Verhältnismäßigkeitsgrundsatz und dem Prognoseprinzip zu. Das Abmahnungserfordernis gelte auch bei Störungen im Vertrauensbereich (und damit auch bei geringwertigen Vermögensdelikten), da auch verloren gegangenes Vertrauen durch künftige Vertragstreue wieder zurückgewonnen werden könne. Beruhe die Vertragspflichtverletzung auf einem steuerbaren Verhalten des Arbeitnehmers, sei regelmäßig davon auszugehen, dass sein künftiges Verhalten bereits durch eine Abmahnung positiv beeinflusst

349 BAG v. 4.6.1997, BAGE 86, 95 ff.

350 BAG v. 10.2.1999, BAGE 91, 30 ff.

351 BAG v. 23.6.2009, NZA 2009, 1198 ff.

werden könne. Sie diene der Objektivierung der negativen Prognose.[352] Die Prognoseprüfung umfasse künftige Vertragspflichtverletzungen. Solange davon auszugehen ist, der Arbeitnehmer werde in Zukunft (Prognose) sein Fehlverhalten nicht fortsetzen, sei eine Kündigung als Ultima Ratio nicht erforderlich, sondern eine Abmahnung eine verhältnismäßige und ausreichende Reaktionsmöglichkeit des Arbeitgebers.[353] Erst wenn der Arbeitnehmer ordnungsgemäß abgemahnt worden sei, aber dennoch seine arbeitsvertraglichen Pflichten erneut verletze, könne regelmäßig davon ausgegangen werden, es werde auch zukünftig zu weiteren Vertragsstörungen kommen. Unter Berücksichtigung des Verhältnismäßigkeitsgrundsatzes bedürfe es einer Abmahnung nur dann nicht, wenn eine Verhaltensänderung in Zukunft selbst nach Abmahnung nicht zu erwarten sei oder es sich um eine so schwere Pflichtverletzung handele, dass eine Hinnahme durch den Arbeitgeber offensichtlich – auch für den Arbeitnehmer erkennbar – ausgeschlossen sei. Damit war der Grundpfeiler für die heutige Rechtsprechung bezüglich des Abmahnungserfordernisses bei geringwertigen Vermögensdelikten gelegt.[354]

II. Die ordentliche verhaltensbedingte Kündigung

Bei von Arbeitnehmern begangenen Vermögensdelikten kommt immer nur eine arbeitnehmerbedingte Kündigung[355] in Betracht.[356] Während die verhaltensbedingte Kündigung bei Vermögensdelikten innerhalb des Arbeitsverhältnisses in Betracht kommen kann, kann in selteneren Fällen auch eine personenbedingte Kündigung einschlägig sein, wenn der Arbeitnehmer ein Vermögensdelikt

352 BAG v. 23.6.2009, AP Nr. 59 zu § 1 KSchG 1969 Verhaltensbedingte Kündigung.

353 *Neumann/Hampe*, DB 2014, 1258.

354 BAG v. 9.6.2011, BB 2011, 2623 ff. Auch wenn das BAG hier entschied, dass die Pflichtverletzung so schwer wiegt, dass eine Wiederherstellung des Vertrauens auch nach langjähriger beanstandungsfreier Tätigkeit ausgeschlossen und eine Abmahnung damit entbehrlich ist, bewegt sich die Abmahnungsrechtsprechung dennoch auf der Linie der Emmely-Rechtsprechung. Im Gegensatz zu „Emmely“ hatte die Arbeitnehmerin an mehreren Tagen hintereinander systematisch und vorsätzlich falsche Arbeitszeiten angegeben und täuschte damit in beträchtlichem Umfang über die erbrachte Arbeitszeit. Das Gericht würdigte hier das auf Heimlichkeit angelegte, vorsätzliche und systematische Fehlverhalten der Arbeitnehmerin als besonders schwer; BAG v. 19.4.2012, EzA § 626 BGB 2002 Nr. 39.

355 Personenbedingte und verhaltensbedingte Kündigung. Bei der betriebsbedingten Kündigung handelt es sich um eine arbeitgeberbedingte Kündigung, die bei Vermögensdelikten durch den Arbeitnehmer nicht relevant ist.

356 Widmaier/*Hiebl/Becker*, § 30 Rn. 53.

außerhalb des Arbeitsverhältnisses begeht.[357] Die ordentliche verhaltensbedingte Kündigung stellt im arbeitsrechtlichen Sanktionensystem bezüglich begangener Vermögensdelikte durch den Arbeitnehmer ein gegenüber der Abmahnung stärkeres Mittel dar und beendet das Arbeitsverhältnis mit Ablauf der Kündigungsfrist. Gegenüber der außerordentlichen verhaltensbedingten (Verdachts) Kündigung ist sie ein zwar ebenfalls geeignetes, aber milderes Mittel. Im Unterschied zur außerordentlichen verhaltensbedingten Kündigung ist die ordentliche verhaltensbedingte Kündigung der gesetzlich oder vertraglich vorgesehene gewöhnliche Weg zur Beendigung des Dauerschuldverhältnisses.[358]

Die ordentliche Kündigung ist somit das zentrale Mittel des Arbeitgebers, um ein Arbeitsverhältnis einseitig zu beenden, dessen Fortsetzung nicht oder nur mit großen Beeinträchtigungen möglich ist.[359] Eine ordentliche Kündigung wird unter Einhaltung der Kündigungsfrist ausgesprochen, die in § 622 BGB, in einem Tarifvertrag oder im Arbeitsvertrag bestimmt sein kann.[360] Diese Fristen sollen den Vertragspartnern ausreichend Zeit verschaffen, sich auf die Beendigung des Arbeitsverhältnisses einstellen zu können. Insbesondere soll dem Arbeitnehmer durch die Frist die Möglichkeit eingeräumt werden, ohne wirtschaftlichen Nachteil eine Anschlussbeschäftigung zu finden.[361]

Voraussetzung der verhaltensbedingten ordentlichen Kündigung ist eine derart starke Störung des Arbeitsverhältnisses, dass dem Arbeitgeber nicht zumutbar ist, den Vertrag nach Ablauf der Kündigungsfrist fortzusetzen. Bei geringwertigen Vermögensdelikten kommt es demnach darauf an, ob der Arbeitgeber einen Arbeitnehmer bis zum Ablauf der ordentlichen Kündigungsfrist entweder verstärkt kontrollieren oder mit anderen Aufgaben betrauen kann, um eine Wiederholungstat zu verhindern. Erst wenn solche Maßnahmen nicht erfolgreich oder möglich sind, ist eine außerordentliche Kündigung als härteres Mittel zulässig. Die arbeitnehmerbedingte Kündigung kann auch als „Institut zur Gewährleistung der Sollbeschaffenheit des Arbeitsverhältnisses“ bezeichnet werden.[362]

Wenn das KSchG auf das Arbeitsverhältnis anwendbar ist, ist die Kündigung nur dann wirksam, wenn sie nach § 1 Abs. 2 KSchG sozial gerechtfertigt ist.[363]

357 Widmaier/*Hiebl/Becker*, § 30 Rn. 56.
358 H/W/K/*Quecke*, § 1 KSchG Rn. 27.
359 A/P/S/*Vossen*, § 626 BGB Rn. 1.
360 T/L/L/*Waas/Gabrys*, § 1 Rn. 2; A/P/S/*Vossen*, § 626 BGB Rn. 1; HaKo/*Fiebig*, Einl. Rn. 93.
361 ErfK/*Müller-Glöge*, § 622 BGB Rn. 1.
362 *Berkowsky*, § 3 Rn. 14.
363 Vgl. § 1 Abs. 1, Abs. 2 S. 1, Abs. 3 KSchG.

Eine verhaltensbedingte Kündigung ist dann sozial gerechtfertigt, wenn Umstände im Verhalten des Arbeitnehmers vorliegen, die bei verständiger Würdigung in Abwägung der Arbeitgeber- als auch der Arbeitnehmerinteressen die Kündigung als billigenswert und angemessen erscheinen lassen.[364] In Abgrenzung zur personenbedingten Kündigung setzt die verhaltensbedingte Kündigung somit die Steuerungsfähigkeit des Arbeitnehmers hinsichtlich des relevanten Verhaltens voraus:[365] Der Arbeitnehmer verhält sich kündigungsrelevant, also in der Regel vertragswidrig, obwohl er sich vertragsgemäß verhalten könnte, wenn er wollte. Die Rechtmäßigkeit einer verhaltensbedingten Kündigung ist grundsätzlich in drei Stufen zu prüfen.[366] Sie setzt voraus, dass

(1) der Arbeitnehmer eine ihm obliegende Vertragspflicht in Form einer Haupt- oder Neben pflicht verletzt hat,[367]
(2) der Arbeitnehmer schuldhaft gehandelt hat, die Pflichtverletzung also vorsätzlich oder fahr lässig begangen wurde, und
(3) eine negative Zukunftsprognose in Form einer Wiederholungsgefahr gegeben ist.[368]

Für eine negative Zukunftsprognose spricht insbesondere die wiederholte Vertragsverletzung trotz vorangegangener Abmahnung.[369]

Regelmäßig bedarf es somit für eine wirksame verhaltensbedingte Kündigung einer vorherigen Abmahnung.[370] Diese dient der Objektivierung der negativen Prognose.[371] Wenn sich das abgemahnte Verhalten wiederholt und damit die Abmahnung ohne Wirkung geblieben ist, besteht regelmäßig eine Wiederholungsgefahr, sodass eine negative Prognose vorliegt. Sind Pflichtverletzung und Wiederholungsgefahr zu bejahen, ist nach dem Verhältnismäßigkeitsgrundsatz zu prüfen, ob neben der Kündigung noch eine weniger einschneidende Maßnahme als milderes Mittel in Betracht kommt, bspw. eine Versetzung des Arbeitnehmers. Ferner müssen durch die Vertragspflichtverletzung auch die betrieblichen Interessen des Arbeitgebers beeinträchtigt worden sein. Als abschließender Schritt ist

364 BAG v. 21.5.1992, NZA 1993, 115.

365 ErfK/*Oetker*, § 1 KSchG Rn. 188; AnwK-ArbR/*Hümmerich/Holthausen*, Bd. 2 § 1 KSchG Rn. 300; Schaub/*Linck*, § 133 Rn. 1.

366 Schaub/*Linck*, § 133 Rn. 2.

367 BAG v. 16.8.1991, AP Nr. 27 zu § 1 KSchG 1969 Verhaltensbedingte Kündigung.

368 BAG v. 10.11.1988, AP Nr. 3 zu § 1 KSchG 1969 Abmahnung.

369 BAG v. 26.1.1995 AP Nr. 34 zu § 1 KSchG 1969 Verhaltensbedingte Kündigung.

370 Vgl. Kapitel 2 A. III. 1–3.

371 BAG v. 18.9.2008, NZA-RR 2009, 393, 396.

eine umfassende Interessenabwägung vorzunehmen. Hier muss eine Abwägung der gegenläufigen Interessen ergeben, dass die Interessen des Arbeitgebers an der Beendigung des Arbeitsverhältnisses im konkreten Fall höher zu bewerten sind als das gegenläufige Interesse des Arbeitnehmers.

Da eine verhaltensbedingte Kündigung regelmäßig selbstverschuldet ist, spricht die Agentur für Arbeit auch hier in der Regel eine Sperrzeit[372] aus, wenn das Arbeitsverhältnis durch eine solche gekündigt worden ist.

III. Die außerordentliche verhaltensbedingte Kündigung

Die außerordentliche verhaltensbedingte Tatkündigung stellt zusammen mit der außerordentlichen Verdachtskündigung die einschneidendste Maßnahme im arbeitsrechtlichen Sanktionensystem bzgl. geringwertiger Vermögensdelikte dar.[373] Die Folgen einer außerordentlichen Kündigung sind für den Arbeitnehmer gravierend.[374] Abgesehen davon, dass das Ansehen des Arbeitnehmers mit den damit einhergehenden psychischen Folgen nachhaltig beschädigt sein kann, wird der Arbeitnehmer mit sofortiger Wirkung beschäftigungslos. Das Arbeitsverhältnis ist mit Zugang der Kündigungserklärung beendet, und die vertragliche Vergütung durch den Arbeitgeber entfällt ebenfalls mit sofortiger Wirkung.[375] Weitere Konsequenzen ergeben sich aus der Sperrfrist von bis zu 12 Wochen (§ 144 Abs. 1 Nr. 1 SGB III). Damit ruht der Anspruch des Arbeitnehmers auf Arbeitslosengeld 1 für die Dauer der ersten drei Monate nach Ausspruch der außerordentlichen Kündigung. Nach Ablauf dieser drei Monate erhält der Arbeitnehmer sodann zwar Arbeitslosengeld; die Bezugsdauer wird aber ebenfalls um die Dauer der Sperrzeit verkürzt (§ 128 Abs. 1 Nr. 4 SGB III). Zudem verliert der Arbeitnehmer durch eine außerordentliche Kündigung seine gesamte sozialversicherungsrechtliche Absicherung. Die Zahlung von Arbeitslosen-, Renten- und Krankenversicherungsbeiträgen durch den Arbeitgeber ist an das Bestehen eines Arbeitsverhältnisses gebunden. Auch wenn die außerordentliche Kündigung noch nicht gerichtlich bestätigt ist, darf der Arbeitgeber nach Ausspruch einer solchen den Arbeitnehmer mit sofortiger Wirkung von der Sozialversicherung abmelden. Ist der außerordentlich gekündigte Arbeitnehmer

---

372 Die Sperrzeit ist in § 144 SGB III geregelt und bezeichnet einen Zeitraum, für den der Anspruch auf Leistungen der Bundesagentur für Arbeit wegen versicherungswidrigen Verhaltens ausgeschlossen ist.

373 *Schlachter*, NZA 2005 433.

374 *Wollschläger*, S. 131.

375 *Fuhlrott*, ArbRAktuell 2010, 541.

unterhaltspflichtig, werden seine bisherigen Bezüge zudem weiterhin als unterhaltsrechtlich relevantes Einkommen zugrunde gelegt, da davon ausgegangen wird, er habe mutwillig seine Leistungsunfähigkeit herbeigeführt.[376] Letztlich ergibt sich für den Arbeitnehmer das Problem, aufgrund des ungeraden Austrittsdatums eine Anschlussbeschäftigung zu finden, da ein solches signalisiert, dass die Vertragsparteien sich nicht friedlich getrennt haben.[377] Nicht zuletzt wegen dieser Umstände steht die außerordentliche fristlose Kündigung immer wieder im besonderen Fokus der Rechtsprechung und der öffentlichen Diskussion – insbesondere, wenn der Grund für die fristlose Kündigung in einem geringwertigen Vermögensdelikt liegt.

Die rechtlichen Grundlagen, nach denen die Wirksamkeit einer außerordentlichen Kündigung wegen eines geringwertigen Vermögensdelikts beurteilt wird, sind überschaubar. Die außerordentliche Kündigung bemisst sich nach der Neufassung von § 626 BGB durch das erste Arbeitsrechtsbereinigungsgesetz vom 14.8.1969[378] – bis auf wenige Sonderregelungen[379] – einheitlich nach dieser Vorschrift.[380] Zuvor war das Recht zur außerordentlichen Kündigung in verschiedenen Normen mit unterschiedlichem Regelungsgehalt geregelt.[381] Die außerordentliche Kündigung nach § 626 BGB ist Lex specialis zur allgemeinen Regelung des § 314 BGB, nach der alle Dauerschuldverhältnisse aus wichtigem Grund ohne die Einhaltung einer Frist gekündigt werden können.[382] Gemäß § 626 BGB müssen Tatsachen vorliegen, aufgrund derer dem Kündigenden unter Berücksichtigung aller Umstände des Einzelfalls und unter Abwägung der Interessen beider Vertragsteile die Fortsetzung des Arbeitsverhältnisses bis zum Ablauf der Kündigungsfrist oder bis zur vereinbarten Beendigung des Dienstverhältnisses nicht zugemutet werden kann. § 626 BGB durchbricht damit den im allgemeinen Kündigungsschutzrecht grundsätzlich bestehenden Bestandsschutz

---

376 BGH v. 12.4.2000, NJW 2000, 2351.

377 Siehe hierzu auch *Preis*, Prinzipien, S. 477 der von einer „faktisch diskriminierenden Wirkung" der außerordentlichen Kündigung spricht.

378 BGBl. I, 1106 Vgl. zur Entstehungsgeschichte KR/*Spilger*, § 622 BGB Rn. 8.

379 Gesetzliche Sonderregelungen bestehen noch für Berufsausbildungverhältnisse (§ 22 BBiG), die dem Seemannsgesetz unterliegenden Heuerverhältnisse (§ 64 70, 78 SeemG), Dienstordnungsangestellte (für „Altfälle": § 358 RVO iVm § 352 RVO) und für den öffentlichen Dienst im Beitrittsgebiet wegen Tätigkeit für das MfS (Anlage I Kapitel XIX Sachgebiet A Abschnitt III Nr. 1 Abs. 5).

380 KR/*Fischermeier*, § 626 BGB Rn. 1.

381 Vgl. zur Entstehungsgeschichte des § 626 BGB ErfK/*Niemann*, § 626 BGB Rn. 2.

382 Palandt/*Weidenkaff*, § 626 BGB Rn. 3.

von Arbeitsverhältnissen.[383] Dogmatisch stellt sie einen Sonderfall des Wegfalls der Geschäftsgrundlage dar.[384] § 626 BGB gilt für alle Dienst- und Arbeitsverträge, die aus wichtigem Grund gekündigt werden können.[385] Er soll ein unverzichtbares Freiheitsrecht für beide Vertragsteile garantieren, sich bei extremen Belastungen eines Dienstverhältnisses ohne Beachtung der gesetzlichen oder vereinbarten Kündigungsfrist von diesem zu lösen.[386] Das Recht zur außerordentlichen Kündigung ist für beide Vertragsteile unabdingbar.[387]

Dennoch ist das Recht zur außerordentlichen Kündigung ein Ausnahmerecht.[388] § 626 BGB soll deshalb eng auszulegen sein, weil mit ihr eine Durchbrechung des Grundsatzes der Vertragstreue (*pacta sunt servanda*) einhergeht.[389] Auch für die außerordentliche Kündigung gilt, dass sie zwar das Arbeitsverhältnis beendet, aber grundsätzlich – wie allgemein die Regelungen des deutschen Zivilrechts[390] – keine Vergeltungsfunktion hat.[391] Die außerordentliche Kündigung soll nicht damit gerechtfertigt werden können, dass die Beendigung des Arbeitsverhältnisses als Sanktion für ein Fehlverhalten des Arbeitnehmers erforderlich sei.[392] Vielmehr bezweckt § 626 BGB, künftige Störungen zu vermeiden, indem sich die Parteien mit sofortiger Wirkung vom Vertrag lösen können, wenn eine unbelastete Zusammenarbeit nicht mehr möglich erscheint.[393]

---

383 MüKo-BGB/*Henssler*, § 626 Rn. 72.

384 Erman/*Belling/Riesenhuber*, § 626 BGB Rn. 1; BeckOK-BGB/*Fuchs*, § 626 Rn. 1; AnwK-ArbR/*Bröhl*, Bd. 1 § 626 BGB Rn. 3.

385 MüKo-BGB/*Henssler*, § 626 Rn. 6; Backmeister/Trittin/Mayer/*Mayer*, § 626 BGB Rn. 1; AR/*Fischermeier*, § 626 Rn. 1; Palandt/*Weidenkaff*, § 626 BGB Rn. 1; Jauernig/*Mansel*, § 626 BGB Rn. 2; *Weth*, jurisPK-BGB § 626 Rn. 3; Erman/*Belling/Riesenhuber*, § 626 BGB Rn. 2; Staudinger/*Preis*, § 626 Rn. 3; AnwK-BGB/*Klappstein*, § 626 Rn. 3.

386 ErfK/*Niemann*, § 626 BGB Rn. 1; Staudinger/*Preis*, § 626 Rn. 5.

387 BAG v. 6.11.1956, AP Nr. 14 zu § 626 BGB; BAG v. 19.12.1974, DB 1975, 890; BAG v. 7.3.2002, NZA 2002, 963; HaKo/*Fiebig*, Einl. Rn. 95; Palandt/*Weidenkaff*, § 626 BGB Rn. 2; Jauernig/*Mansel*, § 626 BGB Rn. 5; BeckOK-BGB/*Fuchs*, § 626 Rn. 2; KR/*Fischermeier*, § 626 BGB Rn. 57; AnwK-BGB/*Klappstein*, § 626 Rn. 10.

388 Erman/*Belling/Riesenhuber*, § 626 BGB Rn. 7; *Preis*, Prinzipien, S. 476.

389 Erman/*Belling/Riesenhuber*, § 626 BGB Rn. 1; *Preis*, Prinzipien, S. 476; H/W/K/*Sandmann*, § 626 BGB Rn. 1.

390 Vgl. hierzu zB Art. 40 Abs. 3 EGBGB und etwa *Müller*, Punitive Damages, S. 31 ff., 49 ff.

391 T/L/L/*Jacobs/Wege*, § 626 Rn. 3; AnwK-BGB/*Klappstein*, § 626 Rn. 2; siehe hierzu ausführlich Kapitel 2 B. I. 1.

392 T/L/L/*Jacobs/Wege*, § 626 Rn. 3; ErfK/*Niemann*, § 626 BGB Rn. 1.

393 AnwK-BGB/*Klappstein*, § 626 Rn. 2.

Seit der Änderung des § 626 BGB im Jahr 1969 sind exemplarisch aufgezählte absolute Kündigungsgründe in dem Sinn entfallen, dass bestimmte Vorkommnisse immer und stets als wichtiger Grund anerkannt werden.[394] Sowohl nach der herrschenden Meinung[395] als auch der Rechtsprechung[396] soll es damit im Rahmen des § 626 BGB keine absoluten Kündigungsgründe mehr geben.[397] § 626 Abs. 1 BGB diene der Einzelfallgerechtigkeit und stehe somit in einem zwangsläufigen Spannungsverhältnis zum Rechtssicherheitspostulat.[398] Diese Funktion des § 626 Abs. 1 BGB verbiete damit aber im Grundsatz die Entwicklung sog. absoluter Kündigungsgründe,[399] bei deren Vorliegen per se von einem Recht zur fristlosen Kündigung ausgegangen werden könnte.[400] Insbesondere das Erfordernis, die Besonderheiten des Einzelfalls umfassend zu berücksichtigen, schließe es aus, bestimmte Tatsachen stets als wichtige Gründe zur außerordentlichen Kündigung anzuerkennen.[401] Damit sollen, schon aus dogmatischen Gründen, von Arbeitnehmern begangene (geringfügige) Vermögensdelikte keinen absoluten Kündigungsgrund bilden.[402] Nach Ansicht des BAG und der Literatur hat § 626 Abs. 1 BGB zwingenden Charakter, sodass auch eine vertragliche Vereinbarung absoluter Kündigungsgründe nicht zulässig sei. Dennoch soll die Benennung wichtiger Kündigungsgründe im Arbeitsvertrag die Interessenabwägung zumindest beeinflussen können[403] (siehe hierzu unter Kapitel 3 A. II. 1. a) cc) (4)).

Die außerordentliche Kündigung wird in der Regel in Form einer fristlosen Kündigung ausgesprochen,[404] weshalb sie auch oft mit dem Begriff der fristlosen

---

394 Vgl. bspw. § 123 Abs. 1 Nr. 8 GewO, §§ 70 bis 72 HGB, §§ 133 b bis 133 d GewO.

395 KR/*Fischermeier*, § 626 BGB, Rn. 81.

396 BAG v. 15.11.1984, NJW 1986, 342, ff.

397 Als Ausnahme für einen absoluten Kündigungsgrund gilt das in § 64 Abs. 1 Nr. 1, 2, 3 und 5 SeemG genannte Kündigungsrecht, was aber auf außerseemännische Arbeitsverhältnisse nicht übertragbar ist.

398 H/W/K/*Sandmann*, § 626 BGB Rn. 61.

399 Auch eine Vereinbarung absoluter Kündigungsgründe ist unzulässig, da § 626 BGB zwingenden Charakter hat.

400 AnwK-ArbR/*Bröhl*, Bd. 1 § 626 BGB Rn. 18; H/W/K/*Sandmann*, § 626 BGB Rn. 60; AnwK-BGB/*Klappstein*, § 626 Rn. 26; *Conze*, öAT 2010, 153. Vgl. hierzu aber das in § 64 Abs. 1 Nr. 1, 2, 3 und 5 SeemG genannte Kündigungsrecht, das ausnahmsweise solche absoluten Kündigungsgründe beschreibt, jedoch auf außerseemännische Arbeitsverhältnisse nicht übertragbar ist.

401 KR/*Fischermeier*, § 626 BGB Rn. 81.

402 *Preis*, AuR 2010, 186, 188.

403 MüKo-BGB/*Henssler*, § 626 BGB Rn. 59.

404 S/P/V/*Preis*, § 22 Rn. 526; Backmeister/Trittin/Mayer/*Mayer*, § 626 BGB Rn. 23.

Kündigung gleichgesetzt wird. Die fristlose Kündigung ist jedoch nur eine Unterform der außerordentlichen Kündigung. Möglich ist es auch, die außerordentliche Kündigung unter Bewilligung einer Auslauffrist auszusprechen.[405] Die fristlose außerordentliche Kündigung wird mit Zugang beim Empfänger wirksam, die außerordentliche Kündigung mit Auslauffrist erst zu dem in ihr angegebenen Zeitpunkt. Eine außerordentliche Kündigung mit Auslauffrist liegt aber nur dann vor, wenn der Arbeitgeber hinreichend deutlich macht, dass trotz der Einräumung einer Frist eine außerordentliche Kündigung erklärt sein soll.[406] Mangelt es an einer solchen Klarstellung, kann der Gekündigte darauf vertrauen, dass eine ordentliche Kündigung erklärt wurde, selbst wenn ein wichtiger Grund zur außerordentlichen Kündigung bestand.[407]

Formell unterliegt eine wirksame außerordentliche Kündigung dem Schriftformerfordernis und hat demnach durch eine schriftliche Kündigungserklärung zu erfolgen. Die Angabe eines Kündigungsgrundes ist keine Wirksamkeitsvoraussetzung für die außerordentliche Kündigung.[408] Allerdings muss der Kündigende den Grund für die ausgesprochene Kündigung auf Verlangen schriftlich nennen, damit der Gekündigte die Berechtigung der außerordentlichen Kündigung überprüfen kann (§ 626 Abs. 2 S. 3 BGB).

Letztlich – und insbesondere ist dies für die Praxis wichtig – darf die fristlose Kündigung gemäß § 626 Abs. 2 S. 1 BGB nur innerhalb einer materiellrechtlichen Ausschlussfrist von zwei Wochen erfolgen. Wird die Ausschlussfrist versäumt, führt dies zur Unwirksamkeit der außerordentlichen Kündigung.[409] Die Ausschlussfrist ist unabdingbar, weil es sich bei § 626 Abs. 2 BGB um eine zwingende gesetzliche Vorschrift handelt.[410] Diese Frist kann weder verlängert noch ihr Fristbeginn abweichend geregelt werden.[411] Der Grund für diese zweiwöchige Ausschlussfrist liegt in dem Gebot der Rechtssicherheit.[412] § 626 Abs. 2 BGB ist

---

405 Backmeister/Trittin/Mayer/*Mayer*, § 626 BGB Rn. 24; AnwK-ArbR/*Bröhl*, Bd. 1 § 626 BGB Rn. 1; AR/*Fischermeier*, § 626 Rn. 19; HaKo/*Fiebig*, Einl. Rn. 95; Palandt/*Weidenkaff*, § 626 BGB Rn. 33; P/W/W/*Lingemann*, § 626 BGB Rn. 11; Erman/*Belling/Riesenhuber*, § 626 BGB Rn. 24; KR/*Fischermeier*, § 626 BGB Rn. 29; HK-ArbR/*Griebeling/Herget*, § 626 Rn. 34.

406 Erman/*Belling/Riesenhuber*, § 626 BGB Rn. 24.

407 KR/*Fischermeier*, § 626 BGB Rn. 31.

408 KR/*Fischermeier*, § 626 BGB Rn. 36.

409 *Wenzel*, MDR 1977, 985, 986.

410 BAG v. 12.2.1973, AP Nr. 6 zu § 626 BGB.

411 BAG v. 12.4.1978, AP Nr. 13 zu § 626 BGB Ausschlussfrist.

412 *Weth*, jurisPK-BGB § 626 Rn. 2.

somit ein gesetzlich konkretisierter Verwirkungstatbestand,[413] und ihm kommt eine doppelte Schutzfunktion zu:[414] zum einen der Schutz vor übereilten Kündigungen durch den Arbeitgeber[415] und zum anderen der Schutz des sich durch Zeitablauf bildenden Vertrauens.[416] Auch wenn der Arbeitnehmer die Voraussetzungen für eine außerordentliche Kündigung durch ein Vermögensdelikt verwirklicht hat, darf nicht unangemessen lange Zeit ungewiss bleiben, ob der Arbeitgeber dieses Verhalten zum Anlass nimmt, eine außerordentliche Kündigung auszusprechen.[417] Er soll frühzeitig Gewissheit darüber haben, ob sein Arbeitsverhältnis aufgrund eines bestimmten Vorgangs durch eine außerordentliche Kündigung aufgelöst wird.[418] Insbesondere soll sich der Arbeitgeber auch keinen Kündigungsgrund aufsparen können, um damit den Arbeitnehmer dauerhaft unter Druck zu setzen.[419] Zögert der Arbeitgeber zu lange, kann dies zudem zweifelhaft erscheinen lassen, ob der Grund tatsächlich so schwer wiegt, dass die Fortsetzung des Arbeitsverhältnisses für den Arbeitgeber unzumutbar ist.[420] Gleichzeitig soll dem Arbeitgeber aber auch eine angemessene Bedenkzeit eingeräumt werden. Letztere Zweckbestimmung soll auch das Interesse des Arbeitgebers an einer umfassenden Sachverhaltsaufklärung rechtfertigen.[421]

Der Lauf der Frist des § 626 Abs. 2 BGB beginnt mit dem Zeitpunkt, zu dem der Arbeitgeber von den für die Kündigung maßgebenden Tatsachen Kenntnis erlangt.[422] Hierbei muss der Kündigungsberechtigte eine zuverlässige und möglichst vollständige Kenntnis des Kündigungssachverhalts haben, um einschätzen zu können, ob die Fortsetzung des Arbeitsverhältnisses zumutbar ist oder nicht.[423] Hier gehören zu den für eine Kündigung maßgebenden Tatsachen sowohl die für als auch die gegen eine solche sprechenden Umstände.[424] Will der Arbeitgeber bei einer Straftat nicht wegen des Verdachts, sondern wegen einer erwiesenen Tat kündigen, darf er auch die rechtskräftige Verurteilung des

413 BAG v. 17.3.2005, AP Nr. 46 zu § 626 BGB; BAG v. 2.2.2006, AP Nr. 204 zu § 626 BGB.
414 *Weth*, jurisPK-BGB § 626 Rn. 2.
415 BAG v. 11.3.1976, AP Nr. 9 zu § 626 BGB Ausschlussfrist; BAG v. 15.11.1995, AP Nr. 73 zu § 101 BetrVG 1972; BAG v. 17.3.2005, NZA 2006, 101.
416 ErfK/*Niemann*, § 626 BGB Rn. 220.
417 ErfK/*Niemann*, § 626 BGB Rn. 200.
418 BAG v. 4.6.1997, AP Nr. 5 zu § 626 BGB; BAG v. 17.3.2005, NZA 2006, 101, 103.
419 BAG v. 25.2.1983, AP Nr. 14 zu § 626 BGB; BAG v. 4.6.1997, AP Nr. 5 zu § 626 BGB.
420 AnwK-ArbR/*Bröhl*, Bd. 1 § 626 BGB Rn. 97.
421 KR/*Fischermeier*, § 626 BGB Rn. 329.
422 ErfK/*Niemann*, § 626 BGB Rn. 205; P/W/W/*Lingemann*, § 626 BGB Rn. 13.
423 BAG v. 28.10.1971, AP Nr. 1 zu § 626 BGB.
424 BAG v. 17.3.2005, NZA 2006, 101.

Arbeitnehmers abwarten.[425] Ohne eine umfassende Kenntnis des Arbeitgebers vom Kündigungssachverhalt kann er sein Kündigungsrecht nicht verwirken.

Kündigt der Arbeitgeber das Arbeitsverhältnis erst nach Ablauf der Frist, löst § 626 Abs. 2 BGB die unwiderlegbare gesetzliche Vermutung aus, dass der Grund seine Bedeutung für eine außerordentliche Kündigung verloren hat.[426] Die Kündigung ist damit unwirksam, jedenfalls als außerordentliche Kündigung nach § 626 BGB.[427] Im Hinblick auf geringwertige Vermögensdelikte wird in der Praxis der Ausspruch einer fristlosen Kündigung regelmäßig mit einer hilfsweise erklärten ordentlichen verhaltensbedingten Kündigung verbunden.[428]

1. *Der wichtige Grund als unbestimmter Rechtsbegriff*

Ein wichtiger Grund für eine außerordentliche Kündigung ist nach der regulativen Generalklausel[429] bzw. Blankettnorm[430] des § 626 Abs. 1 BGB dann gegeben, wenn Tatsachen vorliegen, aufgrund derer dem Kündigenden unter Berücksichtigung aller Umstände des Einzelfalls und unter Abwägung der Interessen beider Vertragsteile die Fortsetzung des Arbeitsverhältnisses bis zum Ablauf der Frist für eine ordentliche Kündigung oder bis zum Ablauf einer vereinbarten Befristung des Arbeitsverhältnisses nicht zugemutet werden kann.[431] Es handelt sich somit um einen unbestimmten Rechtsbegriff,[432] da er nur durch allgemeine Merkmale gekennzeichnet wird.[433] Die normativen Vorgaben sind abstrakt und offen gefasst und somit auf ihre Ausfüllung durch die Rechtsprechung hin konzipiert.[434] Der Richter kann und muss somit mithilfe anderer Wertungsgesichtspunkte im Einzelfall normschöpfend tätig werden.[435] Stets sind jedoch bei seiner Ausfüllung der objektive Gehalt der Grundrechte und hier insbesondere

---

425 BAG v. 17.3.2005, NZA 2006, 101; P/W/W/*Lingemann*, § 626 BGB Rn. 13; Jauernig/*Mansel*, § 626 BGB Rn. 20.

426 BAG v. 8.6.1972, AP Nr. 1 zu § 13 KSchG 1969.

427 *Wenzel*, MDR 1977, 985, 986.

428 *Fuhlrott*, ArbRAktuell 2010, 541, 542.

429 S/P/V/*Preis*, § 626 BGB Rn. 547.

430 *Ascheid*, Kündigungsschutzrecht, Rn. 113.

431 A/P/S/*Vossen*, § 626 BGB Rn. 22.

432 *Reichel*, AuR 2004, 250; KR/*Fischermeier*, § 626 BGB Rn. 78.

433 *Preis*, Prinzipien, S. 94 ff., 478 ff.

434 HK-ArbR/*Griebeling*/*Herget*, § 626 BGB Rn. 47.

435 Erman/*Belling*/*Riesenhuber*, § 626 BGB Rn. 30.

Art. 12 GG zu beachten, der die Berufsfreiheit sowohl des Arbeitnehmers als auch Arbeitgebers schützt.[436]

Das Gesetz gibt weder vor, wann ein Grund als wichtig im Sinne von § 626 Abs. 1 BGB zu qualifizieren ist oder welche Faktoren zu den maßgeblichen Umständen des Einzelfalls zu zählen sind, noch, nach welchen Kriterien diese abzuwägen sind und wie letztlich die Unzumutbarkeit bestimmt wird.[437] Dadurch gibt es keinen klaren begrifflichen Rahmen, was in der Praxis insbesondere bei Vermögensdelikten der Arbeitnehmer eine erhebliche Rechtsunsicherheit hervorruft.

Die Nachteile des fehlenden begrifflichen Rahmens zeigten sich deutlich bei dem Umgang der Gerichte mit geringfügigen Vermögensdelikten. Hier wurden Verhaltensweisen trotz nahezu identischer Sachverhalte von den einzelnen Arbeitsgerichten höchst unterschiedlich beurteilt.[438] Solche Divergenzen wurden vom Gesetzgeber allerdings in Kauf genommen, da mehr Rechtssicherheit nur durch weitergehende normative Vorgaben hätte erreicht werden können, die wiederum das Prinzip der Einzelfallgerechtigkeit zugunsten abstrakt-genereller Wertungen und zulasten der Zukunftsoffenheit der Norm einschränken würden.[439]

Es haben sich gleichwohl Prüfungsraster herausgebildet, mit denen das BAG die Anforderungen an eine außerordentliche Kündigung systematisieren und damit der normbedingten Rechtsunsicherheit entgegenwirken möchte.[440] Der vom BAG entwickelte Maßstab zur revisionsrechtlichen Nachprüfung des wichtigen Kündigungsgrundes[441] erfolgt durch eine abgestufte Prüfung in zwei systematisch selbstständigen Abschnitten (sog. Zwei-Stufen-Theorie).[442] Dieses Prüfungsraster entspricht nach wie vor der herrschenden Auffassung.

In einem ersten Schritt wird danach geprüft, ob ein bestimmter Sachverhalt ohne die besonderen Umstände des Einzelfalles „an sich" geeignet ist, einen

436 KR-*Fischermeier*, § 626 BGB Rn. 85.

437 D/D/Z/*Däubler*, § 626 BGB Rn. 25.

438 Siehe auch bereits unter C.; Vgl. A/P/S/*Vossen*, § 626 BGB Rn. 21; D/D/Z/*Däubler*, § 626 BGB Rn. 25.

439 HK-ArbR/*Griebeling/Herget*, § 626 BGB Rn. 34.

440 *Preis*, Prinzipien, S. 478.

441 KR/*Fischermeier*, § 626 BGB Rn. 83.

442 St. Rspr. BAG v. 17.5.1984, AP Nr. 14 zu § 626 BGB Verdacht strafbarer Handlung; BAG v. 14.9.1994, AP Nr. 24 zu § 626 BGB Verdacht strafbarer Handlung; BAG v. 26.3.2009, AP Nr. 220 zu § 626 BGB; BAG v. 10.6.2010, NZA 2010, 1227 ff.

wichtigen Grund abzugeben (erste Stufe).[443] Ist dies der Fall, wird im zweiten Schritt geprüft, ob bei der umfassenden Interessenabwägung alle vernünftigerweise in Betracht kommenden Umstände vollständig und widerspruchsfrei bei der Kündigungsentscheidung berücksichtigt worden sind.[444] Dieser Prüfungsmaßstab ist für den Tatsachenrichter dahingehend zu ergänzen, dass ihm bei der Berücksichtigung der Umstände des Einzelfalls und der Interessenabwägung ein Beurteilungsspielraum zukommt.[445] Für die Beurteilung, ob ein wichtiger Grund gegeben ist, kommt es nicht auf die Weiterbeschäftigung auf Dauer an, sondern auf die Frist für die reguläre Beendigung des Arbeitsverhältnisses nach einer ordentlichen Kündigung.[446]

Als wichtige Gründe können grundsätzlich - wie auch bei einer ordentlichen Kündigung - verhaltensbedingte, personenbedingte oder betriebsbedingte Gründe in Betracht kommen. Die betriebsbedingte außerordentliche Kündigung ist jedoch eher theoretischer Natur, da nicht zugelassen wird, dass auf diesem Wege das Wirtschafts- und Betriebsrisiko auf den Arbeitnehmer abgewälzt wird.[447] Von geringer praktischer Bedeutung ist auch die außerordentliche personenbedingte Kündigung.[448] Vielmehr entspricht es der allgemeinen Meinung, dass die in § 626 BGB normierte außerordentliche Kündigung in erster Linie auf verhaltensbedingte Gründe zugeschnitten ist.[449] Insbesondere unterfallen auch die geringwertigen Vermögensdelikte den Pflichtverletzungen im Verhaltensbereich. Ein Verschulden ist keine grundsätzlich notwendige Voraussetzung für einen wichtigen Grund im Sinne von § 626 Abs. 1 BGB.[450] Dies ergibt sich daraus, dass prinzipiell eine außerordentliche Kündigung auch als personenbedingte

---

443 Nach der st. Rspr. des BAG kann bereits die Entwendung geringwertiger Sachen des Arbeitgebers einen an sich zur außerordentlichen Kündigung geeigneten Umstand darstellen.

444 St. Rspr. BAG v. 17.5.1984, AP Nr. 14 zu § 626 BGB; BAG v. 17.3.1988, BAGE 58, 37; BAG v. 2.3.1989, AP Nr. 101 zu § 626 BGB; BAG v. 16.12.2004, AP Nr. 191 zu § 626 BGB; BAG v. 27.4.2006, BAGE 118, 104; BAG v. 26.3.2009, AP Nr. 220 zu 626 BGB; BAG v. 25.10.2012, AP Nr. 239 zu § 626 BGB; BAG v. 20.11.2014, AP Nr. 249 zu § 626 BGB.

445 KR/*Fischermeier*, § 626 BGB Rn. 83.

446 Staudinger/*Preis*, § 626 Rn. 60.

447 BAG v. 28.9.1972, DB 1973, 187 ff.

448 Abgesehen von den Fällen fehlender Eignung (siehe oben, B. II. 2.)

449 T/L/L/*Jacobs*/*Wege*, § 626 Rn. 27; *Berkowsky*, § 17 Rn. 1; AnwK-ArbR/*Bröhl*, Bd. 1 § 626 BGB Rn. 23.

450 BAG v. 17.8.1972, AP Nr. 4 zu § 626 BGB; BAG v. 12.4.1978, AP Nr. 13 zu § 626 BGB.

oder betriebsbedingte Kündigung ausgesprochen werden kann.[451] Anders verhält es sich bei der - hier in erster Linie interessierenden - verhaltensbedingten Kündigung, die regelmäßig ein Verschulden des Arbeitnehmers voraussetzt[452] und den Hauptanwendungsfall von § 626 Abs. 1 BGB darstellt.[453] Insbesondere, wenn der Arbeitnehmer ein Vermögensdelikt begeht, kommt regelmäßig eine außerordentliche Kündigung aus verhaltensbedingten Gründen in Betracht.

a) „An sich" wichtiger Grund (erste Stufe)

Eine außerordentliche Kündigung setzt nach herkömmlichem Prüfungsschema des BAG, wie erwähnt, als ersten Schritt eine Vertragspflichtverletzung voraus, die abstrakt betrachtet - also „an sich" - einen kündigungsrechtlich erheblichen Sachverhalt darstellt. Dieser Aufbau ist nicht vom Gesetz vorgegeben; die „An sich"-Eignung eines Kündigungsgrundes wurde von der Rechtsprechung im Rahmen des zweistufigen Prüfungsaufbaus entwickelt.

Ein „an sich" geeigneter Grund für eine außerordentliche Kündigung soll vorliegen, wenn der Sachverhalt unter Außerachtlassung seiner besonderen Umstände abstrakt-generell geeignet ist, einen wichtigen Grund für die außerordentliche Kündigung abzugeben. Die Sachverhalte, die von Anfang an vom Negativfilter der ersten Stufe ausgeschieden werden, bewegen sich eher in einem für die Rechtsordnung als Selbstverständlichkeit anzusehendem Rahmen.[454] So können etwa Umstände, die vor Vertragsschluss bereits bekannt waren, keinen Grund für eine außerordentliche Kündigung darstellen.[455] Das Gleiche gilt für Kündigungen, die aus einem der in § 1 AGG genannten Merkmale erfolgen oder für solche Kündigungsgründe, die auf Diskriminierungen im Sinne von Art. 3 GG beruhen.[456] Auf der ersten Stufe werden zudem Kündigungen ausgeschlossen, die zum Beispiel wegen einer - zulässigen - politischen Tätigkeit oder gewerkschaftlicher Bindung[457] erfolgen sowie Gründe, die dem Betriebsrisiko des Arbeitgebers zuzuordnen sind.[458]

Zu der Frage, ob ein Sachverhalt vorliegt, der generell einen wichtigen Grund im Sinne von § 626 Abs. 1 BGB darstellen kann, hat sich in der

---

451 Staudinger/*Preis*, § 626 Rn. 64.
452 BAG v. 16.3.1961, AP Nr. 2 zu § 1 KSchG Verhaltensbedingte Kündigung.
453 *Preis*, DB 1988, 1444, 1447.
454 MüKo-BGB/*Henssler*, § 626 Rn. 79.
455 KR/*Fischermeier*, § 626 Rn. 92.
456 MüKo-BGB/*Henssler*, § 626 Rn. 79.
457 KR/*Fischermeier*, § 626 BGB Rn. 92.
458 MüKo-BGB/*Henssler*, § 626 Rn. 79.

arbeitsgerichtlichen Rechtsprechung eine gewisse Kasuistik herausgebildet.[459] Danach stellen tatsächlich begangene oder versuchte geringwertige Vermögensdelikte typischerweise Sachverhalte dar, die einen wichtigen Kündigungsgrund im Sinne der ersten Stufe der arbeitsrechtlichen Prüfung einer außerordentlichen Kündigung begründen.[460]

aa) Eignung von Vermögensdelikten mit geringem wirtschaftlichen Schaden als wichtiger Grund „an sich“?

Umstritten ist, ob einer als geringfügig anzusehenden Schädigung des Arbeitgebers von vornherein die Eignung zur Begründung einer außerordentlichen Kündigung abzusprechen ist, indem schon kein wichtiger Grund „an sich“ im Sinne der ersten Stufe gegeben ist. Insbesondere das BAG lehnt es im Rahmen der ersten Prüfungsstufe ab, den Wert des Tatobjekts oder die Höhe eines eingetretenen Schadens zu berücksichtigen, sondern bejaht einen „an sich“ bestehenden Kündigungsgrund bereits wegen einer schwerwiegenden Vertrauensstörung. Vereinzelt geäußerte Kritik[461] an der generellen Eignung von Vermögensdelikten mit geringem wirtschaftlichen Schaden als wichtiger Grund „an sich“ verwarf die Rechtsprechung stets (siehe zu diesem Streitstand ausführlich Kapitel 2 A. II.). Das BAG erklärte ausdrücklich, die Auffassung, wonach Diebstahl oder die Unterschlagung geringwertiger Sachen bereits nicht die Schwelle des wichtigen Grundes erreichen würden,[462] nicht zu teilen.[463] Bei genauer Betrachtung liege die Problematik der Schädigung des betrieblichen Vermögens nicht vorrangig im Wert der entwendeten Sache, sondern vielmehr in dem Mangel an Zuverlässigkeit begründet, also in der Bereitschaft des Arbeitnehmers, die durch das Arbeitsverhältnis erst geschaffene Möglichkeit zur Einwirkung auf die Rechtsgüter des Vertragspartners zur Schädigung des Betriebsvermögens zu missbrauchen.[464] Mit der Qualifizierung der geringwertigen Vermögensdelikte als wichtiger Grund „an sich“ werde zudem lediglich festgelegt, dass solche eine außerordentliche Kündigung rechtfertigen

---

459 *Wollschläger*, S. 133; *Weber*, RdA 2011, 108, 109 f.

460 St. Rspr. des BAG vgl. nur BAG v. 10.6.2010, NZA 2010, 1227 mwN.; siehe auch *Weber*, RdA 20.11, 108, 109 f.

461 Siehe etwa ArbG Reutlingen v. 4.6.1996, RzK I 6 d Nr. 12; LAG Hamburg v. 8.7.1998, NZA-RR 1999, 469; LAG Köln v. 30.9.1999, NZA-RR 2001, 83; LAG Baden-Württemberg v. 20.10.2004 – 12 Sa 107/04 – juris; *Gerhards*, BB 1996, 794, 796; *Klueß*, NZA 2009, 337.

462 So aber *Klueß*, NZA 2009, 337, 342.

463 BAG v. 10.6.2010, NZA 2010, 1227 ff.

464 *Schlachter*, NZA 2005, 433, 434.

können. Ob sie dies im Ergebnis auch tun, sei abhängig vom konkreten Einzelfall und der vorzunehmenden Interessenabwägung.[465]

bb) Verschulden des Arbeitnehmers für das Vorliegen eines wichtigen Grundes „an sich"?

Ob das Vorliegen eines wichtigen Grundes „an sich" bei verhaltensbedingten Kündigungsgründen - und damit bei geringwertigen Vermögensdelikten - erfordert, dass dem Arbeitnehmer ein Verschuldensvorwurf zu machen ist, wird unterschiedlich beurteilt. Im Schrifttum[466] wird vertreten, dass bei einer Kündigung wegen eines geringfügigen Vermögensdelikts bereits im Rahmen der ersten Prüfungsstufe (wichtiger Grund „an sich") und nicht erst im Rahmen der zweiten Prüfungsstufe (Interessenabwägung) entscheidend sei, ob der Arbeitnehmer beispielsweise von einer mutmaßlichen Einwilligung seines Arbeitgebers ausgehen konnte.[467] Immer dann, wenn ein Arbeitnehmer davon ausgehen durfte, der Arbeitgeber sei mit dem betreffenden Verhalten einverstanden,[468] mangele es an einer vorwerfbaren Pflichtverletzung und damit an der zu fordernden Erheblichkeit des geringwertigen Vermögensdelikts.[469] In diesem Fall sei in Ermangelung eines subjektiv schuldhaften und vorwerfbaren Verhaltens des Arbeitnehmers kein verhaltensbedingter Kündigungsgrund gegeben. Da in diesem Fall kein wichtiger Grund „an sich" vorliege, gelange man nicht mehr zur zweiten Prüfungsstufe. Müsse man hingegen von einem vermeidbaren Verbotsirrtum des Arbeitnehmers ausgehen,[470] sei ein Verschulden gegeben und ein wichtiger Grund „an sich" auf der ersten Prüfungsstufe grundsätzlich zu bejahen. Dennoch sei ein vermeidbarer Verbotsirrtum keinesfalls kündigungsrechtlich irrelevant, sondern vielmehr im Rahmen der zweiten Prüfungsstufe unter dem Gesichtspunkt des Verschuldens bei der Interessenabwägung zu berücksichtigen.[471]

---

465 *Berger*, JbArbR 48, 41, 48 (2011).

466 Vgl. etwa HaKo/*Gieseler*, § 626 BGB Rn. 67; *Berger*, JbArbR 48, 41, 51 f. (2011).

467 *Berger*, JbArbR 48, 41, 51 (2011).

468 Ein solcher Sachverhalt könne bspw. bei als Abfall deklarierten Gegenständen zum Eigenverbrauch oder beim Aufladen des Mobiltelefons im Stromnetz des Arbeitgebers vorliegen.

469 *Berger*, JbArbR 48, 41, 51 (2011).

470 Wenn der Arbeitnehmer fälschlich von der Duldung seines Verhaltens ausgegangen ist, obwohl sich ihm bei gehöriger Anstrengung das Gegenteil hätte aufdrängen müssen.

471 *Berger*, JbArbR 48, 41, 51 f. (2011).

Die Sichtweise der Literatur dürfte allerdings nicht der Auffassung und Rechtsprechungspraxis des BAG entsprechen. Im Jahr 1999 betonte das Gericht, dass auch ein schuldloses Verhalten des Arbeitnehmers – wenn auch nur ausnahmsweise – einen wichtigen Grund für eine außerordentliche Kündigung darstellen könne.[472] Ein unverschuldeter Rechtsirrtum – insbesondere ein unvermeidbarer Verbotsirrtum – sei dann bei der Interessenabwägung zu berücksichtigen und schließe eine außerordentliche Kündigung regelmäßig aus. Aber auch wenn ein Verschulden zu bejahen sei – sog. vermeidbarer Verbotsirrtum –, bilde der Grad des Verschuldens im Rahmen der Interessenabwägung bei verhaltensbedingten Kündigungsgründen oftmals das wichtigste Abgrenzungskriterium. Die Rechtsprechung hält bei der Prüfung der verhaltensbedingten Kündigungsgründe ein Verschulden des Arbeitnehmers somit nicht stets für erforderlich und berücksichtigt dies allein bei der vorzunehmenden Interessenabwägung (siehe hierzu auch unter Kapitel 3 A. II. 1. a) cc) (1)).[473]

Zuvor vertrat das BAG hingegen – wie auch das Schrifttum – eine andere Linie,[474] wonach ein verhaltensbedingter wichtiger Grund zur außerordentlichen Kündigung nicht nur die objektive und rechtswidrige Verletzung einer Vertragspflicht, sondern stets auch ein schuldhaftes Verhalten voraussetzen sollte.[475] Nach einer klarstellenden Entscheidung des BAG aus dem Jahr 1999 soll sich etwas anderes allerdings aus § 628 Abs. 1 S. 2 BGB ergeben. Die Norm, die unter anderem Vergütungsansprüche des Arbeitnehmers für den Fall einer außerordentlichen Kündigung regelt, unterscheide zwar für die durch ein vertragswidriges Verhalten veranlasste außerordentliche Kündigung ausdrücklich danach, ob sie wegen eines Umstandes, den der Vertragspartner zu vertreten hat, oder aus sonstigen Gründen erfolge.[476] Wenn aber bei der Vergütungsfrage die fristlose Arbeitgeberkündigung wegen eines schuldlosen vertragswidrigen Arbeitnehmerverhaltens neben der Kündigung wegen eines schuldhaften vertragswidrigen Arbeitnehmerverhaltens geregelt sei, dann lasse dies den Schluss zu, so das BAG, dass bei § 626 BGB auch ein unverschuldetes vertragswidriges Verhalten des Arbeitnehmers jedenfalls ausnahmsweise einen wichtigen Grund

472 BAG v. 21.1.1999, NZA 1999, 863, 864.
473 BAG v. 21.1.1999, NZA 1999, 863, 865.
474 BAG v. 16.3.1961, NJW 1961, 1421; BAG v. 10.12.1992, AP Nr. 41 zu Art. 140 GG; BAG v. 14.2.1996, AP Nr. 26 zu § 626 BGB Verdacht strafbarer Handlung.
475 Die Entscheidung des BAG aus dem Jahr 1999 spricht insoweit von einer Klarstellung.
476 BAG v. 21.1.1999, NZA 1999, 863, 865; zustimmend MüKo-BGB/*Henssler*, § 626 Rn. 104.

zur außerordentlichen Kündigung darstellen könne.[477] Da die Kündigung auch keinen Sanktionscharakter habe, sondern im Hinblick darauf erfolge, dass die Verhaltensprognose für den Arbeitnehmer eine Weiterbeschäftigung unzumutbar mache, sei es zudem systemwidrig, ohne jede Einschränkung stets ein Verschulden auf der ersten Prüfungsstufe zu verlangen.

Diese Entscheidung des BAG scheint von der Überlegung getragen, dass auch ein pflichtwidriges Verhalten ohne Verschulden eine sofortige Unzumutbarkeit der Weiterbeschäftigung für den Arbeitgeber hervorrufen kann, wenn sich hierdurch beispielsweise negative Auswirkungen auf die betriebliche Ordnung ergeben (Störung des Betriebsfriedens, Schädigung anderer Arbeitnehmer usw.).[478] Bei geringwertigen Vermögensdelikten sind diese Erwägungen freilich von untergeordneter Bedeutung. Es dürfte nur in den seltensten Fällen vorkommen, dass bei einem unverschuldet begangenen geringwertigen Vermögensdelikt eine außerordentliche Kündigung gleichwohl Bestand haben kann, weil sich aus ihm negative Auswirkungen auf den Betrieb ergeben.

In Fällen außerordentlicher Kündigungen wegen geringwertiger Vermögensdelikte führen beide Ansätze daher – abgesehen von dem unterschiedlichen Prüfungsaufbau – regelmäßig zu demselben Ergebnis. Einvernehmen besteht, dass verhaltensbedingte Gründe eine außerordentliche Kündigung im Ergebnis regelmäßig nur dann rechtfertigen, wenn der Gekündigte seine Pflichten aus dem Vertrag nicht nur objektiv und rechtswidrig, sondern auch schuldhaft verletzt hat.[479] Lehnt man es wie das BAG ab, für geringwertige Vermögensdelikte eine andere Prüfungsreihenfolge vorzusehen – was aus systematischen Gründen in der Tat vorzugswürdig erscheint –, bleibt es somit dabei, dass das Verschulden auf der ersten Prüfungsstufe irrelevant und erst im Rahmen der Interessenabwägung zu prüfen ist (vgl. hierzu ausführlich Kapitel 3 A. II. 1. a) cc) (1)).

b) Interessenabwägung (zweite Stufe)

Sofern ein abstrakt geeigneter wichtiger Kündigungsgrund „an sich" gegeben ist (erste Stufe), ist dessen konkrete Geeignetheit am jeweiligen Einzelfall zu prüfen. In einem zweiten Prüfungsschritt hat stets eine umfassende, einzelfallbezogene Abwägung der Interessen des Arbeitgebers und des Arbeitnehmers zu

477 BAG v. 21.1.1999, NZA 1999, 863, 865.
478 BAG v. 21.1.1999, NZA 1999, 863, 865.
479 BAG v. 21.1.1999, NZA 1999, 863, 864.

erfolgen.[480] Die Notwendigkeit, eine umfassende Interessenabwägung vorzunehmen, wird in § 626 Abs. 1 BGB ausdrücklich angeordnet.

Die in der zweiten Prüfungsstufe vorzunehmende umfassende Interessenabwägung betrachtet alle Faktoren, die in ihrer Gesamtheit das Interesse des Arbeitgebers an der Beendigung des Arbeitsverhältnisses bzw. das Interesse des Arbeitnehmers am Fortbestand begründen. Die außerordentliche Kündigung ist nur gerechtfertigt, wenn das Interesse des Arbeitgebers an der sofortigen Beendigung des Arbeitsverhältnisses höher zu bewerten ist als das Interesse des Arbeitnehmers, zumindest für die Dauer der Kündigungsfrist beschäftigt zu bleiben. Das Arbeitgeberinteresse an der sofortigen Beendigung des Arbeitsverhältnisses überwiegt, wenn ihm nicht zugemutet werden kann, den Arbeitnehmer bis zum Ende der Kündigungsfrist weiter zu beschäftigen. Die Fortsetzung des Vertragsverhältnisses bis zum Ablauf der ordentlichen Kündigungsfrist muss also für den Arbeitgeber unzumutbar sein, und es muss ferner die Gefahr einer erneuten Pflichtverletzung bestehen. Das Interesse des Arbeitnehmers überwiegt hingegen, wenn keine Unzumutbarkeit vorliegt. Dies ist der Fall, wenn dem Arbeitgeber ein milderes Mittel als die Kündigung zur Verfügung steht, um künftig befürchtete Störungen zu vermeiden.[481]

Da die Entwendung geringwertiger Sachen sowohl von der Arbeitsgerichtsbarkeit als auch von der herrschenden Meinung[482] in der Literatur als „an sich" zur außerordentlichen Kündigung geeigneter wichtiger Grund aufgefasst wird, die Kündigung also kaum je an der ersten Stufe des Prüfungsschemas scheitert, ist die Interessenabwägung das letztlich allein entscheidende Kriterium.[483] Da der Gesetzgeber die Lösung des Konflikts zwischen den betrieblichen Arbeitgeberinteressen und den Arbeitnehmerinteressen nicht vorgezeichnet hat, ist es die Aufgabe des Richters, bei einer Kollision dieser schutzwürdigen Rechtsgüter durch die Interessenabwägung eine im Einzelfall gerechte Lösung zu erreichen.[484] Das Fehlen normativer Kriterien für die Abwägung wurde gerade mit Blick auf geringwertige Vermögensdelikte häufig moniert. Insbesondere bedürfe es einer genauen Klärung, welche Interessen im Rahmen der Interessenabwägung wie zu berücksichtigen sind und sodann, auf welche Art und Weise sie gewichtet

480 BAG v. 20.9.1984, EzA Rn. 91 zu § 626 BGB.

481 Vgl. ausführlich Kapitel 3 A. III.

482 Vgl. etwa KR/*Fischermeier*, § 626 BGB Rn. 445; ErfK/*Niemann*, § 626 BGB Rn. 94; S/P/V/*Preis*, § 22 Rn. 688; MüKo-BGB/*Henssler*, § 626 Rn. 80.

483 ErfK/*Niemann*, § 626 BGB Rn. 46.

484 *Preis*, Prinzipien, S. 221 f.

werden müssen.[485] Ein Numerus clausus von Kündigungstatbeständen ähnlich wie bspw. bei Straftatbeständen wäre wegen der Mannigfaltigkeit der potenziell kündigungsrelevanten Sachverhalte jedoch schwierig.[486]

Das BAG zieht, ausgehend vom Wortlaut des Gesetzes, den Kreis der berücksichtigungsfähigen Interessen grundsätzlich sehr weit. Ihm zufolge sind alle vernünftigerweise in Betracht zu ziehenden Umstände einzubeziehen, die für oder gegen eine außerordentliche Kündigung sprechen.[487] Zudem sei davon auszugehen, dass bereits die im Tatbestand eines Urteils genannten Interessen auch ohne erneute Erwähnung in den Entscheidungsgründen bei der Urteilsfindung berücksichtigt wurden.[488]

Kritiker sehen darin einen zu großen Freiraum, der Argwohn auslösen muss.[489] Der Prüfungsmaßstab des BAG verzichte auf die Prüfung, welche Interessen überhaupt rechtlich bedeutsam sein können.[490] Im Schrifttum wird deshalb eine Begrenzung der Interessenabwägung auf arbeitsvertraglich relevante Umstände gefordert,[491] da der zentrale Bezugspunkt der Interessenabwägung in dem durch den Arbeitsvertrag vorprogrammierten Leistungsaustausch samt allen Nebenpflichten der Parteien liege. Würde man sich über diese durch den Vertragszweck legitimierte Begrenzung hinwegsetzen, bestünde die Gefahr, dass die Interessenabwägung in eine nicht mehr normativ geleitete Billigkeitsabwägung abgleite.[492] Eine vermittelnde Ansicht möchte eine Interessengewichtung nach der Nähe zum Arbeitsvertrag vornehmen.[493] Da auch die Rechtsprechung der Vertragsbezogenheit der infrage stehenden Interessen in letzter Zeit eine immer größere Aufmerksamkeit schenkt, hat mittlerweile eine Annäherung der praktischen Differenzen zu den im Schrifttum vertretenen restriktiveren Ansichten stattgefunden.[494]

---

485 *Preis*, Prinzipien, S. 480.

486 *Zech*, S. 57.

487 St. Rspr. seit BAG v. 9.12.1954, AP Nr. 1 zu § 23 GewO; Vgl. hierzu auch BAG v. 27.4.2006, AP Nr. 203 zu § 626 BGB; BAG v. 26.3.2009, AP Nr. 220 zu § 626 BGB.

488 BAG v. 5.4.2001, EzA Nr. 187 zu § 626 BGB.

489 *Fromm*, S. 36 f. mwN.

490 *Preis*, Prinzipien, S. 222 ff.

491 Siehe hierzu *Preis*, AuR 2010, 242, 246; KR/*Fischermeier*, § 626 BGB Rn. 236; *Preis*, Prinzipien, S. 224 f.; A/P/S/*Vossen*, § 626 BGB Rn. 111.

492 Vgl. hierzu ausführlich die Ausführungen in Kapitel 3 A. II.

493 Siehe etwa HaKo/*Gieseler*, § 626 BGB Rn. 94; MüKo-BGB/*Henssler*, § 626 Rn. 83; *Berger*, JbArbR 48, 41 54 (2011).

494 Zu diesem Meinungsstreit ausführlich unter Kapitel 3 A. II.

Oberstes Gebot ist im Rahmen der Interessenabwägung, dass immer der Ausnahmecharakter des § 626 Abs. 1 BGB beachtet wird.[495] Ein maßgebliches Kriterium für die Gewichtung des Interesses des Arbeitgebers an der Auflösung des Arbeitsverhältnisses ist der Umfang des Vertrauensverlusts.[496] Dieser soll nicht notwendigerweise vom Wert der Sache abhängen. Neben der Höhe des Schadens finden sich zahlreiche weitere Aspekte, die im Zusammenhang mit geringfügigen Vermögensdelikten diskutiert werden. Hierzu zählen bspw. die Stellung des Arbeitnehmers im Betrieb, die Frage, ob ihm im Eigentum des Arbeitgebers stehende Güter zur Obhut anvertraut waren, die Dauer seiner Betriebszugehörigkeit und der Grad des Verschuldens. Unberücksichtigt bleibt im Rahmen einer Interessenabwägung allerdings stets, ob der Arbeitgeber gezielt nach einem Vergehen gesucht hat, um sich von einem unliebsamen Mitarbeiter zu trennen.[497] Abgesehen von dem Umstand, dass kein Arbeitnehmer einen Anspruch auf eine Gleichbehandlung im Unrecht hat, ist das Motiv des Arbeitgebers zur Aufklärung des Kündigungssachverhalts ohne Belang.[498] Das Vorliegen des Kündigungsgrunds wird allein nach objektiven und nicht nach subjektiven Maßstäben beurteilt.[499] Verwertbar ist ein objektiv vorliegender Kündigungsgrund somit auch dann, wenn der Kündigungsentschluss nicht auf diesem, sondern vielmehr auf einer Abneigung gegen den gekündigten Arbeitnehmer beruht.[500] Jeder Arbeitgeber ist somit berechtigt, objektiv vorliegende Kündigungsgründe zum Gegenstand seiner subjektiven Determination im Rahmen des Kündigungsentschlusses zu machen.[501] Auf die in die Interessenabwägung bei geringfügigen Vermögensdelikten einzubeziehenden Punkte soll ausführlich in Kapitel 3 eingegangen werden.

2. *Revisionsrechtlicher Prüfungsmaßstab*

Die Prüfung, ob ein wichtiger Grund nach § 626 BGB vorliegt, ist in erster Linie die Aufgabe der Tatsacheninstanzen.[502] Der unbestimmte Rechtsbegriff des wichtigen Grundes enthält einen Beurteilungsspielraum, der nur bei einer

495 A/P/S/*Vossen*, § 626 BGB Rn. 23.

496 Siehe hierzu ausführlich die Ausführungen in Kapitel 3 A. II.

497 *Grimm/Windeln*, ArbRB 2009, 374, 375.

498 *Diller*, NZA 2006, 569, 572; LAG Nürnberg v. 2.3.2003, LAGE Nr. 146 zu § 626 BGB; *Küttner*, in FS Bartenbach, 2005, 599, 601.

499 KR/*Fischermeier*, § 626 BGB Rn. 107; *Küttner*, in FS Bartenbach, 2005, 599, 601.

500 KR/*Fischermeier*, § 626 BGB Rn. 107.

501 *Fischer*, jurisPR-ArbR 16/2009 Anm. 1.

502 BAG v. 10.6.2010, NZA 2010, 1227, 1229.

Überschreitung zu einem Rechtsfehler führt. Davon ausgehend überprüft das BAG lediglich, ob die Tatsacheninstanz den anzuwendenden Rechtsbegriff in seiner allgemeinen Bedeutung verkannt hat oder ob es bei der Unterordnung des Sachverhalts unter die Rechtsnormen Denkgesetze oder allgemeine Erfahrungssätze verletzt sowie alle in Betracht kommenden Umstände widerspruchsfrei berücksichtigt hat.[503] Bewegt sich das Berufungsurteil in diesem Rahmen, darf das BAG als Revisionsgericht die angegriffene Würdigung nicht durch eine eigene Würdigung ersetzen.[504]

Etwas anderes gilt jedoch, wenn das Berufungsurteil wegen eines Rechtsanwendungsfehlers aufzuheben ist. Für den Fall, dass noch eine weitere tatsächliche Prüfung erfolgen muss, hat nach § 563 Abs. 1 ZPO eine Zurückverweisung an das Berufungsgericht zu erfolgen. Wenn allerdings alle abwägungsrelevanten Tatsachen festgestellt wurden, darf das BAG auch eine eigene Interessenabwägung vornehmen.[505] Dies ist rechtmäßig, da es sich bei der Subsumtion eines Kündigungssachverhalts unter die Voraussetzungen des § 626 BGB grundsätzlich um Rechtsanwendung handelt.[506]

3. *Die Kritik an der Zweistufentheorie des BAG*

Die Zweistufentheorie war in der Literatur schon immer umstritten und ist es bis heute noch.[507] So wurde vorgebracht, dass sich aus dem Wortlaut des § 626 BGB die vom BAG entwickelte Prüfungsabfolge nicht ableiten lasse. § 626 BGB führe vielmehr als Tatbestandsmerkmal den wichtigen Grund auf, der auch die nähere Umschreibung desselben umfasse. Es bestehe insofern zwischen dem Merkmal des wichtigen Grundes und dessen normierter Umschreibung Identität.[508] Weiter wurde beanstandet, dass der zweistufige Prüfungsaufbau des BAG der Versuch einer Scheinobjektivierung sei, die Fehlurteile begünstige.[509] Die Kritiker der Zweistufentheorie bringen weiter vor, dass das Zweistufenprinzip unzureichend sei, da es nicht hinreichend mit dem System des Kündigungsschutzes verzahnt sei.[510]

503 St. Rspr., BAG v. 6.9.2007, BAGE 124, 59; BAG v. 27.11.2008, AP Nr. 219 zu § 626 BGB.

504 Vgl. etwa BAG v. 17.8.1972, BAGE 24, 401.

505 BAG v. 12.1.2006, AP Nr. 54 zu § 1 KSchG 1969; im Ergebnis auch BAG v. 23.6.2009, AP Nr. 59 zu § 1 KSchG 1969.

506 BAG v. 10.6.2010, NZA 2010, 1227, 1229.

507 Siehe etwa *Preis*, AuR 2010, 187, 188.

508 ErfK/*Niemann*, § 626 BGB Rn. 16.

509 *Bengelsdorf*, SAE 2011, 122, 128.

510 *Preis*, AuR 2010, 186, 188 f.

Eine außerordentliche Kündigung müsse vielmehr schon dann nicht wirksam sein, wenn sie an den Rechtsschranken einer ordentlichen Kündigung scheitere. Die bestehende Formel vom „an sich“ geeigneten Kündigungsgrund führe so zu keinem Ergebnis, da bislang keine ungeeigneten Kündigungsgründe festgestellt worden seien, die über Selbstverständlichkeiten hinausgehen.[511] Ferner wurde vorgeschlagen, dass bspw. eine „An-sich“-Eignung bei der Schadenshöhe eines geringwertigen Vermögensdelikts verneint werden könne.[512] Dies hat die Rechtsprechung aber stets ausdrücklich abgelehnt. Weiterhin wird angemerkt, dass mit Rücksicht auf die Rechtssicherheit nicht jedes Fehlverhalten des Arbeitnehmers in die erste Stufe der zwei systematischen Stufen eingestellt werden dürfe.[513]

Die Gegner der Zweistufentheorie erkennen zutreffend, dass der ersten Prüfungsstufe im Ergebnis keine den Tatbestand begrenzende Funktion zukommt. Diese fällt als Vorfilter quasi aus.[514] Eine Theorie zu entwickeln, die von zwei Tatbeständen ausgeht, von denen der Erste im Ergebnis stets als erfüllt angesehen wird,[515] leistet keinen Beitrag zur Auslegung des Begriffs des wichtigen Grundes. Da es immer entscheidend auf die Umstände des Einzelfalles ankommt, erweist sich das „An-sich“-Kriterium als irrelevant; es ist inhaltsleer und trägt zur Subsumtion nichts bei. Unabhängig von dieser Inhaltsleere ist die Zweistufentheorie aber nach wie vor die herrschende Auffassung.[516]

4. *Abgrenzung der außerordentlichen zur ordentlichen Kündigung*

Die Abgrenzung der außerordentlichen von der ordentlichen verhaltensbedingten Kündigung ist nur theoretisch einfach. Die von der Rechtsprechung für beide Kündigungsarten entwickelten Voraussetzungen sind nahezu identisch und lassen die Grenzen zwischen ordentlicher und außerordentlicher Kündigung verwischen. So soll nicht nur die außerordentliche, sondern auch die ordentliche Kündigung Ultima Ratio sein.[517] Für beide gilt also das Verhältnismäßigkeitsprinzip. Ferner werden bei beiden Kündigungsarten die umfassende Interessenabwägung und der Begriff der Unzumutbarkeit in den Mittelpunkt

511 Siehe dazu unter C. III. 3.

512 Vgl. hierzu die Ausführungen im Kapitel 2 A. II.

513 MüKo-BGB/*Henssler*, § 626 Rn. 77.

514 *Stoffels*, NJW 2011, 118, 120.

515 Es gibt – soweit ersichtlich – keinen vom BAG entschiedenen Fall, in dem das nicht der Fall war, in den Vorinstanzen hingegen sehr wohl.

516 Vgl. zu einer – wenn auch noch unausgesprochenen – Theorie des dreistufigen Prüfungsaufbaus S/P/V/*Preis*, § 22 Rn. 552.

517 *Preis*, Prinzipien, S. 480.

der rechtlichen Betrachtung gestellt.[518] So gab es bereits viele Ansätze, den Unterschied dieser beiden Kündigungsarten herauszuarbeiten.[519] Die Ansicht von *Oetker* und *Preis*, das graduelle Rangverhältnis zwischen ordentlicher und außerordentlicher Kündigung verdeutliche, dass es sich bei der außerordentlichen Kündigung im Verhältnis zur ordentlichen Kündigung nicht um ein Aliud, sondern um ein „wesensgleiches Mehr" im Verhältnis zur ordentlichen Kündigung handelt[520] und damit die außerordentliche und ordentliche Kündigung nicht in einem Exklusivitäts-, sondern in einem Stufenverhältnis zueinander stehen,[521] wurde mittlerweile vom BAG anerkannt.[522] Aus der Annahme dieses Stufenverhältnisses zwischen ordentlicher und außerordentlicher Kündigung kann die logische Schlussfolgerung gezogen werden, dass jeder außerordentliche Kündigungsgrund auch zugleich ein ordentlicher Kündigungsgrund ist. Umgekehrt reicht jedoch ein ordentlicher Kündigungsgrund nicht zur Rechtfertigung des „wesensgleichen Mehr" der außerordentlichen Kündigung aus. Vielmehr folgt aus dem Stufenverhältnis, dass für eine außerordentliche Kündigung stärkere Gründe vorliegen müssen. Das BAG sieht nunmehr in der ordentlichen Kündigung das vorrangige Beschränkungsinstrumentarium für die außerordentliche Kündigung. Aus dem Stufenverhältnis zur ordentlichen Kündigung folge zudem, dass eine außerordentliche Kündigung zumindest dann unwirksam sei, wenn sie schon an den Rechtsschranken scheitern müsste, die für eine ordentliche

518 *Preis*, Prinzipien, S. 481.

519 Vgl. bspw. *Hueck*, S. 26 wonach der Unterschied zwischen beiden Kündigungsarten darin liege, dass die ordentliche Kündigung keinen besonderen Grund voraussetze, wohingegen die außerordentliche Kündigung nur aus bestimmten Gründen zulässig sei; *Nipperdey* stellte für die Abgrenzung der ordentlichen von der außerordentlichen Kündigung auf die Rechtsfolge ab. Während die ordentliche Kündigung die Einhaltung einer Kündigungsfrist voraussetze, erfolge die außerordentliche Kündigung fristlos; *Pieper*, S. 81 ff., 88 ff. sah den Unterschied zwischen der außerordentlichen und der ordentlichen Kündigung darin, dass das Recht zur ordentlichen Kündigung auf Vertrag und das Recht zur außerordentlichen Kündigung auf Gesetz beruhe. *Aden*, RdA 1981, 283 wonach lediglich die ordentliche und nicht die außerordentliche Kündigung für sich genommen eine soziale Rechtfertigung und individuelle Betrachtung der Einzelfallumstände fordere; *Galperin*, DB 1964, 1114, 1117; *Müller*, ZfA 1982, 475, 483 der eine Abgrenzung nach triftigen und wichtigen Gründen vorschlug.

520 *Preis*, Prinzipien, S. 484; *Oetker*, S. 359.

521 BeckOK-ArbR/*Rolfs*, § 1 KSchG Rn. 262.

522 Vgl. etwa BAG v. 10.6.2010, NZA 2010, 1227, 1231.

Kündigung gelten.[523] Für die außerordentliche verhaltensbedingte Kündigung wegen eines geringfügigen Vermögensdelikts bedeutet dies, dass zunächst die bestehenden Schranken für die ordentliche Kündigung zu prüfen sind. Dafür müssen die zu § 1 KSchG entwickelten Rechtsschranken bei der Konkretisierung des § 626 Abs. 1 BGB mit bedacht werden. Erst, wenn eine ordentliche Kündigung gerechtfertigt wäre, soll die in § 626 Abs. 1 BGB geforderte Interessenabwägung einsetzen, die sich in der Ausgangsfrage von der Abwägung, ob ein bestimmtes Verhalten des Arbeitnehmers überhaupt zur Rechtfertigung einer ordentlichen Kündigung ausreicht, noch einmal deutlich abhebt. Hier geht es um die Frage, ob dieser Kündigungssachverhalt, dessen Eignung als ordentlicher Kündigungsgrund vorausgesetzt ist, ein solches Gewicht aufweist, das ausnahmsweise auch die außerordentliche Kündigung gerechtfertigt erscheint.[524] Somit verlagern sowohl *Oetker* als auch *Preis* die Abgrenzung der beiden Kündigungsformen vom Kündigungsanlass – der identisch sein kann – auf die Zumutbarkeits- bzw. Verhältnismäßigkeitsprüfung. Hier müssen für eine außerordentliche Kündigung besondere Umstände hinzukommen, um diese rechtfertigen zu können. Jeder Grund, der eine außerordentliche Kündigung nach § 626 BGB rechtfertigt, kann auch eine ordentliche Kündigung nach § 1 KSchG begründen.[525] Der Arbeitgeber kann demnach im Zweifel neben der außerordentlichen Kündigung hilfsweise eine ordentliche Kündigung erklären. Da beide Verfahren unterschiedlichen Regeln unterliegen, müssen zwingend die jeweils unterschiedlichen Gesichtspunkte beachtet werden. Wenn der Arbeitgeber die zweiwöchige Ausschlussfrist des § 626 Abs. 2 BGB nicht eingehalten hat, kann eine ordentliche verhaltensbedingte Kündigung dennoch gerechtfertigt sein.[526] Bei der ordentlichen Kündigung ist ausschlaggebend, dass die Gründe lediglich von solchem Gewicht sein müssen, dass sie dem Arbeitgeber die Fortsetzung des Arbeitsverhältnisses auf Dauer unzumutbar erscheinen lassen. Bei der außerordentlichen Kündigung ist maßgebend, dass dem Arbeitgeber die Einhaltung der ordentlichen Kündigungsfrist nicht zugemutet werden kann.[527] Die Interessenbeeinträchtigung des Arbeitgebers muss im Fall einer außerordentlichen Kündigung also höher sein als bei der ordentlichen Kündigung und eine sofortige Beendigung des Arbeitsverhältnisses ohne Einhaltung einer Kündigungsfrist rechtfertigen.[528] Um eine sachgerechte

523 A/P/S/*Vossen*, § 626 BGB Rn. 25; AnwK-ArbR/*Bröhl*, Bd. 1 § 626 BGB Rn. 19.
524 *Preis*, Prinzipien, S. 490 ff.
525 ErfK/*Oetker*, § 1 KSchG Rn. 204.
526 BAG v. 15.8.2002, AP Nr. 42 zu § 1 KSchG Verhaltensbedingte Kündigung.
527 BeckOK-ArbR/*Rolfs*, § 1 KSchG Rn. 259.
528 S/P/V/*Preis*, § 22 Rn. 565.

Beurteilung vorzunehmen, kommt es dabei im Wesentlichen auf die Dauer der Kündigungsfrist und das Gewicht des Fehlverhaltens an. Je länger die vom Arbeitgeber zu beachtende ordentliche Kündigungsfrist ist, umso eher kann eine Vertragspflichtverletzung die Unzumutbarkeit ihrer Einhaltung begründen. Hinsichtlich des Gewichts des Fehlverhaltens kann in aller Regel auf diejenigen Grundsätze zurückgegriffen werden, die zur Erforderlichkeit oder zur Entbehrlichkeit einer vorher auszusprechenden Abmahnung entwickelt wurden. Eine Abmahnung kann das Interesse des Arbeitgebers an einer pflichtengerechten Vertragserfüllung befriedigen. Wenn nach dem Ausspruch einer solchen davon ausgegangen werden kann, dass der Arbeitnehmer sich in Zukunft vertragstreu verhält, kommt eine außerordentliche Kündigung nicht in Betracht. Ist dagegen eine Abmahnung entbehrlich, weil der Arbeitnehmer um die Pflichtwidrigkeit seines Handelns und das Gewicht der Vertragsbeeinträchtigung wusste, kann der Arbeitgeber – unbeschadet der Interessenabwägung nach § 626 Abs. 1 BGB – in aller Regel außerordentlich kündigen, weil ihm nicht zuzumuten ist, sehenden Auges nur darauf zu warten, bis der Arbeitnehmer wieder vertragsbrüchig wird.

Aus dem Stufenverhältnis der außerordentlichen zur ordentlichen Kündigung ergibt sich zusammenfassend bzgl. einer Abgrenzung folgender einfacher Rechtssatz: Eine außerordentliche Kündigung ist dann unwirksam, wenn sie schon an den Rechtsschranken scheitern müsste, die für eine ordentliche Kündigung gelten, also an dem sog. argumentum a fortiori.[529] Für das Arbeitsverhältnis gilt demnach, dass die zu § 1 KSchG entwickelten Rechtsschranken bei der Konkretisierung des § 626 Abs. 1 BGB berücksichtigt werden müssen. Andererseits ist jeder außerordentliche Kündigungsgrund immer zugleich auch ein ordentlicher iSd § 1 KSchG.

IV. Die Verdachtskündigung als Sonderfall der außerordentlichen Kündigung

Als schärfste Sanktion bei zerstörtem Vertrauen wegen eines nicht erwiesenen Vermögensdelikts können Arbeitgeber eine außerordentliche Verdachtskündigung aussprechen.[530] Dabei handelt es sich um eine arbeitsrechtliche Maßnahme,

529 *Preis*, Prinzipien, S. 482.

530 Die Verdachtskündigung wird von der Rspr. sowohl in Arbeits- als nunmehr in Berufsausbildungsverhältnissen anerkannt vgl. hierzu bspw. BAG v. 12.2.2015, NZA 2015, 741 ff.

die bereits durch das RAG im Jahr 1934[531] explizit bestätigt wurde.[532] Das BAG setzte die Rechtsprechung des RAG sodann in Sachen Verdachtskündigung fort. So betonte es immer wieder, dass jedes Arbeitsverhältnis als personenbezogenes Dauerschuldverhältnis zwischen den Vertragspartnern ein gewisses Maß an gegenseitigem Vertrauen voraussetzt.[533] Dieses Vertrauen könne auch zerstört sein, wenn der betroffene Arbeitnehmer dringend verdächtig ist, Leben und Gesundheit, Eigentum, Besitz oder Vermögen von Arbeitskollegen, des Arbeitgebers oder mit diesem in Geschäftsbeziehungen stehender Dritter geschädigt zu haben. Das Gleiche gelte dann, wenn der Verdacht besteht, wichtige wirtschaftliche Ressourcen des Arbeitgebers durch vertragswidriges Verhalten schwer und nachhaltig geschädigt zu haben.

Nach ständiger Rechtsprechung des BAG[534] ist damit auch der Verdacht eines Vermögensdelikts ein „an sich" zur außerordentlichen Kündigung berechtigender Umstand, wobei auch hier der Wert der Sache unerheblich sein soll.[535] Da das Kündigungsschutzrecht keine absoluten Kündigungsgründe kennt, ist auch bei der außerordentlichen Verdachtskündigung sodann eine umfassende Interessenabwägung vorzunehmen.[536] Die außerordentliche Verdachtskündigung ist eine besondere Form der außerordentlichen Kündigung und daher von der in § 626 BGB normierten Tatkündigung abzugrenzen.[537] Bereits im Jahr 1955 stellte der 2. Senat des BAG die Verdachtskündigung als eigenständige Kündigungsart neben die

531 RAG v. 23.6.1934, ARS 21, 145, 147; bestätigt von RAG v. 6.5.1939, ARS 36, 260, 263 f.

532 *Gilberg*, DB 2006, 1555.

533 BAG v. 4.11.1957, AP Nr. 39 zu § 1 KSchG; BAG v. 14.9.1994, AP Nr. 24 zu § 626 BGB Verdacht strafbarer Handlung.

534 BAG v. 4.6.1964, AP Nr. 13 zu § 626 BGB Verdacht strafbarer Handlung; BAG v. 14.9.1994, AP Nr. 24 zu § 626 BGB Verdacht strafbarer Handlung; BAG v. 13.9.1995, AP Nr. 25 zu § 626 BGB Verdacht strafbarer Handlung; BAG v. 12.8.1999, AP Nr. 28 zu § 626 BGB Verdacht strafbarer Handlung; BAG v. 18.11.1999, AP Nr. 160 zu § 626 BGB, BAG v. 18.11.1999, AP Nr. 32 zu § 626 BGB Verdacht strafbarer Handlung, BAG v. 6.12.2001, EzA Nr. 11 zu § 626 BGB Verdacht strafbarer Handlung; BAG v. 26.9.2002, EzA Nr. 1 zu § 626 BGB 2002 Verdacht strafbarer Handlung; BAG v. 6.11.2003, EzA Nr. 2 zu § 626 BGB Verdacht strafbarer Handlung.

535 BAG v. 12.8.1999, AP Nr. 28 zu § 626 BGB Verdacht strafbarer Handlung; *Eckert*, SAE 2001, 218 ff.

536 Da bei einer Verdachtskündigung insoweit keine Besonderheiten im Vergleich zur Tatkündigung bestehen, soll an dieser Stelle nicht auf die Interessenabwägung eingegangen werden.

537 BAG v. 26.3.1992, NJW 1993, 83 ff.

sog. Tatkündigung.[538] Bei der Verdachtskündigung handelt es sich folglich um ein Konstrukt, das durch die Rechtsprechung des BAG geschaffen wurde[539] und auch von der überwiegenden Auffassung im Schrifttum allgemein als eigenständige Kündigungsart anerkannt wird.[540] Letztendlich hat auch das BVerfG keine verfassungsrechtlichen Bedenken gegen solche Kündigungen und die Rechtsprechung des BAG zur Verdachtskündigung zumindest mittelbar gebilligt.[541]

Unter dem Begriff der Verdachtskündigung werden alle Tatbestände zusammengefasst, in denen die Kündigung nicht auf eine vom Gekündigten begangene schuldhafte Pflichtverletzung gestützt wird, sondern allein darauf, dass der Gekündigte im Verdacht steht, die Vertragsverletzung[542] begangen zu haben.[543] Eine Verdachtskündigung liegt demnach nur dann vor, wenn und soweit der Arbeitgeber die Kündigung damit begründet, dass gerade der Verdacht eines – tatsächlich nicht erwiesenen oder beweisbaren – Verhaltens das für die Fortsetzung des Arbeitsverhältnisses erforderliche Vertrauen zerstört habe.[544] Ob im Einzelfall eine Tat- oder Verdachtskündigung vorliegt, richtet sich also entscheidend nach der Begründung der Kündigung durch den Arbeitgeber. Bei der Tatkündigung ist für den Kündigungsentschluss des Arbeitgebers hingegen entscheidend, dass der Arbeitnehmer nach dessen Überzeugung eine strafbare Handlung oder aber eine Pflichtwidrigkeit auch tatsächlich begangen hat und dem Arbeitgeber aus diesem Grund die Fortführung des Arbeitsverhältnisses unzumutbar ist.[545] Die Tatkündigung beinhaltet somit nicht zugleich auch eine Verdachtskündigung.[546] Dennoch stehen die Kündigungsgründe einer Verdachts- und einer Tatkündigung nicht isoliert nebeneinander, da der Verdacht letztlich nur ein geringeres Maß an menschlicher Überzeugung bedeutet als

538 BAG v. 12.5.1955, AP Nr. 1 zu § 626 BGB Verdacht strafbarer Handlung; *Weth*, jurisPK-BGB, § 626 Rn. 38.

539 *Eylert*, NZA-RR 2014, 393, 394.

540 BAG v. 20.8.1997, NJW 1998, 1171; *Bödecker*, AiB 2007, 568, 569 ff.; *Schneppendahl*, AiB 2009, 34, 38.

541 Vgl. hierzu BVerfG v. 4.11.2008, NZA 2009, 53; BVerfGK v. 15.12.2008, BeckRS 2011, 87024.

542 Meist eine Straftat oder ein Vertrauensbruch.

543 Küttner/*Schmidt*, Verdachtskündigung Rn. 1.

544 BAG v. 26.3.1992, NZA 1992, 1121.

545 BAG v. 26.3.1992, AP Nr. 23 zu § 626 BGB Verdacht strafbarer Handlung; BAG v. 20.8.1997, AP Nr. 27 zu § 626 BGB Verdacht strafbarer Handlung; BAG v. 12.8.1999, AP Nr. 28 zu § 626 BGB Verdacht strafbarer Handlung.

546 BAG v. 12.8.1999, AP Nr. 28 zu § 626 BGB Verdacht strafbarer Handlung; BAG v. 10.2.2005, AP Nr. 79 zu § 1 KSchG 1969.

der Beweis.[547] Eine als Tatkündigung erklärte Kündigung kann nicht als Verdachtskündigung aufrechterhalten werden, wenn nach der Beweisaufnahme die Tat nicht als bewiesen anzusehen ist, dennoch aber Umstände vorliegen, die geeignet wären, einen entsprechenden Verdacht zu begründen.[548] Eine Verdachtskündigung, die Streitgegenstand eines Klageverfahrens geworden ist, hat der Arbeitgeber nicht ausgesprochen.[549] Hingegen kann eine Kündigung, die der Arbeitgeber nur mit Umständen rechtfertigt, die einen entsprechenden Verdacht begründen, als Tatkündigung aufrechterhalten werden,[550] wenn die Beweisaufnahme ergibt, dass der Arbeitnehmer die Handlung, derer ihn der Arbeitgeber verdächtigt, tatsächlich begangen hat.[551] In diesem Fall hat sich der vorgetragene Verdacht als Kündigungsgrund in seiner schärfsten Form erwiesen, und zwar in der Form, dass das Gericht von der Tatbegehung überzeugt ist.[552] Dies gilt selbst dann, wenn der Arbeitgeber nach Ausspruch einer Verdachtskündigung keine Tatkündigung im Kündigungsschutzprozess nachschiebt.[553]

Die Verdachtskündigung kann in Form einer ordentlichen und außerordentlichen Kündigung ausgesprochen werden.[554] Sie ist gesetzlich nicht gesondert geregelt. Üblicherweise wird die Verdachtskündigung – insbesondere, wenn der Verdacht eines Vermögensdelikts im Raum steht – als außerordentliche, fristlose Kündigung ausgesprochen und ist am Maßstab des § 626 BGB zu prüfen. Dementsprechend sind Urteile äußerst selten, bei denen es sich um die Frage der Wirksamkeit einer ordentlichen Verdachtskündigung handelt. Sie unterliegt in diesem Fall jedoch auch keinen geringeren materiell-rechtlichen Anforderungen als die außerordentliche Verdachtskündigung.[555] Eine Verdachtskündigung ist demnach auch als ordentliche Kündigung nur dann sozial gerechtfertigt, wenn Tatsachen vorliegen, die zugleich eine außerordentliche fristlose Kündigung

---

547 BeckOK-ArbR/*Rolfs*, § 1 KSchG Rn. 198; *Ebeling*, S. 24.

548 MüArbR/*Berkowsky*, Bd. I 2009, § 119 Rn. 5.

549 BAG v. 3.4.1986, AP Nr. 18 zu § 626 BGB Verdacht strafbarer Handlung.

550 Im Fall „Emmely" ging bspw. das LAG Berlin-Brandenburg in seiner Berufungsentscheidung von einer Tatkündigung aus, obwohl der Arbeitgeber eine Verdachtskündigung ausgesprochen hatte.

551 BAG v. 23.6.2009, NZA 2009, 1136.

552 BAG v. 3.7.2003, AP Nr. 38 zu § 626 BGB Verdacht strafbarer Handlung.

553 BAG v. 6.12.2001, AP Nr. 36 zu § 626 BGB Verdacht strafbarer Handlung; BAG v. 3.7.2003, AP Nr. 38 zu § 626 BGB Verdacht strafbarer Handlung; BAG v. 23.6.2009, NZA 2009, 1136, 1142.

554 BAG v. 10.2.1977, DB 1977, 1273.

555 HaKo/*Gieseler*, § 626 BGB Rn. 51 a.

gerechtfertigt hätten. Dies gilt sowohl für die Voraussetzungen der Verdachtskündigung (hierzu sogleich unter 1.) als auch für die Interessenabwägung (hierzu ausführlich in Kapitel 3 A. II.).

1. Voraussetzungen der Verdachtskündigung

Da durch die Verdachtskündigung gegebenenfalls auch ein zu Unrecht beschuldigter Arbeitnehmer seinen Arbeitsplatz verlieren kann und weil der Kündigungsschutz nicht ausgehöhlt werden darf, ist die Verdachtskündigung nur unter sehr eingeschränkten und strengen Voraussetzungen rechtmäßig.[556] Die Voraussetzungen der Verdachtskündigung sind mangels gesetzlicher Vorgaben aus ihrer Funktion im Rahmen der Betriebsorganisation herzuleiten, wobei der Maßstab der Erforderlichkeit und Geeignetheit eine zentrale Rolle spielen.[557] Danach ist die Verdachtskündigung dann erforderlich, wenn nur hierdurch sichergestellt werden kann, dass die durch Tatsachen begründete Besorgnis des Arbeitgebers beseitigt wird, der Arbeitnehmer werde künftig seine betrieblichen oder wirtschaftlichen Interessen rechtswidrig verletzen. Die Verdachtskündigung wird somit auch als eine Maßnahme des vorbeugenden Selbstschutzes des Arbeitgebers verstanden.

a) Verdacht erheblicher Pflichtverletzung

Die Vertragsverletzung, derer der Arbeitnehmer verdächtigt wird, muss von erheblichem Gewicht sein. Im Fall der außerordentlichen Verdachtskündigung muss die mögliche Vertragsverletzung daher so schwer wiegen, dass eine auf sie gestützte Kündigung nach § 626 BGB wirksam wäre.[558] Jede Verdachtskündigung setzt damit implizit die Prüfung der Rechtmäßigkeit einer entsprechenden Tatkündigung voraus.[559] Der Verdacht muss sich weiterhin aus objektiven, im Zeitpunkt der Kündigung vorliegenden Tatsachen ergeben.[560] Ausschlaggebend ist, ob sie einen verständigen und gerecht abwägenden Arbeitgeber zum Ausspruch

---

556 Küttner/*Schmidt*, Verdachtskündigung Rn. 5; *Schönfeld*, NZA 1999, 299, 300; *Reichel*, AuR 2004, 250; *Weth*, jurisPK-BGB § 626 Rn. 39; *Fuhlrott/Oltmanns*, DB 2015, 1719.

557 MüArbR/*Berkowsky*, Bd. I 2009, § 119 Rn. 6.

558 BAG v. 12.8.1999, NZA 2000, 421, 426.

559 *Hoefs*, S. 145.

560 BAG v. 29.11.2007, AP Nr. 40 zu § 626 BGB Verdacht strafbarer Handlungen; BAG v. 25.10.2012, DB 2013, 641.

einer Kündigung veranlassen können.[561] Wie der kündigende Arbeitgeber die vorliegenden Indizien subjektiv wertet, ist nicht entscheidend.

b) Dringender Tatverdacht

Um eine Verdachtskündigung zu rechtfertigen, muss der Verdacht ferner dringend sein.[562] Erforderlich ist, dass aufgrund der objektiven Umstände eine große Wahrscheinlichkeit besteht, dass der Arbeitnehmer die vermutete Pflichtwidrigkeit auch tatsächlich begangen hat.[563] Gerüchte oder lediglich auf Vermutungen gestützte Verdächtigungen des Arbeitgebers reichen zur Rechtfertigung eines dringenden Verdachts nicht aus.[564] Bei kritischer Prüfung muss sich ergeben, dass eine auf Indizien gestützte große Wahrscheinlichkeit für die Tat gerade dieses Arbeitnehmers besteht.[565]

Hierbei ist insbesondere von Bedeutung, ob der verdächtige Arbeitnehmer durch schuldhaftes Verhalten erhebliche Gründe für den Verdacht gesetzt und ob er sich um die Aufklärung der ihm zur Last gelegten Tat bemüht hat. Das Ergebnis eines Ermittlungs- und Strafverfahrens ist hingegen für die Arbeitsgerichte nicht bindend.[566] Kann nach Auffassung der Staatsanwaltschaft dem Arbeitnehmer die Straftat nicht nachgewiesen werden, hindert dies den Arbeitgeber nicht, im Arbeitsgerichtsverfahren den Beweis für einen ausreichenden Tatverdacht zu führen.[567] Umgekehrt wirkt sich auch eine Anklageerhebung durch die Strafverfolgungsbehörden nicht zwangsläufig verdachtsverstärkend aus.[568] Dies gilt entsprechend auch für die Eröffnung des Hauptverfahrens. Es kommt lediglich unter arbeitsrechtlichen Gesichtspunkten darauf an, ob objektiv ausreichende Anhaltspunkte dafür vorliegen, dass der Gekündigte mit großer Wahrscheinlichkeit der Täter des vermuteten Fehlverhaltens ist. Das Arbeitsgericht muss sich ohne Bindung an das strafrechtliche Urteil eine eigene Überzeugung bilden.[569]

---

561 BAG v. 6.9.2007, NZA 2008, 636, 639.

562 BAG v. 10.2.2005, NZA 2005, 1056, 1058; *Schönfeld*, NZA 1999, 299, 300.

563 BAG v. 4.6.1964, AP Nr. 13 zu § 626 BGB Verdacht strafbarer Handlung.

564 BAG v. 29.11.2007, AP Nr. 40 zu § 626 BGB Verdacht strafbarer Handlung; HaKo/*Gieseler*, § 626 BGB Rn. 51 d.

565 BAG v. 4.6.1964, NJW 1964, 1918, 1919.

566 KR/*Fischermeier*, § 626 BGB Rn. 227.

567 BAG v. 5.4.2001, NZA 2001, 837, 839.

568 LAG Frankfurt v. 14.11.1989, LAGE Nr. 1 zu § 626 BGB Verdacht strafbarer Handlung.

569 BAG v. 26.3.1992, NZA 1992, 1121.

c) *Zumutbare Sachverhaltsaufklärung*

Damit eine Verdachtskündigung Bestand haben kann, muss der Arbeitgeber ferner alles Zumutbare zur Aufklärung des Sachverhalts unternommen haben.[570] Insbesondere ist er verpflichtet, den betroffenen Arbeitnehmer zu dem gegen ihn gerichteten Verdacht anzuhören, ihm also Gelegenheit zur Stellungnahme zu geben.[571] Die Anhörung des Arbeitnehmers ist damit formelle Wirksamkeitsvoraussetzung für die Verdachtskündigung.[572] Damit der Arbeitgeber die Aussage des Arbeitnehmers auch berücksichtigen kann, hat diese vor der Anhörung des Betriebsrates[573] zu erfolgen.[574]

Ob der Zweck des Gesprächs dem Arbeitnehmer vorher mitzuteilen ist, ist umstritten.[575] Hier stehen die Verdunkelungsgefahr und das Interesse des Arbeitgebers an einer vorbehaltlosen Aufklärung in Konflikt zu dem Interesse des Arbeitnehmers, sich durch eine vorherige Information in der Anhörung besser verteidigen zu können. Das BAG ist der Auffassung, dass eine vorherige Information über den Inhalt der Anhörung nicht notwendig ist.[576] Zwar hat sich das BAG insoweit explizit nur zur Behandlung von Auszubildenden geäußert; da diese aber im Vergleich zu Arbeitnehmern verstärkt schutzwürdig sind,[577] dürfte im Wege eines Erst-recht-Schlusses Gleiches für Arbeitnehmer gelten.[578]

---

570 BAG v. 28.11.2007, NZA-RR 2008, 344, 345 f.; *Steinau-Steinrück/Glanz*, NJW-Spezial 2008 Heft 9, 274.

571 BAG v. 28.11.2007, NZA-RR 2008, 344; BAG v. 13.3.2008, NZA 2008, 809.

572 BAG v. 13.9.1995, NZA 1996, 81, 83.

573 Dazu unter d).

574 LAG Köln v. 30.11.1992, LAGE Nr. 3 zu § 626 BGB.

575 Ein ähnlicher Streit besteht auch im Strafprozess im Zusammenhang mit § 133 StPO. Nach dieser Vorschrift ist der Beschuldigte zur Vernehmung schriftlich zu laden. Auch hier ist umstritten, ob dem Beschuldigten in der Ladung der Gegenstand der Vernehmung mitzuteilen ist.

576 So die Rspr. des BAG bzgl. Berufsausbildungsverhältnissen BAG v. 12.2.2015, NZA 2015, 741 ff.

577 Diese genießen einen besonderen Kündigungsschutz. Die Vorschriften des Berufsbildungsgesetzes zeigen, dass es der Gesetzgeber zur Erreichung des Ausbildungsziels für erforderlich gehalten hat, auf einen möglichst lange dauernden Bestand des Ausbildungsverhältnisses hinzuwirken und Kündigungen zu erschweren (vgl. BAG v.16.7.2013, BAGE 145, 371). Es handelt sich um ein besonderes Rechtsverhältnis, bei dem die charakterliche Förderung nach § 14 Abs. 1 Nr. 5 BBiG eine besondere Rolle spiele und der Auszubildende die berufliche Handlungsfähigkeit erwerben soll, die zum Erreichen des Ausbildungsziels erforderlich ist.

578 So auch *Fuhlrott/Oltmanns*, DB 2015, 1719, 1721.

Die teilweise in Literatur[579] und Rechtsprechung[580] geforderte vorherige Information über das Thema der Anhörung würde es dem Arbeitnehmer ermöglichen, sich mental und inhaltlich auf das Gespräch vorzubereiten sowie sich vorher rechtlich beraten zu lassen.[581] Eine Obliegenheit zur vorherigen Mitteilung des Themas der Anhörung lasse sich aus der Fürsorgepflicht des Arbeitgebers herleiten. Dies kann allerdings den Aufklärungserfolg gefährden, was auch in der Literatur vereinzelt zu der Auffassung führt, eine vorherige Informationsobliegenheit über den Zweck des (Aufklärungs-)Gesprächs zu verneinen.[582]

Bisweilen wird verlangt, dem Arbeitnehmer auf Wunsch die Hinzuziehung eines Betriebsratsmitglieds oder eines Rechtsanwaltes zu gestatten. Insbesondere das LAG Berlin-Brandenburg hat durch dieses Kriterium die Anforderungen an die vor Ausspruch einer Verdachtskündigung obligatorische Anhörung deutlich erhöht.[583] Da dies praktisch auf eine vorherige Themenbekanntgabe für das Gespräch hinausläuft, würde sich allerdings abermals das Problem stellen, dass der Arbeitnehmer die Tat verdunkeln könnte.[584] Deshalb muss der Arbeitgeber den Arbeitnehmer zumindest nicht von sich aus auf die Möglichkeit der Kontaktierung eines Rechtsanwalts bzw. einer anderen Vertrauensperson hinweisen.[585] Das BAG will den Interessen des Arbeitnehmers dadurch Rechnung tragen, dass er bei Überforderung den Abbruch des Gesprächs und eine Neuanberaumung verlangen kann oder aber der Arbeitgeber schon aus seiner Fürsorgepflicht von sich heraus das Gespräch gegebenenfalls abbrechen muss.[586] Weiterhin darf der dem Arbeitnehmer vorgehaltene Verdacht sich nicht in einer bloßen Wertung erschöpfen; er muss vielmehr zumindest soweit konkretisiert sein, dass der Arbeitnehmer sich darauf substanziiert einlassen kann.[587] Eine mündliche Anhörung ist ausreichend, eine bestimmte Form somit nicht erforderlich. Zudem sollte die Gesprächsführung sachlich sein und den Arbeitnehmer nicht überfordern.[588]

---

579 *Eylert*, NZA-RR 2014, 393, 402; *Klenter*, AiB 2012, 616, 619.

580 LAG Berlin-Brandenburg v. 16.12.2010, DB 2011, 424.

581 Vgl. LAG Düsseldorf v. 7.12.2015 – 7 Sa 1078/14 Rn. 74 – juris.

582 Vgl. etwa *Lücke*, BB 1998, 2259, 2261, der nur eine Ausnahme für komplexe und umfangreiche Sachverhalte machen möchte.

583 LAG Berlin-Brandenburg v. 16.12.2010, DB 2011, 424.

584 *Fuhlrott/Oltmanns*, DB 2015, 1719, 1721.

585 BAG v. 12.2.2015, NZA 2015, 741.

586 BAG v. 12.2.2015, NZA 2015, 741; *Fuhlrott/Oltmanns*, DB 2015, 1719, 1721.

587 BAG v. 28.11.2007, NZA-RR 2008, 344; BAG v. 13.3.2008, NZA 2008, 809, 810.

588 *Fuhlrott/Oltmanns*, DB 2015, 1719, 1721.

Verletzt der Arbeitgeber schuldhaft diese Anhörungspflicht oder die während der Anhörung zu beachtenden Verhaltenspflichten (ggf. Abbruch etc.), kann er sich im Arbeitsgerichtsprozess nicht erfolgreich auf den Verdacht als Kündigungsgrund berufen.[589] Es liegt allerdings keine schuldhafte Verletzung der Anhörungspflicht vor, wenn der Arbeitnehmer sich ohnehin weigert, substanziiert zu den Verdachtsgründen Stellung zu nehmen.[590]

Bei einem strafbaren Verhalten des Arbeitnehmers darf sich dieser am Fortgang des Strafverfahrens orientieren.[591] Da der Arbeitgeber zur sorgfältigen Ermittlung des Sachverhalts Zeit benötigt, ist im Falle der außerordentlichen Verdachtskündigung die Ausschlussfrist des § 626 Abs. 2 S. 1 BGB solange gehemmt, bis der Arbeitgeber ausreichende Kenntnis über die den Verdacht begründenden Tatsachen erlangt hat und ihm eine Entscheidung darüber möglich ist, ob die Fortsetzung des Arbeitsverhältnisses für ihn zumutbar ist oder nicht. Regelmäßig ist die Ausschlussfrist danach bis zur Anhörung des Arbeitnehmers gehemmt.[592]

d) Anhörung des Betriebsrats

Gemäß § 102 Abs. 1 BetrVG muss der Arbeitgeber vor jeder Kündigung den Betriebsrat anhören, sofern ein solcher existiert. Im Hinblick auf die Verdachtskündigung ist zu beachten, dass die Rechtsprechung streng danach unterscheidet, ob der Arbeitgeber den Betriebsrat zu einer Tatkündigung oder zu einer Verdachtskündigung angehört hat.[593] Erforderlich ist nicht, dass der Arbeitgeber die Art der Kündigung gegenüber dem Betriebsrat rechtlich qualifiziert; die Termini „Tat-“ oder „Verdachtskündigung“ müssen nicht verwendet werden.[594] Der Arbeitgeber muss im Falle einer Verdachtskündigung aber deutlich machen, dass er kündigen will, da er das arbeitsvertragsbezogene Vertrauensverhältnis infolge des Verdachts für beeinträchtigt hält. Er kann allerdings auch beide Möglichkeiten als Kündigungsgrund geltend machen, muss dann aber die unterschiedlichen Voraussetzungen der Tat- bzw. der Verdachtskündigung separat für sich darlegen.[595] Erfolgt die Anhörung des Betriebsrats zu einer Tatkündigung, stützt der Arbeitgeber aber die Kündigung später auf einen bloßen Tatverdacht,

589 *Schönfeld*, NZA 1999, 299, 300; BAG v. 28.11.2007, NZA-RR 2008, 344, 346.
590 BAG v. 28.11.2007, NZA-RR 2008, 344, 346; BAG v. 13.3.2008, NZA 2008, 809, 810.
591 BAG v. 4.6.1964, NJW 1964, 1918, 1919; BAG v. 5.6.2008, NZA-RR 2008, 630, 632.
592 BAG v. 5.6.2008, NZA-RR 2008, 630, 631.
593 BAG v. 13.9.1995, AP Nr. 25 zu § 626 BGB Verdacht strafbarer Handlung.
594 MüArbR/*Berkowsky*, Bd. I 2009, § 119 Rn. 14.
595 MüArbR/*Berkowsky*, Bd. I 2009, § 119 Rn. 14.

so ist diese Verdachtskündigung schon wegen fehlender Betriebsratsanhörung unwirksam.[596]

2. *Kündigungserklärungsfrist, Beurteilungszeitraum und Wiedereinstellungsanspruch*

Nach § 626 Abs. 2 BGB hat auch die außerordentliche Verdachtskündigung innerhalb von zwei Wochen zu erfolgen, was sich in der Praxis nicht selten als problematisch erweist. Nach ständiger Rechtsprechung des BAG beginnt die Ausschlussfrist, wenn der Arbeitgeber eine zuverlässige und vollständige positive Kenntnis von den für die Kündigung maßgebenden Tatsachen hat, also dem Sachverhalt, der den Tatverdacht begründet, und ihm deshalb die Entscheidung über die Zumutbarkeit einer Fortsetzung des Arbeitsverhältnisses möglich ist.[597] Der Arbeitgeber ist berechtigt (und verpflichtet), eigene Ermittlungen anzustellen und den Arbeitnehmer anzuhören, ohne dass die Frist des § 626 Abs. 2 BGB bereits zu laufen beginnt. Ohne umfassende Kenntnis des Kündigungssachverhalts kann er sein Recht zur außerordentlichen Kündigung nicht verwirken.[598] Sobald der Arbeitgeber aber hinreichende Kenntnis vom Kündigungssachverhalt hat, muss er die Ermittlungen einstellen und das Kündigungsverfahren einleiten.

Nach der Rechtsprechung des BAG können alle Umstände bis zur rechtskräftigen Entscheidung des Kündigungsschutzprozesses berücksichtigt werden, soweit sie objektiv bereits im Zeitpunkt der Kündigung vorgelegen haben. Dies soll unabhängig davon gelten, ob diese Umstände dem Arbeitgeber im Kündigungszeitpunkt bekannt waren oder bekannt sein konnten.[599]

Ein Anspruch des Arbeitnehmers auf Wiedereinstellung kann in Betracht kommen, wenn dem Arbeitnehmer wegen Verdachts einer strafbaren Handlung gekündigt worden ist und sich später seine Unschuld herausstellt oder nachträglich Umstände bekannt werden, die den bestehenden Verdacht beseitigen.[600] Anspruchsgrundlage soll § 242 BGB sein oder eine nachwirkende Fürsorgepflicht des Arbeitgebers.[601]

Der Wiedereinstellungsanspruch rechtfertigt sich aus dem Ultima-Ratio-Prinzip, nach dem die Kündigung aufgrund eines Verdachts nur ausnahmsweise

596 BAG v. 3.4.1986, AP Nr. 18 zu § 626 BGB Verdacht strafbarer Handlung.
597 BAG v. 2.3.2006, DB 2007, 408.
598 *Fuhlrott/Oltmanns*, DB 2015, 1719, 1723.
599 BAG v. 26.9.2002, NJOZ 2003, 2259, 2266.
600 BAG v. 14.12.1956, AP Nr. 3 zu § 611 BGB Fürsorgepflicht.
601 BAG v. 14.12.1956, AP Nr. 3 zu § 611 BGB Fürsorgepflicht.

wegen des zerstörten Vertrauensverhältnisses zugelassen wird. Stellt sich nachträglich die Unbegründetheit des Verdachts heraus, so ist das Vertrauensverhältnis unter kündigungsrechtlichen Gesichtspunkten wiederhergestellt.

Der Wiedereinstellungsanspruch setzt zunächst voraus, dass die Unbegründetheit des Verdachts nachgewiesen wurde. Insoweit werden sehr hohe Anforderungen gestellt. Die bloße Einstellung eines staatsanwaltlichen Ermittlungsverfahrens gemäß § 170 Abs. 2 S. 1 StPO genügt nicht, denn diese beruht auf der bloßen Prognose der Staatsanwaltschaft, eine Verurteilung am Ende des Strafverfahrens nicht erreichen zu können. Diese Prognose entfaltet keine Bindungswirkung im arbeitsgerichtlichen Verfahren.[602] Gelingt dem Arbeitgeber in dem bei Einstellung des Ermittlungsverfahrens noch nicht abgeschlossenen arbeitsgerichtlichen Verfahren der Nachweis, dass alle Voraussetzungen einer wirksamen Verdachtskündigung vorliegen, so ist kein schutzwürdiges Interesse des Arbeitnehmers verletzt, wenn der Arbeitgeber trotz der formellen Einstellung des Ermittlungsverfahrens auf dem Ergebnis der wirksam ausgesprochenen Verdachtskündigung beharrt und den Arbeitnehmer nicht mit Wirkung zum Zeitpunkt der Einstellungsverfügung der Staatsanwaltschaft wieder einstellt.

Weiterhin muss die Unbegründetheit des Verdachts innerhalb einer angemessenen Frist nachgewiesen werden. Streitig ist, innerhalb welchen Zeitraums dies erfolgen muss. Die Rechtsprechung lässt einen entsprechenden Nachweis auch noch nach dem Abschluss des Kündigungsschutzprozesses zu.[603] Nach Teilen der Literatur soll dem Arbeitnehmer auch dann ein Wiedereinstellungsanspruch zustehen, wenn dieser keinen Kündigungsschutzprozess aufgrund der für ihn zunächst aussichtslosen Lage geführt hat.[604]

Schließlich muss dem Arbeitgeber die Wiedereinstellung möglich und zumutbar sein. Vorausgesetzt wird also eine zumutbare Beschäftigungsmöglichkeit für den betreffenden Arbeitnehmer.[605] Dies kann sich bspw. in Kleinbetrieben[606] nach der Einstellung eines Ersatzarbeitnehmers als nicht realisierbar erweisen. Scheitert der Anspruch an dieser Voraussetzung, so wird vertreten, dass dem zu Unrecht verdächtigten Arbeitnehmer eine Abfindung analog §§ 9, 10 KSchG zustünde.[607] Nach anderer Ansicht mangele es für einen solchen Anspruch an einer

---

602 BAG v. 20.8.1997, AP Nr. 27 zu § 626 BGB Verdacht strafbarer Handlung.

603 BAG v. 4.6.1964, AP Nr. 13 zu § 626 BGB Verdacht strafbarer Handlung.

604 KR/*Fischermeier*, § 626 BGB Rn. 234.

605 Erman/*Belling/Riesenhuber*, § 626 BGB Rn. 40.

606 Vgl. § 23 KSchG.

607 *Ebeling*, S. 267 ff.; *Hahn*, S. 130 f.

Rechtsgrundlage.[608] Unabhängig davon scheint der Wiedereinstellungsanspruch des Arbeitnehmers jedoch ohnehin eher theoretischer denn praktisch relevanter Natur zu sein.[609] Es bleibt hinsichtlich dieses Wiedereinstellungsanspruchs die in der Praxis zu beantwortende Frage, welcher Arbeitnehmer, nachdem ihm das Arbeitsverhältnis wegen eines strafrechtlichen Tatvorwurfs fristlos gekündigt worden ist, seine persönliche und berufliche Zukunft noch im Betrieb des Arbeitgebers sieht.[610] Somit wird der Wiedereinstellungsanspruch im Ergebnis als wenig taugliches Mittel angesehen, Bestandsschutz zu gewährleisten und das durch die Kündigung erschütterte Arbeitsverhältnis wieder aufleben zu lassen.[611]

3. Unberechtigte Kritik an dem Institut der Verdachtskündigung

Obwohl die Rechtsprechung wie auch die herrschende Lehre das Institut der Verdachtskündigung seit vielen Jahren anerkennen und ihr das BAG enge Grenzen gesteckt hat, hält die Erörterung im Schrifttum über deren Zulässigkeit nach wie vor an.[612] Die Rechtsprechung ist jedoch als so gefestigt anzusehen und die Kritik am Institut der Verdachtskündigung ebenso alt wie auch widerlegt, dass auf die vereinzelt geäußerte Kritik an dieser deshalb nur kurz eingegangen werden soll, da sich die Diskussion im Zuge der „Emmely"-Entscheidung im Hinblick auf geringwertige Vermögensdelikte nochmals aktualisiert hat.[613] Sie gab zudem den Anstoß zu parlamentarischen Initiativen der Fraktion Die Linke[614] und der SPD-Fraktion,[615] von dem Institut der Verdachtskündigung generell bzw. im Fall von Bagatelldelikten abzusehen.[616]

Zwar wurde die Diskussion um die Zulässigkeit der Verdachtskündigung im Hinblick auf geringwertige Vermögensdelikte durch die BAG-Entscheidung über den Fall „Emmely" faktisch gesehen schnell wieder beendet; gleichwohl wird von

---

608 KR/*Fischermeier*, § 626 BGB Rn. 234.

609 *Schönfeld*, NZA 1999, 299, 301.

610 *Schönfeld*, NZA 1999, 299, 301.

611 *Schönfeld*, NZA 1999, 299, 301; als Ausnahme ist hier *Barbara Emme* zu sehen, die nach der für sie günstigen Entscheidung des BAG wieder an ihren Arbeitsplatz (wenn auch in einer anderen Filiale) zurückkehrte.

612 Vgl. ausführlich zum Meinungsstand im Schrifttum KR/*Fischermeier*, § 626 BGB Rn. 235 mwN.

613 *Stoffels*, NJW 2011, 118, 123.

614 BT-Drucks. 17/649.

615 BT-Drucks. 17/648.

616 Vgl. hierzu ausführlich Kapitel 2 A. III.

Kritikern eben jene Entscheidung nochmals als Argument gegen die Verdachtskündigung angeführt.

So wird betont, dass das BAG in der „Emmely“-Entscheidung statuiert habe, dass ein beeinträchtigtes Vertrauen auch wieder zurückgewonnen werden könne und damit bei konsequenter Umsetzung dieser Entscheidung jeglicher Ansatzpunkt für die Annahme einer Verdachtskündigung entfallen müsse.[617] Dem kann jedoch nicht gefolgt werden, da das BAG in der „Emmely“-Entscheidung durch diese Aussage die Verdachtskündigung keinesfalls aufgibt, sondern vielmehr seiner bisherigen Linie treu bleibt, indem es den Verdacht eines pflichtwidrigen Verhaltens gegenüber dem Tatvorwurf als einen eigenständigen Kündigungsgrund darstellt (siehe zur „Emmely“-Entscheidung ausführlich unter Kapitel 2 A. I. 3.)

Kritisiert wird zudem erneut, dass es eine unzulässige Rechtsfortbildung sei, wenn man, statt eine bewiesene Tat als Kündigungsgrund zu verlangen, sich mit dem bloßen Verdacht begnüge.[618] Schon der Verdacht als Pflichtverletzung lasse sich nicht unter § 626 Abs. 1 BGB subsumieren, da es sich hierbei nicht um eine Tatsache handele.[619] Dem ist jedoch entgegengehalten, dass der Verdacht auf objektiven und nachgewiesenen Tatsachen basieren muss. Nicht der Verdacht der Pflichtverletzung stellt die Tatsache nach § 626 Abs. 1 BGB dar, sondern der von der Pflichtverletzung herrührende Vertrauensverlust. Dieser Vertrauensverlust ist eine innere Tatsache, die dem Beweis zugänglich ist.[620] Damit bilden die objektiven Tatsachen, die für den Verlust des zur Fortsetzung des Arbeitsverhältnisses notwendigen Vertrauens ursächlich sind, den Kündigungsgrund, sodass ein objektiver und tatsächlich vorhandener Kündigungsgrund vorliegt.[621]

Außerdem wird moniert, die Verdachtskündigung würde die prozessualen Grundsätze der Darlegungs- und Beweislast ohne Rechtsgrundlage verändern.[622] Denn nicht der Kündigende, sondern der Gekündigte müsse die Nichtbegehung der Pflichtverletzung beweisen. Die gesetzliche Darlegungs- und Beweislastregelung des § 1 Abs. 2 S. 4 KSchG gilt hingegen auch für die Verdachtskündigung. Der Arbeitgeber bleibt für die einen hinreichenden Verdacht maßgeblichen objektiven Indiztatsachen in vollem Umfang darlegungs- und beweispflichtig (vgl. hierzu auch Kapitel 2 B. I. 2.). Damit führt die Zulassung der

---

617 Vgl. APS/*Dörner/Vossen* (Fn. 15), § 626 BGB Rn. 375.

618 *Schütte*, NZA Beil. 2/1991, 17, 21 f.; *Dörner*, AiB 1993, 147, 173; *ders.*, AiB 1995, 663, 666 f.; GE der Fraktion Die Linke, BT-Drucks. 17/649, S. 5.

619 GE der Fraktion DIE LINKE, BT-Drucks. 17/649, S. 5.

620 *Lunk*, NJW 2010, 2753 f.

621 Vgl. hierzu auch *Hoefs*, S. 74 ff.

622 GE der Fraktion Die Linke, BT-Drucks. 17/649, S. 5 f.

Verdachtskündigung auch nicht zu einer unzulässigen Verlagerung der Beweislast auf den Arbeitnehmer.

Weiterhin werden Bedenken an der Vereinbarkeit der Verdachtskündigung mit der Berufsfreiheit des Arbeitnehmers geäußert, die durch Art. 12 GG geschützt ist.[623] Auch diese Bedenken sind jedoch unbegründet. Zwar können bei der Auslegung des unbestimmten Rechtsbegriffs des wichtigen Grunds die Grundrechte berücksichtigt werden; dies gelte jedoch gleichermaßen für die Berufsfreiheit des Arbeitnehmers im Hinblick auf den Erhalt seines Arbeitsplatzes wie auch der Berufsfreiheit des Arbeitgebers, die auch dessen Interesse an der Kündigung eines Arbeitnehmers erfasst, wenn die Basis für eine zukünftige vertrauensvolle Zusammenarbeit entfallen ist.[624] Bei der Abwägung der kollidierenden Grundrechtspositionen werde jedoch die Berufsfreiheit des Arbeitnehmers dadurch hinreichend berücksichtigt, dass die Verdachtskündigung nur dann zulässig ist, wenn der Arbeitgeber alle zumutbaren Anstrengungen zur Aufklärung des Sachverhalts unternommen hat, aber dennoch objektive Tatsachen einen dringenden Tatverdacht begründen.[625] Werden die von der Rechtsprechung an eine wirksame Verdachtskündigung gestellten Anforderungen beachtet, sieht auch das BVerfG den Arbeitnehmer nicht in seinem Grundrecht aus Art. 12 Abs. 1 GG verletzt.[626]

Da bei der Verdachtskündigung die Gefahr besteht, dass der Arbeitgeber einem unschuldigen Arbeitnehmer kündigt,[627] wird schließlich auch immer wieder mit Hinweis auf die Unschuldsvermutung aus Art. 6 Abs. 2 EMRK Kritik an dieser ausgeübt.[628] Auch diese Kritik wird zu Recht abgelehnt. Die Unschuldsvermutung prägt nur das Strafverfahren[629] und soll unmittelbar nur den Richter, nicht aber Privatpersonen binden, und kann damit der Verdachtskündigung nicht entgegenstehen.[630] Müsste die Unschuldsvermutung im Kündigungsrecht angewendet werden, so bestünde bis zur strafrechtlichen Verurteilung keine Kündigungsmöglichkeit für den Arbeitgeber. Dieser könnte auf den begründeten Verdacht einer

---

623 *Dörner*, NZA 1993, 873, f.

624 *Preis*, Individualarbeitsrecht, § 65 IV 2 c.

625 BAG v. 14.9.1994, AP Nr. 24 zu § 626 BGB Verdacht strafbarer Handlung.

626 BVerfG v. 15.12.2008 – 1 BvR 374/09 – nv.

627 BAG v. 4.6.1964, NJW 1964, 1918, 1919; *Steinau-Steinrück/Glanz*, NJW Spezial 2008 Heft 9, 274.

628 *Schütte*, NZA Beil. 2/1991, 17, 19; *Dörner*, NZA 1992, 865, 866; *Deinert*, AuR 2005, 285, 292 f.; *Grimberg*, AiB 2009, 380.

629 Siehe hierzu auch Kapitel 2 B. I. 2.

630 BAG v. 14.9.1994, NJW 1995, 1110, 1111; ErfK/*Niemann*, § 626 BGB Rn. 176; *Rieble*, NJW 2009, 2101, 2102.

strafbaren Handlung lediglich mit einer Suspendierung des Arbeitnehmers reagieren, was diesem eine bezahlte Freistellung bis zum Abschluss des Strafverfahrens verschaffen würde.[631] Zudem darf der Arbeitgeber die Stelle auch nicht neu besetzen. Ferner wird die Unschuldsvermutung im Kündigungsrecht von dem Prognoseprinzip überlagert;[632] folglich ist die Kündigung keine Sanktion für vergangenes Tun, sondern löst das Arbeitsverhältnis auf, weil für die künftige Zusammenarbeit keine positive Prognose abgegeben werden kann.[633] Die arbeitsgerichtliche Rechtsprechung muss die Unschuldsvermutung bei der Verdachtskündigung somit nicht berücksichtigen.

Damit kann mit dem BAG und der überwiegenden Auffassung im Schrifttum weiterhin von der Zulässigkeit der Verdachtskündigung ausgegangen werden. Gleiches muss auch im Hinblick auf eine Verdachtskündigung aufgrund eines Vermögensdelikts gelten. Man kann einen Arbeitgeber im Grundsatz nicht zwingen, jemanden zu beschäftigen, bei dem sich nicht der Verdacht beseitigen lässt, dass er ein Vermögensdelikt gegen ihn begangen hat. Insbesondere auch im Hinblick auf das schutzwürdige Interesse des Arbeitgebers an der Vertrauenswürdigkeit seines Arbeitnehmers muss das Rechtsinstitut der Verdachtskündigung trotz in jüngerer Zeit wieder laut gewordener kritischer Stimmen beibehalten werden. Auch der Arbeitgeber und sein Vermögen bedürfen eines effektiven Schutzes, um den Bestand des Unternehmens und sein Recht auf Eigentum sichern zu können. Dieser Schutz kann nur gewährleistet werden, wenn dem Arbeitgeber ein Instrument zur Verfügung steht, Verfehlungen effektiv zu ahnden. Die soeben dargestellten strengen Anforderungen an die Verdachtskündigung bieten dem Arbeitnehmer einen ausreichenden Schutz und belegen, dass einem Arbeitnehmer gerade nicht willkürlich gekündigt werden darf. Freilich setzt dies voraus, dass die vom BAG gestellten Anforderungen auch stets konsequent eingehalten werden.

V. Die Verdachtsabmahnung

In jüngerer Zeit wurde immer wieder die Figur der Verdachtsabmahnung als Reaktion des Arbeitgebers auf ein geringwertiges Vermögensdelikt seiner Arbeitnehmer diskutiert.[634] Sie soll eine Abmahnung darstellen, die auf den bloßen Verdacht

631 BAG v. 14.9.1994, NJW 1995, 1110, 1111.

632 BAG v. 14.9.1994, NJW 1995, 1110, 1111; BAG v. 6.12.2001, AP Nr. 36 zu § 626 BGB Verdacht strafbarer Handlung.

633 *Rieble*, NJW 2009, 2101, 2104.

634 Vgl. etwa *Ritter*, NZA 2012, 19 ff.; *Neumann/Hampe*, DB 2013, 1258 ff.; *Fuhlrott/Oltmanns*, DB 2015, 1719, 1720.

einer Pflichtverletzung gestützt wird. Diese könne als milderes Mittel gegenüber der Verdachtskündigung eingesetzt werden.[635] Die Erforderlichkeit einer solchen kündigungsersetzenden Verdachtsabmahnung soll aus dem Ultima-Ratio-Prinzip abzuleiten sein. Der Arbeitgeber soll damit die Entscheidungsfreiheit haben,[636] ob er bei Vorliegen der Voraussetzungen für eine Verdachtskündigung statt einer Kündigung lediglich eine kündigungsersetzende Verdachtsabmahnung ausspricht.[637] Für den Fall, dass der Verdacht des Pflichtverstoßes nicht den für eine Kündigung erforderlichen Schweregrad aufweist, soll zudem auch eine nicht kündigungsersetzende Verdachtsabmahnung ausgesprochen werden können.[638]

Begründet wird dies im Hinblick auf geringwertige Vermögensdelikte insbesondere damit, dass hier häufig der Verdacht des Pflichtverstoßes nicht so schwerwiegend sei, dass hierauf mit einer Kündigung reagiert werden müsse. Eine Verdachtsabmahnung sei in solchen Fällen geeignet, ein seitens des Arbeitnehmers erarbeitetes Vertrauenskapital zu erschüttern.[639] Die Befürworter einer Verdachtsabmahnung begründen deren Notwendigkeit auch damit, dass ein auf eine Kündigung verzichtender Arbeitgeber wenigstens die Möglichkeit haben müsse, das Fehlverhalten seines Arbeitnehmers in anderer Art und Weise zu sanktionieren.[640]

Weiterhin wird angeführt, dass das BAG in einer Entscheidung zur Verdachtskündigung eine solche nur noch für zulässig und wirksam erachtet habe, wenn sich der Verdacht auf eine Pflichtverletzung beziehe, die, wäre sie erwiesen, auch eine außerordentliche fristlose Kündigung aus wichtigem Grund rechtfertigen würde. Dies mache es für den Arbeitgeber erforderlich, wenn er einen seiner Arbeitnehmer verdächtigt, eine Pflichtverletzung begangen zu haben, die eine außerordentliche fristlose Kündigung noch nicht rechtfertige, vorsichtshalber eine Verdachtsabmahnung auszusprechen, um zumindest dem Erwerb weiteren „Vertrauenskapitals" entgegenzusteuern.[641]

Andere lehnen die Rechtsfigur der Verdachtsabmahnung strikt ab, da eine Abmahnung stets einen objektiv vorliegenden Pflichtverstoß verlange.[642] Weiterhin

---

635 Vgl. hierzu *Fuhlrott*, ArbRAktuell 2012, 605, 606; *Ritter*, NZA 2012, 19.

636 Die verfassungsrechtlich geschützte Unternehmerfreiheit folgt aus Art. 12 und 14 GG sowie Art. 16 EU-Grundrechte-Charta.

637 *Ritter*, NZA 2012, 19, 20.

638 *Ritter*, NZA 2012, 19, 20.

639 *Ritter*, NZA 2012, 19, 20.

640 *Ritter*, NZA 2012, 19.

641 *Neumann/Hampe*, DB 2013, 1258, 1262.

642 Vgl. etwa LAG Hessen v. 24.1.2014 – 14 Sa 776/13 – juris.

wird eingewendet, dass eine Verdachtskündigung gerade eine solch gravierende und schwerwiegende Pflichtverletzung voraussetze, die dem Arbeitgeber ein Festhalten an dem Arbeitsverhältnis unzumutbar mache, was die Notwendigkeit einer vorherigen (Verdachts)Abmahnung infrage stelle.[643] Allerdings könne gegen dieses Argument eingewendet werden, dass das BAG dem Arbeitgeber die Wahl überlässt, anstelle einer außerordentlichen fristlosen Verdachtskündigung bei Vorliegen der entsprechenden Voraussetzungen auch als milderes Mittel eine ordentliche fristgerechte Verdachtskündigung auszusprechen.[644] Somit könne jedenfalls die Rechtsfigur der kündigungsersetzenden Verdachtsabmahnung nicht per se abgelehnt werden.

Das Instrument der Verdachtsabmahnung kann gleichwohl aus systematischen Gründen nicht anerkannt werden. Die Verdachtskündigung wird wegen eines Vertrauensverlustes und nicht wegen der vorwerfbaren und damit abmahnfähigen Vertragsverletzung - die zugleich vorliegen mag - ausgesprochen. Der Arbeitgeber ist damit nicht berechtigt, mittels einer Abmahnung den Verdacht einer Vertragspflichtverletzung zu formulieren und das berufliche Fortkommen des Arbeitnehmers aufgrund eines solchen Verdachts zu erschweren.[645] Zudem steht auch der Wortlaut des § 314 Abs. 2 BGB einer Anerkennung der Verdachtsabmahnung entgegen. Der hierin normierte Grundsatz der Verhältnismäßigkeit soll dann zur Anwendung gelangen, wenn der wichtige Grund in der Verletzung einer Pflicht aus dem Vertrag und gerade nicht bei dem lediglichen Verdacht einer Pflichtverletzung besteht. Das Instrument der Verdachtskündigung wurde zudem anerkannt, damit ein Arbeitgeber bei zerstörtem Vertrauen nicht mehr mit dem Arbeitnehmer zusammenarbeiten muss. Eine Verdachtsabmahnung würde diesem Zweck nicht entsprechen, da bei einem schwerwiegenden Verdacht eine solche nicht geeignet wäre, das zerstörte Vertrauen wieder herzustellen.

VI. Fazit

Die Schädigung des Arbeitgebervermögens durch einen Arbeitnehmer stellt – unabhängig von der Schadenshöhe - fraglos einen Rechtsverstoß dar. Die Frage nach den arbeitsrechtlichen Reaktionsmöglichkeiten, die aus einem solchen Rechtsverstoß folgen können, ist damit aber nicht beantwortet. Zunächst trägt der Arbeitgeber die Verantwortung dafür, den Rechtsverstoß des Arbeitnehmers in den betrieblichen Gesamtzusammenhang zu stellen und zu bewerten

643 *Eylert*, NZA-RR 2014, 393, 405.

644 BAG v. 21.11.2013, DB 2014, 243.

645 LAG Hessen v. 24.1.2014 – 14 Sa 776/13 – juris.

sowie gegebenenfalls Konsequenzen an diesen zu knüpfen. Vorbehaltlich einer etwaigen gerichtlichen Überprüfung ist der Arbeitgeber grundsätzlich frei in der Entscheidung, mit welcher Maßnahme er einem Vermögensdelikt oder einer vergleichbaren Pflichtverletzung seines Arbeitnehmers begegnen möchte. Bei der Auswahl der Mittel muss lediglich eine Verdachtsabmahnung nach Maßgabe der oben angestellten Erwägungen außer Betracht bleiben, da die Zulässigkeit einer solchen Maßnahme nach arbeitsrechtlichen Grundsätzen abzulehnen ist.

Rechtstatsächlich ist festzustellen, dass die Arbeitgeber – jedenfalls in der Vergangenheit – ihr Entscheidungsermessen oftmals dahingehend ausübten, dass selten eine außerordentliche (Verdachts)Kündigung erfolgte, wenn qualifizierte oder jüngere Mitarbeiter betroffen waren. Bei vielen der publik gewordenen Fälle wurde solchen Arbeitnehmern eine außerordentliche Kündigung ausgesprochen, die Standardtätigkeiten ausübten und leicht zu ersetzen waren.[646] Die betroffenen (vermeintlichen) Delinquenten verfügten zudem regelmäßig über eine längere Betriebszugehörigkeit und meist ging es um den ersten Vorfall dieser Art, also ein geringwertiges Vermögensdelikt.

Die Reaktionsmöglichkeit der außerordentlichen Kündigung wegen eines geringwertigen Vermögensdelikts soll, so wird bisweilen geäußert, häufig dazu genutzt worden sein, um aus anderen Gründen unliebsamen oder leistungsschwachen Arbeitnehmer zu kündigen.[647] Oftmals geht Leistungsschwäche zudem auch – freilich nicht immer – mit einem zunehmenden Lebensalter einher.[648] Hinzu kommt, dass ältere Arbeitnehmer aufgrund tariflicher Regeln und Betriebsvereinbarungen, die auf jüngere Arbeitnehmer infolge von Lohnflexibilisierungen oft nicht anwendbar sind, oft auch die teureren Arbeitskräfte sind. Die Entscheidungsfreiheit des Arbeitgebers könnte zudem auch dadurch beeinflusst werden, dass für ältere Arbeitnehmer meist auch lange Kündigungsfristen gelten, deren Einhaltung nicht unerhebliche Kosten für den Arbeitgeber mit sich bringen. Neben der juristischen Bewertung solcher Fälle ist auch eine psychologische Erklärung solcher Verhaltensmuster der Arbeitgeber nicht zu unterschätzen.

---

646 So etwa *Däubler*, Ratgeber, S. 384.

647 HaKo/*Gieseler*, § 626 BGB Rn. 99 d; *Blum*, ZPR 2010, 132, 133; *Schmitt-Rolfes*, AuA 2010, 199: „(…) meist sind es Leistungsmängel (…)“; *Rieth*, HFR 2011, 122, 139; Beachte zur Thematik „gesuchte Kündigungsgründe“ auch die Ausführungen von *Diller*, NZA 2006, 569 ff.

648 Denkbare vorliegende Gründe sind neben der Tatsache, dass die Arbeitsleistung des entsprechenden Arbeitnehmers in den letzten Jahren nachgelassen hat, auch, dass eine geringere Motivation vorhanden war und eine jüngere und flexiblere Arbeitskraft als Ersatz verfügbar ist.

So dürfte letztendlich – rein psychologisch gesehen – ein Arbeitgeber bei einem langjährig beschäftigten Arbeitnehmer oftmals auch dann mit der außerordentlichen Kündigung wegen eines geringwertigen Vermögensdelikts reagieren, wenn er einen tiefer liegenden Missstand beheben möchte. Der Arbeitgeber erwartet von seinem Arbeitnehmer in der Regel mehr, als dass dieser nur innerhalb der im Arbeitsvertrag vereinbarten Zeit seine arbeitsvertraglichen Pflichten erfüllt. Er wünscht sich, dass sein Arbeitnehmer engagiert und effektiv arbeitet, sich in die Hierarchien einfügt, sich mit den Unternehmenszielen identifiziert sowie stets das Unternehmenswohl im Blick hat. Erfüllt der Arbeitnehmer diese Erwartungshaltung nicht, ist aus Sicht des Arbeitgebers ein Ungleichgewicht eingetreten. Folglich kann dann aus Arbeitgebersicht bereits ein Bagatelldelikt ausreichen, um diesen störenden Zustand mit einer außerordentlichen Kündigung beenden zu wollen.[649] Dem Arbeitgeber ist zudem meist bekannt, dass das Arbeitsrecht bei Vermögensdelikten sehr streng ist, auch wenn es sich um Gegenstände von nur geringem Wert handelt.[650]

Eine zumindest erwähnenswerte Rolle dürfte dabei ebenfalls spielen, dass den Arbeitgeber keine Sanktionen erwarten, wenn er sich unberechtigt oder gar missbräuchlich für eine außerordentliche Kündigung als Reaktionsmöglichkeit entscheidet. Schlimmstenfalls wird die missbräuchliche Kündigung im Zuge einer arbeitsgerichtlichen Prüfung für unwirksam erklärt.[651] Über die Aufwendungen für nachzuzahlendes Gehalt und seine Rechtskosten – und erst ab der zweiten Instanz ggf. auch die Rechtskosten des Arbeitnehmers – hinaus hat er finanzielle Einbußen oder eine sonstige Sanktion nicht zu befürchten. Dies mag ein Anreiz sein, auch Kündigungen auszusprechen, deren Berechtigung (mindestens) fraglich erscheint.[652]

---

649 Vgl. hierzu *Tödtmann*, Handelsblatt Management – Blog v. 26.10.2009.

650 Siehe hierzu ausführlich Kapitel 2 C. III.

651 *Walter*, AuR 2010, 57, 62.

652 Vgl. in diesem Zusammenhang den Vorschlag von *Walter*, AuR 2010, 57 ff.: Dieser erwägt, bei ungerechtfertigten außerordentlichen Kündigungen für Arbeitgeber eine sog. Missbrauchsgebühr einzuführen. Solche Kündigungen könnten sich aufgrund des seelischen Leids auch somatisch auswirken und seien geeignet, eine Körperverletzung gemäß § 223 Abs. 1 StGB darzustellen. Diese mache sich in Form des psychischen Drucks bemerkbar, von einem Tag auf den anderen seine Existenzgrundlage zu verlieren und seine Familie nicht mehr ernähren zu können. Nach § 223 Abs. 2 StGB sei schon der Versuch strafbar. Zudem weist er auch auf zivilrechtliche Folgen hin wie etwa einen Anspruch aus unerlaubter Handlung nach § 823 Abs. 1 und Abs. 2 BGB. Auch könne ggf. ein Schmerzensgeldanspruch gemäß § 253 Abs. 2 BGB gefordert werden.

All diese Tatsachen könnte ein Kündigungsgründe suchender Arbeitgeber[653] dann unter billigender Inkaufnahme der Gefahr einer Ungleichbehandlung zum Ausspruch einer fristlosen Kündigung veranlassen.[654] Ein Arbeitgeber, der mit seinem Arbeitnehmer hingegen vollumfänglich zufrieden ist, wird in vergleichbarer Situation eher geneigt sein, auch in Fällen von geringwertigen Vermögensdelikten eine mildere Reaktionsmöglichkeit zu wählen.[655] Bei einem langjährigen und intakten Arbeitsverhältnis dürfte er in einem solchen Fall eher eine Abmahnung bzw. eine Ermahnung aussprechen oder ein klärendes Gespräch suchen.

Es lässt sich mithin feststellen, dass (angeblich begangene) geringwertige Vermögensdelikte nicht selten als Anlass genommen wurden, ohnehin und aus anderen Gründen nicht mehr erwünschte Arbeitsverhältnisse zu beenden, wenn anderweitige Beendigungsmöglichkeiten rechtlich oder aus praktischen Gründen nicht infrage kamen.[656] Die Absolutheit, mit der die Rechtsprechung in solchen Fällen eine außerordentliche Kündigung zugelassen hat, dürfte hierbei eine Rolle gespielt haben und wird im nächsten Kapitel erläutert.

---

653 Vgl. hierzu auch Kapitel 2 C. III.

654 Siehe etwa *Tödtmann*, Handelsblatt Management – Blog v. 26.10.2009 „Wer einen langjährigen Mitarbeiter per Bagatellkündigung entlässt, will einen tiefer liegenden Missstand beheben".

655 Siehe auch *Thüsing* in weltonline v. 8.10.2009 „Niemand kündigt wegen einer Frikadelle, wenn man sonst mit einem Arbeitnehmer zufrieden ist".

656 Siehe hierzu Kapitel 2 C.

Kapitel 2 Die historische Entwicklung und gesellschaftliche sowie politische Diskussion der außerordentlichen Kündigung bei Vermögensdelikten

Für die weitere Untersuchung der Behandlung außerordentlicher Kündigungen wegen geringwertiger Vermögensdelikte soll in einem zweiten Schritt die rechtshistorische, gesellschaftliche und politische Entwicklung dieser Konstellationen untersucht werden.

A. Die Rechtsprechung zu geringwertigen Vermögensdelikten innerhalb des Arbeitsrechts

In einem ersten Schritt wird hierfür – ausgehend von einer Entscheidung aus dem Jahr 1958 und über die sog. „Bienenstichentscheidung" aus dem Jahr 1984 sowie die „Emmely"-Entscheidung von 2010 – die Entwicklung der Rechtsprechung bis in die jüngste Zeit dargestellt, um auf dieser Grundlage den derzeitigen Stand der Rechtsprechung im Umgang mit Kündigungen wegen geringwertiger Vermögensdelikten zu analysieren. Die Darstellung wird sich vorwiegend an den grundlegenden Entscheidungen des BAG orientieren, wobei insbesondere dem Urteil im Fall „Emmely" besondere Bedeutung zuzumessen ist. Vereinzelt wird jedoch auch auf Urteile der Instanzgerichte einzugehen sein, sofern dies für die Vollständigkeit und die Analyse erforderlich ist.

Anzumerken ist, dass es sich bei den von der Rechtsprechung entschiedenen Fällen ganz überwiegend um Vorgänge handelte, bei denen ein Arbeitnehmer ein Vermögensdelikt zum Nachteil seines eigenen Arbeitgebers begangen hatte. Urteile, die Vermögensdelikte eines Arbeitnehmers gegen Kollegen oder Kunden des Arbeitgebers betreffen, sind in der Praxis weitaus seltener anzutreffen.[657] Sie spielen daher auch bei der nachfolgenden Darstellung eine untergeordnete Rolle.[658]

---

657 Siehe aber bspw. BAG v. 5.4.2001, AP § 626 BGB Nr. 34 Verdacht strafbarer Handlung.

658 Siehe schon unter Kapitel 1 B. I.

I. Die Entwicklung der arbeitsrechtlichen Rechtsprechung zu geringwertigen Vermögensdelikten

Die Rechtsprechung der Arbeitsgerichte zur Behandlung von Bagatelldelikten war im Laufe der Zeit grundlegenden Wandlungen unterworfen. Bis zur sog. „Emmely"-Entscheidung war die Praxis der Gerichte kaum von Milde gekennzeichnet[659] und schützte das Eigentum bzw. Vermögen des Arbeitgebers auch gegen Bagatelldelikte umfassend und konsequent.[660] Es galt der Grundsatz, dass bei Vermögensdelikten von Arbeitnehmern gegen ihren Arbeitgeber eine außerordentliche Kündigung ohne vorherige Abmahnung ohne Weiteres möglich ist, da Vermögensdelikte geeignet seien, das Vertrauen des Arbeitgebers in den Arbeitnehmer nachhaltig und unwiederbringlich zu zerstören. Solche Delikte stellten durchweg einen wichtigen Grund im Sinne des § 626 Abs. 1 BGB dar, der eine Weiterbeschäftigung des Arbeitnehmers für den Arbeitgeber unzumutbar machte. Diese aus Arbeitnehmersicht wenig nachgiebige Judikatur änderte sich erst durch die sog. „Emmely"-Entscheidung, in der das BAG eine in der Sache markante und deutlich neue Akzentuierung und Neuorientierung der Rechtsprechung vorgab.[661] Insbesondere hat sich die Grundlage für die bei einem Vermögensdelikt entbehrliche Abmahnung geändert, und die beanstandungsfreie Betriebszugehörigkeit als vertrauensbildendes Grundelement bekam eine größere Bedeutung.[662]

1. Die Rechtsprechung vor der „Emmely"-Entscheidung

Der Ausgangspunkt der Rechtsprechung, wonach jegliches Vermögensdelikt zulasten des Arbeitgebers eine außerordentliche Kündigung rechtfertigt, lag im Jahr 1958, und zwar in einem Prozess, dessen Auslöser eine Kassendifferenz von einer Deutschen Mark war. In dem zugrunde liegenden Fall wurde einer Kassiererin aufgrund des dringenden Verdachts, einen Betrag von 1,00 DM zu wenig in die Kasse eingebongt, aber von einem potenziellen Kunden entgegengenommen und entwendet zu haben, fristlos gekündigt. Die Kassiererin wurde hier ganz bewusst von ihrer Arbeitgeberin erprobt, da ihre Ehrlichkeit von anderen Arbeitnehmern infrage gestellt wurde. Die Klage der Kassiererin gegen diese Kündigung hatte vor dem Arbeitsgericht Erfolg, wurde aber vom LAG abgewiesen.

---

659 So auch *Stoffels*, NJW 2011, 118, 119.

660 *Bengelsdorf*, SAE 2011, 122.

661 So auch *Fischer*, jurisPR-ArbR 48/2010 Anm. 1; *Rieth*, HFR 2011, 122, 136; *Preis*, AP Nr. 229 zu § 626 BGB.

662 Siehe unter A. I. 3. d).

Die Revision führte zur Zurückweisung an das LAG. Das BAG nahm eine Verletzung von § 286 ZPO an, weil es die Tatrichter bei der Bejahung des Verdachtes einer strafbaren Handlung unterlassen hätten, die von der Arbeitnehmerin vorgebrachten Entlastungsbeweise zu erheben und sich mit den vorgetragenen entlastenden Behauptungen auseinanderzusetzen. In dieser Grundsatzentscheidung beschäftigte sich die Rechtsprechung aber auch erstmals ausführlich mit der Frage, wie der wichtige Grund bei der Prüfung einer außerordentlichen Kündigung zu definieren ist. Das BAG führte in seiner Revisionsentscheidung aus, dass auch die geringe Differenz von 1,00 DM grundsätzlich einen wichtigen Kündigungsgrund darstellen kann.[663]

Diese Rechtsprechung wurde durch verschiedene Instanzentscheidungen mit gleicher Ansicht zur Entwendung geringwertiger Sachen bestärkt. Zum Beispiel hatten sich 1973 die Richter des LAG Düsseldorf mit einer außerordentlichen Kündigung zu befassen, die ebenfalls wegen eines Schadens von 1,00 DM ausgesprochen wurde.[664] Hier hatte ein Auszubildender zum Kfz-Mechaniker ein Einmarkstück aus dem Fahrzeug eines Kunden an sich genommen.[665] Die daraufhin vom Arbeitgeber ausgesprochene außerordentliche Kündigung wurde vom LAG Düsseldorf bestätigt. Ebenso bestätigte das LAG in einem anderen Fall die außerordentliche Kündigung einer Kassenverwalterin, die 20,00 DM aus der Geschäftskasse entnommen hatte, und dies, obwohl sie ihre Absicht vor dem LAG glaubhaft machen konnte, die entnommenen 20,00 DM zurückzahlen zu wollen. Nach Ansicht des Gerichts sei eine fristlose Kündigung dennoch gerechtfertigt – das Vertrauen sei erschüttert. Es sei zudem zu berücksichtigen, dass Handlungen dieser Art oft unentdeckt bleiben würden, weshalb im Falle der Entdeckung ein hartes Durchgreifen angemessen sei.[666] Dasselbe Gericht bestätigte 1981 auch die außerordentliche Kündigung eines Lastwagenfahrers, der zwei kleine Sektflaschen zum Preis von je 4,98 DM aus einer Lieferung entwendet hatte.[667] Der Kündigung stand ebenfalls nicht entgegen, dass sich der Auslieferungsfahrer nach Ansicht des LAG glaubhaft dazu eingelassen hatte, er habe die Sektflaschen für Werbeartikel mit einem Wert von etwa 2,00 DM gehalten.

In den Achtzigerjahren gab es weitere höchstrichterlich entschiedene, in der Literatur kontrovers diskutierte Fälle von Kündigungen, die auf Kündigungen wegen geringfügiger Vermögensdelikte von Arbeitnehmern zum Nachteil ihres

663 BAG v. 24.3.1958, AP Nr. 5 zu § 626 BGB Verdacht strafbarer Handlungen.

664 LAG Düsseldorf v. 6.11.1973, DB 1974, 928.

665 Siehe oben Kapitel 1 B. I. 3.

666 LAG Düsseldorf v. 13.1.1976, DB 1976, 680.

667 LAG Düsseldorf v. 23.2.1981 – 20 Sa 1539/80 – juris.

Arbeitgebers beruhen. In diesem Zusammenhang wird das viel zitierte[668] sog. „Bienenstich"-Urteil aus dem Jahr 1984 in der Literatur oft als Grundsatzentscheidung bzw. als Leiturteil für die strikte Linie der Rechtsprechung wahrgenommen, das die bis dato eingeführte Judikatur verfestigte.[669] In dem dieser Entscheidung zugrunde liegenden Sachverhalt soll eine Buffetkraft unmittelbar vor Ladenschluss heimlich ein Stück Bienenstich aus der Kuchentheke entwendet und verzehrt haben.[670] Mit Zustimmung des Betriebsrats wurde der Arbeitnehmerin eine außerordentliche Kündigung ausgesprochen. Dagegen hatte diese zunächst erfolgreich vor dem Arbeitsgericht Essen geklagt,[671] das wegen des geringen Schadens eine fristlose Kündigung für ungerechtfertigt hielt. Das LAG Düsseldorf als Berufungsinstanz entschied,[672] dass die fristlos ausgesprochene Kündigung in eine fristgerechte ordentliche Kündigung umzudeuten sei, aufgrund derer das Arbeitsverhältnis beendet sei. Gegen dieses Urteil legten beide Parteien Revision beim BAG ein.

Das BAG verwies die Sache zwar an das Berufungsgericht zurück, hatte in den Urteilsgründen aber Rechtspositionen eingenommen, die die weitere Rechtsprechung grundlegend geprägt haben. Das BAG entschied erneut, dass das Entwenden einer geringwertigen Sache einen wichtigen Kündigungsgrund darstellen kann. Ein nur geringer Schaden führe nicht dazu, einen wichtigen Kündigungsgrund im Sinne von § 626 BGB zu verneinen. Vielmehr könne ein solches Verhalten - unter Berücksichtigung des Einzelfalls und nach einer umfassenden Abwägung der Interessen beider Parteien - eine fristlose Kündigung selbst dann rechtfertigen, wenn die entwendete Sache nur einen sehr geringen Wert habe. Ob die Höhe des entstandenen Schadens tatsächlich auch nach Abwägung der Umstände des Einzelfalls und der Interessen beider Seiten die fristlose Kündigung rechtfertigte, war vom BAG in diesem Fall nicht zu entscheiden, da der Fall wegen der noch abzuschließenden Sachverhaltsaufklärung (neben Verfahrensfehlern war bspw. die Frage des Verschuldens der Arbeitnehmerin noch nicht abschließend geklärt) an das LAG zurückverwiesen werden musste. Das LAG

668 Siehe unter anderem *von Steinau-Steinrück/Ziegler*, NJW-Spezial 2009, 274; *Walker*, NZA 2009, 921, 924; *Klueß*, NZA 2009, 337; *Stoffels*, NJW 2011, 118; *Fuhlrott*, ArbRAktuell 2012, 498.

669 Vgl. etwa *Berkowsky*, AA 2005, 135.

670 BAG v. 17.5.1984, NZA 1985, 91 f.

671 ArbG Essen v. 22.6.1982 – 6 Ca 1125/82 – nv.

672 LAG Düsseldorf v. 1.12.1982 – 12 Sa 1311/82 – nv.

hat daraufhin das Verspeisen des Bienenstichstücks im Wert von 1,00 DM als Grund für die außerordentliche fristlose Kündigung ausreichen lassen.[673]

In einer weiteren Einzelfallentscheidung aus dem Jahr 1984[674] urteilte das BAG allerdings, dass der Diebstahl von drei Kiwifrüchten nicht für eine außerordentliche, sondern nur für eine ordentliche Kündigung ausreiche.[675] Diese beiden Einzelfallentscheidungen aus dem Jahr 1984 wurden seinerzeit als widersprüchlich kritisiert, weil nicht zu ersehen sei, warum der einmalige Verzehr eines Stück Kuchens eine außerordentliche Kündigung rechtfertige, die Entwendung von drei Kiwifrüchten hingegen nicht.[676] Kurze Zeit später und ebenfalls noch im Jahr 1984 hat das BAG in einer damals allerdings nicht veröffentlichten Entscheidung die außerordentliche Kündigung eines Betriebsratsmitglieds[677] wegen des Diebstahls einer Packung Zigaretten bestätigt, insbesondere, weil Schilder darauf hingewiesen hatten, dass jeder Ladendiebstahl angezeigt werde.[678] Das Jahr 1984 schloss mit einer Entscheidung des BAG, in dem es sich mit der Frage der Notwendigkeit einer vorherigen Abmahnung vor Ausspruch der Kündigung befassen musste.[679] Nach den Feststellungen der Vorinstanz[680] habe der Arbeitnehmer einen gezielten Diebstahl von 20 Litern Dieselkraftstoff ohne relevante Einzelfallumstände begangen. Das BAG stellte fest, dass der Diebstahl eine Störung im Vertrauensbereich sei und damit eine vorherige Abmahnung nur dann ausgesprochen werden müsse, wenn der Arbeitnehmer mit vertretbaren Gründen annehmen durfte, sein Verhalten sei nicht vertragswidrig oder werde vom Arbeitgeber jedenfalls nicht als ein erhebliches, den Bestand des Arbeitsverhältnisses gefährdendes Fehlverhalten angesehen. Das BAG verwies auch hier den Fall an die Vorinstanz zurück, da diese die Dauer der Betriebszugehörigkeit nicht als relevantes Kriterium im Rahmen der Interessenabwägung angesehen und daher in seine Bewertung nicht mit einbezogen hatte. Das BAG betonte, die Berücksichtigung der Betriebszugehörigkeit im Rahmen der Interessenabwägung sei notwendig, um rechtsfehlerfrei beurteilen zu können, ob dem Arbeitgeber die Fortsetzung des Arbeitsverhältnisses noch bis zum Ende der ordentlichen Kündigungsfrist zuzumuten ist.

---

673 LAG Düsseldorf v. 17.10.1984, LAGE Nr. 17 zu § 626 BGB.

674 Siehe bereits unter Kapitel 1 B. II. 1.

675 BAG v. 20.9.1984, DB 1985, 655 ff.

676 Siehe etwa *v. Hase*, NJW 2002, 2278, 2281.

677 35 Jahre alt, zwei Jahre Betriebszugehörigkeit.

678 BAG v. 29.11.1984 – 2 AZR 581/83 – juris.

679 BAG v. 13.12.1984, AP Nr. 81 zu § 626 BGB (Leitsatz 1 und Gründe).

680 LAG Niedersachsen v. 7.7.1983 – 6 Sa 20/83 – nv.

Auch in der Folgezeit urteilte das BAG viele Jahre nicht selbst über die Wirksamkeit von außerordentlichen Kündigungen wegen Vermögensdelikten, sondern hob die ihm zugetragenen Fälle lediglich auf und verwies diese an die Vorinstanzen zur erneuten Entscheidung zurück.[681]

Erst im Jahr 2000, also fünfzehn Jahre nach dem Bienenstichurteil, nahm das BAG einen ähnlichen Fall zum Anlass, um eine eigene Entscheidung in der Sache selbst zu treffen.[682] Erstmals erfolgte in diesem Rechtsstreit die Durchführung der maßgeblichen Interessenabwägung durch das BAG selbst. In dem zu entscheidenden Fall hatte ein ICE-Steward geringwertige Sachen aus einem Bordrestaurant der Deutschen Bahn an sich genommen. Als bei diesem nach Feierabend im Rahmen einer Taschenkontrolle drei Kaffeebecher, zwei Packungen Schinken und ein Liter Pflanzenöl im Gesamtwert von 19,97 DM gefunden wurden, erfolgte seitens des Arbeitgebers eine außerordentliche Kündigung. Der Steward war zuvor 17 Jahren im Betrieb seines Arbeitgebers tätig. In seiner Entscheidung erteilte das BAG der immer wieder geäußerten Auffassung, dass der Diebstahl oder die Unterschlagung geringwertiger Sachen nicht bereits die Schwelle eines wichtigen Grundes gemäß § 626 BGB erreichen könne, erneut eine klare Absage. Der Arbeitnehmer habe zwar unabhängig vom Wert der betroffenen Gegenstände in erheblicher Weise das Vertrauen des Arbeitgebers gebrochen. Diebstahl und Unterschlagung seien Straftaten, die nur vorsätzlich begangen werden können. Der Arbeitnehmer wisse also zu jedem Zeitpunkt, dass er unrechtmäßig handele, wenn er solche Delikte begehe. Wenn keine besonderen Umstände vorliegen, könne der Arbeitnehmer daher nicht damit rechnen, dass derartige Verstöße gegen den Arbeitsvertrag vom Arbeitgeber hingenommen würden. Vielmehr sei das Vertrauensverhältnis als zerstört zu betrachten, und zwar mit der Konsequenz, dass eine fristlose Kündigung auch bei der Entwendung von lediglich geringfügigen Gegenständen wirksam ist. Das BAG stellte im Ergebnis fest, dass auch in Fällen, in denen die Sozialdaten des Arbeitnehmers wie etwa eine Betriebszugehörigkeit von 17 Jahren und ein Lebensalter von 47 Jahren für diesen und gegen die Wirksamkeit der Entlassung sprechen, gleichwohl eine fristlose Kündigung ohne vorhergehende Abmahnung möglich ist und die Interessen des Arbeitgebers überwiegen können. Damit widersprach es der noch im vorangegangenen Urteil des LAG Hamburg vertretenen Ansicht, es mangele an einer ausreichend schwerwiegenden kriminellen Energie.[683] In der

681 Vgl. bspw. BAG v. 16.10.1986, RzK I 6 d Nr. 5; BAG v. 2.4.1987, RzK I 6 d Nr. 7.
682 BAG v. 12.8.1999, NZA 2000, 421 ff.
683 Vgl. LAG Hamburg v. 8.7.1998, NZA-RR 1999, 469, 471.

Folgezeit nach dieser BAG-Entscheidung gab es auch von den Instanzgerichten kaum noch Urteile, in denen eine Kündigung in gleichgelagerten Fällen für unwirksam erachtet wurde. Häufig genügte bereits der Verdacht einer entsprechenden Tat, um eine außerordentliche Kündigung zu rechtfertigen.

Sodann setzte das BAG mit der sog. „Kümmerlingentscheidung“[684] des 2. Senats aus dem Jahr 2003 seine strikte Linie fort und dehnte sie zudem auf Fälle aus, in denen der Arbeitnehmer unbefugt Gegenstände an sich nimmt, die für den Arbeitgeber wirtschaftlich wertlos sind. In dem zugrunde liegenden Fall war auf den ersten Blick kein geldwerter Schaden des Arbeitgebers ersichtlich. Er betraf eine seinerzeit 58 Jahre alte Verkäuferin, die seit 11 Jahren in der Spirituosenabteilung eines Warenhauses beschäftigt war. Als sie noch vor der Ladenöffnungszeit in ihrem Arbeitsbereich mit Aufräumarbeiten beschäftigt war, brachte sie eine Tragetasche mit 62 Minifläschchen Alkoholika[685] und zwei Rollen Küchenkrepp in die Telefonzentrale der Beklagten, wo üblicherweise die von den Mitarbeitern vorgenommenen Personaleinkäufe abgestellt werden. Eine in der Telefonzentrale beschäftigte Mitarbeiterin sah dies und informierte die für den Lebensmittelbereich zuständige Teamleiterin. Diese nahm gemeinsam mit dem Abteilungsleiter der Verwaltung und dem Betriebsratsvorsitzenden die Tragetasche in Augenschein um dann abzuwarten, wie die Mitarbeiterin damit weiter vorgehen würde. Als diese bei Schichtende mit der Tragetasche den Betrieb verlassen wollte, wurde sie mit dem Vorwurf des Diebstahls konfrontiert. Sie machte geltend, es handele sich bei den Waren in der Tragetasche um unverkäufliche Ware. Die von ihr mitgenommenen Alkoholika hätten längere Zeit im Lager gestanden und aus beschädigten Packungen gestammt, die nicht mehr als reguläre Ware verkäuflich und für die Entsorgung in der Müllpresse vorgesehen gewesen seien. Auch die beiden Küchenkrepprollen, die aus einer aufgerissenen Verpackung gestammt hätten, seien nicht mehr verkäuflich, da sie bei Aufräumarbeiten bereits angebrochen gewesen seien. Sie räumte einen Fehler dahingehend ein, die Abteilungsleiterin nicht zuvor um Erlaubnis gefragt zu haben. Es sei aber ansonsten stets üblich gewesen, dass Arbeitnehmer im Betrieb nicht mehr gebrauchte Gegenstände mit nach Hause nehmen. Eine Notwendigkeit, deswegen vorher um Erlaubnis zu fragen, sei ihr seinerzeit nicht bewusst gewesen. Es liege damit jedenfalls kein Grund vor, das Vertrauensverhältnis zwischen den Vertragsparteien als unwiederbringlich zerstört anzusehen, weshalb die fristlose Kündigung nicht gerechtfertigt sei.

---

684 BAG v. 11.12.2003, NZA 2004 486 ff.

685 Gräfs, Kümmerling, Kobold.

Das LAG Hamm[686] hielt das Verhalten der Klägerin zwar für arbeitsvertragswidrig und damit abmahnungswürdig, sah darin aber keinen wichtigen Grund für eine fristlose Kündigung. Für den Arbeitgeber als Handelsunternehmen sei es letztlich belanglos gewesen, wie mit der nicht mehr verkäuflichen und nicht mehr für den Verkauf bestimmten Ware verfahren worden sei. Die betreffenden Gegenstände hätten für den Arbeitgeber keinen wirtschaftlichen Wert mehr gehabt, weshalb die fristlose Entlassung eine nicht gerechtfertigte Überreaktion des Arbeitgebers darstelle.

Dem folgte der 2. Senat des BAG nicht. Vielmehr betonte er, der Arbeitnehmer breche stets durch eine Eigentumsverletzung und unabhängig von der Höhe des Schadens in erheblicher Weise das ihm entgegengebrachte Vertrauen des Arbeitgebers. Dies gelte also auch für den Diebstahl bzw. die Unterschlagung geringwertiger Sachen aus dem Eigentum des Arbeitgebers. Das BAG sah die hier betroffenen Waren allerdings nicht als wertlos an. Der wirtschaftliche Wert einer Sache, so das BAG, bestimme sich nicht allein durch dessen Verkaufsfähigkeit. Selbst wenn die beklagte Arbeitgeberin nicht mehr vorgehabt habe, die 62 Minifläschchen Alkoholika im normalen Geschäftsbetrieb - etwa zu reduziertem Preis - zu veräußern, habe sie immer noch die Möglichkeit gehabt, diese etwa bei Betriebsfeiern zu verwenden oder zu verschenken. Nur die Beklagte als Eigentümerin habe das Recht, über diese Waren zu verfügen, und die Klägerin sei nicht befugt gewesen, sich daran selbst zu bedienen. Außerdem sei es für das Handelsunternehmen, dessen Waren den Arbeitnehmern anvertraut sind, allein aus Gründen der Abschreckung erforderlich, in Diebstahlfällen hart durchzugreifen, um die Betriebsdisziplin nicht zu gefährden. Da zudem Arbeitnehmer in einem Warenhausbetrieb ohne Weiteres davon ausgehen müssten, auch durch einen Diebstahl oder eine Unterschlagung geringwertiger Sachen ihren Arbeitsplatz zu riskieren, sei eine Abmahnung vor Ausspruch einer fristlosen Kündigung regelmäßig nicht erforderlich.

Diese „Kümmerling"-Entscheidung belegt exemplarisch die bis dahin gefestigte Rechtsprechungspraxis des BAG, mildere Entscheidungen der Landesarbeitsgerichte aufzuheben und die Instanzgerichte dafür zu sensibilisieren, dass bei der Beurteilung geringwertiger Vermögensdelikte strenge Maßstäbe anzulegen sind.[687]

686 LAG Hamm v. 13.3.2002 – 14 Sa 1731/01 – juris; Nachgehend BAG v. 11.12.2003 – 2 AZR 36/03 (Zurückverweisung).

687 So auch *Preis*, AuR 2010, 186, 189.

In der Sache hat der 2. Senat des BAG als Revisionsinstanz die Kündigungsschutzklage nicht abschließend entschieden, sondern auch hier den Rechtsstreit zur erneuten Verhandlung und Entscheidung im Hinblick auf die noch vorzunehmende Interessenabwägung an das LAG Hamm zurückverwiesen.

In der sog. „Lippenstift"-Entscheidung des BAG aus dem Jahr 2007 führte das BAG seine strenge Rechtsprechung fort.[688] Die Ausführungen zum Kündigungsgrund zeigen auch hier, dass die Geringwertigkeit der Vermögensschädigung nicht entscheidend in der anschließenden Interessenabwägung und Einzelfallbeurteilung zur Geltung kommen soll. So heißt es in dem Urteil generalisierend:

> *Ein Arbeitnehmer, der im Zusammenhang mit seiner Arbeitsleistung strafrechtlich relevante Handlungen gegen das Vermögen seines Arbeitgebers begeht, verletzt damit seine arbeitsvertragliche Rücksichtnahmepflicht schwerwiegend und missbraucht das in ihn gesetzte Vertrauen in erheblicher Weise. Dies gilt nach der ständigen Rechtsprechung des Senats auch dann, wenn die rechtswidrige Verletzungshandlung nur Sachen von geringem Wert betrifft.*

Im Ergebnis führte diese Rechtsprechung dazu, dass bei geringwertigen Vermögensdelikten (trotz des immer wiederkehrenden Hinweises, dass die strafrechtliche Bewertung keine oder nur eine geringe Rolle spiele) auch die Interessenabwägung zuungunsten des Arbeitnehmers ausgehen musste, weil dieser seine Pflichten schwerwiegend verletzt hatte und nicht damit rechnen durfte, dass sein Verhalten hingenommen würde. Die Tatsache, dass der Arbeitnehmer gleichwohl das Vermögensdelikt beging, wurde als Indiz für ein zerstörtes Vertrauen gesehen. Im Ergebnis wurde in der bis dato geltenden BAG-Rechtsprechung der Raum für eine Interessenabwägung eng, weil der Vertrauensbruch regelmäßig als irreparabel angesehen wurde und damit die Kündigung verhältnismäßig war, wenn ihn nicht ganz besondere Umstände relativierten.

Die Entwicklung der strikten Rechtsprechung – auch „Null-Toleranz-Prinzip" genannt[689] – ging somit vom BAG aus, das vereinzelte Entscheidungen der Instanzgerichte zugunsten der Arbeitnehmer wieder aufhob. Zwar betonte das BAG immer, dass die endgültige Entscheidung über das Vorliegen eines wichtigen Grundes für eine außerordentliche Kündigung erst auf der zweiten Stufe getroffen werde und es damit einer Interessenabwägung unter Berücksichtigung der konkreten Umstände des Einzelfalls bedürfe. Es hat bis dato für diese Interessenabwägung aber keine klaren Vorgaben gemacht und auch das Stufenverhältnis

---

688 BAG v. 13.12.2007, NZA 2008, 1008 ff.

689 Siehe bspw. *Klueß*, NZA 2009, 337, 339; GE Fraktion SPD, BT-Drucks. 17/648, S. 1; GE-Fraktion DIE LINKE, BT-Drucks. 17/649, S. 1.

des arbeitsrechtlichen Sanktionsinstrumentariums[690] für diese Konstellationen nicht näher herausgearbeitet.[691] Dies hatte zur Folge, dass die Instanzgerichte zwar überwiegend der Linie des BAG folgten, es aber große Unterschiede bei der Gewichtung einzelner Belange im Rahmen der Interessenabwägung gab. Zudem gab es Probleme im Zusammenhang mit der Anwendung und Umsetzung der entwickelten kündigungsrechtlichen Prinzipien.[692]

2. Neuorientierung der Rechtsprechung: Das BAG-Urteil vom 23.6.2009

Im Jahr 2009 und damit noch vor der „Emmely"-Entscheidung kündigte sich sodann eine Neuorientierung der Rechtsprechung an.[693]

In dem vom BAG zu entscheidenden Fall nutzte eine Arbeitnehmerin einen Gutschein für den Bezug von Waren aus dem hauseigenen Sortiment ihres Arbeitgebers dazu, um an Bargeld aus der Kasse des Unternehmens zu gelangen. Dies war bei der Überlassung des Gutscheins ausdrücklich untersagt worden. Das BAG hatte hier eine Negativprognose in Bezug auf die zukünftige Beeinträchtigung des Vertragsverhältnisses verneint und sowohl eine außerordentliche als auch ordentliche Kündigung durch den Arbeitgeber im Ergebnis für unwirksam erklärt. Die Urteilsgründe steuern hier erstmals dem bis dato nahezu unauflösbaren Automatismus von Vermögensdelikt, Vertrauensstörung und Negativprognose entgegen. Das Gericht wandte sich hier dem kündigungsrechtlichen Verhältnismäßigkeits-[694] und dem Prognoseprinzip[695] zu und betonte, dass die Kündigung nicht als Sanktion der Pflichtverletzung, sondern allein der Vermeidung des Risikos weiterer Pflichtverletzungen diene. Eine negative Prognose für das künftige Verhalten des Arbeitnehmers im Arbeitsverhältnis liege vor, wenn aus der konkreten Vertragspflichtverletzung und der daraus resultierenden Vertragsstörung geschlossen werden kann, der Arbeitnehmer werde den Arbeitsvertrag auch nach einer Abmahnung erneut in gleicher oder ähnlicher Weise verletzen. Deshalb setze eine Vertragspflichtverletzung regelmäßig eine Abmahnung voraus. Sie diene der Objektivierung der negativen Prognose und sei Ausdruck des Verhältnismäßigkeitsgrundsatzes. Eine vorherige Abmahnung

---

690 Insbesondere eine Anwendung der Grundsätze für das Erfordernis einer vorherigen Abmahnung.

691 *Stoffels*, NJW 2011, 118, 120.

692 *Rieth*, HFR 2011, 122, 131.

693 BAG v. 23.6.2009, NZA 2009, 1198 ff.

694 Siehe hierzu ausführlich Kapitel 3 III.

695 Siehe hierzu ausführlich Kapitel 3 IV.

sei nur entbehrlich, wenn eine Verhaltensänderung in Zukunft trotz Abmahnung nicht erwartet werden könne oder es sich um eine schwere Pflichtverletzung handele, deren Rechtswidrigkeit dem Arbeitnehmer ohne Weiteres erkennbar sei und bei der die Hinnahme des Verhaltens durch den Arbeitgeber offensichtlich ausgeschlossen sei. Bereits durch dieses Urteil wurde die bisherige strenge BAG-Rechtsprechung - trotz einiger übernommener Formulierungen aus den bis dahin ergangenen Urteilsbegründungen - verändert. Während eine Abmahnung bislang bei Pflichtverletzungen im Vertrauensbereich als in aller Regel entbehrlich angesehen wurde, war diesem Urteil nunmehr zu entnehmen, dass stets eine gewissenhafte Prüfung zu erfolgen habe, ob durch die Abmahnung künftige Pflichtverletzungen ausgeschlossen werden können.

3. *Die „Emmely"-Entscheidung*

Die sog. „Emmely"-Entscheidung des BAG im Juni 2010 setzte die Neuorientierung sodann fort.[696] Das Arbeitsverhältnis der Kassiererin Barbara Emme („Emmely") wurde arbeitgeberseitig am 22.2.2008 fristlos wegen des unberechtigten Einlösens von zwei Pfandbons im Gesamtwert von 1,30 Euro gekündigt. Nachdem das ArbG Berlin[697] und das LAG Berlin-Brandenburg[698] die fristlose Kündigung der Kassiererin bestätigten, erklärte das BAG,[699] das Ende Juli 2009 die Revision wegen der grundsätzlichen Bedeutung des Falles zugelassen hatte, die Kündigung für unwirksam.[700]

Wohl noch nie hat ein Kündigungsschutzverfahren in der arbeitsgerichtlichen Geschichte der Bundesrepublik ein solch breites, aufgeregtes mediales und fachliches Echo ausgelöst.[701] „Emmely" wurde so zur Symbolfigur für das Thema

---

696 BAG v. 10.6.2010, NZA 2010, 1227 ff.

697 ArbG Berlin v. 21.8.2008 – 2 Ca 3632/08 – juris, BB 2008, 1954 (Leitsatz).

698 LAG Berlin-Brandenburg v. 24.2.2009, NZA-RR 2009, 149 ff.

699 BAG v. 10.6.2010, NZA 2010, 1227 ff.

700 „Emmely" kehrte kurz nach der für sie günstigen Entscheidung des BAG wieder an ihren Arbeitsplatz zurück. Ein solches Verhalten entspricht nicht der gelebten Praxis in den alltäglichen Kündigungsfällen. Die Praxis löst diese Fälle in aller Regel auf dem Vergleichswege (Aufhebungsvertrag gegen Zahlung einer Abfindung). Nur selten kehrt ein Arbeitnehmer nach einem Kündigungsrechtsstreit an seinen alten Arbeitsplatz zurück.

701 So auch *Fischer*, jurisPR-ArbR 32/2009 Anm. 1 = jurisPR extra 2009, 209; *Kuhr* in Süddeutsche Zeitung v. 10.6.2010 S. 2 „Vermutlich ist sie Deutschlands berühmteste Kassiererin"; *Schlösser*, HRRS 2009, 509; *Baeck/Winzer*, NZG 2010, 821; *Schrader/Straube*, DB 2010, 18; *Deckwerth* in Frankfurter Rundschau v. 10.6.2010 S. 32

Bagatellkündigungen.[702] Das öffentliche Interesse an diesem Fall hatte zudem zur Folge, dass auch andere Kündigungen wegen Bagatelldelikten aus der Instanzgerichtsbarkeit publik und Gegenstand der Diskussion wurden.[703]

Im Einzelnen trug sich der Fall folgendermaßen zu:

> Am 12.1.2008 fand eine Kollegin (K) von Barbara Emme im Kassenbereich einer separaten Backtheke zwei noch nicht abgezeichnete Leergutbons im Wert von 48 Cent und 82 Cent. Beide Pfandbons trugen das Datum 12.1.2008 und waren zu unterschiedlichen Zeiten am Flaschenautomaten erstellt worden, der in der Filiale für die Rückgabe von Leergut bereitsteht. K übergab die Bons dem Marktleiter. Dieser wiederum gab sie an Frau Emme zur Verwahrung weiter. Diese arbeitete für ihre Arbeitgeberin, der Kaiser's Tengelmann AG bzw. deren Rechtsvorgängerin, seit 1977 als Verkäuferin mit Kassentätigkeit. Die Pfandbons sollten später als Fehlbons bei der Leergutabrechnung verbucht werden, falls kein Kunde sie für sich reklamieren sollte. Barbara Emme legte daraufhin die Pfandbons in das allen Mitarbeitern zugängliche Kassenbüro. Am 22.1.2008 überreichte Frau Emme bei einem privaten Einkauf in der Filiale nach Ende ihrer Arbeitszeit zwei auf den 12.1.2008 datierte unabgezeichnete Leergutbons, die von ihrer Kollegin im Kassensystem registriert wurden. Sie waren im sog. E-Journal anhand der Eingabenummern als eingescannt ausgewiesen, mit den oben genannten Werten aufgeführt und haben den von Frau Emme für den Einkauf zu zahlenden Preis um 1,30 Euro reduziert. Nachdem Barbara Emme die Pfandbons eingelöst hatte, waren die gefundenen Kassenbons nicht mehr im Kassenbüro vorhanden und wurden auch nicht als Fehlbons verbucht. Pfandbons wurden beim Einlösen durch Kunden an der Kasse von der Kassiererin mit der Hand abgezeichnet. Sofern Mitarbeiter Leergut abgeben wollen, müssen sie dieses nach einer Anweisung der Kaiser's Tengelmann AG zunächst bei Betreten der Filiale dem Filialverantwortlichen vorzeigen und später den Pfandbon von diesem abzeichnen lassen, bevor sie ihn an der Kasse abgeben. Beim Einlösen an der Kasse werden die Leergutbons der Mitarbeiter von der Kassiererin ein zweites Mal abgezeichnet. Frau Emme bestritt den Vorwurf; im Rahmen der Anhörung verwies sie darauf, dass ihre Geldbörse sowohl von ihrer Tochter als auch von einer Kollegin an dem betreffenden Tag verwendet worden sein konnte, und blieb bei dieser Aussage. Nach Anhörung des Betriebsrats[704] zu einer beabsichtigten außerordentlichen, hilfsweise ordentlichen Kündigung, gestützt auf den Verdacht der Einlösung der Bons, kündigte die Beklagte das

---

„Die kämpfende Kassiererin – Heute entscheidet das Bundesarbeitsgericht über die Bagatellkündigung der Barbara E."; *Prantl* in Süddeutsche Zeitung v. 10.6.2010 „Die Justiz und die kleinen Leute – Hart nach unten, mild nach oben"; *Stoffels*, NJW 2011, 118.

702 *Budras*, FAZ.NET v. 10.6.2010.

703 Vgl. bereits unter Kapitel 1 A. I.

704 Der Betriebsrat äußerte Bedenken gegen die fristlose Kündigung. Einer ordentlichen Kündigung widersprach er und verwies auf die Möglichkeit einer gegen die Klägerin gerichteten Intrige.

Arbeitsverhältnis außerordentlich fristlos, hilfsweise fristgemäß. Hiergegen erhob Frau Emme Kündigungsschutzklage.

In der juristischen Literatur wurde der Fall „Emmely" intensiv diskutiert.[705] Es wurde die Kritik laut, der Arbeitgeber habe in diesem wie auch in ähnlichen Fällen meist nur einen Grund gesucht, die ohnehin angestrebte Trennung von seinem Arbeitnehmer zu forcieren. Die öffentliche Empörung über solche Bagatellkündigungen und insbesondere über den Fall „Emmely" wäre zudem vermutlich eine geringere gewesen, wenn nicht gerade während dieser Zeit auch andere ethische und moralische Fragen im Gesellschafts- und Arbeitsleben eine hohe Aktualität gehabt hätten.[706] So ergingen die „Emmely"-Entscheidungen während der Finanz- und Wirtschaftskrise, bei der unternehmerische Fehlentscheidungen, vor allem im Finanzbereich, Milliardenschäden verursachten, die aber in der öffentlichen Wahrnehmung nicht zu entsprechenden Konsequenzen oder persönlichen Inanspruchnahmen der Führungskräfte für begangene Pflichtverletzungen führten.[707] Kurz nach dem Abschluss der ersten Instanz im „Emmely"-Prozess brach die US-Bank *Lehman Brothers* zusammen und löste die bereits seit 2007 schwelende, größte Finanzkrise seit 1929 aus. Parallel zu dem „Emmely"-Prozess in zweiter Instanz spitzte sich die Diskussion um Boni für Bankmanager zu.[708] Einen Tag vor der mündlichen Verhandlung in zweiter Instanz wurde der ehemalige Vorstandsvorsitzende der Deutsche Post AG, Klaus Zumwinkel, wegen Steuerhinterziehung im Millionenbereich[709] zu einer Bewährungsstrafe verurteilt.[710] Die Zahlung von Boni für Banker in der schweren Finanzkrise ab 2007 und die Steuerhinterziehung durch einen hoch bezahlten Spitzenmanager wurden als starker Kontrast wahrgenommen zu dem Vorwurf der angeblichen Unterschlagung von zwei Leergutbons im Wert von insgesamt

705 Vgl. etwa *Reuter*, NZA 2009, 594; *Rieble*, NJW 2009, 2101; *Klueß*, NZA 2009, 337; *Walker*, NZA 2009, 921; *Hunold*, DB 2009, 2658; *Bartels*, RdA 2010, 109; *Binkert*, NZA 2010, 433; *Hüpers*, Jura 2010, 52; *Keiser*, JR 2010, 55; *Preis*, AuR 2010, 186 u. *ders.*, AuR 2010, 242; *Schall*, RdA 2010, 225; *Tiedemann*, ArbRB 2010, 222.

706 So auch *Fischer*, jurisPR-ArbR 16/2009 Anm. 1.

707 *Fischer*, jurisPR-ArbR 48/2010 Anm. 1.

708 *Stoffels*, NJW 2011, 118.

709 *Zumwinkel* gab zu, Steuern in Höhe von 970.000 Euro über eine Stiftung in Liechtenstein hinterzogen zu haben. Laut Anklage soll Zumwinkel in den Jahren 2001 bis 2007 sogar Abgaben in Höhe von 1,2 Millionen Euro hinterzogen haben. Allerdings konnte die Anklage bzgl. des Jahres 2001 wegen Verjährung der Tat nicht zur Hauptverhandlung zugelassen werden.

710 LG Bochum v. 26.1.2009 – 12 KLs 350 Js 1/08 – juris.

1,30 Euro nach über dreißigjähriger Betriebszugehörigkeit. Die Tatsache, dass der Kassiererin Emme während eines laufenden Streiks gekündigt wurde, polarisierte den Fall weiter.

Nachfolgend soll untersucht werden, ob und inwiefern sich das „Emmely"-Urteil in die bisherige Rechtsprechung einfügt und wie sich das BAG mit den einschlägigen Rechtsfragen auseinandersetzt sowie die bestehenden Problematiken arbeitsrechtlich fortentwickelt. Zudem soll auch auf die tatsächlichen Folgen des Urteils in der arbeitsrechtlichen Praxis hingewiesen werden. Bevor auf den kündigungsrechtlichen Ertrag dieser BAG-Entscheidung eingegangen wird, soll noch kurz der Gang des Verfahrens rekapituliert werden, der in mehrerlei Hinsicht atypisch verlief.[711]

a) *Die Entscheidung des ArbG Berlin und des LAG Berlin-Brandenburg*

Das ArbG Berlin[712] wies die Kündigungsschutzklage im August 2008 zunächst ab. Das Gericht ging nach einer umfangreichen Beweisaufnahme und insbesondere nach einer Würdigung der wechselhaften Sachverhaltsdarlegungen durch die Klägerin von einer berechtigten Verdachtskündigung aus. Zeugen hätten bestätigt, dass die Klägerin die Pfandbons zulasten ihres Arbeitgebers eingelöst habe. Das erstinstanzliche Urteil des ArbG Berlin ging davon aus, dass die Klägerin – indem sie möglicherweise die Pfandbons an sich nahm und einlöste – eine Straftat zulasten ihres Arbeitgebers in Form eines Betrugs begangen (§ 263 StGB) habe.[713]

Das Gericht berief sich in seiner Begründung ausdrücklich auf die bis dahin ergangene BAG-Rechtsprechung, nach der die Geringwertigkeit des Schadens bei einer vorsätzlichen Eigentums- oder Vermögensverletzung der Einordnung der Tat als wichtigem Kündigungsgrund nicht entgegensteht. Die Berücksichtigung der Geringfügigkeit sei der weiteren Prüfung der Umstände des Einzelfalls und der Interessenabwägung vorbehalten. Entscheidend komme es darauf an, ob trotz der dadurch verursachten Belastung des Arbeitsverhältnisses für die Zukunft ein Festhalten am Arbeitsverhältnis zumutbar sei, etwa, weil die Störung keine oder nur geringe Auswirkungen auf die Zukunft hat. Bei Straftaten sei das Vertrauen regelmäßig jedoch auch für die Zukunft zerstört. Ob es (ausnahmsweise) wiederherstellbar sei, müsse im Einzelfall geprüft werden. Eine Wiederherstellung des Vertrauens schloss das Gericht im konkreten Fall aus, weil die

711 So auch *Stoffels*, NJW 2011, 118.

712 ArbG Berlin v. 21.8.2008, BB 2008, 1954.

713 Ablehnend dazu *Schlösser*, HRRS 2009, 509 ff.

Klägerin immer wieder vorgetragen habe, dass sie ihr Verhalten als nicht gravierend erachte und Straftaten gegen den Arbeitgeber bei geringen Vermögensdelikten keine Kündigung rechtfertigen könnten. Angesichts dieser Haltung könne dem Arbeitgeber nicht zugemutet werden, die Klägerin bis zum Ablauf der ordentlichen Kündigungsfrist noch über sieben Monate weiter zu beschäftigen, da sie in dieser Zeitspanne ständig Zugriff auf das Eigentum des Arbeitgebers habe und dieser weitere Taten fürchten müsse.

Auch die Berufung der Klägerin blieb erfolglos. Ebenso wie das ArbG bestätigte auch das LAG Berlin-Brandenburg[714] nach nochmaliger Beweisaufnahme in einer viel beachteten Entscheidung[715] die außerordentliche Kündigung. Die Kündigung wurde vom LAG Berlin-Brandenburg nicht nur wegen des Verdachts einer Straftat für wirksam erachtet, sondern auch, weil das Gericht die Tatbegehung tatsächlich als erwiesen ansah. Nach Auffassung des LAG hatte die Klägerin ihre arbeitsvertraglichen Rücksichtnahme- und Obhutspflichten aus § 241 Abs. 2 BGB grob verletzt und sich tatsächlich einen Vermögensvorteil in Höhe von 1,30 Euro verschafft. Eine Rechtfertigung für dieses Handeln sei nicht ersichtlich. Dem Verdacht lägen objektive Tatsachen zugrunde, und er präsentiere sich in seiner schärfsten Form. Somit sei ein wichtiger Grund gemäß § 626 BGB gegeben. Ergänzend und im Rahmen eines obiter dictums führte das LAG aus, dass hier auch eine Verdachtskündigung möglich und wirksam gewesen wäre, da das Vertrauensverhältnis zerrüttet sei.

Das LAG Berlin-Brandenburg ließ die Frage, welches konkrete Vermögensdelikt vorliegt, ausdrücklich offen und führte aus, dass es auf die strafrechtliche Bewertung des Verhaltens - Diebstahl, Unterschlagung oder Betrug - für dessen kündigungsrechtliche Bedeutung nicht entscheidend ankomme.

Im Rahmen der umfassenden Interessenabwägung berücksichtigte das LAG, dass der Betrag von 1,30 Euro als gering anzusehen ist und bei der Beklagten kein nennenswerter finanzieller Schaden eingetreten war. Dennoch, so das LAG, wiege der eingetretene Vertrauensverlust ungleich schwerer. Von einer Kassiererin sei eine absolute Zuverlässigkeit und Korrektheit im Umgang mit der Kasse zu erwarten. Dies gelte sowohl bei Buchungen von Geld als auch bei Leergutbons oder sonstigen Bons. Die Beklagte müsse sich darauf verlassen können,

---

714 LAG Berlin-Brandenburg v. 24.2.2009, NZA-RR 2009, 149 ff.

715 Siehe dazu *Buschmann*, AuR 2009, 118, 220 f.; *Rieble*, NJW 2009, 2101 ff.; *Müller-Neuhof* in Zeit online v. 26.2.2009 „Der Fall Emmely – Gibt es keinen Raum für Verhältnismäßigkeit?"; *Prantl* in süddeutsche.de v. 25.2.2009 „Urteil gegen Kassiererin – Justiz und kleine Leute"; *Thierse* in Berliner Zeitung online v. 26.2.2009 „Barbarisches Urteil von asozialer Qualität".

dass sich Kassierer/innen stets tadellos verhalten und es auch nicht bei kleineren Beträgen zu Unregelmäßigkeiten komme. Diese Verhaltensnormen seien unabdingbar und würden nicht etwa in gradueller Weise, je nach Wert des Gegenstandes, gelten. In diesem Pflichtenkreis könne die Höhe des Schadens keine Rolle spielen. Das Gericht legte dabei die bisherige Rechtsprechung des BAG zugrunde und legte im Rahmen der Interessenabwägung auch das Verhalten der Klägerin im Anhörungsverfahren und im Prozess zu ihren Lasten aus.[716] Erschwerend wirke es sich auf den eingetretenen Vertrauensverlust aus, wenn der Arbeitnehmer sein rechtswidriges Verhalten nicht einräume, sondern weitere Täuschungshandlungen vornehme. Das LAG ging davon aus, dass die Klägerin den Sachvortrag – auch mehrfach vorprozessual – entgegen ihrer Einlassungs- und Wahrheitspflichten nach § 138 ZPO solange bestritten und versucht habe, den Verdacht auf andere Mitarbeiter abzuwälzen, wie sie sich davon einen prozessualen Vorteil versprach. Eine prozessuale Falschaussage verstärke den Vertrauensverlust.[717] Insofern sei auch eine Ausnahme von dem Grundsatz zu machen, dass für die Kündigung nur die dem Arbeitgeber zum Kündigungszeitpunkt bekannten Umstände für die Beurteilung der Kündigung maßgeblich sind. Zugunsten der Klägerin berücksichtigte das LAG die langjährige Betriebszugehörigkeit sowie die mit ihrem Alter und mit ihrer Tätigkeit als Kassiererin verbundenen ungünstigen weiteren Chancen auf dem Arbeitsmarkt. Zudem unterstellte es, dass das Arbeitsverhältnis bis zum Kündigungszeitpunkt beanstandungsfrei verlaufen ist. Unter Berücksichtigung dieser Umstände stellte das LAG zusammenfassend fest, dass das Interesse der Arbeitgeberin an einer sofortigen Beendigung des Arbeitsverhältnisses gegenüber dem Bestandsschutzinteresse der Arbeitnehmerin überwiege. Bei der Arbeitgeberin sei ein irreparabler Vertrauensverlust eingetreten, der es ihr unzumutbar mache, das Arbeitsverhältnis bis zum Ablauf der ordentlichen Kündigungsfrist fortzusetzen.

Das LAG ließ die Revision in seinem Urteil nicht zu. Hiergegen legte Barbara Emme Nichtzulassungsbeschwerde beim BAG ein.[718]

---

716 Es wirke sich erschwerend auf den eingetretenen Vertrauensverlust aus, wenn der Arbeitnehmer sein rechtswidriges Verhalten nicht einräumt, sondern weitere Täuschungshandlungen vornimmt. Die Klägerin habe den Sachvortrag entgegen ihren Einlassungs- und Wahrheitspflichten nach § 138 ZPO solange bestritten und versucht, den Verdacht auf andere Mitarbeiter abzuwälzen, weil sie sich davon einen prozessualen Vorteil versprach.

717 *Walker*, NZA 2009, 921, 923.

718 BAG, Beschluss v. 28.7.2009, NZA 2009, 859 ff.

b) *Die Entscheidung des BAG über die Nichtzulassungsbeschwerde*

Der für das Kündigungsrecht nicht zuständige 3. Senat[719] ließ im Juli 2009 mit überraschender Begründung[720] die Revision gegen das Urteil des LAG Berlin-Brandenburg wegen grundsätzlicher Bedeutung zu.[721] Eine solche Zulassung setzt nach §§ 72 Abs. 2 Nr. 1, 72 a Abs. 3, 2 Nr. 1 ArbGG eine klärungsbedürftige Rechtsfrage voraus. Die Erfolgsquote bei Nichtzulassungsbeschwerden belief sich im Jahre 2009 auf nur 11,8 Prozent,[722] wobei der Misserfolg nicht selten auf handwerklichen Fehlern bei der Beschwerdebegründung beruht. Auch die eingelegte Nichtzulassungsbeschwerde von Barbara Emme war nicht fehlerfrei. Das BAG ließ die Beschwerde dennoch zu, weil es die Voraussetzungen einer Grundsatzbeschwerde in der Begründung des als Divergenzbeschwerde erhobenen Rechtsbehelfs bejahte.[723] Es folgte damit nicht etwa den Anträgen und der Begründung der Klägerin, sondern hat einen „eigenen" Grund für die Überprüfung des Urteils gefunden. Es entstand damit teilweise der Eindruck, dass sich das BAG mit dem in der Öffentlichkeit stark wahrgenommenen Fall befassen wollte – auch ungeachtet der etwaigen Möglichkeit, die Beschwerde aus Rechtsgründen nicht zuzulassen.[724]

Im Wesentlichen stütze der 3. Senat die Zulassung der Revision auf die nicht abschließend geklärte Rechtsfrage, ob das spätere Verhalten eines gekündigten Arbeitnehmers bei der erforderlichen Interessenabwägung im Kündigungsschutzprozess berücksichtigt werden kann. Die Frage, die das BAG zu beantworten hatte, beschränkte sich somit vornehmlich darauf, ob ein Gericht Behauptungen einer Prozesspartei, die zu seiner Überzeugung reine Schutzbehauptungen und somit Unwahrheiten sind, in die Interessenabwägung negativ

---

719 Der 3. Senat entscheidet grundsätzlich insbesondere in Streitigkeiten über betriebliche Altersversorgung und Berufsbildung. Es beruht auf dem Geschäftsverteilungsplan des BAG, dass der 3. Senat über die Nichtzulassungsbeschwerde zu entscheiden hatte. Nach dessen Teil A Nr. 9 sind für Nichtzulassungsbeschwerden unter anderem in Kündigungssachen in einer speziellen Reihenfolge nicht nur der 2. Senat, sondern auch der 3. Senat und der 9. Senat zuständig.

720 So auch *Möller*, AuA 2009, 727, 728.

721 BAG, Beschluss v. 28.7.2009, NZA 2009, 859 ff.

722 *Geißler/Tschöpe/Schipp/Clemenz*, ArbRAktuell 2010, 312; abzurufen auf der Internetseite des BAG unter http://www.bundesarbeitsgericht.de/statistik.html.

723 Geißler/Tschöpe/Schipp/Clemenz, ArbRAktuell 2010, 312.

724 *Sasse*, ArbRB 2009, 255, 256; Vgl. auch *Geffken*, ICOAIR, Info Nr. 54, der die Ansicht vertritt, dass das BAG auf den Legitimationsverlust seiner bisherigen Rechtsprechung in der Öffentlichkeit reagierte.

mit einbeziehen darf.[725] Mit der gesellschaftlich wohl weit bedeutenderen Problematik – nämlich ob und unter welchen Voraussetzungen ein geringwertiges Vermögensdelikt zulasten des Arbeitgebers die außerordentliche (Verdachts) Kündigung zu rechtfertigen vermag – hatte sich das BAG laut Revisionszulassung hingegen nicht zu befassen.[726]

c) Die Entscheidung des BAG

Das BAG[727] bestätigte in seinem Urteil, dass es auf die Verhältnisse zum Zeitpunkt des Zugangs der Kündigung ankomme. Später eingetretene Umstände könnten grundsätzlich nur als Grundlage für eine weitere Kündigung oder einen Auflösungsantrag nach §§ 9, 10 KSchG dienen. Für die bereits ausgesprochene Kündigung seien sie allenfalls dann zu berücksichtigen, wenn sie nicht außer Betracht bleiben könnten, ohne einen einheitlichen Lebenssachverhalt zu zerreißen. In diesem Zusammenhang könne auch das Prozessverhalten des Arbeitnehmers eine Rolle spielen, soweit es tatsächlich Rückschlüsse auf den Kündigungsgrund erlaube. Im Hinblick auf das - mehr als ungeschickte - prozessuale Verhalten der Klägerin sei ein solcher Zusammenhang nach Ansicht des BAG jedoch abzulehnen. Der wechselnde Vortrag der Klägerin sowie das beharrliche Leugnen einer vorsätzlichen Pflichtverletzung ließen keine Rückschlüsse auf ihre künftige Zuverlässigkeit als Kassiererin zu.[728] Der eigentliche Kündigungssachverhalt – das Einlösen der Pfandbons – sei dadurch nicht in einem neuen Licht erschienen. Diese Argumentation überrascht insofern, da der 2. Senat in seiner vorherigen Besetzung in einer Entscheidung aus dem Jahr 2005 noch anders entschieden hatte.[729] In dieser Entscheidung wertete der Senat das Leugnen und die wechselhaften Einlassungen des Klägers zu dessen Lasten. Das BAG zitiert zwar diese Entscheidung, gleichwohl weicht es ohne Begründung von ihr ab.

Das BAG entschied sodann auch in der Sache.[730] Es hat den Rechtsstreit nicht an das LAG zurückverwiesen, um diesem die Gelegenheit zu geben, die nach Auffassung des BAG fehlerhafte Interessenabwägung erneut durchzuführen,

725 Vgl. hierzu ausführlich Kapitel 3 A. II. 1. a) ff).

726 *Stoffels*, NJW 2011, 118, 119.

727 Bearbeitet wurde der Fall durch den für das Kündigungsrecht zuständigen 2. Senat und dessen damaligen neuen Vorsitzenden, Burkhard Kreft.

728 Vgl. zu diesem Problemkreis ausführlich unter Kapitel 3 A. II. 1. a) ff).

729 BAG v. 24.11.2005, AP Nr. 197 zu § 626 BGB Rn. 21.

730 Vgl. hierzu auch unter Kapitel 1 C. III. 2.

sondern hat die Interessenabwägung abschließend selbst vorgenommen.[731] Das ist nicht selbstverständlich,[732] wie sich mit Blick auf vorangegangene Entscheidungen ergibt, in denen das BAG in Übereinstimmung mit der Literatur stets der Tatsacheninstanz einen eigenen Beurteilungsspielraum eingeräumt hatte.[733] Regelmäßig erfolgte eine Zurückverweisung nach § 563 Abs. 1 ZPO an die Landesarbeitsgerichte. Das BAG darf sich seiner Selbstabwägungskompetenz jedoch schon aus verfassungsrechtlichen Gründen nicht vollständig entäußern.[734] Der Senat sei nach § 563 Abs. 3 ZPO in der Lage, eine eigene Abwägung vorzunehmen, wenn die Interessenabwägung des Berufungsgerichts fehlerhaft oder unvollständig sei, aber sämtliche relevanten Tatsachen feststünden.[735]

In seiner Begründung zog der Senat die herkömmliche Zweistufentheorie heran. Er sah zunächst wegen der streitgegenständlichen Vorgänge einen wichtigen Grund „an sich" für die Kündigung nach § 626 Abs. 1 BGB als gegeben an. Es hielt zudem an seiner Rechtsprechung fest, wonach ein Arbeitnehmer bei rechtswidrigem und vorsätzlichem Verhalten unmittelbar gegen das Vermögen seines Arbeitgebers seine schuldrechtliche Pflicht zur Rücksichtnahme und das in ihn gesetzte Vertrauen verletze. Dieses Verhalten stelle, wie schon früher ausgeführt, einen wichtigen Grund dar, auch wenn die rechtswidrige Handlung Sachen von nur geringem Wert betrifft oder nur zu einem geringfügigen oder auch gar keinem Schaden geführt habe.[736] Damit lehnte das BAG abermals die Zulassung einer Bagatellgrenze ab und stellt klar, dass es an der dogmatischen Grundaussage, Kündigungsschutzrecht ist Einzelfallrecht, festhält und den Versuch ablehnt, absolute Kündigungsgründe zu akzeptieren. Der Senat betont, dass starre Schwellenwerte mit dem offen gestalteten Tatbestand des § 626 BGB nicht zu vereinbaren seien, und weist auf Folgeprobleme für die Praxis hin, die mit der Akzeptanz einer wertmäßigen Erheblichkeitsschwelle einhergingen.[737]

Weiter stellte das BAG fest, dass für die kündigungsrechtliche Beurteilung die strafrechtliche Bewertung nicht maßgebend sein könne.[738] Anderenfalls verfehle

731 Kritisch hierzu *Thüsing*, NJW 2010 Editorial – Heft 46/2010; *Stoffels*, NJW 2011, 118, 119; *Walker*, NZA 2011, 1, 2 f.

732 *Thüsing*, NJW 2010 Editorial – Heft 46/2010; *Stoffels*, NJW 2011, 118, 119.

733 Siehe etwa BAG v. 5.2.1998, AP Nr. 143 zu § 626 BGB; BAG v. 12.1.2006, AP Nr. 53 zu § 1 KSchG; BAG v. 22.10.2008, AP Nr. 22 zu § 850 h ZPO.

734 *Hüpers*, Jura 2010, 52, 56.

735 Zustimmend *Preis*, AP Nr. 229 zu § 626 BGB.

736 BAG v. 10.6.2010, NZA 2010, 1227, 1230.

737 Siehe hierzu ausführlich unter II.

738 BAG v. 10.6.2010, NZA 2010, 1227, 1230.

man in grundlegender Weise die dem Kündigungsrecht immanente, prinzipiengeleitete Systematik. Im Kündigungsrecht gelte das Prognose- und nicht das Sanktionsprinzip.[739] Auch ein Widerspruch zur verwaltungsrechtlichen Rechtsprechung sei nicht gegeben, da dem Arbeitsrecht disziplinarische Reaktionsmöglichkeiten fremd seien.[740]

Das BAG sah sodann im Rahmen der Interessenabwägung eine fristlose Kündigung bei Beachtung aller Umstände und nach Abwägung der widerstreitenden Interessen gleichwohl nicht als gerechtfertigt an. Vielmehr hätte nach Auffassung des Gerichts eine Abmahnung als Reaktion auf das Fehlverhalten der Klägerin ausgereicht. Damit gab das BAG seine zuvor vertretene Ansicht auf, es bedürfte keiner Abmahnung, wenn jedem verständigen Arbeitnehmer die Rechtswidrigkeit des Tuns bekannt sei, und wandte sich auch dem Prognoseprinzip zu.[741] Bei Vermögensdelikten, in denen selbstverständlich von einem allgemein vorhandenen Unrechtsbewusstsein ausgegangen werden könne, komme es entscheidend darauf an, ob die Prognose berechtigt sei, der Arbeitnehmer werde sich nach einer Abmahnung künftig (wieder) vertragstreu verhalten.[742] Bei einer solchen Prognoseentscheidung sei maßgeblich die Zeitspanne zu berücksichtigen, in der das Arbeitsverhältnis ungestört verlief und sich der Arbeitnehmer einen „Vorrat an Vertrauen"[743] erarbeitet habe. Eine für lange Jahre ungestörte Vertrauensbeziehung und der durch die langjährige Tätigkeit aufgebaute Vertrauensvorrat seien nicht notwendig schon durch eine erstmalige Vertrauensenttäuschung vollständig und unwiederbringlich zerstört bzw. aufgezehrt. Je länger eine Vertragsbeziehung ungestört bestanden habe, desto eher könne die Prognose berechtigt sein, dass der dadurch erarbeitete Vorrat an Vertrauen durch einen erstmaligen Vorfall nicht vollständig aufgezehrt wird.

Maßgeblich sei dabei die Sicht eines objektiven Betrachters. Das BAG ging davon aus, dass im zu entscheidenden Fall eine Abmahnung zu einer Änderung des klägerischen Verhaltens in der Zukunft geführt hätte.[744] Insoweit sei zu bedenken, dass die Klägerin die Pfandbons an der Kasse in unmittelbarer

---

739 Vgl. zu diesem Problemkreis ausführlich unter B. I. 1.

740 Dazu ausführlich unter B. III.

741 Diese Vorgehensweise zeichnete sich bereits durch die BAG-Entscheidung vom 23.6.2009 ab.

742 Oder es sich um eine so schwere Pflichtverletzung handelt, dass eine Hinnahme durch den Arbeitgeber offensichtlich – auch für den Arbeitnehmer erkennbar – ausgeschlossen ist.

743 BAG v. 10.6.2010, NZA 2010, 1227, 1232.

744 BAG v. 10.6.2010, NZA 2010, 1227, 1231.

Anwesenheit ihrer Vorgesetzten und einer weiteren Kollegin eingelöst habe. Für diese sei offensichtlich gewesen, dass die Klägerin keinen Anspruch auf Verrechnung der Bons gehabt habe, da diese – entgegen der betrieblichen Regelung – nicht abgezeichnet gewesen waren. Da der Klägerin dies bewusst gewesen sei und sie gleichwohl die Erregung von Aufmerksamkeit durch ihr Verhalten in Kauf genommen habe, habe sie ihr Fehlverhalten – fälschlich – als notfalls tolerabel oder zumindest als korrigierbar eingeschätzt. Das BAG berücksichtigte damit insbesondere auch den Umstand, dass ihre Tat nicht auf Heimlichkeit angelegt war.[745] Ein solches Verhalten sei demnach anders zu beurteilen als der vermeintlich unbeobachtete Griff in die Kasse.

Letztlich kam das BAG zu dem Schluss, dass ein verdienter Vorrat an Vertrauen durch die seit 1977 bestehende arbeitsvertragliche Beziehung zwischen der 58-jährigen Arbeitnehmerin und ihrem Arbeitgeber nicht durch dieses einmaliges Fehlverhalten aufgezehrt werden könne, sodass die beanstandungsfreie, dreißigjährige und loyale Tätigkeit keine Kündigung – weder außerordentlich noch ordentlich – rechtfertigte. Im Rahmen der Interessenabwägung waren nach Ansicht des BAG auch das Gewicht und die Auswirkungen einer Vertragspflichtverletzung, der Grad des Verschuldens des Arbeitnehmers sowie eine mögliche Wiederholungsgefahr zu berücksichtigen. Zudem soll die Zumutbarkeitsbeurteilung auch bei geringwertigen Vermögensdelikten an den kündigungsrechtlichen Leitprinzipien ausgerichtet werden, nämlich am Verhältnismäßigkeitsprinzip und am Prinzip der Negativprognose.[746]

Frau Emme gegenüber wurde eine Verdachtskündigung ausgesprochen. Gleichwohl hatte das BAG seiner Entscheidung die Tatsachenlage der Vorinstanz und damit eine Tatkündigung zugrunde gelegt. Es führte aus, dass dies unschädlich sei, wenn die Tatsacheninstanz von der Tatbegehung überzeugt sei, da sich beide Kündigungsgründe aufeinander bezögen.[747] Das BAG statuierte zudem, dass die Anhörung des Betriebsrats zu einer Verdachtskündigung auch dann als ordnungsgemäß erfolgt nach § 102 BetrVG gilt, wenn das Gericht denselben Sachverhalt später als Grundlage für eine Tatkündigung erachtet.

745 So auch *Pawlak/Geißler*, öAT 2011, 270, 271.

746 Vgl. hierzu *Preis*, Prinzipien, S. 479.

747 BAG v. 10.6.2010, NZA 2010, 1227, 1229.

d) *Wesentliche Neuerungen durch die „Emmely"-Entscheidung*

Die BAG-Entscheidung über den Fall „Emmely" hat - wenig überraschend - ein unterschiedliches Echo erfahren und wurde sowohl begrüßt[748] wie auch kritisiert.[749] Für die weitere und sachliche Fortentwicklung des Kündigungsrechts zu dieser Frage mag es auch hilfreich gewesen sein, dass durch die letztinstanzliche Entscheidung des BAG dieser Fall und damit auch das Thema der Bagatellkündigungen insgesamt aus dem Fokus der öffentlichen Berichterstattung verschwand.[750] Nach der Entscheidung begann sodann die Diskussion in der Fachliteratur, ob und in welchen Punkten die Entscheidung des 2. Senats Anlass zu einer Neuorientierung bei der kündigungsrechtlichen Einordnung von Bagatelldelikten gibt.[751]

Zunächst ergeben sich im Hinblick auf die Zulässigkeit des Instituts der Verdachtskündigung bzw. deren Umwandlung in eine Tatkündigung aus der „Emmely"-Entscheidung keine Neuerungen. Weder die Vorgehensweise noch die Begründung wurden ernsthaft kritisiert.[752]

Auf den ersten Blick gliedert sich das „Emmely"-Urteil in die bisherige Entscheidungslinie des 2. Senats ein. Das BAG hat zudem seine zweigeteilte Prüfungsfolge der Norm beibehalten und greift auch die verbreitete Kritik[753] an diesem Prüfungsansatz, nämlich, dass die erste Stufe als Vorfilter praktisch ausfällt,[754] nicht auf. An dieser zweistufigen Prüfung wird sich in der Rechtsprechung somit auch bei Bagatelldelikten gegen das Vermögen des Arbeitgebers wohl in Zukunft nichts ändern. Zudem hält das BAG nach wie vor an dem Grundsatz fest, dass Vermögensdelikte gegen den Arbeitgeber unabhängig vom wirtschaftlichen Schaden auch ohne vorherige Abmahnung eine außerordentliche Kündigung wegen Vorliegens eines wichtigen Grundes iSd § 626 Abs. 1 BGB rechtfertigen können. Damit spricht sich das BAG unter Verweis auf seine bisherige Rechtsprechung ausdrücklich gegen eine Bagatellgrenze aus.[755]

---

748 Bspw. *Preis*, AP Nr. 229 zu § 626 BGB; *Fischer*, FA 2010, 193 ff.; *ders.*, jurisPR-ArbR 48/2010 Anm. 1; *von der Leyen* in NWZonline v. 11.6.2010; *Stoffels*, NJW 2011, 118 ff.

749 Siehe etwa *Straube/Strader*, DB 2010, 18; *Baeck/Winzer*, NZG 2010, 821; *Fuhlrott*, ArbR Aktuell 2010, 541; *Bengelsdorf*, FA 2011, 194 ff.

750 So auch *Walker*, NZA 2011, 1.

751 So auch *Pawlak/Geißler*, öAT 2011, 270.

752 Einzig, soweit ersichtlich, *Fischer*, jurisPR-ArbR 48/2010 Anm. 1.

753 Vgl. bspw. MüKo-BGB/*Henssler*, § 626 Rn. 76 ff.; *Ascheid*, Kündigungsschutzrecht, Rn. 125; *Preis*, Prinzipien, S. 479; *ders.*, AuR 2010, 186, 187; *Stoffels*, NJW 2011, 118, 120.

754 Vgl. hierzu Kapitel 1 C. III. 3.

755 BAG v. 10.6.2010, NZA 2010, 1227, 1230.

Dennoch hat sowohl das Ergebnis der „Emmely"-Entscheidung als auch ihr Begründungsduktus dafür gesorgt, dass dieses Urteil Bedeutung über den Einzelfall hinaus hat.[756] Auch wenn das BAG die Grundsätze der bisherigen Rechtsprechung beibehielt, hat es doch die Maßstäbe hinsichtlich der Beurteilung von Bagatellkündigungen deutlich aufgeweicht,[757] wenn nicht sogar aufgelöst. Während in der Vergangenheit eine aus Arbeitnehmersicht weniger nachgiebige Judikatur bei der außerordentlichen Kündigung wegen geringwertiger Vermögensdelikte bestand, hat die Entscheidung im Vergleich zur bisherigen Rechtsprechungslinie einen besseren Arbeitnehmerschutz begründet. Das BAG hat wesentlich deutlicher als jemals zuvor auf die Prüfung der Umstände des Einzelfalls abgestellt und darüber hinaus klare Parameter benannt, die berücksichtigt werden müssen. Das Gericht distanzierte sich zudem deutlich von dem seit 1984 faktisch geltenden Automatismus, wonach auch geringwertige Vermögensdelikte stets eine außerordentliche Kündigung rechtfertigen.[758] Das BAG betonte in seiner Entscheidung mehrfach, dass es keine absoluten Kündigungsgründe gebe, bei denen eine Interessenabwägung entbehrlich ist. Auch wenn dies an sich seit 1969 seine ständige Rechtsprechung[759] ist, sah das BAG dennoch Anlass, dies - sogar in einem amtlichen Leitsatz - herauszustellen. Anlass hierzu bestand in der Tat, nachdem die Bagatelldelikte in der Praxis oftmals wie ein absoluter Kündigungsgrund behandelt wurden.[760] Nicht zuletzt deshalb wurde Arbeitgebern, die sich von unliebsamen Arbeitnehmern trennen wollten, bisweilen empfohlen, gezielt nach Pflichtverletzungen mit Vermögensrelevanz zu suchen.[761]

Durch die „Emmely"-Entscheidung hat sich zudem - infolge der dies bereits vorzeichnenden BAG-Entscheidung vom 23.6.2009 - die Position des Gerichts zu der Frage geändert, ob bei einem Vermögensdelikt eine vorherige Abmahnung entbehrlich sei.[762] Das BAG hat sich (auch) hier dem Verhältnismäßigkeitsgrundsatz und dem Prognoseprinzip zugewandt und präzisiert die Anforderungen an den Verhältnismäßigkeitsgrundsatz und die vorzunehmende Interessenabwägung. So wurde klargestellt, dass sowohl die ordentliche als auch

756 So auch *Preis* in der Spiegel 24/2010 S. 17 „Verzeihliche Dummheit".

757 *Bauer*, ArbRAktuell 2010, 316.

758 *Weller*, GWR 2010, 560.

759 Entgegen der früheren Rechtsprechung sind beispielhaft aufgezählte absolute Kündigungsgründe wie §§ 72, 72 Abs. 1 Nr. 3 HGB oder §§ 123 Abs. 1 Nr. 8, 124, 133 c, d GewO nach Änderung des § 626 BGB im Jahre 1969 entfallen.

760 *Fuhlrott*, ArbRAktuell 2012, 489 ff.

761 *Preis*, AP Nr. 229 zu § 626 BGB.

762 *Fischer*, jurisPR-ArbR 48/2010 Anm. 1.

die außerordentliche Kündigung wegen eines Vermögensdelikts regelmäßig eine Abmahnung voraussetzen, da diese der Objektivierung der negativen Prognose diene. Eine Abmahnung sei wegen des Verhältnismäßigkeitsgrundsatzes nur dann nicht erforderlich, wenn eine Verhaltensänderung in Zukunft selbst nach einer Abmahnung nicht zu erwarten ist oder es sich um eine so schwere Pflichtverletzung handelt, dass eine Hinnahme durch den Arbeitgeber offensichtlich - auch für den Arbeitnehmer erkennbar - ausgeschlossen ist (siehe hierzu ausführlich unter Kapitel 3 III.). Zu berücksichtigen seien hierbei das Gewicht und die Auswirkungen einer Vertragspflichtverletzung, der Grad des Verschuldens des Arbeitnehmers sowie eine mögliche Wiederholungsgefahr. Daneben seien aber insbesondere auch die Dauer des Arbeitsverhältnisses und dessen vorangegangener störungsfreier Verlauf in die Abwägung einzubeziehen. Je länger eine Vertragsbeziehung ungestört bestanden habe, desto eher sei die Prognose berechtigt, dass der dadurch erarbeitete Vorrat an Vertrauen durch einen erstmaligen Vorfall nicht vollständig aufgezehrt werde. Dabei kommt es nach Ansicht des BAG nicht auf die subjektive Befindlichkeit und Einschätzung des Arbeitgebers an. Entscheidend sei ein objektiver Maßstab. Damit enthält das „Emmely"-Urteil gleichzeitig eine weitere bedeutende Positionierung des Gerichts: Vertrauen ist nichts Absolutes, das automatisch zerstört ist, sobald eine Handlung gegen das Vermögen des Arbeitgebers gegeben ist.[763] Vielmehr müsse je nach Einzelfall eine Abwägung vorgenommen werden. In diesem Rahmen hat das BAG - in seiner Pressemitteilung wörtlich - den neuen Begriff des „Vertrauenskapitals" geschaffen, welches der Arbeitnehmer durch beanstandungsfreie Arbeit über die Jahre ansammelt. Im Rahmen seiner Abwägung hat das BAG die langjährige beanstandungsfreie Betriebszugehörigkeit als maßgeblich entscheidend bewertet. Als Element der Vertrauensbildung wird die Betriebszugehörigkeit daher auch künftig in der Rechtsprechung bei der Abwägung eine deutlich größere Bedeutung beigemessen werden. Durch diese Neuakzentuierung zeichnete sich zudem eine weitere Neuerung im Zusammenhang mit dem bis dato bestehenden zeitbedingten Abmahnungsentfernungsanspruch aus der Personalakte des Arbeitnehmers gemäß §§ 1004, 242 BGB ab. So war nicht ersichtlich, wie ein Arbeitgeber nunmehr eine Beanstandung dokumentieren soll, wenn ein Arbeitnehmer dieselbe nach Zeitablauf aus der Personalakte entfernen kann (vgl. zu diesem Problemkreis unter Kapitel 3 A. V. 4.).

Zudem hat das BAG in der „Emmely"-Entscheidung festgestellt, dass auch die wirtschaftlichen Folgen für das Unternehmen in der Interessenabwägung

---

763 So auch *Kohte*, jurisPR-ArbR 22/2010 Anm. 3.

zu beachten sind.[764] Durch eine damit einhergehende Berücksichtigung der Schadenshöhe hat das BAG eine Erweiterung der bis dato geltenden Rechtsprechung bzgl. der Interessenabwägung vorgenommen (vgl. hierzu ausführlich in Kapitel 3 A. II. 1. a) gg)).

Insgesamt hat das BAG in seiner „Emmely"-Entscheidung die Zumutbarkeitsbeurteilung in den Fällen der geringwertigen Vermögensdelikte konsequenter als bisher an den kündigungsrechtlichen Leitprinzipien ausgerichtet, insbesondere am Verhältnismäßigkeits- und Prognoseprinzip. Abzuwarten bleibt, ob die „Emmely"-Rechtsprechung deshalb Auswirkungen auf die zukünftige Abmahnungspraxis haben wird.[765] Arbeitgeber könnten nunmehr zur Objektivierung einer negativen Prognose geneigt sein, im Zweifel vorsorglich abzumahnen, obwohl sie noch vor der „Emmely"-Rechtsprechung bei kleineren Vorfällen im Interesse an einem ungestörten Arbeitsverhältnis und am Betriebsfrieden auf eine Abmahnung verzichtet hätten.[766] Das BAG möchte zudem das Gewicht und die Auswirkungen einer Vertragspflichtverletzung – etwa im Hinblick auf das Maß eines durch sie bewirkten Vertrauensverlusts und ihre wirtschaftlichen Folgen – im Rahmen der Interessenabwägung berücksichtigt wissen. Zudem sollen der Grad des Verschuldens des Arbeitnehmers sowie eine mögliche Wiederholungsgefahr beachtet werden. Hier hätte das BAG noch konkretisierende Angaben machen können, was allerdings nicht erfolgt ist (siehe hierzu Kapitel 3 A. II. 1. a) cc) (1)). Insbesondere für die Qualität der Pflichtverletzung wären genaue Leitlinien im Hinblick auf geringwertige Vermögensdelikte wünschenswert gewesen (vgl. zur Qualität der Pflichtverletzung Kapitel 3 A. II. 1. a) cc)).

Die Gewichtung und Bewertung der vom Gericht in diesem Fall herangezogenen Umstände lassen sich auch unterschiedlich und damit abweichend würdigen. So hat bspw. das BAG der langjährigen, beanstandungsfreien Betriebszugehörigkeit und der Art und Weise der (nicht heimlichen) Tatausführung ein hohes Gewicht beigemessen. Der Standpunkt des BAG, die offene Begehungsweise der Tat – in Anwesenheit der Kassenleiterin und Vorgesetzten – rechtfertige den Schluss, die Klägerin habe ihr Verhalten als notfalls tolerabel oder jedenfalls korrigierbar eingeschätzt und sei sich eines gravierenden Unrechts offenbar nicht bewusst gewesen, ist freilich hypothetisch. Genauso hätte man in dieser Begehungsweise ein Indiz für eine besonders nachhaltige Missachtung bzw. Gleichgültigkeit gegenüber den Anweisungen des Arbeitgebers sehen können.[767] Was im

764 BAG v. 10.6.2010, NZA 2010, 1227, 1231.

765 Siehe hierzu auch Kapitel 3 A. V. 4.

766 *Walker*, NZA 2011, 1, 4.

767 So etwa *Fuhlrott*, ArbRAktuell 2010, 541 ff.; *Weller*, GWR 2010, 560 ff.

konkreten Einzelfall naheliegender ist, kann letztendlich allein vom entscheidungsbefugten Gericht nur anhand der näheren Umstände beurteilt werden.[768] Kritisiert wurde auch, dass das BAG das ausdrückliche Anvertrautsein der Pfandbons, die Weisungswidrigkeit der Tat und damit die erhöhte Verantwortlichkeit der Klägerin nicht mit dem nötigen Gewicht in der Abwägung berücksichtigt hat.[769] Schließlich wurde auch die Betonung des BAG, es bestünde eine jahrzehntelange beanstandungsfreie Betriebszugehörigkeit vor dem Hintergrund einer bereits erfolgten Abmahnung - auch wenn diese für die Streitfragen nicht einschlägig war[770] - als zweifelhaft erachtet.

Insgesamt sind die vom BAG herausgearbeiteten Grundsätze sowie die geforderte Prüfungsschärfe für künftige Fälle jedoch zu begrüßen. Auch wenn der ein oder andere Abwägungsgesichtspunkt sicher anders hätte bewertet werden können, hat die Entscheidung deutlich gefordert, dass die allgemeinen kündigungsrechtlichen Prinzipien konsequenter als bisher im Bereich der geringwertigen Vermögensdelikte angewendet werden können.[771] In diesem Zusammenhang hat das BAG sein in der Vergangenheit liegendes Versäumnis nachgeholt, den Vorrang milderer Mittel zu unterstreichen. Die Entscheidung verfestigt damit auch im Hinblick auf geringwertige Vermögensdelikte das Regel-Ausnahme-Prinzip, welches besagt, dass der wichtige Grund in § 626 BGB als Ausnahme vom Grundsatz „pacta sunt servanda" eingeschränkt ausgelegt werden sollte.[772]

4. Die Rechtsprechung nach der „Emmely"-Entscheidung

Nach der „Emmely"-Entscheidung sind mittlerweile neben zahlreichen instanzgerichtlichen Urteilen auch weitere BAG-Entscheidungen zu Kündigungen wegen (geringwertiger) Vermögensdelikte ergangen. Die sogleich geschilderten zwei Entscheidungen, die beide in ihren Urteilsgründen auf die „Emmely"-Entscheidung Bezug nehmen, sollen zunächst die Bandbreite der Entscheidungsmöglichkeiten aufzeigen.

Zunächst ist hier als erste Rezeption auf das „Emmely"-Urteil eine Entscheidung des LAG Berlin-Brandenburg zu nennen.[773] Das LAG hatte die

---

768 Vgl. zur Gewichtung und Abwägung der einzelnen Gesichtspunkte die tiefergehende Auseinandersetzung in Kapitel 3 A. II. 1. a).

769 So *Walker*, NZA 2011, 1, 3.

770 Die Abmahnung erfolgte anlässlich eines abfälligen Verhaltens der Kassiererin „Emmely" gegenüber einer Arbeitskollegin in Gegenwart von Kunden.

771 Dazu ausführlich in Kapitel 3.

772 MüKo/*Henssler*, § 626 BGB Rn. 1.

773 LAG Berlin-Brandenburg v. 16.9.2010, NZA-RR 2010, 633 ff.

fristlose Kündigung unter mehrfachem Hinweis auf die Pressemitteilung zum „Emmely"-Urteil[774] des BAG für unwirksam erklärt und dabei ausgeführt, dass auch erhebliche Pflichtverletzungen nicht ohne Weiteres zur Beendigung des Arbeitsverhältnisses führen müssen.[775]

In dieser Entscheidung hatte sich eine tarifvertraglich ordentlich nicht kündbare Bahnmitarbeiterin von ihrem Arbeitgeber bei der Erstattung von Bewirtungskosten für ihr 40-jähriges Dienstjubiläum zu Unrecht 160,00 Euro auszahlen lassen. Im Betrieb des Arbeitgebers bestand eine Regelung, nach der aus Anlass des 40-jährigen Dienstjubiläums nachgewiesene Bewirtungskosten bis zur Höhe von 250,00 Euro vom Arbeitgeber erstattet werden. Die zuletzt als Zugansagerin beschäftigte Arbeitnehmerin hatte im Anschluss ab ihre Jubiläumsfeier ihrem Arbeitgeber eine von einer Catering-Firma erhaltene „Gefälligkeits"-Quittung über einen Betrag von 250,00 Euro für Bewirtungskosten vorgelegt. Dieser Betrag wurde ihr erstattet, obwohl sich die Bewirtungskosten tatsächlich nur auf 83,90 Euro beliefen. Nachdem herausgekommen war, dass der Rechnung keine Leistungen zugrunde lagen, gab die Arbeitnehmerin dies auch zu und legte am nächsten Tag die Rechnung über die tatsächlich entstandenen Bewirtungskosten vor. Daraufhin wurde sie fristlos gekündigt. Das Gericht führte aus, dass die Arbeitnehmerin eine strafrechtlich relevante grobe Pflichtwidrigkeit in Form eines Betrugs gegenüber ihrem Arbeitgeber begangen und einen Kündigungsgrund „an sich" gesetzt habe. Im Rahmen der Interessenabwägung hätten jedoch die zugunsten der Arbeitnehmerin zu berücksichtigenden Umstände überwogen. Dabei berücksichtigte das LAG in erster Linie die 40-jährige beanstandungsfreie Beschäftigungszeit der Arbeitnehmerin, die zu einem sehr hohen Maß an Vertrauenskapital geführt habe, welches durch die einmalige Verfehlung noch nicht vollständig zerstört sein könne. Weiterhin führte das Gericht aus, dass sich die Arbeitnehmerin bei ihrer Betrugshandlung außerhalb ihrer normalen Tätigkeit befunden habe, da sie normalerweise nicht mit Gelddingen befasst war. Bei dem im Zusammenhang mit der Jubiläumsfeier stehenden Betrugsvorgang habe es sich um einen für die Arbeitnehmerin und ihre Tätigkeit atypischen Vorgang gehandelt. Insbesondere sei der Kündigungsvorfall von der Situation her tatsächlich einmalig, da sich die Pflichtwidrigkeit der Klägerin auf eine seltene Ausnahmesituation bezog und eine Wiederholung daher sehr unwahrscheinlich sei. Letztendlich habe die Arbeitnehmerin ihre Pflichtwidrigkeiten sofort gestanden. Diese zugunsten der Arbeitnehmerin sprechenden Gesichtspunkte hätten schließlich das Arbeitgeberinteresse an einer

---

774 Zum Entscheidungszeitpunkt stand die Urteilsbegründung in Sachen „Emmely" noch aus, sodass das LAG nur die Pressemitteilung des BAG zugrunde legen konnte. Die Entscheidungsgründe lagen erst mehr als vier Monaten nach der Verkündung des „Emmely"-Urteils vor.

775 Siehe hierzu auch *Müller-Mundt*, ArbRB 2010, 366, 367, nach deren Ansicht das Urteil die Rechtsunsicherheit hinsichtlich der Erfolgsaussichten einer außerordentlichen Kündigung noch weiter vergrößert.

außerordentlichen Kündigung, dem angesichts der massiven Betrugshandlung der Arbeitnehmerin durchaus ein sehr hohes Gewicht beizumessen gewesen sei, überwogen.

Das LAG führte hier die „Emmely"-Rechtsprechung des BAG fort. Zudem erstreckte es diese - jedenfalls für den zu entscheidenden Fall - auch auf Schäden, die über Bagatellbeträge hinausgehen.[776] Das LAG berücksichtigte ausdrücklich, dass die Betrugshandlung der gekündigten Arbeitnehmerin nicht unmittelbar im Kontext mit der arbeitsvertraglich geschuldeten Arbeitsleistung stand, sondern mit vom Arbeitgeber gewährten betrieblichen Wohltaten, die die Arbeitnehmerin überstrapaziert hatte.[777] Die Revision wurde nicht zugelassen und eine von der Arbeitgeberin eingelegte Nichtzulassungsbeschwerde zurückgewiesen.[778]

Als weitere Rezeption auf das „Emmely"-Urteil ist als Kontrastentscheidung eine solche des ArbG Berlin anzuführen.[779] In dieser Entscheidung wurde die fristlose Kündigung eines Supermarktkassierers, der seit siebzehn Jahren im Betrieb beschäftigt war, bestätigt, obwohl es um einen viel geringeren Betrag ging.

Dem Kassierer wurde vorgeworfen, manuell zwei Pfandbons im Wert von 2,00 und 4,06 Euro erstellt zu haben, ohne dass dem ein tatsächlicher Kassiervorgang gegenübergestanden habe. Anschließend habe er das entsprechende Geld an sich genommen. Das Gericht argumentierte, dass der dringende Verdacht hier einen „an sich" wichtigen Grund für eine fristlose Kündigung darstelle. Weder seine siebzehnjährige beanstandungsfreie Betriebszugehörigkeit noch der geringe Schaden von lediglich 6,06 Euro könnten hier im Einzelfall angesichts des Umstands, dass sich der Verdacht auf eine Straftat im Kernbereich der Tätigkeit als Kassierer sowie auf eine erst durch eine gezielte Manipulation geschaffene Möglichkeit zur Schädigung des Arbeitgebers richte, die Interessenabwägung nicht zugunsten des Arbeitnehmers ausfallen lassen. Der Unterschied zur „Emmely"-Entscheidung bestehe darin, dass diese sich bei der Einlösung der ihr zur Aufbewahrung übergebenen Pfandbons lediglich von der Gunst der Situation habe hinreißen lassen, während im zu entscheidenden Fall der Verdacht gegen den Kläger auf einem gezielten Manipulationsvorwurf beruhe. Dieser habe erst durch das manuelle Erstellen der Pfandbons in der Kasse einen Minussaldo erzeugt und dadurch die Möglichkeit geschaffen, den Gegenwert an sich zu nehmen. Die hierin zum Ausdruck kommende kriminelle Energie spreche entscheidend gegen den Kläger.

Eine Vergleichbarkeit des Sachverhalts zu demjenigen im anders entschiedenen Fall „Emmely" ist durchaus gegeben. Gleichwohl bringt das Arbeitsgericht hier auch die Unterschiede zur „Emmely"-Entscheidung zum Ausdruck. So habe der

---

776 *Müller-Mundt*, ArbRB 2010, 366, 367.
777 *Fischer*, jurisPR-ArbR 48/2010 Anm. 2.
778 Vgl. BAG v. 21.1.2011 - 9 AZN 1111/10.
779 ArbG Berlin v. 28.9.2010, BB 2011, 382 f.

Arbeitnehmer anders als bei „Emmely“ heimlich und gezielt manipuliert. Bei „Emmely“ habe das BAG hingegen das offen begangene pflichtwidrige Tun der Arbeitnehmerin privilegiert. Die Entscheidung des Arbeitsgerichts Berlin zeigt damit auch, dass eine lange Betriebszugehörigkeit allein den Arbeitnehmer nicht sicher davor schützt, ein Vermögensdelikt im Bagatellbereich zu begehen, da es stets auf die Umstände des Einzelfalls ankommt.

Exemplarisch sollen noch folgende Urteile dargestellt werden, die sich in die lange Reihe der arbeitsgerichtlichen Urteile, die sich mit der „Emmely“-Rechtsprechung“ des BAG auseinanderzusetzen, dargestellt werden.

Einem Mitarbeiter der Campus-Gastronomie im Bereich der Ruhr-Uni Bochum wurde außerordentlich gekündigt, da er beim Durchgang durch die Küche Pommes frites sowie zwei Frikadellen zum Verzehr an sich genommen habe. Dies geschah, obwohl sein Vorgesetzter ihn darauf hinwies, dass es nicht zulässig sei, Lebensmittel zu entnehmen, ohne diese zu bezahlen. Der Mitarbeiter soll dennoch in Anwesenheit des Vorgesetzten zwei weitere Frikadellen genommen und sich mit diesen in den Pausenraum begeben haben. Die außerordentliche Kündigung wurde sowohl erst- wie zweitinstanzlich als unwirksam beurteilt. Das LAG führte aus, dass auch ohne Rückgriff auf die in der „Emmely“-Entscheidung vorgenommene Präzisierung der Anforderungen an eine Kündigung bei sogenannten Bagatelldelikten eine einmalige Pflichtverletzung in Form des unberechtigten Verzehrs von Frikadellen den Ausspruch einer fristlosen Kündigung ohne vorherige Abmahnung keinesfalls rechtfertigen könne.[780]

Die Entwendung eines Aktenordners und Taschenkalenders von geringem materiellem, aber von großem immateriellem Interesse[781] konnte hingegen eine außerordentliche fristlose Kündigung ohne Abmahnung rechtfertigen.[782]

Die Entwendung von Holz[783] im Wert von knapp 7,00 Euro rechtfertigt ohne vorherige Abmahnung bei einer dreizehnjährigen Betriebszugehörigkeit keine außerordentliche, jedoch eine ordentliche Kündigung.[784]

Die Umbuchung einer Kostenposition in Höhe von 20,00 Euro mit Bereicherungsabsicht rechtfertigte auch ohne vorherige Abmahnung bei einem schwerbehinderten Betriebsratsvorsitzenden mit mehr als zwanzigjähriger Betriebszugehörigkeit eine fristlose Kündigung.[785]

780 LAG Hamm v. 4.11.2010, BeckRS 2010, 74730.

781 Es handelte sich um Unterlagen, die der Arbeitgeber benötigte, um offene Vergütungsansprüche zwischen den Vertragsparteien zu klären.

782 LAG Hamm v. 9.12.2011, LAGE Nr. 36 zu § 626 BGB 2002.

783 Der Arbeitnehmer hatte in einer Werkshalle zwischengelagerte Tischbeine einer Nähmaschine unerlaubt zersägt, um sie mit nach Hause zu nehmen.

784 LAG Thüringen v. 20.10.2011 – 3 Sa 331/10 – juris.

785 LAG München v. 3.3.2011 – 3 Sa 641/10 – juris.

Die Entnahme einer Packung Kaffee durch einen Marktleiter aus dem Marktsortiment, der dann mit diesem für die Kollegen Kaffee zubereitete, rechtfertigte auch nach zwölfjähriger Betriebszugehörigkeit eine fristlose Kündigung ohne vorherige Abmahnung.[786]

Die außerordentliche Kündigung einer langjährigen Mitarbeiterin von Karstadt wurde als nicht gerechtfertigt angesehen. Die alleinerziehende Mutter von vier Kindern belegte die Hälfte eines selbst gekauften Brötchens mit ca. 50 Gramm Krabbensalat aus der Feinkostabteilung und verspeiste dies.[787]

Auch die außerordentliche Kündigung einer seit 23 Jahren im Betrieb beschäftigten Krankenschwester wurde ebenfalls nicht bestätigt. Diese hatte acht halbe Brötchen aus dem Klinik Kühlschrank entnommen und diese mit ihren Kolleginnen verspeist.[788]

Die genannten Entscheidungen lassen die Tendenz erkennen, dass die Arbeitsgerichte nach der „Emmely“-Entscheidung höhere Anforderungen an die Wirksamkeit einer verhaltensbedingten Kündigung stellen. Auffällig und positiv zu bewerten ist, dass die Instanzgerichte die Bagatellkündigungen zudem mit einer erhöhten Sensibilität beurteilt haben. Die Interessenabwägung wurde bei den genannten Urteilen sehr gewissenhaft vorgenommen und war vergleichsweise umfangreich. Nahezu alle Urteile verweisen auf die Ausführungen im Fall „Emmely“ und diskutieren die Höhe des entstandenen Vertrauens und dessen Verbleib nach dem Kündigungsvorwurf sehr ausführlich. Festzustellen ist auch, dass die Gerichte auf die Tatvorbereitung und die nachfolgenden Umstände der Tathandlung genau eingehen. Je mehr Eigeninitiative ein Arbeitnehmer an den Tag gelegt hat, je mehr er kriminelle Energie initiativ aufwenden muss, um seine Tat zu vollenden desto eher wurde eine arbeitgeberseitige, auch außerordentliche Kündigung akzeptiert, selbst wenn es um eine Verdachtskündigung geht.[789]

Die nach der „Emmely“-Entscheidung ergangenen Urteile zeigen aber auch, dass nach wie vor keine objektivierbaren Pauschalüberlegungen angestellt werden können. Dies gilt insbesondere hinsichtlich der Dauer der Betriebszugehörigkeit und der Höhe des eingetretenen Schadens. Ein Arbeitnehmer kann also auch nach der „Emmely“-Entscheidung nicht davon ausgehen, dass eine besonders niedrige Schadenshöhe oder eine besonders lange Betriebszugehörigkeit den Tatvorwurf stets relativiert und die Interessenabwägung zu seinen Gunsten ausfallen lässt.[790]

786 LAG Niedersachsen v. 22.11.2010 – 12 Sa 1115/10 – juris; Nachgehend BAG v. 7.7.2011 – 2 AZN 294/11, Beschluss: Verwerfung.

787 LAG Hamburg, v. 30.6.2014 – 5 Sa 22/14 – juris.

788 ArbG Hamburg v. 10.7.2015, NZA-RR 2015, 471 ff.

789 *Fischer*, jurisPR-ArbR 4/2011 Anm. 3.

790 So auch *Fischer*, jurisPR-ArbR 4/2011 Anm. 3; Vgl. hierzu auch: BAG v. 22.9.2016, NZA 2017, 112 ff.

Wirksame fristlose Kündigungen wegen Beträgen im Cent-Bereich ohne vorherige einschlägige Abmahnung findet man in den Urteilen, die nach der „Emmely"-Entscheidung ergingen, allerdings nicht mehr.

Auch der 2. Senat des BAG hat sich in mehreren Folgeurteilen geäußert:

Das BAG bestätigte die außerordentliche Kündigung einer seit vierzehn Jahren als Verkäuferin und Kassiererin in einem Drogeriemarkt beschäftigten Arbeitnehmerin.[791] Diese hatte bei ihrem persönlichen Einkauf produktbezogene Herstellergutscheine eingesetzt, die nach den ihr bekannten Richtlinien der Beklagten für die gekauften Waren nicht hätten eingesetzt werden dürfen.[792] In der Filiale des Arbeitgebers hing seit Jahren ein Plakat aus, das einen Hinweis darauf enthielt, dass die Verkaufsstellen des Arbeitgebers durch Detektive, Kameraanlagen und den Einsatz von Sicherheitsdiensten überwacht würden. Tatsächlich kam Überwachungstechnik – außer im Rahmen kurzfristiger Detektiveinsätze – nicht zum Einsatz. Als der Arbeitgeber sich dazu entschloss, an der Decke über dem Kassenbereich eine Videokamera anbringen, mit deren Hilfe die Kassiervorgänge aufzeichnet wurden, fand keine Unterrichtung des Personals statt. Bei der Auswertung der Videoaufzeichnungen fiel auf, dass die Klägerin nach Dienstschluss einen sog. Personaleinkauf getätigt hatte. Eine Überprüfung des den Einkauf dokumentierenden Kassenstreifens ergab, dass die Klägerin Waren – überwiegend Süßigkeiten – im Wert von etwas über 60,00 Euro erworben hatte. In Höhe von 36,00 Euro war der Kaufpreis mit insgesamt sieben „produktbezogenen Gutscheinen", unter anderem für eine elektrische Zahnbürste und ein Windelpaket, verrechnet worden, obwohl die Klägerin solche Artikel nicht eingekauft hatte. Das entsprach nicht dem Verwendungszweck der Coupons. Den Unterschied zum Fall „Emmely" sah das BAG darin begründet, dass die Arbeitnehmerin im beschriebenen Fall heimlich agierte. Die Anwendung eines milderen Mittels wurde im Hinblick auf die Heimlichkeit und das kollusive Zusammenwirken mit einer gleichfalls gekündigten Kollegin verneint. Erschwerend wurde zudem berücksichtigt, dass die Arbeitnehmerin bewusst gegen Vorgaben verstoßen hat, zu deren Beachtung sie im Rahmen ihrer Tätigkeit als Kassiererin verpflichtet war. So habe die gekündigte Arbeitnehmerin im Gegensatz zu „Emmely" bewusst die geringen Überwachungsmöglichkeiten des Arbeitgebers und die enge Verbundenheit der Mitarbeiterinnen in der Filiale ausgenutzt.

Wenige Monate später bestätigte der 2. Senat des BAG die außerordentliche Kündigung einer ordentlich unkündbaren Arbeitnehmerin wegen vorsätzlich fehlerhaft dokumentierter Arbeitszeit.

Die gekündigte Arbeitnehmerin nahm an einem Gleitzeit-System teil. Aufgrund der geltenden Dienstvereinbarung war sie verpflichtet, Beginn und Ende ihrer Anwesenheitszeit minutengenau im elektronischen Zeiterfassungssystem einzugeben. Die Dienstvereinbarung sah ausdrücklich vor, dass im Fall von Unregelmäßigkeiten und Missbrauch

791 BAG v. 16.12.2010, NZA 2011, 571 ff.

792 Siehe auch bereits unter Kapitel 1 B. II.

grundsätzlich disziplinarische bzw. arbeitsrechtliche Maßnahmen folgen. Die Arbeitnehmerin hatte unstreitig an mindestens sieben Arbeitstagen zu ihren Gunsten ihre Anwesenheit um 13 bis 28 Minuten fehlerhaft in der Zeiterfassung dokumentiert.[793]

Auch hier berücksichtigte das BAG wieder das auf Heimlichkeit angelegte, vorsätzliche und systematische Fehlverhalten der Arbeitnehmerin erschwerend. Das Vertrauen wurde als für nicht wiederherstellbar gewertet. Zudem hieß es in der Dienstvereinbarung über die gleitende Arbeitszeit ausdrücklich: „Jedes bewusste Unterlassen der Zeiterfassung oder jede sonstige Manipulation des Zeiterfassungsverfahrens stellen einen schwerwiegenden Verstoß gegen die mit dieser Vereinbarung getroffenen Regelungen dar."

5. *Zusammenfassung und offengebliebene Fragen*

Der vorstehende Überblick verdeutlicht, mit welchen Schwierigkeiten die Instanzgerichte in der Praxis seit dem sog. Bienenstichurteil konfrontiert sind. Bis zur „Emmely"-Entscheidung vermied es das BAG in den meisten Fällen, selbst in der Sache zu entscheiden, sondern überließ den Instanzgerichten die Einzelfallentscheidung.[794] Gleichzeitig gab es diesen eine strikte Linie vor,[795] indem insbesondere eine Abmahnung bei geringwertigen Vermögensdelikten lange Zeit als nicht erforderlich angesehen wurde.[796]

Dies änderte sich erheblich durch die „Emmely"-Entscheidung des BAG. In deren Folge hat die Interessenabwägung einen deutlich höheren Stellenwert in den Urteilsfindungen der Instanzgerichte eingenommen. Im Zuge der Abwägung haben betriebliche Besonderheiten an Bedeutung gewonnen, etwa bestehende betriebliche Anweisungen oder die Kenntnis des Arbeitnehmers von der Verwerflichkeit des eigenen Handelns. Sonstige persönliche Umstände wie das Lebensalter des Beschäftigten oder ein bestehender Sonderkündigungsschutz werden in den Interessenabwägungen jüngerer Entscheidungen zwar aufgeführt, scheinen aber für die Rechtsprechung eher von untergeordneter Bedeutung zu sein.[797]

Insgesamt hat die „Emmely"-Entscheidung zu einem Gewinn an Einzelfallgerechtigkeit und zu einer Schärfung bei der Anwendung der kündigungsrechtlichen Prinzipien geführt.[798] Zudem hat dieses Urteil zu einer Versachlichung

793 BAG v. 9.6.2011, NZA 2011, 1027 ff.

794 *Preis*, AP Nr. 229 zu § 626 BGB.

795 *Preis*, AuR 2010, 186, 189.

796 Vgl. hierzu die Ausführungen in Kapitel 1 C. I.

797 *Fuhlrott*, ArbRAktuell 2012, 498, 499.

798 *Stoffels*, NJW 2011, 118, 123.

der Debatte und zur Differenzierung über die tatsächlich betroffenen oder nur vorgeschobenen Interessen beigetragen. Die Entscheidung hat die Tendenz gefördert, die Frage nach möglichen wahren Kündigungsgründe zu berücksichtigen und solchen Kündigungen die Wirksamkeit zu versagen, die auf gesuchten Gründen beruhen, in denen also das (behauptete) Bagatelldelikt nur als Vorwand für eine aus anderen Gründen erstrebte Kündigung dient.[799]

Gleichwohl hat die „Emmely"-Entscheidung in der Praxis auch weitere Fragen aufgeworfen und eine große Unsicherheit bei der Behandlung von Kündigungen wegen geringwertiger Vermögensdelikte hinterlassen. Der Ausgang zukünftiger Arbeitsgerichtsprozesse wegen ähnlicher Sachverhalte kann auch auf Basis des derzeitigen Standes der Rechtsprechungspraxis nach wie vor nicht prognostiziert werden.[800] Von einer endgültigen Klärung der offenen Fragen bei Bagatellkündigungen kann daher auch nach der „Emmely"-Entscheidung nicht gesprochen werden.[801]

Nach wie vor hat sich keine Leitlinie herausgebildet, welcher Wert maximal erreicht sein darf, um noch von einer Geringwertigkeit des Schadens sprechen zu können.[802] Unklar bleibt auch, wo die Grenzen verlaufen, die eine „lässliche Sünde" von einem „schweren Vertrauensbruch" trennen.[803] Zudem werden Unsicherheiten im Zusammenhang mit dem nunmehr zentralen Begriff des Vertrauenskapitals konstatiert. Dies betrifft etwa die Frage, ob Vertrauenskapital schrittweise oder erst ab einer bestimmten Beschäftigungsdauer angesammelt wird und wie der Arbeitgeber im Streitfall nachweisen kann, zum Zeitpunkt der Kündigung kein ausreichendes Vertrauen zum betroffenen Arbeitnehmer gehabt zu haben.[804] Unklar ist auch, ab welcher Deliktschwere das Vertrauenskapital schlagartig verbraucht ist.[805]

Für die Interessenabwägung bei Kündigungen wegen geringwertiger Vermögensdelikte wurde bislang nicht hinreichend herausgearbeitet, welche Interessen in welcher Form zu berücksichtigen sind und sodann, nach welchen Maßgaben gewichtet werden müssen.[806] Das Abwägungsergebnis ist daher nach wie vor

799 *Stoffels*, NJW 2011, 118, 123.

800 Vgl. hierzu *Bauer*, ArbRAktuell 2010, 316; *Baeck/Winzer*, NZG 2010, 821; siehe auch *Bengelsdorf*, SAE 2011, 122, 123; *Fandel/Kock*.

801 *Vorbau*, AuR 2010, 183.

802 *Fuhlrott*, ArbRaktuell 2012, 498, 499.

803 So auch *Dornbusch*, zit. von *Gesellensetter* in Focus-Online v. 10.6.2010.

804 *Zech*, S. 1.

805 *Fandel/Kock*, BB 2011, 59, 62.

806 Hierzu ausführlich in Kapitel 3 A. II.

nicht klar berechenbar. Gleichwohl hat die „Emmely"-Entscheidung die Weichen dafür gestellt, dass nunmehr weitere klare Parameter entwickelt werden können, um Einzelfallgerechtigkeit bei zunehmender Rechtssicherheit zu schaffen.[807]

II. Diskussion über die Einführung einer die Arbeitsgerichtsbarkeit bindenden Bagatellgrenze

In der arbeitsgerichtlichen Rechtsprechung,[808] der Literatur[809] wie auch in der Öffentlichkeit wurde der Wert der Sache immer wieder kritisch diskutiert[810] und die Einführung einer am Wert des Tatobjekts orientierten sog. Bagatellgrenze[811] bisweilen gefordert.[812] Eine solche Bagatellgrenze sollte Pflichtverletzungen im Vermögensbereich bei Geringfügigkeit bereits aus dem Anwendungsbereich des § 626 Abs. 1 BGB herausnehmen. Konkret sollte diese Grenze im Rahmen des vom BAG vorgegebenen Prüfungsaufbaus bereits auf der ersten Stufe des § 626 Abs. 1 BGB zu berücksichtigen sein und damit unabhängig von der Interessenabwägung die Frage nach dem Vorliegen eines wichtigen Grundes „an sich" für die außerordentliche Kündigung betreffen. Hinsichtlich der Höhe wurde eine Anknüpfung an § 248 a StGB empfohlen, das entspricht derzeit ca. 50,00 Euro.[813] Die Befürworter einer Bagatellgrenze wollen damit - sofern die Wertgrenze nicht erreicht oder überschritten ist – geringwertige Vermögensdelikte bereits auf der ersten Prüfungsstufe der zweigeteilten Prüfungsfolge des § 626 BGB ausschließen.

Betont wird diesbezüglich, dass es bei geringwertigen Vermögensdelikten oftmals zu nur schwer nachvollziehbaren Entscheidungen komme, da hier Arbeitgeber- und Arbeitnehmerinteressen nicht mehr in einer angemessenen Relation zueinander stünden. Die Einführung einer Bagatellgrenze könne dem entgegensteuern. Auch im Arbeitsrecht müsse grundsätzlich bei anderen Kündigungsgründen als geringwertigen Vermögensdelikten eine gewisse Erheblichkeitsschwelle überschritten sein,[814] bevor eine arbeitgeberseitige Kündigung

807 Siehe hierzu Kapitel 3.

808 ArbG Reutlingen v. 4.6.1996, RzK I 6 d Nr. 12; LAG Hamburg v. 8.7.1998, NZA-RR 1999, 469; LAG Köln v. 30.9.1999, NZA-RR 2001, 83.

809 *Steinau-Steinrück/Ziegler*, NJW-Special 2009, 274 f.; *Klueß*, NZA 2009, 337; *Reuter*, NZA 2009, 594 ff.; eingeschränkt *Gerhards*, BB 1996, 794, 796.

810 *Schrader/Straube*, ArbR 2009, 7.

811 Auch Geringfügigkeits-, Relevanz- oder Erheblichkeitsschwelle genannt.

812 Siehe bspw. *Grimberg*, AiB 2011, 64 f.; LAG Hamburg v. 8.7.1998, NZA-RR 1999, 469; LAG Köln v. 30.9.1999, NZA-RR 2001, 83.

813 *Klueß*, NZA 2009, 337, 343.

814 Siehe hierzu ausführlich unter C.

Bestand habe. Im Sinne eines stimmigen Kündigungsrechts müsse eine solche Erheblichkeitsschwelle folglich auch bei geringwertigen Vermögensdelikten anerkannt bzw. eingeführt werden. Letztlich sei zu berücksichtigen, dass bei einer nur geringen Vermögensschädigung des Arbeitgebers in der Regel auch ein herabgesetztes Unrechtsbewusstsein beim Arbeitnehmer vorherrsche, was rechtstatsächlich bei der Bewertung hierauf gestützter außerordentlicher Kündigungen berücksichtigt werden müsse.[815] Auch in verschiedenen Gesetzesentwürfen wurde die Einführung einer Bagatellgrenze vorgeschlagen.[816] Damit sollte auch im Arbeitsrecht die Entwicklung in anderen Rechtsgebieten[817] und deren ausdrückliche Billigung einer Bagatellgrenze durch den Gesetzgeber nachvollzogen werden.[818]

Die Gegner einer solchen Bagatellgrenze – insbesondere das BAG – weisen darauf hin, dass diese eine Vielzahl von Folgeproblemen nach sich zöge.[819] Eine Bagatellgrenze würde zunächst eine Umgehung der zweistufigen Prüfung des BAG bedeuten, da bereits auf der ersten Prüfungsstufe mit der Geringwertigkeitsgrenze eine Wertung des Einzelfalls erfolge. Die Interessenabwägung wäre bei einem geringfügigen Vermögensschaden somit überflüssig und damit entbehrlich.[820] Die Wichtigkeit dieser Interessenabwägung und damit die Diskussion und Abwägung im Einzelfall betont das BAG jedoch ausdrücklich. Erst auf dieser zweiten Prüfungsstufe dürften besondere Begleitumstände wie der Wert der Sache herangezogen und berücksichtigt werden, um damit Einzelfallgerechtigkeit durch eine Berücksichtigung auf der zweiten Stufe zu erreichen.[821] Vermögensdelikte seien zudem ein von der Rechtsordnung grundsätzlich nicht akzeptiertes Verhalten. Der für die Bewertung einer wirksamen Kündigung entscheidende Punkt, nämlich die Frage, ob ein Arbeitgeber seinem Arbeitnehmer zukünftig noch hinreichend vertrauen könne, habe mit der Höhe des verursachten Schadens nur sehr eingeschränkt zu tun.[822] Das Vertrauen des Arbeitgebers in seinen Vertragspartner könne auch im Falle eines geringwertigen

815 *Klueß*, NZA 2009, 337, 340; *Grimberg*, AiB 2009, 378, 380.

816 Vgl. hierzu unter A. III.

817 Vgl. hierzu ausführlich unter B.

818 *Klueß*, NZA 2009, 337, 343.

819 Vgl. auch BAG v. 10.6.2010, NZA 2010, 1227, 1230; *Steinau-Steinrück/Ziegler*, NJW-Special 2009, 274 f.; *Hunold*, DB 2009, 2658, 2659; *Birnbaum*, AuA 2010, 212 f.

820 *Walker*, NZA 2011, 1, 2.

821 Siehe ausführlich Kapitel 3 A. II. 1. a) gg).

822 So auch *Schmitz-Scholemann*, NZA 2012, 1001, 1007.

Vermögensdeliktes zerstört sein,[823] da bereits mit der Tathandlung die Schwelle zur Unrechtmäßigkeit des Handelns durch den Arbeitnehmer überschritten werde. Eine Bewertung dieser Frage könne zwingend nur anhand der jeweiligen Umstände des Einzelfalls erfolgen; eine (mehr oder weniger) starre Wertgrenze für Bagatelldelikte könne insofern nicht weiterhelfen. Insbesondere könnten etwa ein skrupelloses oder heimliches Vorgehen sowie die Wiederholungsgefahr das Vertrauenskapital endgültig aufbrauchen; diese Aspekte würden bei einem bloßen Abstellen auf den vermögensmäßigen Umfang der Schädigung im Rahmen der ersten Prüfungsstufe jedoch (zwangsläufig) nicht berücksichtigt.

Gegen eine solche Bagatellgrenze wird zudem eingewendet, dass die fristlose Kündigung eines Arbeitsverhältnisses - anders als im Ordnungswidrigkeiten-, Beamten- oder Strafrecht[824] - keinen Sanktionscharakter habe, sondern (allein) als eine Prognose über die Möglichkeit einer zukünftigen Zusammenarbeit zu sehen sei.[825]

Allerdings wird auf letztlich generalpräventive Überlegungen zurückgegriffen, sofern geltend gemacht wird, eine Geringfügigkeitsgrenze würde dem Arbeitgeber ein Instrument der Abschreckung vorenthalten.[826] Diebstahl und Unterschlagung seien die häufigsten Delikte in der Wirtschaftskriminalität.[827] Dem Arbeitgeber müsse zugestanden werden, vertragskonformes Verhalten seiner Mitarbeiter auch mit einer entsprechend negativen Anreizwirkung zu erzeugen.[828] Bei Anerkennung einer Bagatellgrenze könne für Arbeitnehmer jedoch ein Anreiz bestehen, diese Theorie gezielt auszunutzen.[829] Eine solche Grenze könnte als Einladung an schädigungswillige Arbeitnehmer – etwa, weil sie sich mit dem Arbeitgeber überworfen haben – verstanden werden, innerhalb ihres Schutzbereiches gefahrlos, jedenfalls bis die erste Abmahnung erfolgt ist, zulasten des Arbeitgebers zu agieren. Damit sei eine Fehlsteuerung verbunden, da einer Rechtsgüterrelativierung Vorschub geleistet würde.[830]

---

823 So auch *Schrader/Straube*, ArbR 2009, 7, 9.

824 Vgl. hierzu die Ausführungen unter B.

825 Siehe hierzu unter B. I. 1.

826 Vgl. aber zum Gesichtspunkt der Abschreckung ausführlich unter Kapitel 3 A. II. 1. a) ee).

827 Vgl. KPMG, Wirtschaftskriminalität in Deutschland 2013.

828 *Schlachter*, NZA 2005, 433, 434.

829 Vgl. etwa *Schrader/Straube*, ArbR 2009, 7, 8.

830 *Fischer*, jurisPR-ArbR 48/2010 Anm. 1.

Gegen eine Bagatellgrenze wird weiterhin eingewendet, sie würde nicht die Gesamtwirkung von Einzelschäden[831] hinreichend berücksichtigen und damit Schwierigkeiten im Hinblick auf die Möglichkeit einer rechtssicheren Wertberechnung sowie der Bewertung mehrerer, an sich unbeachtlicher Verstöße hervorrufen.[832] Oft seien es gerade die kleinen entwendeten Büromaterialien, Rechnungsgelder und Lebensmittel, die in ihrer Summe nennenswerte Schäden für die Unternehmen bewirken.[833] Die Dimensionen würden deutlich, wenn man berücksichtige, dass (angeblich) der Anteil des Warendiebstahls im Einzelhandel, der auf die Mitarbeiter entfällt, bei fast einem Viertel liege.[834] Die einheitliche Einführung einer Geringwertigkeitsgrenze könne zudem auch nicht den Besonderheiten der einzelnen wirtschaftlichen Bereiche gerecht werden. Eine vorhersehbare, aber unerwünschte und vermeidbare Folge einer Bagatellgrenze wäre zudem, dass die Arbeitgeber in verstärktem Maße auf Kontrollen und Überwachungen ihrer Arbeitnehmer zurückgreifen würden.

Daneben werden Schwierigkeiten der praktischen Handhabung einer Bagatellgrenze zu bedenken gegeben, da eine solche Grenze wohl laufend nachjustiert werden müsste, um den wandelnden ökonomischen Rahmenbedingungen Rechnung zu tragen. Beispielhaft zeige dies die Bagatellgrenze im Strafrecht nach § 248 a StGB, die bisweilen bei 25,00, 30,00 oder aber bei 50,00 Euro gesehen wird.[835] Schwierigkeiten würden sich zudem im Hinblick auf nur marginale Grenzüberschreitungen ergeben.[836]

Richtigerweise ist, der wohl überwiegenden Auffassung folgend, die Einführung einer solchen Geringwertigkeitsgrenze abzulehnen.

Eine Bagatellgrenze ließe sich zunächst in dogmatischer Hinsicht nicht mit der geltenden Gesetzeslage vereinbaren. Es entspricht der dogmatischen Wurzel der als Generalklausel ausgestalteten Norm des § 626 BGB, dass die konkrete Würdigung des Einzelfalls dem Tatrichter überlassen sein soll. Der Rechtsbegriff „wichtiger Grund" dient als unbestimmter Rechtsbegriff der Einbruchstelle des Grundgesetztes als objektive Wertordnung.[837] Unbestimmte Rechtsbegriffe sollen den gerechten Ausgleich der grundrechtlich geschützten Interessen der

831 Insbesondere der Einzelhandel ist betroffen.

832 Vgl. BAG v. 10.6.2010, NZA 2010, 1227, 1230.

833 *Warden*, AHGZ Nr. 11 2010, 19.

834 Studie der EHI Retail Institute eingetragener Verein.

835 Vgl. hierzu die Ausführungen in Kapitel 1 A. IV. 1.

836 BAG v. 10.6.2010, NZA 2010, 1227, 1230.

837 BVerfG v. 7.2.1990, AP Nr. 35 zu Art. 2 GG.

Privatrechtssubjekte sichern.[838] Wollte man den erkennenden Richter jedoch an starre – womöglich sogar gesetzlich fixierte[839] – Wertgrenzen binden, würde dieses dogmatische Instrument an Flexibilität verlieren. Eine am Maßstab der grundrechtlichen Positionen ausgerichteten Interessenabwägung (Bestandsinteresse des Arbeitnehmers bezüglich seines Arbeitsplatzes aus Art. 12 GG und das Vermögensinteresse des Arbeitgebers aus Art. 14 GG) mit Blick auf den konkreten Einzelfall wäre dem Richter bei einer Unterschreitung der Bagatellgrenze verwehrt, und dies würde damit den tatrichterlichen Entscheidungsspielraum unangemessen beschneiden.[840] Damit würde der rechtsgestaltende Auftrag des Gesetzgebers an die Arbeitsgerichte zur Feinjustierung nach § 626 BGB verfehlt. Die schematisierende Betrachtungsweise der Gegenansicht, die Fallgruppe der geringwertigen Vermögensdelikte als nicht „an sich" zur außerordentlichen Kündigung geeignete Umstände anzusehen, widerspricht damit dem Kernanliegen des Kündigungsschutzrechts, Einzelfallgerechtigkeit zu ermöglichen.[841] Es handelt sich nämlich bereits um eine von den konkreten Umständen des Einzelfalls abhängige Wertungsfrage, ob eine Vertragsverletzung und die daraus folgende Störung des Arbeitsverhältnisses als geringfügig anzusehen sind.[842] Zudem kann die geringe Schadenshöhe bei einer generellen Eignung im Rahmen der Interessenabwägung berücksichtigt werden.

Eine Bagatellgrenze würde zudem im Umkehrschluss indiziell nahelegen, dass ihre Überschreitung ein besonderes Kündigungsinteresse des Arbeitgebers im konkreten Fall begründet. Dies könnte auch die im Übrigen zugunsten des Arbeitnehmers bestehenden, großzügigen Maßgaben bei der Interessenabwägung infrage stellen.[843] Zudem dürfte die Einführung einer Bagatellgrenze die Diskussion bezüglich der Rechtmäßigkeit einer Kündigung wohl lediglich verlagern, wenn bspw. die Bagatellgrenze im konkreten Einzelfall nur geringfügig überschritten wird.

Feste Wertgrenzen können zudem kein geeignetes Differenzierungskriterium für die Behandlung von Vermögensdelikten im Arbeitsverhältnis darstellen, da ein solches Kriterium insbesondere auch dem schutzwürdigen Interesse des

838 ErfK/*Niemann*, § 626 BGB Rn. 14.

839 Siehe hierzu unter III.

840 *Fuhlrott*, ArbRAktuell 2012, 498, 500.

841 A/P/S/*Vossen*, § 626 BGB Rn. 276 b.

842 So auch A/P/S/*Vossen*, § 626 BGB Rn. 276 ff.; aA D/D/Z/*Däubler*, § 626 BGB Rn. 108 ff.

843 *Preis*, AuR 2010, 242, 243.

Arbeitgebers im Hinblick auf die Zuverlässigkeit und Loyalität eines Arbeitnehmers nicht ausreichend gerecht würde.

Geringwertige Vermögensdelikte müssen somit - weiterhin - im Rahmen der ersten Stufe einen wichtigen Grund „an sich" für eine außerordentliche Kündigung darstellen. Die Geringwertigkeit kann ggf. erst im Rahmen der Interessenabwägung Beachtung finden, wo alle Umstände des Einzelfalls zu berücksichtigen sind.[844] Die Ansicht, dass Pflichtverletzungen im Vermögensbereich bei Geringfügigkeit bereits aus dem Anwendungsbereich des § 626 Abs. 1 BGB herauszunehmen sind, überzeugt nicht. Das BAG entspricht damit im Ergebnis dem Zweck der Generalklausel des § 626 BGB und dem Auftrag des Grundgesetzes an die Rechtsprechung, wenn es eine Bagatellgrenze ablehnt. Da sich das BAG entschieden gegen eine solche Grenze ausgesprochen hat, könnte eine solche ohnehin nur durch den Gesetzgeber eingeführt werden, der eine solche aber ebenfalls - jedenfalls derzeit - nicht plant (mehr dazu sogleich).[845]

III. Gesetzesinitiativen zur Einschränkung von Bagatell- und Verdachtskündigungen in der arbeitsrechtlichen Rechtsprechung

Neben den Literaturstimmen, die für eine Änderung der Rechtsprechung bei der Behandlung von Kündigungen wegen Bagatelldelikten plädierten, sah im Zuge der Diskussionen um die „Emmely"-Entscheidung auch die Opposition im Bundestag Handlungsbedarf. Am 9.2.2010 - und damit noch vor der Entscheidung des BAG in Sachen „Emmely" - legten die Fraktionen von SPD und DIE LINKE zeitgleich, aber unabhängig voneinander jeweils einen Gesetzesentwurf zum Kündigungsschutz bei sogenannten Bagatelldelikten vor.[846] Diese Gesetzesentwürfe beabsichtigten Änderungen bei § 1 KSchG sowie in § 626 BGB.[847] Hauptanliegen der Gesetzesentwürfe war es, die Voraussetzungen für Kündigungen wegen Bagatelldelikten gesetzlich zu verengen,[848] den Kündigungsschutz für Beschäftigte damit zu erweitern und (vermeintliche) Wertungswidersprüche zu anderen Rechtsgebieten[849] zu beseitigen.[850] Am 9.6.2010 stellte schließlich auch

844 Vgl. hierzu Kapitel 3 A. II. 1. a) gg).
845 Siehe hierzu sogleich unter III.
846 GE Fraktion SPD, BT-Drucks. 17/648, S. 3; GE Fraktion DIE LINKE, BT-Drucks. 17/649.
847 *Binkert*, NZA 2010, 433.
848 *Düwell*, FA 2010, 108.
849 Vgl. hierzu die Ausführungen unter B.
850 *Düwell*, FA 2010, 108, 109.

die Fraktion BÜNDNIS 90/DIE GRÜNEN einen Antrag an die Bundesregierung, den Schutz der Arbeitnehmer vor Kündigungen wegen eines geringfügigen finanziellen Schadens auszuweiten.[851]

Insgesamt wenden sich alle drei Initiativen gegen die Kündigungspraxis bei geringwertigen Vermögensdelikten.[852] Nach dem Entwurf der SPD-Fraktion[853] sollte vor einer Kündigung wegen eines wirtschaftlich geringwertigen Vermögensdelikts in der Regel eine Abmahnung erforderlich sein.[854] Das Institut der Verdachtskündigung sollte im Bereich von Bagatelldelikten nicht anwendbar sein.[855] Die Fraktion BÜNDNIS 90/DIE GRÜNEN forderte in ihrem Antrag ebenfalls, das geltende Recht dahingehend zu ergänzen, dass einer verhaltensbedingten Kündigung in der Regel eine Abmahnung vorausgehen müsse, mit der der betroffene Arbeitnehmer ausdrücklich darauf hingewiesen wird, dass bei einem nochmaligen entsprechenden Fehlverhalten eine Kündigung droht. Dieses Abmahnungserfordernis müsse, so der Antrag, auch für Fehlverhalten gelten, das die Eigentums- und Vermögensinteressen des Arbeitgebers verletze, sofern der wirtschaftliche Schaden geringfügig sei. Dasselbe solle bei entsprechendem Fehlverhalten gegenüber Kollegen gelten.[856] Bezüglich der Verdachtskündigung enthält der Antrag keine Ausführungen.

Nach dem Entwurf der Fraktion DIE LINKE[857] sollte eine Abmahnung hingegen nicht nur regelmäßig, sondern durchgehend erforderlich sein. Darüber hinaus sollte die von der Rechtsprechung entwickelte Verdachtskündigung vollständig, also nicht lediglich in Bezug auf Bagatellfälle abgeschafft werden. Der Entwurf der Fraktion DIE LINKE bezog sich explizit auf Eigentums- bzw. Vermögensdelikte; demgegenüber rekurrierte der Entwurf der SPD - weitergehend - auf „Pflichtwidrigkeiten“, wies indes aber ebenfalls ausdrücklich auf Eigentums- und Vermögensdelikte hin.

---

851 Entschließungsantrag der Fraktion BÜNDNIS 90/DIE GRÜNEN: BT-Drucks. 17/1986.

852 BT-Drucks. 17/4281.

853 GE Fraktion SPD, BT-Drucks. 17/648.

854 GE Fraktion SPD, BT-Drucks. 17/648 S. 3.

855 GE Fraktion SPD, BT-Drucks. 17/648, S. 3.

856 Entschließungsantrag der Fraktion BÜNDNIS 90/DIE GRÜNEN: BT-Drucks. 17/1986 S. 1.

857 GE-Fraktion DIE LINKE, BT-Drucks. 17/649.

1. *Regelungsgehalt der Gesetzesentwürfe*

Während die Bundestagsfraktion BÜNDNIS 90/DIE GRÜNEN keinen ausformulierten Gesetzesentwurf, sondern lediglich einen vergleichsweise kurzen und nicht sonderlich detaillierten Antrag vorlegte, enthielten die Fraktionsentwürfe von SPD und DIE LINKE konkrete Gesetzesentwürfe. Diese beabsichtigten, im Hinblick auf geringwertige Vermögensdelikte nicht nur die ordentliche, sondern auch die außerordentliche Kündigung von Arbeits- und Ausbildungsverhältnissen nach §§ 626 BGB, 22 BBiG ohne vorangehende (einschlägige) Abmahnung wegen einer vergleichbaren Pflichtverletzung auszuschließen.

Zu den Initiativen im Einzelnen ist Folgendes anzumerken:

a) Der Gesetzesentwurf der SPD-Fraktion vom 9.2.2010

Nach dem Gesetzesentwurf der SPD-Fraktion[858] sollte § 1 KSchG um einen neuen Absatz 3 mit folgendem Inhalt ergänzt werden.

> *(3) Eine Kündigung aus Gründen im Verhalten der Arbeitnehmerin oder des Arbeitnehmers ist in der Regel sozial ungerechtfertigt, wenn der Arbeitnehmer oder die Arbeitnehmerin nicht mindestens einmal wegen einer vergleichbaren schuldhaften Pflichtverletzung darauf hingewiesen worden ist, dass im Wiederholungsfall der Bestand des Arbeitsverhältnisses gefährdet ist (Abmahnung). Das gilt auch bei einer gegen das Eigentum oder Vermögen des Arbeitgebers oder der Arbeitgeberin gerichteten Handlung, wenn der wirtschaftliche Schaden nicht ins Gewicht fällt; auf die Strafbarkeit der Handlung kommt es nicht an.*

In § 626 BGB und § 22 BbiG sollte auf diesen neu eingefügten Absatz verwiesen werden. Nach dem Gesetzesvorschlag sollte dazu bei § 626 Abs. 1 BGB folgender Satz 2 angefügt werden:

> *Soll einem Arbeitnehmer oder einer Arbeitnehmerin gekündigt werden, gilt § 1 Absatz 3 des Kündigungsschutzgesetzes entsprechend.*

und § 22 Abs. 2 BbiG um folgenden Satz 2 ergänzt werden:

> *§ 1 Absatz 3 des Kündigungsschutzgesetzes gilt entsprechend.*

Der Gesetzesentwurf wollte eine weitgehende Gleichstellung der Bagatelldelikte mit anderen (verhaltensbedingten) Vertragsverstößen im Arbeitsverhältnis erreichen: Sofern nur ein geringer wirtschaftlicher Schaden entstanden ist, sollte einer außerordentlichen Kündigung wegen Delikten gegen das Eigentum

858 GE Fraktion SPD, BT-Drucks. 17/648, S. 1 ff.

oder Vermögen des Arbeitgebers[859] regelmäßig eine Abmahnung wegen einer vergleichbaren schuldhaften Pflichtverletzung vorausgehen. Ausgehend davon weist der Entwurf der SPD-Fraktion zudem ausdrücklich darauf hin, dass die Kündigung wegen des konkreten Verdachts einer solchen Straftat wegen ihrer Systemwidrigkeit ausgeschlossen sein soll.[860] Ausweislich der Gesetzesbegründung verzichtet die SPD-Fraktion darauf, Wertgrenzen zur Ausfüllung des Begriffs eines nicht ins Gewicht fallenden wirtschaftlichen Schadens zu entwickeln.[861] Der Arbeitgeber soll mit dem Risiko leben, dass eine solche Festsetzung erst über eine jahrelange Rechtsprechung entwickelt wird, und dies mit der Folge, dass erst dann die Unwirksamkeit entsprechender Kündigungen erkennbar wird. Der SPD-Entwurf plant zudem auch keine Begrenzung auf bestimmte Eigentums- und Vermögensdelikte. Letztendlich sollen unter das Privileg einer erschwerten Kündigung der Diebstahl, die Unterschlagung, die Veruntreuung, der Betrug, die Untreue und das Erschleichen von Leistungen fallen.[862]

Als Rechtfertigung für die vorgeschlagene Regelung heißt es in der Begründung, dass es nach bisheriger Rechtsprechung den Arbeitnehmern nahezu unmöglich gemacht werde, einen von Arbeitgeberseite behaupteten Vertrauensverlust zu widerlegen.[863] Daher seien eine Einschränkung der Kündigungsgmöglichkeiten durch eine solche Geringfügigkeitsgrenze bzw. die vorherige Abmahnung in solchen Fällen erforderlich. Der Begründung lässt sich zudem die Einschätzung entnehmen, dass bei einmaligen geringwertigen Vertragsverletzungen nur ausnahmsweise ein unwiederbringlich zerstörtes Vertrauensverhältnis zwischen Arbeitgeber und Arbeitnehmer angenommen werden könne.[864]

b) Der Gesetzesentwurf der Fraktion DIE LINKE vom 9.2.2010

Der Gesetzesentwurf der Fraktion DIE LINKE[865] ging weiter als der Entwurf der SPD-Fraktion,[866] wie bereits die Überschrift als „Entwurf eines Gesetzes zum Verbot der Verdachtskündigung und der Erweiterung der Kündigungsvoraussetzungen bei Bagatelldelikten"[867] verdeutlicht. Der Gesetzesentwurf enthielt neben

859 Und damit auch bei Delikten gegen Arbeitskollegen und Kunden des Arbeitgebers.
860 GE Fraktion SPD, BT-Drucks. 17/648, S. 3.
861 GE Fraktion SPD, BT-Drucks. 17/648, S. 5.
862 GE Fraktion SPD, BT-Drucks. 17/648, S. 5.
863 GE Fraktion SPD, BT-Drucks. 17/648, S. 2.
864 GE Fraktion SPD, BT-Drucks. 17/648, S. 3.
865 GE Fraktion DIE LINKE, BT-Drucks. 17/649, S. 1 ff.
866 So auch *Düwell*, FA 2010, 108, 109.
867 GE Fraktion DIE LINKE, BT-Drucks. 17/649, S. 1.

der Erweiterung des Kündigungsschutzes in Bezug auf Bagatelldelikte auch den Vorschlag, das in ständiger Rechtsprechung des BAG entwickelte Institut der Verdachtskündigung[868] abzuschaffen.[869] Konsequenz des Ausschlusses der Verdachtskündigung wäre, dass eine Kündigung nur möglich gewesen ist, wenn zur vollen Überzeugung des Gerichts durch den Arbeitgeber dargelegt und gegebenenfalls bewiesen wird, dass der Arbeitnehmer die entsprechende Tat auch tatsächlich begangen hat. Es sollte also nicht mehr genügen, Indizien für ein solches Verhalten vorzutragen, die dann bei Gericht den dringenden Verdacht entstehen lassen, dass in besonders schwerer und ggf. strafrechtlich relevanter Weise gegen Vertragspflichten im Arbeitsverhältnis verstoßen wurde.[870]

Der Entwurf der Fraktion DIE LINKE sah sowohl für § 1 KSchG als auch für § 626 BGB die zwei neuen Absätze 3 und 4 vor. Danach sollte § 1 KSchG wie folgt geändert werden:

> *(3) Eine Kündigung ist ohne vorherige Abmahnung nicht durch Gründe in der Person oder dem Verhalten des Arbeitnehmers bedingt, soweit der Arbeitnehmer Eigentums- oder Vermögensdelikte begangen hat und diese sich auf geringwertige Gegenstände bezogen haben.*
>
> *(4) Eine Kündigung ist rechtsunwirksam, wenn die Gründe in der Person oder dem Verhalten des Arbeitnehmers auf einem Verdacht beruhen.*

Weiterhin sollte § 626 BGB wie folgt geändert werden:

> *(3) Die Fortsetzung des Dienstverhältnisses ist ohne vorherige Abmahnung zumutbar, soweit der zur Dienstleistung Verpflichtete Eigentums- oder Vermögensdelikte begangen hat und diese sich auf geringwertige Gegenstände bezogen haben.*
>
> *(4) Die Kündigung ist rechtsunwirksam, wenn der wichtige Grund auf einem Verdacht beruht.*

Indem der Gesetzesentwurf auf einen Zusatz wie „ausnahmsweise" verzichtete, wäre seine Konsequenz ein generelles Verbot der außerordentlichen Kündigung bei geringwertigen Vermögensdelikten ohne den Ausspruch einer vorherigen Abmahnung gewesen. Während die SPD-Fraktion lediglich in der Begründung ihres Entwurfs auf ein Verbot der Verdachtskündigung hinweist, ergänzt die Fraktion die Linke ihren Entwurf dahingehend sogar ausdrücklich um diese Feststellung. Zur Beantwortung der Frage, ob der wirtschaftliche Schaden der Tat „ins Gewicht" fällt oder nicht, soll sich ausweislich der Gesetzesbegründung

868 Dazu Kapitel 1 C. IV.

869 Vgl. § 1 Abs. 4 KSchG und § 626 Abs. 4 BGB der GE Fraktion DIE LINKE, BT-Drucks. 17/649.

870 *Gaul*, Aktuelles Arbeitsrecht, S. 23.

an der im Rahmen des § 248 a StGB für „geringwertige Sachen“ entwickelten Kriterien orientiert werden.[871]

Als Rechtfertigung für die vorgeschlagene Regelung heißt es in der Begründung, dass unter dem Deckmantel des irreparablen Vertrauensverlusts zum Schutze des Arbeitgebereigentums sämtliche sozialrechtlichen Folgen der Kündigung für den Arbeitnehmer ignoriert würden.[872] In der Begründung des Entwurfs wurde zudem ausgeführt, dass in der Rechtsprechung geringwertige Vermögensdelikte zu einem absoluten Kündigungsgrund geworden seien, was nicht sachgerecht sei.[873] Geringfügige Vermögensdelikte würden, so heißt es weiter, auch nur zu einer geringfügigen Störung des Vertragsverhältnisses führen.[874] Außerdem stünden dem Arbeitgeber mit der Möglichkeit, strafrechtliche Sanktionen zu veranlassen oder Schadensersatzansprüche geltend zu machen, auch anderweitige Reaktionsmöglichkeiten zur Verfügung.[875]

c) Der Antrag der Fraktion BÜNDNIS 90/DIE GRÜNEN vom 9.6.2010

Der Antrag der Fraktion BÜNDNIS 90/DIE GRÜNEN wurde am 9.6.2010 und damit noch kurz vor der BAG-Entscheidung über den Fall „Emmely“ am 10.6.2010 eingebracht. Inhaltlich brachte der recht kurze Antrag keine wesentlichen Neuerungen im Vergleich zu den zuvor vorgelegten Gesetzentwürfen. Auch nach dem Willen der Grünen-Fraktion sollte der Ausspruch von Bagatellkündigungen für Arbeitgeber erschwert werden. Das geltende Recht sollte dahingehend ergänzt werden, dass in der Regel einer verhaltensbedingten Kündigung eine Abmahnung vorausgehen muss, mit der die Arbeitnehmer ausdrücklich darauf hingewiesen werden, dass bei einem nochmaligen entsprechenden Fehlverhalten eine Kündigung droht.[876] Diese Pflicht zur Abmahnung sollte ausdrücklich auch für Fehlverhalten gelten, das die Eigentums- und Vermögensinteressen des Arbeitgebers verletzt, sofern der wirtschaftliche Schaden geringfügig ist. Ebenso sollte diese Pflicht auch bei entsprechendem Fehlverhalten gegenüber Kollegen gelten,

---

871 GE Fraktion DIE LINKE, BT-Drucks. 17/649, S. 6.

872 GE Fraktion DIE LINKE, BT-Drucks. 17/649, S. 1.

873 Ähnlich bereits *Preis*, AP § 626 BGB Rn. 229, der davon spricht, dass Bagatelldelikte in der Vergangenheit praktisch wie ein absoluter Kündigungsgrund behandelt wurden.

874 GE Fraktion DIE LINKE, BT-Drucks. 17/649, S. 7.

875 GE Fraktion DIE LINKE, BT-Drucks. 17/649, S. 7.

876 Antrag Fraktion BÜNDNIS 90/DIE GRÜNEN, BT-Drucks. 17/1986, S. 1.

hieß es in der Vorlage weiter.[877] Eine betragliche Fixierung der wirtschaftlichen Relevanz solle je nach Einzelfall beurteilt werden.[878]

Der Antrag wurde im Wesentlichen mit der wirtschaftlichen Existenzgrundlage des Arbeitsplatzes für den Arbeitnehmer begründet.[879] Geringwertige Vermögensdelikte würden zudem oftmals auch aufgrund von Unwissenheit oder Gedankenlosigkeit begangen werden. Das Vertrauen sei meist wieder herstellbar und eine Abmahnung bei einer einmaligen Verfehlung ausreichend. Zudem würde die Regelung Wertungswidersprüche zu anderen Rechtsgebieten beseitigen und mehr Rechtssicherheit für alle Beteiligten bedeuten.[880] Es bestehe weiterhin die Möglichkeit zur außerordentlichen Kündigung aufgrund eines gravierenden Fehlverhaltens oder bei Eigentums- und Vermögensdelikten in wirtschaftlich relevanter Größenordnung.[881]

2. *Kritik der Gesetzesentwürfe*

Die - ohnehin nicht Gesetz gewordenen - Entwürfe von SPD-Fraktion und der Fraktion DIE LINKE waren zunächst bereits systematisch als auch sprachlich wenig geglückt.[882]

So wurde bspw. der Formulierungsvorschlag der Fraktion DIE LINKE für den neu einzufügenden § 626 Abs. 3 BGB kritisiert.

Die Fortsetzung des Dienstverhältnisses ist ohne vorherige Abmahnung zumutbar, soweit der zur Dienstleistung Verpflichtete Eigentums- oder Vermögensdelikte begangen hat und diese sich auf geringwertige Gegenstände bezogen haben.

Der erste Halbsatz sei schwer verständlich, da sich die „vorherige Abmahnung" sprachlich auf die Fortsetzung des Dienstverhältnisses beziehe. Gemeint sei hingegen, dass die Fortsetzung des Dienstverhältnisses, soweit zuvor *keine* Abmahnung ausgesprochen worden sei, zumutbar sein soll, wenn Eigentums- oder Vermögensdelikte vorliegen und diese sich auf geringwertige Gegenstände bezogen haben.[883]

Im Rahmen des Gesetzesentwurfs wurde zudem bei dem neu eingefügten § 626 Abs. 4 BGB *„Die Kündigung ist rechtsunwirksam, wenn der wichtige*

877 Antrag Fraktion BÜNDNIS 90/DIE GRÜNEN, BT-Drucks. 17/1986, S. 1.
878 Antrag Fraktion BÜNDNIS 90/DIE GRÜNEN, BT-Drucks. 17/1986, S. 1.
879 Antrag Fraktion BÜNDNIS 90/DIE GRÜNEN, BT-Drucks. 17/1986, S. 3.
880 Antrag Fraktion BÜNDNIS 90/DIE GRÜNEN, BT-Drucks. 17/1986, S. 2.
881 Antrag Fraktion BÜNDNIS 90/DIE GRÜNEN, BT-Drucks. 17/1986, S. 3.
882 So auch *Binkert*, NZA 2010, 433, 435.
883 So etwa *Binkert*, NZA 2010, 433, 435.

Grund auf einem Verdacht beruht" das Wort „nur" nach dem wichtigen Grund vermisst.[884]

Eine Unklarheit wurde zudem im Entwurf der Fraktion DIE LINKE in dem vorgeschlagenen neuen § 1 Abs. 3 KSchG gesehen, der eine vorherige Abmahnung auch auf personenbedingte Kündigungen normiert, da dies – bis auf absolute Ausnahmefälle – nicht dem Kündigungsschutzsystem entspreche.[885]

Letztlich wäre es auch nicht konsequent gewesen, wenn der Gesetzesentwurf der SPD-Fraktion nur in § 1 Abs. 3 KSchG (neu) und § 626 Abs. 1 S. 2 BGB (neu) ausdrücklich von Arbeitnehmer und Arbeitnehmerin bzw. in § 1 Abs. 3 KSchG (neu) zudem von Arbeitgeber und Arbeitgeberin spricht, in den sonstigen Vorschriften des Kündigungsschutzgesetzes jedoch lediglich von Arbeitgeber und Arbeitnehmer die Rede ist.

Aber auch inhaltlich konnten die Entwürfe nicht überzeugen.

In technischer Hinsicht war zunächst überflüssig, dass sowohl nach dem Antrag der Grünen-Fraktion als auch dem Entwurf der SPD-Fraktion bei geringwertigen Vermögensdelikten „in der Regel" zunächst eine „Abmahnung" auszusprechen ist. Die Entwürfe lassen also auch Ausnahmen zu. Dies entspricht auch der bestehenden Rechtslage. Alle Entscheidungen sind einzelfallbezogen. Die Entwürfe hätten damit letztendlich keine Änderung in der Rechtspraxis bewirkt.

Soweit der Entwurf der Fraktion DIE LINKE eine Abmahnung bei Bagatelldelikten durchweg und für jeden Fall vorsehen wollte und nicht wie der Entwurf der SPD-Fraktion oder der Antrag der Grünen-Fraktion „nur in der Regel", würde auch der vorsätzlich Handelnde einen freien Erstzugriff auf das Arbeitgebereigentum erhalten. Eine Abmahnung wäre zum Beispiel auch dann erforderlich, wenn der Arbeitnehmer gleich in den ersten Tagen des Arbeitsverhältnisses ein geringwertiges Vermögensdelikt gegen seinen Arbeitgeber begehen würde.[886] Letztlich muss sich dieser Gesetzesentwurf die Kritik gefallen lassen, er liefe auf den Rat an den schädigungswilligen Arbeitnehmer hinaus, so oft wie möglich das Arbeitgebereigentum zu beeinträchtigen und dies erst dann einzustellen, nachdem er das erste Mal ertappt und abgemahnt wurde. Abgesehen von der Unschärfe der Begriffe „geringwertige Gegenstände" und „nicht ins Gewicht fallender Schaden" berücksichtigen beide Gesetzesentwürfe zudem nicht, dass ein Vertrauensbruch je nach den Gesamtumständen auch bei Bagatelldelikten

884 Vgl. hierzu *Binkert*, NZA 2010, 433, 434.

885 *Binkert*, NZA 2010, 433, 434.

886 *Thüsing*, NJW 2010 Editorial – Heft 46/2010.

eintreten und ohne Abmahnung zur Unzumutbarkeit der weiteren Zusammenarbeit führen kann,[887] etwa dann, wenn ein Arbeitnehmer gleich am ersten Arbeitstag ein Bagatelldelikt verübt.[888] Letztlich kann auch nicht überzeugen, dass in dem Gesetzesentwurf der Fraktion DIE LINKE nur die Rechtslage für Eigentums- und Vermögensdelikte neu geregelt werden sollte. Allein für diese sollte es nach dem Entwurf eine Spezialregelung geben, für die vielfältigen anderen kündigungsrelevanten Pflichtverletzungen im Arbeitsverhältnis hingegen nicht.[889] Bliebe es - nach dem Entwurf der Fraktion DIE LINKE - im Hinblick auf andere Pflichtverletzungen bei der bisherigen Rechtslage bzw. Rechtsprechung, könnten also bspw. Arbeitnehmer, die ihren Arbeitgeber beleidigen, je nach den Umständen des Einzelfalls ohne Weiteres außerordentlich gekündigt werden, während Arbeitnehmer, die ihren Arbeitgeber bestehlen, bei dem ersten Vorfall dieser Art zunächst abzumahnen wären.[890] Zwar wurde mit dem Entwurf gerade das Ziel verfolgt, der als Automatismus empfundenen Bestätigung von Arbeitgebern ausgesprochener außerordentlicher Kündigungen bei Vermögensdelikten einen Riegel vorzuschieben. Gleichwohl könnte dies kaum den Wertungswiderspruch rechtfertigen, der in einer solchen Sonderregel nur für die Gruppe der geringfügigen Vermögensdelikte läge. Eine systematisch stimmige Regelung hätte Gleiches dann für alle verhaltensbedingten Kündigungen vorsehen müssen.

Hinzu kommt, dass beide Gesetzesentwürfe wie auch der Antrag der Grünen-Fraktion letztlich nicht näher festlegten, wo die Erheblichkeitsgrenze liegen soll. Alle Initiativen beschränkten sich darauf, die vorherige Abmahnung für Fälle einer Entwendung „geringwertiger Gegenstände" (Fraktion DIE LINKE) bzw. Fälle, bei denen „der wirtschaftliche Schaden nicht ins Gewicht fällt" (SPD-Fraktion) oder der „wirtschaftliche Schaden geringwertig ist" (Grünen-Fraktion), zu beschränken. Nähere Maßgaben, wie diese unbestimmten Rechtsbegriffe auszulegen seien, fanden sich nicht. Der Entwurf der SPD-Fraktion sprach in seiner Begründung ausweichend davon, dass Wertgrenzen zur Ausfüllung des Begriffs eines nicht ins Gewicht fallenden wirtschaftlichen Schadens gegebenenfalls noch zu entwickeln seien.[891] Der Entwurf der Fraktion DIE LINKE verwies in der Begründung lediglich auf § 248 a StGB, ohne eine feste summenmäßige

887 *Walker*, NZA 2011, 1, 2.

888 *Thüsing*, NJW Editorial – Heft 46/2010.

889 Wie schon erwähnt, handelt es sich somit um einen Entwurf für ein Gesetz zur kündigungsrechtlichen Privilegierung von Straftatbeständen.

890 *Binkert*, NZA 2010, 433, 435.

891 GE Fraktion SPD, BT-Drucks. 17/648, S. 5.

Höchstgrenze festzulegen.[892] Auch die Grünen-Fraktion verwies darauf, dass kein pauschaler Betrag festgelegt werden könne, sondern nur im Einzelfall beurteilbar sei.[893] Auch wenn die Aufnahme einer betragsmäßigen Wertgrenze in den Gesetzestext – wie bereits dargelegt – nicht zielführend ist, wurden aber auch in den vorgelegten Begründungen keine näheren Leitlinien entwickelt, was unter „geringwertig" zu verstehen ist. Letztendlich schien es so, als wollte man sich nicht festlegen. Damit drängte sich die berechtigte Frage auf, wofür dann noch eine Gesetzesänderung benötigt wurde. Das Problem der Erheblichkeit mussten die Arbeitsgerichte ohnehin bereits in der Vergangenheit entscheiden und werden es auch in Zukunft müssen. Ohne die Festlegung einer Geringfügigkeitsgrenze bestand im Ergebnis zwar ein vollkommen neuer Gesetzestext; die Wirkung war aber zumindest sowohl bei dem Entwurf der Grünen-Fraktion als auch dem der SPD-Fraktion – nach denen bei einem Bagatelldelikt in der Regel eine Abmahnung auszusprechen sei – identisch.

Problematisch erschien zudem der Vorschlag der Fraktion DIE LINKE als auch der SPD-Fraktion, die Verdachtskündigung zu beseitigen; der Entwurf der Fraktion DIE LINKE sah dies ausdrücklich und ausnahmslos in seinem Gesetzesentwurf vor, derjenige der SPD-Fraktion wenigstens mittelbar in der Gesetzesbegründung, soweit Bagatellfälle betroffen sind.[894] Auf den ersten Blick erscheint es in der Tat ungerecht, dass schon der Verdacht einer Pflichtverletzung bzw. eines geringwertigen Vermögensdelikts für eine Kündigung genügen soll und möglicherweise ein Unschuldiger seinen Arbeitsplatz verlieren kann. Die Ausführungen zur Verdachtskündigung haben jedoch gezeigt, dass die Rechtslage nicht so ungerecht ist, wie sie auf dem ersten Blick zu sein scheint, und an strenge Voraussetzungen gebunden ist.[895] Die Rechtsprechung des BAG bgzl. einer Verdachtskündigung ist zudem so gefestigt, dass kein Anlass für eine entsprechende Gesetzesänderung ersichtlich ist.[896] In seiner „Emmely"-Entscheidung bestätigte das BAG die ständige Rechtsprechung zur grundsätzlichen Zulässigkeit der Verdachtskündigung zudem noch einmal ausdrücklich. Das ist richtig, da die in § 626 Abs. 1 BGB geforderte Unzumutbarkeit der weiteren Zusammenarbeit sich auch aus einem vertrauenszerstörenden Verdacht ergeben kann. Die Gesetzentwürfe der Fraktion DIE LINKE und der SPD-Fraktion, die

---

892 GE Fraktion DIE LINKE, BT-Drucks. 17/649, S. 6.

893 Entschließungsantrag Fraktion BÜNDNIS 90/DIE GRÜNEN, BT-Drucks. 17/1986, S. 3.

894 GE Fraktion SPD, BT-Drucks. 17/648, S. 3.

895 Vgl. Kapitel 1 C. IV. 1.

896 So auch *Walker*, NZA 2011, 1.

vorsehen, dass Verdachtskündigungen verboten werden sollten, verkennen den Sinn dieses Kündigungsgrundes. Bei dem Entwurf der Fraktion DIE LINKE, die die Verdachtskündigungen generell hinsichtlich aller Kündigungsgründe abschaffen möchte, denke man nur fernab der hier vorliegenden Untersuchung daran, dass dies dann bspw. auch beim schwerwiegenden Verdacht des sexuellen Missbrauchs geistig behinderter Schutzbefohlener gelten müsste.[897]

Letztendlich wird auch das in den Gesetzesbegründungen der Oppositionsfraktionen unter anderem angeführte Ziel – nämlich Wertungswidersprüche zu anderen Rechtsgebieten, insbesondere zum Strafrecht zu beseitigen – nicht durch die Entwürfe realisiert. Diesbezüglich ist darauf hinzuweisen, dass der Arbeitgeber bei erstmalig begangenen geringwertigen Vermögensdelikten nach den Entwürfen zu einer Fortsetzung des Arbeitsverhältnisses angehalten wird, während im Strafrecht trotz einer Einstellung des Verfahrens wegen der Geringwertigkeit eines Vermögensdelikts durchaus Sanktionen in Form von Auflagen und Weisungen möglich sind. So kann – allerdings ohne Relevanz für das Arbeitsverhältnis – dem Arbeitnehmer bspw. auferlegt werden, zur Wiedergutmachung des durch die Tat verursachten Schadens eine bestimmte Leistung zu erbringen, einen Geldbetrag zugunsten einer gemeinnützigen Einrichtung oder der Staatskasse zu zahlen, sonst gemeinnützige Leistungen zu erbringen oder sich ernsthaft zu bemühen, einen Ausgleich mit dem Verletzten zu erreichen (§§ 153, 153 a StPO). Die Oppositionsfraktionen von DIE LINKE, SPD und BÜNDNIS 90/DIE GRÜNEN normieren in ihren Entwürfen hingegen, dass bereits eine Abmahnung des Arbeitgebers eine ausreichende Reaktion auf ein entsprechendes Fehlverhalten des Arbeitnehmers darstellt, selbst wenn der Arbeitnehmer deshalb strafrechtlich verfolgt wird.[898]

3. *Fazit*

Im Ergebnis erscheint es richtig, dass es nicht zur Umsetzung dieser Gesetzesinitiativen kam, die im Ausschuss für Arbeit und Soziales des Bundestages scheiterten.[899]

Die Entwürfe verschließen sich der Einzelfallbetrachtung und unterlaufen die kündigungsrechtlichen Prinzipien, wenn auf den Diebstahl einer Sache von

897 Vgl. hierzu BAG v. 12.3.2009, NZA-RR 2010, 180 ff.

898 *Gaul*, Aktuelles Arbeitsrecht, S. 23 f.

899 Mitteilung des Deutschen Bundestags v. 15.10.2010 (www.bundestag.de/presse/hib/2010); der Deutsche Bundestag ist der Beschlussempfehlung des Ausschusses in seiner Sitzung v. 24.3.2011 mehrheitlich gefolgt (Protokoll Nr. 17/99 S. 11379).

geringem Wert von vornherein nur mit einer Abmahnung reagiert werden dürfte. Die Wirksamkeit einer Kündigung hängt nicht allein von der Pflichtwidrigkeit selbst ab, sondern wird etwa vom Verhältnismäßigkeits- und Prognoseprinzip beherrscht und schließlich im Rahmen einer auf den Einzelfall abgestellten Interessenabwägung entschieden.[900] Zudem würden die parlamentarischen Initiativen auch den Aufbau eines Vertrauensverhältnisses des Arbeitgebers zu seinen Arbeitnehmern erschweren. Das Kündigungsschutzgesetz würde signalisieren, dass sich auch bei einem gezielten Angriff gegen das Eigentum des Arbeitgebers der Arbeitnehmer ohne Angst vor ernsthaften Konsequenzen einmal erwischen lassen darf. Dies könnte die Motivation zu rechtstreuem Verhalten verringern und die Gefahr eine Selbstbedienungsmentalität in den Betrieben fördern.

Insgesamt lässt sich festhalten, dass alle parlamentarischen Initiativen sehr populistisch und für die arbeitsrechtliche Praxis nicht hilfreich – wenn nicht sogar kontraproduktiv – waren. Demnach wird es bei der kündigungsrechtlichen Bewertung von geringfügigen Vermögensdelikten auch weiterhin auf die von den Gerichten und insbesondere vom BAG geschaffenen und noch weiter zu entwickelnden Leitlinien ankommen und auch ankommen müssen.[901]

B. Die Rechtsprechung zu geringfügigen Vermögensdelikten außerhalb des Arbeitsrechts

Der Behandlung geringwertiger Vermögensdelikte in der arbeitsgerichtlichen Judikatur wird häufig vorgehalten, dass in anderen Gerichtszweigen für dieselben Vorgänge mildere Maßstäbe angelegt werden und die Arbeitsgerichtsbarkeit die Rechtsprechung anderer Fachgerichtsbarkeiten bisher zu wenig zur Kenntnis genommen habe.[902] Es sei nicht zu rechtfertigen, dass ein bestimmtes Verhalten in anderen Rechtsgebieten meist folgenlos bleibt, während es im Arbeitsrecht schnell zum Existenzverlust führen kann.[903] Darin wird letztlich auch einen

900 So auch *Binkert*, NZA 2010, 433, 435.

901 *Berger*, JbArbR 48, 41, 43 (2011).

902 *Klueß*, AuR 2009, 192, 193; *Düwell*, FA 2010, 108, 109; *Willemsen*, RdA 2017, 115, 117 f.

903 D/D/Z/*Däubler*, § 626 BGB Rn. 110; vgl. zum Aspekt Verstoß gegen die Einheit der Rechtsordnung bei geringwertigen Vermögensdelikten auch die Ausführungen in Kapitel 2 C.

Verstoß gegen die Einheit der Rechtsordnung ausgemacht[904] und eine Annäherung der verschiedenen Justizzweige verlangt.[905]

Diese Kritik stützt sich auf einen Vergleich der arbeitsgerichtlichen Rechtsprechung zu der Praxis der Strafgerichts-, Verwaltungsgerichts- und ordentlichen Gerichtsbarkeit. Ein besonders starker Kontrast ergebe sich im Vergleich zur staatlichen Strafpraxis. Dort könne der einsichtige Täter selbst bei schwerwiegenden Vermögensdelikten eine Strafe auf Bewährung erhalten und bei geringwertigen Vermögensdelikten - also solchen mit einem Schaden unterhalb von 50,00 Euro - meist mit einer Einstellung des Verfahrens rechnen. Aber auch die für die Dienstverträge von Beamten, Soldaten und Geschäftsführern zuständigen Gerichtszweige würden regelmäßig die Bagatellgrenze des Strafrechts heranziehen und abmahnungslose (außerordentliche) Kündigungen wegen Vermögensdelikten mit Schadensfolgen von weniger als 50,00 Euro nicht zulassen.[906] In diesen Beschäftigungsverhältnissen komme es bei geringwertigen Vermögensdelikten nur äußerst selten zu einer fristlosen Kündigung des Vertragsverhältnisses.

Im Folgenden soll untersucht werden, ob eine unterschiedliche Behandlung der geringwertigen Vermögensdelikte in den verschiedenen Gerichtszweigen sachlich zu rechtfertigen ist. In einem ersten Schritt wird dabei die Rechtsprechung der Arbeitsgerichte mit derjenigen der Strafgerichtsbarkeit verglichen. Sodann erfolgt ein Vergleich mit der ordentlichen Gerichtsbarkeit. In einem weiteren Schritt soll der dogmatische Unterschied der arbeitsrechtlichen Rechtsprechung zur Rechtsprechung der Verwaltungsgerichtsbarkeit herausgearbeitet werden. In der anschließenden Gesamtbewertung wird es sodann um die Frage gehen, ob die geäußerte Kritik einer Ungleichbehandlung in den verschiedenen Zweigen der Justiz gerechtfertigt ist und Anpassungsbedarf besteht.

I. Die Beurteilung von Bagatelldelikten in der Strafgerichtsbarkeit

Die arbeitsrechtliche Bewertung geringwertiger Vermögensdelikte wird im Vergleich zur strafrechtlichen Sanktionierung als sehr strikt wahrgenommen. Konsequenz eines geringwertigen Vermögensdelikts oder eines entsprechenden Verdachts ist meist eine arbeitsrechtliche Reaktion des Arbeitsgebers, oftmals in Gestalt der (verhaltensbedingten) außerordentlichen Tat- oder Verdachtskündigung.[907] Die strafrechtlichen Folgen entsprechender Taten sind

904 D/D/Z/*Däubler*, § 626 BGB Rn. 110 f.

905 *Klueß*, NZA 2009, 337, 343.

906 Ausführlich hierzu *Klueß*, NZA 2009, 337 ff.

907 Vgl. zu den Reaktionsmöglichkeiten des Arbeitgebers Kapitel 1 C.

hingegen vergleichsweise milde und nicht unmaßgeblich von der Erwägung geleitet, Justizressourcen nicht zu vergeuden.[908] In der Regel kommt es bei geringwertigen Vermögensdelikten zu einer Einstellung des Verfahrens nach §§ 153, 153 a StPO, § 45 JGG wegen Geringfügigkeit. Entsprechendes ist im Arbeitsrecht, wo allein die Vertragsparteien über die Reaktionsmöglichkeiten auf die Tat und deren gerichtliche Überprüfung disponieren, freilich nicht denkbar.[909] Signifikant spitzt sich der Gegensatz zum Strafrecht in der Anerkennung des arbeitsrechtlichen Instituts der Verdachtskündigung zu.[910] Eine Verdachtsverurteilung wäre im Strafrecht schon aus rechtsstaatlichen Gründen nicht denkbar, weil verfassungswidrig.[911]

Um diese - jedenfalls scheinbaren - Ungleichheiten einordnen zu können, müssen insbesondere die unterschiedlichen Interessen und Zielsetzungen von Straf- und Kündigungsrecht gegenübergestellt werden. Damit hängen auch Fragen der Beweislast im Kündigungsschutzprozess im Vergleich zum Strafprozess zusammen. Um den Vergleich und ein mögliches Ineinandergreifen dieser beiden Rechtsgebiete zu vervollständigen, soll in einem letzten Schritt noch auf eine etwaige Bindung der Arbeitsgerichte an die Ergebnisse eines Strafverfahrens sowie auf eine mögliche Strafrechtsakzessorietät des Kündigungsrechts eingegangen werden.

1. Zielsetzungen von Kündigungsrecht und Strafrecht

Das Kündigungsrecht verfolgt andere Zwecke und Ziele als das Strafrecht; beide haben einen unterschiedlichen Ausgangspunkt und auch unterschiedliche Konsequenzen. Deshalb stehen zivilrechtliche Regelungsmechanismen neben strafrechtlichen Sanktionssystemen.[912]

Das Strafrecht be- und verurteilt begangenes Unrecht, ist also vergangenheitsbezogen. Primäres Ziel im Strafrecht ist die Aufrechterhaltung des Rechtsfriedens. Es geht um den Strafanspruch der staatlichen Gemeinschaft, der nach Pönalisierung aus spezial- und generalpräventiven Gründen ruft. Die Verletzung von geschützten Rechtsgütern ermöglicht es dem Staat, sensible Maßnahmen in Form von Geldstrafen und Freiheitsstrafen gegen den Delinquenten zu verhängen. Nachdem der Täter seine Strafe verbüßt hat, ist der Rechtsfrieden

908 Siehe hierzu bereits Kapitel 1 A. IV. 3.
909 So auch *Deinert*, PersR 2009, 177.
910 So etwa *Preis*, AuR 2010, 186.
911 So auch *Preis*, AuR 2010, 186 f.
912 So auch *Preis*, AuR 2010, 186.

wiederhergestellt: Seine Schuld ist getilgt, die Strafe söhnt ihn mit der Gesellschaft aus. Das Strafrecht dient damit hauptsächlich dem Rechtsgüterschutz, sodass bei geringfügigen Eingriffen nicht zwingend eine staatliche Sanktionierung notwendig ist. Zudem verfolgt das Strafrecht auch das Ziel der Spezialprävention. Der Täter soll durch die Strafe davon abgehalten werden, nochmals eine Tat zu begehen. Damit stellt die Strafe auch ein Element der Verhaltenssteuerung dar.

Im Kündigungsschutzprozess geht es nach Ansicht der Rechtsprechung[913] sowie weiter Teile der Literatur[914] hingegen nicht in erster Linie darum, vergangenes Unrecht zu ahnden oder einen etwaigen Schaden aufzuwiegen, sondern um die Frage, ob das betroffene Arbeitsverhältnis zukünftig störungsfrei fortgesetzt werden kann.[915] Die Kündigung stellt keine Sanktion der begangenen Straftat dar, sondern dient allein dem Zweck, den Arbeitgeber vor weiteren Straftaten durch den Arbeitnehmer zu bewahren.[916] Die Kündigung ist damit als Instrument der Regulierung für die Zukunft zu verstehen. Das Arbeitsrecht befasst sich, wie auch das allgemeine Zivilrecht, mit schuldrechtlichen Sonderbeziehungen. Relevant sind allein die Rechtsbeziehungen zwischen einem Arbeitgeber und einem Arbeitnehmer. Demnach sind alle Kündigungsgründe zukunftsbezogen, sodass ein Fehlverhalten des Arbeitnehmers in der Vergangenheit nichts über die Rechtfertigung der Kündigung besagt.[917] Allein die objektive Prognose,[918] dass eine solche Verfehlung in Zukunft erneut zu erwarten ist oder das vergangene Ereignis negative Folgewirkungen zeigt, rechtfertigt den Kündigungsausspruch.[919]

Konkret geht es im Kündigungsrecht damit um die Vermeidung des Risikos weiterer Pflichtverletzungen, den Vertrauensverlust und um die Frage, ob die zerrüttete Arbeitsvertragsbeziehung wiederhergestellt werden kann. Im Kündigungsrecht wird dem Arbeitnehmer im Gegensatz zum Strafrecht damit nicht

---

913 St. Rspr. BAG v. 23.6.2009, AP Nr. 59 zu § 1 KSchG 1969 Verhaltensbedingte Kündigung; BAG v. 26.11.2009, AP Nr. 61 zu § 1 KSchG 1969 Verhaltensbedingte Kündigung; BAG v. 10.6.2010, BAGE 134, 349–367, Rn. 28.

914 KR/*Hillebrecht*, § BGB Rn. 21; *Reuter*, NZA 2009, 594; *Keiser*, JR 2010, 55 ff.

915 BAG v. 10.6.2010, NZA 2010, 1227, 1230.

916 Abweichend jedoch *Herschel*, in FS. Müller, 1981, S. 203: Dieser vertritt den Standpunkt, dass die außerordentliche Kündigung wegen pflichtwidrigen Verhaltens des Arbeitnehmers als reaktives Übel in die Nähe der Strafe rücke, als welche sie oft gemeint und vom Kündigungsempfänger auch so verstanden werde. Ziel sei damit die Vergeltung und Abschreckung anderer.

917 So auch *v. Koppenfels*, S. 148.

918 Vgl. ausführlich Kapitel 3 A. IV.

919 *Preis*, Prinzipien, S. 328.

primär der Entzug der Eigentumsbefugnis, sondern vielmehr der Vertrauensbruch vorgeworfen. Die Funktion der fristlosen Beendigung des Vertragsverhältnisses muss dieser spezifisch kündigungsrechtlichen Bewertung entsprechen. Die fristlose Kündigung ist das von der Rechtsordnung vorgesehene Mittel, um ein Arbeitsverhältnis unter den gesetzlichen und vertraglichen Voraussetzungen zu beenden und damit das Arbeitgeberinteresse durchzusetzen.[920] Dieses wird empfindlich tangiert, wenn eine durch den Arbeitnehmer begangene Eigentumsverletzung die vertrauensvolle Zusammenarbeit zukünftig unterbindet. Damit sind unterschiedliche Wertungen durchaus gerechtfertigt.

Das subjektive Empfinden eines fristlos gekündigten Arbeitnehmers mag natürlich anders ausfallen. Die außerordentliche Kündigung stellt nach ihrer sozialen Bedeutung ein Unwerturteil über das Verhalten des Arbeitnehmers dar und kann durch ihren unüblichen Kündigungstermin eine stigmatisierende Wirkung haben.[921] Auch kann eine außerordentliche Kündigung das Selbstwertgefühl des Gekündigten beeinträchtigen und sich auch negativ auf sein gesellschaftliches Ansehen auswirken.[922] Deshalb wird die außerordentliche Kündigung von dem betroffenen Arbeitnehmer subjektiv durchaus als Strafe bzw. Sanktion wahrgenommen werden. Gleichwohl ist ein solch subjektives Empfinden für die Beurteilung der Rechtsnatur der außerordentlichen Kündigung durch die Arbeitsgerichtsbarkeit irrelevant und nicht berücksichtigungsfähig.[923]

2. Die Beweislast im Strafprozess und im Kündigungsschutzprozess

Auch die Beweislast ist in einem Kündigungsschutzprozess fundamental anders als im Strafprozess. Im Strafprozess gilt der Amtsermittlungs- oder auch Untersuchungsgrundsatz. Danach sind sowohl das Gericht als auch die Staatsanwaltschaft verpflichtet, den Sachverhalt unabhängig von den Anträgen der Beteiligten von Amts wegen zu erforschen und aufzuklären (§§ 155 Abs. 2, 160 Abs. 1, 244 Abs. 2 StPO). Eine Verurteilung setzt voraus, dass das Strafgericht einen strafbaren Sachverhalt für nachgewiesen hält; es gilt der Grundsatz „keine Strafe ohne Schuld“ (Art. 20 Abs. 3 GG). Daneben ist der strafrechtliche Grundsatz der Unschuldsvermutung (Art. 6 Abs. 2 EMRK) von Bedeutung, wonach

920 KR/*Hillebrecht*, § 626 BGB Rn. 33.

921 *Preis*, Prinzipien, S. 477.

922 KR/*Hillebrecht*, § 626 BGB Rn. 21.

923 Vgl. auch zur Nich-Berücksichtigung eines subjektiven Empfindens des Arbeitgebers bezüglich des Vertrauenswegfalls durch die Arbeitsgerichtsbarkeit unter Kapitel 3 A. IV.

ein Verdacht allein keine negativen Rechtsfolgen für den Verdächtigten haben darf, was eine evident restriktivere Ausrichtung bedingt als im Arbeitsrecht (Verdachtskündigung).[924] Nach der Unschuldsvermutung ist der Verdächtige im Strafrecht so lange als unschuldig anzusehen, bis seine Schuld in einem öffentlichen Verfahren - in dem alle für seine Verteidigung nötigen Voraussetzungen gewährleistet waren - gemäß dem Gesetz nachgewiesen wurde (Art. 11 Abs. 1 AEMR). Folge der Unschuldsvermutung ist zudem, dass der einer Straftat Verdächtigte nicht seine Unschuld, sondern vielmehr die Strafverfolgungsbehörde seine Schuld beweisen muss. In diesem Zusammenhang ist auch der im Strafprozess uneingeschränkt geltende Grundsatz *in dubio pro reo* von Bedeutung. Bleiben Zweifel an Täterschaft, Ursächlichkeit und/oder Verschulden des Angeklagten, müssen diese Zweifel zu seinen Gunsten gewertet werden, sodass seine Verurteilung im Hauptverfahren oftmals an diesem *non liquet* insbesondere bei der Kausalitätsprüfung scheitert.[925]

Der Kündigungsschutzprozess und das dort durchzuführende Urteilsverfahren (§ 46 Abs. 1 iVm § 2 Abs. 1 Nr. 3 b ArbGG) beruhen auf anderen Grundsätzen.[926] Es gilt - wie auch sonst im Zivilprozess - der Beibringungsgrundsatz. Es ist Sache der Parteien, den Sachverhalt, über den gestritten wird, vorzutragen und ggf. zu beweisen. Im Falle einer außerordentlichen Kündigung ist der Arbeitgeber darlegungs- und beweispflichtig für die Tatsachen, aus denen er sein Recht zur außerordentlichen Kündigung ableitet.[927] Für Umstände, die einer Pflichtverletzung erst das Gewicht eines Kündigungsgrunds geben, liegt die Beibringungslast somit in vollem Umfang beim Arbeitgeber,[928] der auch vollumfänglich die Unzumutbarkeit der Weiterbeschäftigung darlegen und beweisen muss.[929]

Der Arbeitnehmer muss dann etwaige Rechtfertigungs- oder Entschuldigungsgründe substanziiert vortragen und gegebenenfalls beweisen.[930] Beruft sich

---

924 Vgl. hierzu bereits Kapitel 1 C. IV. 3.

925 Ein non liquet im Ermittlungsverfahren führt zur Einstellung des Verfahrens gegen den Beschuldigten, § 170 Abs. 2 StPO, und zur Ablehnung der Anklagezulassung gegen den Angeschuldigten im Zwischenverfahren, § 203 StPO.

926 Im – hier nicht einschlägigen – Beschlussverfahren, welches für kollektivrechtliche Angelegenheiten vorgesehen ist, muss das Gericht hingegen auch im Arbeitsrecht den Sachverhalt von Amts wegen ermitteln.

927 BAG v. 28.8.2008, EzA Nr. 22 zu § 626 BGB 2002; BAG v. 17.8.1972, AP Nr. 4 zu § 626 BGB Ausschlussfrist; BAG v. 6.8.1987, AP Nr. 97 zu § 626 BGB; *Ascheid*, Beweislastfragen, S. 199; *Becker-Schaffner*, BB 1992, 557, 561 f.

928 HaKo/*Gieseler*, § 626 BGB Rn. 142.

929 BAG v. 24.11.1983, EzA Nr. 109 zu § 626 BGB.

930 AnwK-BGB/*Klappstein*, § 626 Rn. 92.

der Arbeitnehmer auf einen Rechtsirrtum,[931] hat er die diesbezüglichen Einzelumstände nachzuweisen und darzulegen, wie er seiner Erkundigungs- und Prüfungspflicht nachgekommen ist.[932] Es gelten, wie in jedem Zivilverfahren, zudem die Grundsätze der sekundären Beweislast. Hat der Arbeitnehmer also beispielswiese Rechtfertigungsgründe substanziiert vorgetragen, obliegt es dem Arbeitgeber, diesen Vortrag zu erschüttern und hierfür entsprechend Beweis zu führen.[933] Dem Arbeitgeber kann nicht auferlegt werden, alle möglicherweise infrage kommenden Rechtfertigungs- und Entschuldigungsgründe vorab auszuschließen.[934] Dies wird durch die Verteilung der konkreten Beweisführungslast erreicht, die sich danach bestimmt, wie substanziiert sich der gekündigte Arbeitnehmer auf die vorgetragenen Kündigungsgründe einlässt.[935] Der Arbeitgeber braucht nur die vom Arbeitnehmer substantiiert behaupteten Tatsachen zu widerlegen.[936] Gelingt dies dem Arbeitgeber nicht, geht dies zu seinen Lasten.[937]

Diese sog. abgestufte Beweislastverteilung gilt nach der Rechtsprechung nicht nur für den eigentlichen Kündigungssachverhalt, sondern auch für die Umstände, die im Rahmen der Interessenabwägung für die Unzumutbarkeit der Fortsetzung des Arbeitsverhältnisses sprechen. Seit einer Entscheidung des BAG[938] im Jahr 1972 besteht weitgehend Einigkeit, dass diejenige Vertragspartei, die die außerordentliche Kündigung ausgesprochen hat – in den hier diskutierten Fällen also der Arbeitgeber – im Rahmen des § 626 Abs. 2 BGB zudem auch darlegen und beweisen muss, von den für die Kündigung maßgebenden Tatsachen erst innerhalb der letzten zwei Wochen vor Ausspruch der Kündigung Kenntnis erlangt zu haben.[939] An den Nachweis der Fristwahrung werden strenge Anforderungen gestellt.[940] Die abstrakte Behauptung, die Kündigung sei nicht verfristet, ist nicht ausreichend; vielmehr muss der Arbeitgeber den genauen Tag sowie die näheren Umstände der Kenntnisnahme überprüfbar substanziiert darlegen

---

931 Siehe hierzu bereits unter Kapitel 1 C. III. 1. a) bb) und unter Kapitel 3 A. II. 1. a) cc) (1).

932 ErfK/*Niemann*, § 626 BGB Rn. 235; Staudinger/*Preis*, § 626 BGB Rn. 317.

933 Staudinger/*Preis*, § 626 BGB Rn. 315.

934 Staudinger/*Preis*, § 626 BGB Rn. 315; AnwK-BGB/*Klappstein*, § 626 Rn. 92.

935 BAG v. 24.11.1983, EzA Nr. 86 zu § 626 BGB nF.; AnwK-BGB/*Klappstein*, § 626 Rn. 92.

936 BAG v. 26.8.1993, AP Nr. 112 zu § 626 BGB; ErfK/*Niemann*, § 626 BGB Rn. 235.

937 Vgl. hierzu LAG Hamm v. 16.4.2015 – 15 Sa 1509/14 – juris.

938 BAG v. 17.8.1972, AP Nr. 4 zu § 626 BGB Ausschlussfrist.

939 AnwK-BGB/*Klappstein*, § 626 Rn. 93.

940 MüKo-BGB/*Henssler*, § 626 Rn. 346.

und gegebenenfalls[941] beweisen.[942] Diese Verteilung der Beweislast ist zu befürworten, weil die Regelung des § 626 Abs. 2 BGB sachlich in den Bereich der Zumutbarkeitserwägungen eingreift und der Arbeitgeber auch sonst die Voraussetzungen für die Unzumutbarkeit darlegen und beweisen muss.[943] Ferner geht es zudem um Umstände, die in den Wahrnehmungs- und Kontrollbereich des Kündigenden fallen.[944]

Letztlich ist festzuhalten, dass im Arbeitsrecht der bloße Verdacht eines Vermögensdelikts - wie bereits dargestellt - für eine Kündigung ausreichen kann.[945] Die im Strafrecht zu beachtenden Zweifelsregeln gelten somit nicht. Zwar war und ist auch im Arbeitsrecht die Verdachtskündigung aufgrund der Unschuldsvermutung, der Verschiebung der Beweislast und der Subjektivierung des Verhaltensvorwurfs schon immer umstritten.[946] Dennoch erkennt die arbeitsgerichtliche Rechtsprechung unter den bereits beschriebenen strengen Voraussetzungen[947] dieses Institut an. Auch bei der Verdachtskündigung ist, anders als im Strafrecht, der Amtsermittlungsgrundsatz selbstverständlich nicht anzuwenden. Es erfolgt keine Ermittlung durch eine unabhängige Instanz, sondern der Arbeitgeber hat - wie auch bei den anderen außerordentlichen Kündigungsgründen - die volle Darlegungs- und Beweislast für sämtliche materiellen Voraussetzungen der Verdachtskündigung.[948] Freilich genügt es, wenn der Arbeitgeber im Falle einer Verdachtskündigung nur die festgestellten Indiztatsachen mitteilt und es sodann dem Arbeitsgericht überlässt, den Sachverhalt einer Tat- oder Verdachtskündigung zuzuordnen.[949] Das Arbeitsgericht entscheidet dann anhand der von Arbeitgeber und Arbeitnehmer vorgelegten Aussagen und Beweise.

3. *Bedeutung von Beweiserhebungen und Entscheidungen im Strafverfahren für den Kündigungsschutzprozess*

Der Vollständigkeit halber soll hier noch kurz die beweisrechtliche Bedeutung von Beweiserhebungen und Entscheidungen im Strafverfahren für den Kündigungsschutzprozess von Interesse sein. In prozessualer Hinsicht ist von Bedeutung,

941 Nur, wenn der Arbeitnehmer dies bestreitet.
942 *Becker-Schaffner*, BB 1992, 557, 562.
943 So auch ErfK/*Niemann*, § 626 BGB Rn. 239.
944 ErfK/*Niemann*, § 626 BGB Rn. 239.
945 *Grimberg*, AiB 2009, 380.
946 So auch *Buschmann*, AuR 2009, 118, 220.
947 Vgl. hierzu die Ausführungen zur Verdachtskündigung in Kapitel 1 C. IV. 1.
948 Vgl. Kapitel 1 C. IV. 1.
949 KR/*Fischermeier*, § 626 BGB Rn. 241.

dass die Arbeitsgerichte den Kündigungsschutzprozess nach § 149 ZPO aussetzen können, um die Entscheidung der Strafgerichte abzuwarten. Die Aussetzung des arbeitsgerichtlichen Verfahrens ist jedoch nur dann sinnvoll, wenn bei komplexen Sachverhalten eine umfassende Beweisaufnahme und -würdigung erforderlich ist,[950] was bei geringwertigen Vermögensdelikten freilich in den seltensten Fällen zu bejahen sein wird.

Grundsätzlich rechtfertigt ein Strafverfahren, in dem der Kündigungsgrund unter strafrechtlichen Aspekten geprüft wird, keine Aussetzung; dies insbesondere dann nicht, wenn es um den Verdacht einer nicht strafbaren, gleichwohl schwerwiegenden Pflichtverletzung geht. Auch das BAG hat eine mögliche Aussetzung im Kündigungsschutzprozess an enge Grenzen gebunden.[951] Zum einen wird der Tatvorwurf im Strafprozess nur unter strafrechtlichen Gesichtspunkten geprüft. Dies ist in vielen arbeitsgerichtlichen Fällen nicht notwendig (vgl. hierzu nachfolgend unter 4.). Zudem führt eine Aussetzung oft zu erheblichen Verzögerungen, die für die Arbeitsvertragsparteien sowohl wirtschaftlich als auch subjektiv für die Beteiligten nicht tragbar sind und dem Beschleunigungsgrundsatz widersprechen.[952] Letztendlich tritt der von einer Aussetzung des arbeitsgerichtlichen Verfahrens erhoffte Erkenntnisgewinn oftmals nicht ein, weil das Strafverfahren häufig eingestellt wird. Deshalb sind in der Praxis Aussetzungsanträge nur selten erfolgreich. Dort ist darzulegen, inwiefern zusätzlichen Erkenntnisse des Strafverfahrens für den Kündigungsrechtsstreit von Bedeutung sein sollen.[953]

Im Falle eines erfolgreichen Aussetzungsantrags ist das Arbeitsgericht nach § 46 Abs. 2 ArbGG iVm § 14 Abs. 2 Nr. 1 EGZPO bei Vorliegen eines Strafurteils sodann allerdings nicht an die dort getroffenen Feststellungen gebunden.[954] Im Rahmen seiner freien Beweiswürdigung nach § 286 Abs. 1 ZPO können die strafgerichtlichen Feststellungen jedoch vom Arbeitsgericht berücksichtigt werden, wenn sich eine Partei zu Beweiszwecken darauf beruft.[955]

In der Beweisaufnahme im Arbeitsgerichtsprozess können die Beweisprotokolle aus dem Strafverfahren und die tatsächlichen Feststellungen der Strafgerichte auf Antrag einer Partei im Wege des Urkundsbeweises nach §§ 415, 417 ZPO verwertet werden.[956] Der Arbeitsrichter muss die Urkunde hinsichtlich der

950 *Oetker*, SAE 1985, 175 f.

951 BAG v. 25.10.2012, NZA 2013, 371, 372.

952 *Eylert*, NZA-RR 2014, 393, 407.

953 *Eylert*, NZA-RR 2014, 393, 407.

954 BAG v. 16.10.1967, AP Nr. 11 zu § 394 BGB.

955 BAG v. 23.10.2014, NZA 2015, 353 ff.

956 HK-ArbR/*Griebeling/Herget*, § 626 BGB Rn. 159.

Feststellungen aber einer eigenen kritischen Überprüfung unterziehen und den Beweiswert der Aussagen des Strafurteils sorgfältig prüfen.[957] Im Interesse der Unmittelbarkeit der Beweisaufnahme haben die Parteien aber auch die Möglichkeit, eine erneute Beweiserhebung etwa durch eine weitere Vernehmung der im Strafverfahren vernommenen Zeugen zu verlangen.[958]

Eine rechtskräftige strafgerichtliche Verurteilung des Arbeitnehmers kann der Arbeitgeber zwar im Prozess verwerten;[959] dennoch muss das Arbeitsgericht, sofern der Arbeitnehmer die Tat bestreitet, selbst eigene Tatsachenfeststellungen treffen.[960] Trotz einer strafrechtlichen Verurteilung kann der Arbeitnehmer also im Arbeitsgerichtsprozess seine Unschuld weiter geltend machen.[961] Eine pauschale Unschuldsbehauptung ist allerdings nicht ausreichend; vielmehr muss der Arbeitnehmer auf den Sachverhalt, der Grundlage des Tatvorwurfs ist, konkret eingehen und ihn aus seiner Sicht darstellen.[962] Ergibt eine an die Feststellungen der Strafgerichte nicht gebundene Überprüfung der Arbeitsgerichte sodann, dass der Tatvorwurf nach der Schilderung des Arbeitnehmers unberechtigt, aber die strafgerichtliche Schuldfestsetzung nach der Schilderung des Arbeitgebers zutreffend ist, sind die Vorwürfe unter einer Berücksichtigung etwaiger neuer Beweismittel durch eine erneute Beweisaufnahme ein weiteres Mal aufzuklären.[963]

Der Beweisführende ist zudem zu einer Auseinandersetzung mit der Begründung des Strafurteils und mit den Aussagen der Zeugen im Strafverfahren nicht verpflichtet,[964] auch wenn dies häufig empfehlenswert ist.[965] Das folgt bei einer Verdachtskündigung schon daraus, dass der Kündigungsgrund gerade den Verdacht des Vermögensdelikts darstellt und dieser Verdacht auch dann aufrechterhalten bleiben kann, wenn Staatsanwaltschaft oder Gericht das Verfahren einstellen oder wenn der Arbeitnehmer mangels Beweisen freigesprochen wird. Es steht aber nicht einmal einer Kündigung wegen einer tatsächlichen begangenen Straftat entgegen, wenn das Strafverfahren die vom Arbeitgeber erwartete Klärung des Sachverhalts nicht erbracht hat und ohne Urteilsspruch eine

957 BAG v. 23.10.2014, NZA 2015, 353 ff.
958 HK-ArbR/*Griebeling/Herget*, § 626 BGB Rn. 159.
959 HK-ArbR/*Griebeling/Herget*, § 626 BGB Rn. 156.
960 BAG v. 26.3.1992, NZA 1992, 1121.
961 BAG v. 16.9.1999, AP Nr. 38 zu § 103 BetrVG 1972.
962 HK-ArbR/*Griebeling/Herget*, § 626 BGB Rn. 156.
963 BAG v. 8.6.2000, AP Nr. 3 zu § 2 BeschSchG.
964 BAG v. 8.6.2000, AP Nr. 163 zu § 626 BGB.
965 HK-ArbR/*Griebeling/Herget*, § 626 BGB Rn. 159.

Einstellung gegen Zahlung eines Geldbetrags erfolgt ist.[966] Zudem muss dies auch daraus folgen, dass die Tat nicht zwingend eine strafbare Handlung darzustellen und auch der Verdacht sich nicht auf einen Straftatbestand zu beziehen braucht, sondern auch eine strafrechtlich nicht relevante Vertragsverletzung ausreichen kann (hierzu sogleich unter 4.).[967] Ebenso wenig kann ein Freispruch die Wirksamkeit der Verdachtskündigung verhindern.[968]

Für die Beurteilung der Wirksamkeit einer Verdachtskündigung selbst kommt es nicht entscheidend darauf an, dass der Arbeitnehmer einer Straftat verdächtigt ist; auch der Verdacht einer sonstigen schweren Pflichtverletzung kann ausreichen.[969] Folglich steht der Beurteilung des durch das Arbeitsgericht festgestellten Sachverhalts als für eine Verdachtskündigung ausreichend nicht entgegen, wenn die Staatsanwaltschaft ein wegen des fraglichen Sachverhalts geführtes Ermittlungsverfahren nach § 170 Abs. 2 StPO einstellt.[970] Die Einstellung beruht im Wesentlichen auf der Prognose der Staatsanwaltschaft, ob sie selbst nach dem derzeitigen Sachstand wahrscheinlich am Ende einer Hauptverhandlung zu einem Antrag auf Verurteilung gelangen würde.[971] Geht sie davon aus, die Straftat sei dem verdächtigten Arbeitnehmer nicht nachweisbar, so wird dies den Arbeitgeber idR nicht daran hindern, im Arbeitsgerichtsverfahren den Beweis für eine vollendete Straftat oder zumindest einen entsprechenden Tatverdacht zu erbringen.[972] Ohnehin tritt ein Strafklageverbrauch durch die Einstellung eines Ermittlungsverfahrens nach § 170 Abs. 2 S. 1 StPO nicht ein. Die Einstellung nach § 170 Abs. 2 S. 1 StPO ist nicht mit einem Freispruch wegen erwiesener Unschuld vergleichbar. Vielmehr kann das Ermittlungsverfahren jederzeit auch bei gleicher Sach- und Rechtslage wieder aufgenommen werden. Vertrauensschutz auf den Bestand der Einstellungsverfügung besteht nicht, da eine irgendwie geartete Rechtskraftwirkung der Einstellungsverfügung der Staatsanwaltschaft nach § 170 Abs. 2 S. 1 StPO nicht zukommt.

---

966 BAG v. 12.12.1984, AP Nr. 19 zu § 626 BGB Ausschlussfrist.

967 BAG v. 21.6.2102, AP Nr. 68 zu § 9 KSchG 1969.

968 BAG v. 13.3.2008, AP Nr. 43 zu § 626 BGB Verdacht strafbarer Handlung.

969 BeckOK-ArbR/*Rolfs*, § 1 KSchG Rn. 202.

970 BeckOK-ArbR/*Rolfs*, § 1 KSchG Rn. 202.

971 BeckOK-ArbR/*Rolfs*, § 1 KSchG Rn. 202.

972 BAG v. 20.8.1997, AP Nr. 27 zu § 626 BGB Verdacht strafbarer Handlung; BAG v. 5.4.2001, AP Nr. 34 zu § 626 BGB Verdacht strafbarer Handlung.

4. *Keine Strafrechtsakzessorietät des Kündigungsrechts*

Ungeachtet der Tatsache, dass die Feststellungen der Strafgerichte keine prozessuale Bindungswirkung für die Arbeitsgerichte entfalten, stellt sich die Frage, ob eine Strafrechtsakzessorietät des Kündigungsrechts anzunehmen ist. Insoweit geht es um die materiellrechtlich-strafrechtliche Beurteilung des in Rede stehenden Arbeitnehmerverhaltens und dessen Ausstrahlung auf die kündigungsrechtliche Beurteilung.

Bereits im Jahr 1956 stellte das BAG klar, dass bei einer Kündigung allein die arbeitsrechtliche und nicht die strafrechtliche Betrachtung ausschlaggebend sein kann.[973] Seitdem heißt es in den Urteilsbegründungen regelmäßig, *„dass zum Nachteil des Arbeitgebers begangene Eigentums- oder Vermögensdelikte, aber auch nicht strafbare, ähnlich schwerwiegende Handlungen unmittelbar gegen das Vermögen des Arbeitgebers typischerweise als Grund für eine außerordentliche Kündigung in Betracht kommen"*.[974] Die arbeitsrechtliche Rechtsprechung sieht dann die sog. erste Stufe für das Bestehen eines wichtigen Grundes als erfüllt an, wobei es in einer zweiten Stufe noch einer umfassenden Interessenabwägung bedarf.[975] Daher ist nach Auffassung des BAG konsequenterweise im Rahmen der Prüfung der außerordentlichen (Verdachts-)Kündigung nicht die Erfüllung eines Straftatbestands erforderlich.[976] Es soll also nicht entscheidend auf die strafrechtliche Würdigung der Pflichtverletzung, sondern immer nur auf den mit der Pflichtverletzung verbundenen schweren Vertrauensbruch ankommen.[977]

In der Literatur wird dies bisweilen als problematisch erachtet.[978] Folge der fehlenden Strafrechtsakzessorietät sei, dass viele Arbeitsgerichte ein Verhalten des Arbeitnehmers vorschnell und fälschlicherweise als geringwertiges Vermögensdelikt gegenüber dem eigenen Arbeitgeber klassifizierten.[979] So hätten mehrere Urteile[980] gezeigt, dass ein Vermögensdelikt im Rahmen der ersten Stufe von den Arbeitsgerichten bejaht wurde, ohne dass eine genaue Prüfung erfolgte, ob eine solche Straftat auch tatsächlich gegeben war.[981] Weiter wird eingewendet,

---

973 BAG v. 12.1.1956, AP Nr. 5 zu § 123 GewO; BAG v. 22.12.1956, AP Nr. 13 zu § 626 BGB.

974 Vgl. etwa BAG v. 10.6.2010, NZA 2010, 1227 ff.; BAG v. 16.12.2010, NZA 2011, 571 ff.

975 Vgl. hierzu die Ausführungen in Kapitel 1 A. II. 2. c).

976 BAG v. 21.6.2012, NZA 2013, 199, 200.

977 BAG v. 24.5.2012, NZA 2013, 137, 138 mwN.

978 Vgl. hierzu insb. *Schall*, RdA 2010, 225 ff.; *Rieth*, HFR 2011, 122, 131.

979 Siehe hierzu auch die Ausführungen von *Schall*, NJW 2010, 1248, 1250.

980 Bspw. ArbG Lörrach v. 16.10.2009, AuR 2010, 79 f.

981 *Schall*, RdA 2010, 225, 226.

dass selbst dann, wenn ein Vermögensdelikt als solches zutreffend angenommen wurde, notwendige Differenzierungen innerhalb des Vermögensdelikts nicht erfolgt seien. Die Arbeitsgerichte hätten meist mit einer Selbstverständlichkeit auf das Vorliegen eines Vermögensdelikts abgestellt, um die dazu in ständiger Rechtsprechung entwickelten Grundsätze für die Bejahung eines Kündigungsgrundes „an sich“ (erste Stufe) anzunehmen. Eine genaue Prüfung, ob ein solches Vermögensdelikt überhaupt vorliegt und zu welchen Lasten dieses begangen wurde, sei jedoch unterblieben.[982]

Fraglich ist, ob sich aus einer inkorrekten Annahme eines Vermögensdelikts im strafrechtlichen Sinne - oder einer unzutreffenden Subsumtion, zu wessen Lasten ein solches Vermögensdelikt begangen wurde - tatsächlich beachtliche Einwände gegen diese arbeitsgerichtliche Praxis ergeben. Hiergegen lässt sich einwenden, dass ein Irrtum der Arbeitsgerichte in der strafrechtlichen Bewertung[983] stets unerheblich ist, da keine fehlerhafte Gesetzesanwendung vorliegt. § 626 BGB fordert nicht als Tatbestandsmerkmal eine Straftat gegen das Vermögen des Arbeitgebers. Vielmehr sind für die außerordentliche Kündigung nach § 626 BGB lediglich das Vorliegen eines wichtigen Grundes sowie eine umfassende Interessenabwägung erforderlich. Ein solcher wichtiger Grund „an sich“ kann auch in einer anderen schweren Pflichtverletzung liegen; es muss sich also mitnichten um ein Vermögensdelikt handeln.

Dem wird entgegengehalten, dass eine solche Sichtweise die Gefahr hervorruft, der Dogmatik des Kündigungsrechts zuwiderzulaufen.[984] Geltend gemacht wird, dass es sich bei geringwertigen Vermögensdelikten um eine bestimmte Fallgruppe handele, die die Rechtsprechung in Konkretisierung des wichtigen Grundes herausgebildet habe. Eine solche Konkretisierung sei deshalb notwendig sowie verfassungsrechtlich geboten, um im Rahmen des § 626 Abs. 1 BGB ansatzweise vorhersehbare Ergebnisse erreichen zu können.[985] Die Herausarbeitung von Fallgruppen sei hierfür zulässig und auch praktikabel.[986] Die Bildung solcher Fallgruppen sowie die Herausarbeitung ihrer besonderen Merkmale würden allerdings voraussetzen, dass die entsprechenden Lebenssachverhalte auch korrekt zugeordnet werden.[987] Wenn ein Arbeitsgericht ein Vermögensdelikt

982 *Schlösser* HRRS 2009, 509 ff.; *Schall,* RdA 2010, 225, 226; vgl. hierzu auch *Hüpers* Jura 2010, 52 ff.

983 Annahme eines Vermögensdelikts, obwohl ein solches nicht gegeben ist.

984 *Schall,* RdA 2010, 225, 228.

985 *Schall,* RdA 2010, 225, 228.

986 *Schall,* RdA 2010, 225, 228.

987 *Schall,* RdA 2010, 225, 228.

nicht richtig einordne, bedeute dies zwar nicht zwangsläufig, dass kein wichtiger Grund für die Kündigung vorliege; dennoch müsse sich die Argumentation im Rahmen der Interessenabwägung dann bei richtiger Einordnung des Sachverhalts verändern. Eine fehlerhafte Subsumtion führe demgegenüber dazu, dass die Interessenabwägung nicht vollständig sei, da wesentliche Wertungsgesichtspunkte nicht berücksichtigt werden könnten. Eine solchermaßen unvollständige Interessenabwägung stelle dann aber einen Rechtsfehler dar.[988] So müssten nach der Feststellung, dass die Fallgruppe „Vermögensdelikt" nicht vorliegt, andere Erwägungen angestellt werden, als wenn diese Fallgruppe bejaht werden kann. Insbesondere sei zu prüfen, inwiefern der fragliche Sachverhalt einem Vermögensdelikt gleichzustellen ist oder aber doch relevante Unterschiede vorliegen.

Eine nur summarische Rechtsprüfung der strafrechtlichen Aspekte, so wird weiter ausgeführt, widerspreche zudem dem Grundsatz *iura novit curia*.[989] Zudem würde ein solcher Ansatz selbst in Eilverfahren summarischer Rechtsprüfungen von der herrschenden Prozessrechtslehre abgelehnt, was dann erst recht im Hinblick auf Kündigungen aufgrund geringwertiger Vermögensdelikte der Fall sein müsse, um eine präzise Interessenabwägung zu gewährleisten, die alle wesentlichen Wertungsgesichtspunkte berücksichtigt. Unterbliebene oder unzureichende strafrechtliche Prüfungen des Sachverhalts seien dann auch in einigen von den Arbeitsgerichten entschiedenen Fällen aufgrund eines falschen Ausgangspunkts als unzutreffend bewertet worden, da sich die strafrechtlichen Grundannahmen als unhaltbar erwiesen hätten.[990]

Nach hier vertretener Auffassung ist allerdings der Ansicht des BAG grundsätzlich zuzustimmen. Die von Rechtsprechung und Lehre herausgearbeitete Fallgruppe der geringwertigen Vermögensdelikte hat keinen Gesetzesrang. Damit können eine unterbliebene strafrechtliche Prüfung oder die fehlerhafte Subsumtion unter strafrechtliche Tatbestände nicht von vornherein eine Gesetzesverletzung sub specie § 626 BGB darstellen. Zudem können unzweifelhaft – und das hat das BAG immer wieder ausdrücklich betont – auch straflose, aber gleichwohl erhebliche Verletzungen der sich aus dem Arbeitsverhältnis ergebenden Pflichten einen wichtigen Grund im Sinne des § 626 Abs. 1 BGB darstellen können. Allein der Verstoß gegen vertragliche Haupt- oder Nebenpflichten und der damit einhergehende Vertrauensbruch sind entscheidend. Ein solcher Vertrauensbruch lässt sich aber mitnichten daran messen, ob das Verhalten des

988 *Schall*, RdA 2010, 225, 229.

989 *Schall*, RdA 2010, 225, 229.

990 Vgl. hierzu die strafrechtlichen Ausführungen des Falls „Emmely", des „Maultaschenfalls" sowie des „Kinderreisebettfalls".

Arbeitnehmers alle Tatbestandsvoraussetzungen eines Vermögensdelikts erfüllt oder nicht, sondern daran, ob zukünftig noch eine ordnungsgemäße Vertragserfüllung durch den Arbeitnehmer erwartet werden kann.

Für diese Sichtweise spricht außerdem, dass der strafrechtliche Schutz des Eigentums bzw. Vermögens nur fragmentarisch ausgestaltet ist[991] und daher eine Übertragung der strafrechtlichen Bestimmungen den anders gelagerten Interessen im Arbeitsrecht nicht zwingend gerecht würde.[992] Außerdem passt eine Strafrechtsakzessorietät auch nicht zu der im Kündigungsrecht immanenten, prinzipiengeleiteten Systematik.[993] Zur Verdeutlichung mag folgendes Beispiel dienen:[994]

> Ein Arbeitnehmer eines Ingenieur- und Energieberatungsbüros nimmt jedes Wochenende ohne Wissen und gegen den erklärten Willen seines Arbeitgebers eine Wärmebildkamera aus dem Betrieb mit zu sich nach Hause, um an den Wochenenden auf eigene Rechnung Energieberatungen durchzuführen.

Ein solches Verhalten wäre, da eine bloße Gebrauchsanmaßung vorliegen dürfte, nicht strafbar.[995] Es fehlt dem Arbeitnehmer die Absicht, sich oder einem Dritten die Wärmebildkamera dauerhaft zuzueignen. Dem Arbeitgeber könnte jedoch durch ausbleibende Kunden ein wegen Umsatzausfall bedingter Schaden entstehen, sodass er arbeitsrechtliche Konsequenzen in Erwägung ziehen wird. Selbst dann jedoch, wenn der Arbeitnehmer das Gerät nicht verwenden würde, um damit private Einnahmen zu erzielen, würde die Gebrauchsanmaßung jedenfalls eine unrechtmäßige Besitzentziehung darstellen (§ 858 BGB) und damit Vermögenswerte des Arbeitgebers im weiteren Sinne beeinträchtigen.

Aber auch, wenn der Arbeitgeber bspw. nicht Eigentümer einer im Betrieb entwendeten Sache war, kann es ihm dennoch zustehen, über den betreffenden Gegenstand zu disponieren. Die Pflicht des Arbeitnehmers, gemäß § 241 Abs. 2 BGB auf die berechtigten geschäftlichen Interessen des Arbeitgebers Rücksicht zu nehmen, ist umfassend. Somit kann ein wichtiger Grund zur außerordentlichen

---

991 *Zech*, 25.

992 Vgl. hierzu unter B. I.

993 Gegen eine strafrechtliche Beurteilung im Kündigungsrecht insbesondere auch *Schlachter*, NZA 2005, 433, 435; *Preis*, AuR 2010, 186.

994 Nach *Zech*, 25 f.

995 Die bloße Gebrauchsanmaßung von Sachen ist mit Ausnahme des unbefugten Gebrauchs von Fahrzeugen (§ 248 b StGB) nicht strafbar; insbesondere ist mangels rechtswidriger Zueignung der Tatbestand des Diebstahls gemäß § 242 StGB nicht erfüllt.

Kündigung auch dann vorliegen, wenn der Arbeitnehmer vorsätzlich das Eigentum von Kunden oder Lieferanten des Arbeitgebers schädigt.[996]

Ungeachtet dessen ist eine strafrechtliche Inzidentprüfung nicht schädlich, sondern kann dazu beitragen, dass wesentliche Wertungsaspekte im Rahmen der Interessenabwägung nicht übersehen werden. So hätte etwa im Maultaschenfall,[997] aber auch im Kinderreisebettfall[998] eine exakte strafrechtliche Prüfung ein sachgerechtes Ergebnis begünstigen können, das auch auf eine größere Akzeptanz gestoßen wäre.[999] In beiden Fällen handelte es sich um für den Arbeitgeber wertlose Gegenstände. Eine Prüfung des Tatbestandsmerkmals „fremd" hätte zu einer Befassung mit Fragen der Dereliktion geführt. Eine solche Prüfung hätte das Problembewusstsein der Gerichte für die Wertlosigkeit und nicht Geringwertigkeit der von den Arbeitnehmern an sich genommenen Sachen geschärft. Bei Gegenständen, die für den Arbeitgeber (völlig) wertlos sind, dürfte der Arbeitnehmer keinen Vorsatz im Hinblick auf einen dem Arbeitgeber zuzufügenden Schaden haben.[1000] Ein solchermaßen in Anlehnung an die strafrechtlichen Wertungen herausgearbeiteter Gesichtspunkt hätte dazu beitragen können, Erwägungen anzustellen, ob eine Abmahnung nicht jedenfalls in diesen Fällen ausreichend gewesen wäre.[1001]

Im Ergebnis sollten die Arbeitsgerichte daher – für den Fall, dass sie in ihren Entscheidungsgründen bereits ein konkretes Vermögensdelikt benennen und damit strafrechtliche Kategorien übernehmen und anwenden - auch überprüfen, ob ein solches Vermögensdelikt tatsächlich vorliegt.

Grundsätzlich können die Arbeitsgerichte allerdings auch offenlassen, ob und welchen straf- und/oder zivilrechtlichen Deliktstatbestand sie als erfüllt ansehen, da es allein auf den Verstoß gegen vertragliche Haupt- oder Nebenpflichten und den damit einhergehenden Vertrauensbruch ankommt. Gekündigt wird letztendlich nicht wegen der begangenen Pflichtverletzung, sondern aufgrund der daraus resultierenden „schlechten Zukunftsprognose".[1002] Daher kann die Forderung nach einer Strafrechtsakzessorietät keine Berechtigung haben. Auch ist nicht ersichtlich, dass sie zwingend für die Einordnung in die Gruppe der „geringwertigen Vermögensdelikte", die im Arbeitsrecht auf der ersten Stufe der

996 BAG v. 5.4.2001, AP Nr. 34 zu § 626 BGB Verdacht strafbarer Handlung.
997 Siehe zum Maultaschenfall ausführlich unter Kapitel 1 B. I. 1.
998 Siehe zum Kinderreisebettfall ausführlich unter Kapitel 1 B. I. 1.
999 Vgl. hierzu auch *Blum*, ZPR 2010, 132.
1000 Siehe hierzu unter Kapitel 3 A. II. 1. a) gg).
1001 Vgl. hierzu ausführlich Kapitel 3 A. II. 1. a) cc) gg).
1002 *Eylert*, NZA-RR 2014, 393, 397.

Prüfung einer außerordentlichen Kündigung erforderlich ist, durchweg vonnöten ist. Die unterschiedlichen Zielsetzungen und prozessualen Rahmenbedingungen von Arbeitsgerichts- und Strafgerichtsprozess stehen einer solchen Konnexität der beiden Rechtsgebiete zwingend entgegen.

5. *Zwischenergebnis*

Die teilweise geforderte Annäherung von Straf- und Arbeitsrecht muss aufgrund der herausgearbeiteten unterschiedlichen Grundsätze in beiden Rechtsgebieten ins Leere laufen. Die Gegenüberstellung hat gezeigt, dass die Beurteilungsmaßstäbe im Straf- und Arbeitsrecht andere sein müssen, da die aufgezeigten dogmatischen Differenzen zwischen beiden Rechtsgebieten bestehen.

Insbesondere ist es im gewaltengeteilten Rechtsstaat nicht Sache des Arbeitgebers, ein Fehlverhalten des Arbeitnehmers zu sanktionieren. Dies bleibt angesichts des Gewaltmonopols allein den Strafgerichten vorbehalten. Im Übrigen trennt sich der Arbeitgeber durch die außerordentliche Kündigung von seinem Arbeitnehmer, weshalb die Kündigung nicht darauf zielen kann, den Arbeitnehmer mittels Sanktion künftig zu einem anderen Verhalten zu veranlassen. Eine mit einem geringwertigen Vermögensdelikt des Arbeitnehmers begründete Kündigung kann demnach nicht unter dem Gesichtspunkt gerechtfertigt sein, dass eine zivilrechtliche Sanktion für dieses Fehlverhalten notwendig war. Im Arbeitsverhältnis als Dauerschuldverhältnis wird – wie dargelegt - nicht in erster Linie nach der begangenen strafbaren Handlung oder der Schwere der Tat gefragt, sondern allein danach, ob das Arbeitsverhältnis zukünftig störungsfrei fortgesetzt werden kann[1003] und damit eine weitere gedeihliche Zusammenarbeit zwischen den Parteien des Arbeitsverhältnisses zu erwarten ist.[1004] Insoweit unterscheidet sich eine Kündigung grundlegend von den mit einem Strafurteil beabsichtigten Zwecken.

Zudem sind die Grundprinzipien des deutschen Strafrechts, „keine Strafe ohne Schuld“, „im Zweifel für den Angeklagten“ sowie die Unschuldsvermutung auf das Kündigungsschutzrecht nicht übertragbar. Die Beweislast muss im Kündigungsrecht eine andere als im Strafrecht sein. Im Strafrecht sind im Gegensatz zum Kündigungsrecht Zwangsmaßnahmen gegen den Verdächtigen möglich, die nur dann zur Anwendung kommen können, wenn eine Schuld zweifelsfrei nachgewiesen ist. Die unterschiedliche Beweislast rechtfertigt sich damit schon

1003 So auch *Grimm/Windeln*, ArbRB 2009, 374, 375.

1004 LAG Frankfurt v. 14.5.2007, AuA 2007, 686.

daraus, dass sich die arbeitsrechtlichen Folgen – insbesondere eine Verdachtskündigung – nicht mit der strafrechtlichen Sanktionierung vergleichen lassen.[1005]

Zwar können Beweisergebnisse und Entscheidungen in Strafverfahren auch im Kündigungsschutzprozess auf Antrag der Parteien verwertet werden, sie entfalten aber keine Bindungswirkung. In der Praxis wird dies freilich eher bei schwerwiegenderen Straftaten und komplexen Sachverhalten Bedeutung erlangen und im Hinblick auf geringwertige Vermögensdelikte nur selten eine Rolle spielen.

Aus all dem folgt, dass - obgleich eine solche strafrechtliche Prüfung ratsam erscheint und für die Entscheidungsfindung hilfreich sein kann - sich die Arbeitsgerichte bei der Bewertung des entsprechenden Kündigungssachverhalts aber gerade nicht auf einen Deliktstatbestand festlegen müssen. Maßgeblich ist allein der Verstoß gegen arbeitsvertragliche Pflichten. Es ist unstreitig, dass mit straflosen Handlungen ein relevanter Vertrauensbruch im Arbeitsverhältnis einhergehen kann. Daher hat die Forderung nach einer Strafrechtsakzessorietät des Kündigungsrechts keine Berechtigung.

Zusammenfassend lässt sich daher feststellen, dass strafrechtliche Kategorien im Rahmen des Kündigungsrechts weder materiell-rechtlich noch prozessual maßgeblich sein dürfen.[1006]

II. Die Beurteilung von Bagatelldelikten in der ordentlichen Gerichtsbarkeit

Abgesehen von dem Vorwurf, dass Arbeitgeber oftmals mit zweierlei Maß messen - je nachdem, wie wertvoll ihnen der Arbeitnehmer und seine Arbeitsleistung erscheinen (vgl. Kapitel 2 C.) - wird die Spruchpraxis der Arbeitsgerichte häufig auch deshalb kritisiert, weil Wertungswidersprüche im Vergleich zur ordentlichen Gerichtsbarkeit bestünden. Insoweit werden die hier untersuchten Bagatellkündigungen mit den sogenannten Managerkündigungen (und den in diesem Zuge gezahlten Abfindungen) verglichen.[1007] Daher soll nun ein Vergleich der Arbeitsgerichtsbarkeit mit der Kasuistik der ordentlichen Gerichte im Hinblick auf Vermögensdelikte stattfinden.

1005 Siehe hierzu bereits Kapitel 1 C. IV.

1006 *Lembke*, RdA 2013, 82, 85.

1007 Siehe etwa *Freiberger* in Süddeutsche Zeitung v. 17.10.2010 „Diebstahl am Arbeitsplatz, Gestörtes Vertrauen".

1. *Die arbeitsrechtliche Kündigung und die „Managerkündigung"*

Für Kündigungssachverhalte in Bezug auf Geschäftsleiter, insbesondere Organmitglieder von juristischen Personen, ist nicht die Arbeitsgerichtsbarkeit, sondern die ordentliche Gerichtsbarkeit zuständig (§ 2 ArbGG).

Im Ausgangspunkt ist festzuhalten, dass § 626 BGB nicht nur für die außerordentliche Kündigung von Arbeitnehmern gilt, sondern auch auf sonstige freie Dienstnehmer- und Geschäftsführer-Dienstverträge Anwendung findet.[1008] Die bloße Abberufung von Organen[1009] oder der Ausschluss von Amtsträgern[1010] genügen allerdings nicht, um das der Bestellung von Vorstandsmitgliedern, Geschäftsführern oder Betriebsratsmitgliedern zugrunde liegende Dienstverhältnis zu beenden. Es bedarf insoweit auch immer einer Kündigung dieses Dienstvertrages, die nicht allein wegen einer Abberufung oder eines Widerrufs der Bestellung aus wichtigem Grund gerechtfertigt ist.[1011] Für die Prüfung der Rechtmäßigkeit einer außerordentlichen Kündigung des Dienstverhältnisses ist somit stets § 626 BGB einschlägig, wobei allerdings unterschiedliche Gerichtsbarkeiten bei Arbeitnehmern oder Geschäftsleitern hierüber entscheiden.

Als auffällig wird in diesem Zusammenhang erachtet, dass Urteile der ordentlichen Gerichtsbarkeit, die sich mit der fristlosen Kündigung wegen geringwertiger Vermögensdelikte beschäftigen, sehr selten sind, was darauf hindeutet, dass in solchen Fällen die Gerichte meist nicht angerufen werden.[1012] Im Hinblick auf die wenigen ergangenen Urteile wurde kritisiert, dass die ordentliche Gerichtsbarkeit den Maßstab für einen wichtigen Grund, der zu einer fristlosen Kündigung berechtigt, deutlich höher anlegt als die Arbeitsgerichtsbarkeit.[1013] Als Vergleich zur Rechtsprechung der Arbeitsgerichte wird oft eine Entscheidung des OLG Köln aus dem Jahr 2002 herangezogen.[1014]

Der Kläger war Vorstandsmitglied und hatte einen Dienstvertrag, der ordentlich jeweils zum Jahresende kündbar war. Im Mai 2001 wurde er mit sofortiger Wirkung abberufen und sein Vorstandsvertrag fristlos gekündigt. Während des von dem Kläger über die Wirksamkeit dieser Maßnahmen angestrengten Rechtsstreits berief sich die beklagte Gesellschaft zunächst auf kaufmännische Fehlleistungen des Klägers, Falschinformationen und den Wegfall der Vertrauensbasis für die weitere Zusammenarbeit. Schließlich

---

1008 *Klueß*, NZA 2009, 337, 339.

1009 Vgl. § 84 AktG, § 38 GmbHG.

1010 § 23 BetrVG.

1011 Vgl. hierzu BGH v. 10.5.2010, NJW 2010, 2343.

1012 So auch *Klueß*, NZA 2009, 337, 339.

1013 *Klueß*, NZA 2009, 337, 339.

1014 OLG Köln v. 4.11.2002, NJW-RR 2003, 398 ff.

behauptete sie einen Abrechnungsbetrug im Zusammenhang mit der Nutzung des Dienstwagens. Dieser war dem Kläger zwar auch zur privaten Nutzung überlassen worden, wobei die Beklagte die Kosten jedoch nur tragen sollte, soweit sie dienstlich veranlasst waren. Den Anteil der Geschäftsfahrten hatte der Kläger „anhand geeigneter Unterlagen zB Fahrtenbuch" nachzuweisen. Konkreteres war zur Abrechnung nicht geregelt. Das Gericht verneinte hier einen wichtigen Grund gemäß § 626 BGB wegen bewusst falschen Reisekostenabrechnungen. Zudem ließ es die Kündigung aufgrund der gezielten Suche nach Kündigungsgründen mit „geradezu detektivischen Mitteln" in der Interessenabwägung als unverhältnismäßig erscheinen.

Eine ähnliche Konstellation hatte der BGH in einem Verfahren ebenfalls aus dem Jahr 2002 zu entscheiden.[1015]

Hier wurde der Anstellungsvertrag des alleinigen Geschäftsführers einer GmbH fristlos gekündigt, da im Rahmen einer konzerninternen Revision Unregelmäßigkeiten in den Benzin-, Reisekosten- und Spesenabrechnungen des Geschäftsführers beanstandet wurden. Der BGH äußerte Zweifel, ob ein wichtiger Grund im Sinne von § 626 BGB vorliege, der eine fristlose Kündigung rechtfertigen könne. Zu dem Streitstand zwischen der Gesellschaft und dem Geschäftsführer über die Erstattungsfähigkeit von Spesen nach Maßgabe des Anstellungsvertrags hielt der BGH fest, dass in dem Verhalten des Klägers, der Beklagten auch die Kosten für drei private Fahrten mit dem Autoreisezug sowie urlaubsbedingte Parkgebühren in Rechnung zu stellen, zwar eine „allzu exzessive Interpretation" des Anstellungsvertrags gesehen werden könne, dies allein aber noch nicht eine fristlose Kündigung aus wichtigem Grund rechtfertige, der so schwerwiegend sein müsse, dass eine Weiterbeschäftigung nicht zugemutet werden könne.

Letztlich sei noch auf eine Entscheidung des OLG Celle aus dem Jahr 2003 hingewiesen.[1016]

Bei dem dortigen Kläger handelte es sich ebenfalls um einen GmbH-Geschäftsführer, dem außerordentlich fristlos gekündigt wurde. Begründet wurde die Kündigung des Geschäftsführeranstellungsvertrags unter anderem damit, dass der Kläger eine unternehmenseigene Kreditkarte für private Zwecke in Höhe von 164,20 DM belastet habe. Die außerordentliche Kündigung war bereits unwirksam, da diese unter Verletzung der Frist des § 626 Abs. 2 BGB verspätet ausgesprochen worden war. Das OLG verneinte aber auch einen wichtigen Grund für die außerordentliche Verdachtskündigung, und dies mit einem einzigen durchaus bemerkenswerten Satz: „Im Übrigen wäre ein isolierter Vorgang angesichts des geringfügigen Betrages nicht geeignet, eine außerordentliche Kündigung zu rechtfertigen".[1017]

1015 BGH v. 28.10.2002, NJW 2003, 431 ff.
1016 OLG Celle v. 5.3.2003, NJOZ 2003, 1569 ff.
1017 OLG Celle v. 5.3.2003, NJOZ 2003, 1569, 1574.

Diese Fälle legen den Schluss nahe, dass die ordentliche Gerichtsbarkeit - anders als die Arbeitsgerichtsbarkeit - die Grenze dessen, was dem Unternehmen und Vertragspartner des Geschäftsleiters als unmaßgebliche Bagatelle zugemutet werden kann, recht großzügig auslegt, wobei die Frage eines Vertrauensverlustes des Vertragspartners im Rahmen einer Gesamtabwägung in den Hintergrund tritt. Im Übrigen ging es in dem zweiten und dritten der vorstehend genannten Beispielsfälle um Beträge, bei denen schwerlich noch von einer Bagatelle gesprochen werden kann, da selbst die im Strafrecht geltende Geringwertigkeitsgrenze nach § 248 a StGB überschritten wurde. Der erste Beispielsfall veranschaulicht zudem, dass in der ordentlichen Gerichtsbarkeit anders als in der Arbeitsgerichtsbarkeit grundsätzlich nicht unberücksichtigt bleibt, ob aus anderen Motiven als dem vorgetragenen Kündigungsgrund eine Beendigung des Arbeitsverhältnisses forciert wurde (vgl. hierzu unter C. III.).

In dieser Hinsicht positioniert sich die ordentliche Gerichtsbarkeit anders als die arbeitsgerichtliche Rechtsprechung und wertet die Beschäftigungsdauer, die persönliche Situation des Betroffenen sowie die Umstände des Einzelfalls deutlich anders als die Arbeitsgerichtsbarkeit. Letztlich findet sich in der Rechtsprechung der Oberlandesgerichte und des BGH – soweit ersichtlich - kein Fall, in dem die Wirksamkeit einer außerordentlichen Kündigung der Dienstverhältnisse von Geschäftsführern nach § 626 BGB wegen eines geringwertigen Vermögensdelikts bestätigt wurde.

Freilich ist zu bedenken, dass es sich bei Organmitgliedern nicht um Arbeitnehmer handelt.[1018] Auch der zwischen einem Geschäftsführer und der GmbH oder zwischen dem Vorstand und einer Aktiengesellschaft regelmäßig geschlossene Anstellungsvertrag führt nicht zu einer Arbeitnehmereigenschaft, da dem die organschaftliche Stellung entgegensteht. Dies hat zur Konsequenz, dass alle arbeitsrechtlichen Vorschriften, die für ihre Geltung an die Arbeitnehmereigenschaft anknüpfen, nicht auf Vorstandsmitglieder und Geschäftsführer übertragbar sind.[1019] Mangels Arbeitnehmereigenschaft fallen Organmitglieder

---

1018 Organmitglieder sind gesetzliche Vertreter juristischer Personen, zB Vorstandsmitglieder einer Aktiengesellschaft, eines eingetragenen Vereins, einer Stiftung des privaten Rechts, Geschäftsführer einer GmbH bzw. die gesetzlichen Vertreter von Körperschaften, Stiftungen und Anstalten des öffentlichen Rechts.

1019 So nehmen die meisten arbeitsrechtlichen Gesetze Organmitglieder explizit von ihrem Geltungsbereich aus (vgl. bspw. § 5 Abs. 2 BetrVG, § 17 Abs. 5 Nr. 1 KSchG, § 5 Abs. 1 ArbGG). Soweit Vorschriften keine Anwendung auf leitende Angestellte haben wie bspw. § 18 ArbZG, gilt dies im Wege eines Erst-recht-Schlusses für Organmitglieder.

unabhängig von der Betriebsgröße weder unter den Kündigungsschutz nach dem Kündigungsschutzgesetz, noch ist der Betriebsrat für ihre Angelegenheiten zuständig. Ihnen steht weder ein Urlaubsanspruch nach dem Bundesurlaubsgesetz zu, noch ist das Arbeitszeitgesetz auf sie anwendbar, sodass in der Regel mit der vereinbarten Vergütung auch die Überstunden pauschal abgegolten sind. Der verbreitete Eindruck, der Personenkreis der Manager genieße einen stärkeren Schutz, kann daher - jedenfalls nach Maßgabe der Schutzgesetze für beruflich tätige Personen - nicht zutreffen. Bisweilen sollen leitende Angestellte sogar zu Geschäftsführern befördert worden sein, um ihnen sodann leichter kündigen zu können, da der Mitarbeiter durch die Beförderung in die höhere Hierarchieebene seinen Kündigungsschutz verliert. Zudem ist bei einem Vergleich zwischen Geschäftsleitern mit Arbeitnehmern zu bedenken, dass Dienstverhältnisse mit Vorständen von Aktiengesellschaften auf unbestimmte Zeit gar nicht erst abgeschlossen werden, weil die Amtszeit gem. § 84 AktG auf fünf Jahre beschränkt ist; danach muss ein erneuter Aufsichtsratsbeschluss gefasst werden. Der einzige Kündigungsschutz kann daher in vertraglichen Regelungen bestehen. Hier ist bspw. an den Ausschluss der ordentlichen Kündigung auf Zeit zu denken oder an die vertragliche Vereinbarung sehr langer Kündigungsfristen.[1020]

Die Kritik, dass das BAG bei Vermögensdelikten eine Abmahnung oftmals für entbehrlich hält und deshalb schon eine Sonderstellung wegen § 314 Abs. 2 BGB einnimmt, kann im Hinblick auf einen Vergleich mit dem BGH, der nicht nur bei Verstößen im Vertrauensbereich, sondern bei jeder Geschäftsführerkündigung ausdrücklich trotz der Einführung des § 314 Abs. 2 BGB auf eine Abmahnung verzichtet, keinen Bestand haben.[1021]

Weiterhin ist zu bedenken, dass Vorstandsmitglieder und Geschäftsführer meist keinen Anspruch auf soziale Absicherung wie etwa ein nachvertragliches Arbeitslosengeld haben. Letztendlich dürfte ein solches aber in den meisten Fällen auch nicht genügen, um den bisherigen Lebensstandard beizubehalten.[1022]

Gleichwohl ist fraglich, ob die aufgeführten Unterschiede ausreichen, um die dogmatische Ungleichbehandlung von Arbeitnehmern durch die Arbeitsgerichtsbarkeit einerseits und Organmitgliedern durch die ordentliche Gerichtsbarkeit andererseits aufzulösen.

Zunächst wird die Wirksamkeit von Bagatellkündigungen bei Arbeitnehmern - rein systematisch gesehen - mit dem Vertrauensverlust gerechtfertigt.

1020 *Reuter*, NZA 2009, 594, 595.
1021 BGH v. 2.7.2007, NJW-RR 2007, 1520.
1022 *Reuter*, NZA 2009, 594, 595.

Das Vertrauen dürfte aber genauso, wenn nicht sogar noch stärker gestört sein, wenn bspw. ein Manager nachweislich sein Unternehmen schädigt. Vorstandsmitglieder und Geschäftsführer haben aufgrund ihrer Position einen viel größeren und ungeprüften Zugriff auf das Unternehmensvermögen und sind damit auch leichter als Arbeitnehmer in der Lage, einen Schaden anzurichten. Von Organmitgliedern sollte damit eine besondere Einsichtsfähigkeit erwartet werden können, sodass ein Fehlverhalten schwerer wiegt als bei anderen Beschäftigten. Ein einmal zerrüttetes Verhältnis dürfte sich schon aufgrund der besonderen Nähe zum Unternehmen kaum wiederherstellen lassen. Wenn damit ein Organmitglied zum Nachteil des Unternehmens handelt, müsste dies rein dogmatisch eigentlich eher einen Vertrauensverlust und eine außerordentliche Kündigung nach § 626 BGB rechtfertigen als bei einem einfachen Arbeitnehmer.

Zudem fallen die Gehälter von Geschäftsführern, Vorstandsmitgliedern etc. auch ungleich höher aus als die von Arbeitnehmern. Der soziale Absturz, der droht, dürfte damit bei Organmitgliedern nur schwerlich mit dem einer Kassiererin vergleichbar sein.

2. *Zwischenergebnis*

Zwar kommt § 626 BGB sowohl im Arbeits- als auch im organschaftlichen Dienstverhältnis zur Anwendung; dennoch kann dies für sich allein betrachtet wegen der genannten Unterschiede noch keinen Erkenntniswert haben.[1023]

Zunächst ist festzustellen, dass es allein schon empirisch an vergleichsfähigem Material fehlt, das den Befund einer grundsätzlich unterschiedlichen Handhabung des § 626 BGB in Zivil- und Arbeitsgerichten überzeugend stützen könnte.[1024] Die Aussagekraft der Fallgruppen ist daher schwach und eignet sich für eine Analogie nicht. Im Arbeitsrecht kommen außerordentliche Kündigungen nach § 626 BGB eines Arbeitnehmers aufgrund geringwertiger Vermögensdelikte im Gegensatz zu Kündigungen von Organmitgliedern sehr häufig vor die Gerichte. So beschreibt *Reuter* Vorstandskündigungen treffend als ein Phänomen, das forensischen Seltenheitswert hat.[1025] Geschäftsführerkündigungen in GmbHs sind zwar häufiger, erreichen aber so gut wie nie die Gerichte, weil solche Verträge quasi prinzipiell einem außergerichtlichen Vergleich zugeführt

---

1023 *Reuter*, NZA 2009, 594, 595.
1024 *Reuter*, NZA 2009, 594, 595.
1025 *Reuter*, NZA 2009, 594, 595.

werden.[1026] Bestimmte Kündigungssachverhalte sind zudem organspezifisch, was einem Vergleich noch zusätzlich entgegensteht.

Bspw. hat der BGH für das Strafrecht im Zuge der Korruptionsaffäre im Siemens-Konzern erneut bekräftigt, dass Vermögensdelikte, etwa gemäß § 266 StGB, einen Vermögensschaden nicht voraussetzen.[1027] Ausreichend ist stets schon eine Gefährdung des Unternehmensvermögens. Solche Gefährdungstatbestände können aber meist nur von Organen und leitenden Angestellten verwirklicht werden nicht aber von einfachen Arbeitnehmern.

Das aufgeführte Urteil des OLG Köln zur Reisekostenabrechnung des Geschäftsleiters eignet sich zudem nicht für einen Vergleich bzgl. einer Bagatellgrenze, da die Kündigung allein deshalb nicht wirksam war, weil sie ausschließlich wegen des Trennungswillens ausgesprochen wurde, man aber erst danach nach Gründen gesucht hat. Dieses Urteil eignet sich also nicht zu einem Vergleich der Gerichtsbarkeiten in Bezug auf eine Bagatellgrenze.[1028] Dieses Urteil ist lediglich für einen Vergleich mit der Arbeitsgerichtsbarkeit im Hinblick darauf geeignet, dass auch hier Überlegungen bzgl. nur vorgeschobener Kündigungsgründe angestellt werden könnten (vgl. hierzu unten, C. III. und Kapitel 1 C. VI.).

Gleichwohl zeigen die Ausführen, dass ein dogmatischer Unterschied bei der rechtlichen Bewertung von Organmitgliedern einerseits und Arbeitnehmern andererseits besteht, der sich systematisch – vor der Prämisse eines eingetretenen Vertrauensverlusts – schwer rechtfertigen lässt.

Rein rechtstatsächlich mag sich die unterschiedliche Handhabung der Gerichtsbarkeiten daraus erklären, dass Organmitglieder jederzeit abberufen und mangels Einschlägigkeit der Schutzgesetzte auch gekündigt werden können, während dies bei einem einfachen Arbeitnehmer nicht so einfach möglich ist.

III. Die Beurteilung von Bagatelldelikten in der Verwaltungsgerichtsbarkeit

Abschließend soll noch die Rechtsprechung der Verwaltungsgerichte in Bezug auf geringwertige Vermögensdelikte durch Beamte und Soldaten genauer dargestellt werden, da sich auch diese von der Rechtsprechung der Arbeitsgerichtsbarkeit bei begangenen Bagatelldelikten unterscheidet.

1026 *Reuter*, NZA 2009, 594, 595.
1027 BGH v. 29.8.2008, NJW 2009, 89.
1028 *Reuter*, NZA 2009, 594, 595.

1. *Beurteilung von Bagatelldelikten bei Beamten*

Beamte leisten ihre Arbeit nicht aufgrund eines privatrechtlichen Arbeitsvertrags, sondern aufgrund eines grundsätzlich lebenslangen öffentlich-rechtlichen Anstellungsverhältnisses, welches besonderen Regeln unterliegt. Dieses öffentlich-rechtliche Sonderrechtsverhältnis steht einer verhaltensbedingten Kündigung entgegen. Eine Beendigung ist nur durch Entlassung, Verlust der Beamtenrechte, Entfernung aus dem Beamtenverhältnis nach den Disziplinargesetzen oder durch Eintritt oder Versetzung in den Ruhestand möglich.[1029]

Ursprünglich ging das BVerwG davon aus, dass bei Vermögensdelikten von Beamten[1030] der Milderungsgrund der Geringwertigkeit bei der Prüfung von Disziplinarmaßnahmen nicht anzuerkennen sei, mit der Folge, dass der betroffene Beamte aus dem Dienstverhältnis zu entfernen sei.[1031] Im Jahr 1992 änderte das BVerwG seine Rechtsprechung und führte den Milderungsgrund der Geringwertigkeit ein.[1032] Ab diesem Zeitpunkt sollte ein Beamter bei einer Geringwertigkeit des Zugriffsobjekts nicht mehr automatisch aus dem Dienst entfernt werden können. Vielmehr sollte zunächst eine Disziplinarmaßnahme zu verhängen sein.[1033]

Ausschlaggebend für diese Rechtsprechungsänderung war folgender Fall des Bundesverwaltungsgerichts aus dem Jahr 1992:

> Ein Postbeamter hatte an zwei Tagen Paketgebühren in Höhe von 30,50 DM für sich einbehalten und nach der Vereinnahmung die dazugehörigen Paketkarten vernichtet. Nachdem er einen weiteren Einbehalt in Höhe von 9,50 DM vorbereitet hatte, wurde er zur Vernehmung geladen und führte daraufhin die Tat nicht weiter fort, sodass die Gebühren in Höhe von 9,50 DM noch nachträglich abgerechnet werden konnten.

Nach den Feststellungen des Bundesdisziplinargerichts[1034] war das Vertrauensverhältnis zu dem betroffenen Beamten zerstört und dieser folglich aus dem

1029 Vgl. §§ 21 BeamtStG, 30 BBG.

1030 Dies galt auch für geringwertige Vermögensdelikte.

1031 Siehe dazu BVerwG v. 24.11.1992, NJW 1994, 210 ff. mwN.

1032 Die im Jahr 1992 eingeführte Bagatellgrenze liegt inzwischen bei 50,00 EUR.

1033 Vgl. hierzu *Klueß*, NZA 2009, 337, 340.

1034 Das Bundesdisziplinargericht war bis zum 1.1.2004 ein Gericht der deutschen Bundesgerichtsbarkeit. Gegründet wurde dieses durch das Gesetz zur Neuordnung des Bundesdisziplinarrechts v. 20.7.1967 und war für Rechtsstreitigkeiten auf dem Gebiet des Disziplinarrechts der Bundesbeamten zuständig. Demgegenüber war für Disziplinarrechtsstreitigkeiten der Landesbeamten der Rechtsweg zu den Verwaltungsgerichten eröffnet. Urteile des Bundesdisziplinargerichts konnten nach näherer Maßgabe der §§ 80 ff. der Bundesdisziplinarordnung, die v. heutigen Bundesdiszi-

Dienst zu entfernen. Das BVerwG als Berufungsgericht folgte dieser Sichtweise jedoch nicht und gab seine frühere Rechtsprechung auf.[1035] In seinen Urteilsgründen geht das BVerwG zwar davon aus, dass angesichts des dem Beamten anvertrauten Geldes, das dieser für sich vereinnahmte, das Vertrauensverhältnis zur Anstellungskörperschaft grundsätzlich zerstört sei. Die Administrative sei auf die Zuverlässigkeit und Ehrlichkeit ihrer Beamten in hohem Maße angewiesen, weil eine lückenlose Kontrolle eines jeden Mitarbeiters nicht möglich sei.

Das BVerwG führt dann aber weiter aus, dass der Unrechtsgehalt des Fehlverhaltens des Beamten wegen der geringen Höhe des unterschlagenen Betrages und mangels erschwerender Umstände gemindert sei. Es sei zu berücksichtigen, wie das zu beurteilende Verhalten des Beamten im Bewusstsein der Allgemeinheit und in der Rechtsordnung eingestuft werde. Hiernach seien bei einem relativ geringen Wert des verursachten Schadens – für die Bemessung der Geringwertigkeit orientierte sich das BVerwG an der Rechtsprechung des § 248 a StGB – das Unrechtsbewusstsein und damit das Gefühl für die Schwere der Tat in der Bevölkerung und damit auch bei Beamten herabgesetzt. Eine mildere Bewertung des Dienstvergehens sei daher gerechtfertigt, weil der Unrechtsgehalt des Fehlverhaltens des Beamten infolge der geringen Höhe des insgesamt unterschlagenen Betrags und mangels erschwerender Umstände gemindert sei. Entscheidend sei, ob der Beamte für den öffentlichen Dienst noch tragbar sei. Beim Zugriff auf geringe Werte seien vertrauenserhaltende Persönlichkeitselemente in der – im Gegensatz zu einem Zugriff auf höhere Werte – noch vorhandenen (allerdings wohl eher nur vermuteten) Hemmschwelle und dem häufig verminderten Unrechtsbewusstsein des Beamten zu sehen. Für die Berücksichtigung solcher Persönlichkeitselemente bleibe allerdings nur dann Raum, wenn der Beamte nicht durch sein sonstiges Verhalten oder die konkrete Tatausführung zusätzlich belastet wird. Eine mildere Bewertung sei zum Beispiel nicht möglich bei Öffnung von Postsendungen oder wenn der Beamte schon früher wegen eines Eigentums- oder Vermögensdelikts nachteilig in Erscheinung getreten sei. Die vorzunehmende Milderung werde auch nicht ausgeschlossen durch bloße Begleitdelikte, wie zum Beispiel dem Zurückhalten von Abrechnungsunterlagen, deren falsches Ausfüllen oder Verfälschen, wenn diesen Handlungen selbst kein erhebliches Eigengewicht zukomme. Das Verhalten des Beamten sei dann als eine Tat zu bewerten. Die Vernichtung der Paketkarten stelle im konkreten Fall

plinargesetz abgelöst wurde, mit dem Rechtsmittel der Berufung zum Bundesverwaltungsgericht angefochten werden.

1035 BVerwG v. 24.11.1992, NJW 1994, 210 ff.

daher lediglich ein solches Begleitdelikt dar. Insgesamt erachtete es das BVerwG als ausreichend, den Beamten in ein Amt derselben Laufbahn mit geringerem Endgrundgehalt zu versetzen. Eine Entfernung aus dem öffentlichen Dienst wurde somit ausgeschlossen, wenn nur geringe Werte tangiert sind.[1036]

Dieses Urteil zeigt, dass sich sowohl der geringe Sachwert auf die Beurteilung eines Disziplinarvergehens auswirkt als auch das gesamte Persönlichkeitsbild des betroffenen Beamten, das ausführlich beleuchtet wurde. Mit ähnlichen Gesichtspunkten wird in einem weiteren Urteil des BVerwG aus dem Jahr 1998 argumentiert:

> Dort hatte ein Postbeamter aus einer offenen Warensendung Gummibärchen verspeist und zwei verschlossene Pakete geöffnet, um an die darin enthaltenen Süßigkeiten zu gelangen. Zudem öffnete er auch mehrere Postsendungen, in denen sich CDs befanden.[1037]

Nach Ansicht des Senats war das Vertrauen in den Beamten nicht vollständig verloren und eine Entfernung aus dem Dienst daher nicht erforderlich, da der Wert der Sache unter der Geringfügigkeitsgrenze liege. Trotz Verstoßes gegen das Postgeheimnis, was eine Verletzung des Kernbereichs der Aufgabe des Betroffenen darstellte, sah das BVerwG lediglich eine Dienstgradherabsetzung um zwei Ämter als gerechtfertigt an.

Auf dieser Rechtsprechungslinie bewegt sich auch ein Urteil des BVerwG aus dem Jahr 1999:

> In diesem Fall hatte eine verbeamtete Fahrkartenverkäuferin einen falschen - gegenüber dem korrekten Verkaufspreis um 98,00 DM erhöhten - Kreditkarten-Verkaufs-Beleg erstellt. Sie fälschte die Unterschrift des Kunden auf dem Beleg und veranlasste die Belastung des erhöhten Betrags auf dem Konto des Kunden, um so einen von ihr verursachten Fehlbetrag zu verheimlichen. Auch zuvor hatte es bereits Kassenfehlbeträge bei der Fahrkartenverkäuferin gegeben.[1038]

Das Bundesdisziplinargericht hatte auch hier auf die schärfste disziplinarische Konsequenz, die Entfernung aus dem Dienst, erkannt. Das BVerwG folgte dem abermals nicht, sondern versetzte die Beamtin in ein Amt mit niedrigerem Endgrundgehalt. Ein Absehen von der Entlassung sei auch in solchen Fällen möglich, wenn aufgrund bestimmter, von der Rechtsprechung entwickelter Milderungsgründe das Vertrauensverhältnis zum Dienstherrn noch nicht unheilbar zerstört, sondern wiederherstellbar sei. Milderungsgrund sei die Geringwertigkeit, deren Grenze nunmehr mit etwa 50,00 Euro gezogen werde. Bei einem

---

1036 *Düwell*, FA 2010, 108, 109.
1037 BVerwG v. 19.5.1998, NVwZ 1999, 662 ff.
1038 BVerwG v. 11.6.2002, NVwZ 2003, 108 f.

Zugriff auf einen solchen Wert lägen grundsätzlich noch vertrauenserhaltende Persönlichkeitselemente, eine noch vorhandene Hemmschwelle und ein häufig vermindertes Unrechtsbewusstsein vor. Die früheren Kassenfehlbeträge stellten keine relevante Vorbelastung dar, da sie der Beamtin weder disziplinar- noch strafgerichtlich angelastet worden seien. Die begangene Urkundenfälschung sei zwar schwerwiegend; dennoch handele es sich nicht um zusätzliches Unrecht, sondern nur um ein Mittel der Tatbegehung. Daher könne die Urkundenfälschung nicht ein zweites Mal erschwerend herangezogen werden.

Die alte Bundesdisziplinarordnung (BDO) wurde zum 1.1.2002 durch das Bundesdisziplinargesetz (BDG) abgelöst. In § 13 Abs. 2 BDG wurde sodann erstmals gesetzlich bestimmt, wann ein Beamter aus dem Beamtenverhältnis zu entfernen ist. Voraussetzung dafür ist ein schweres Dienstvergehen und der hierdurch bewirkte endgültige Vertrauensverlust des Dienstherrn oder der Allgemeinheit. Gemäß § 13 Abs. 1 BDG sind bei Dienstvergehen folgende Parameter für die Entfernung aus dem Dienst zu berücksichtigen: die Schwere des Dienstvergehens, das Persönlichkeitsbild des Beamten sowie der Umfang der Vertrauensbeeinträchtigung. Die Milderungsgründe aus der Rechtsprechung des BVerwG wurden vom Gesetzgeber damit im Grundsatz übernommen. Allerdings wurde die Geringwertigkeit des entstandenen Schadens als mildernde Fallvariante nicht explizit im Gesetz erwähnt. In der Literatur wird jedoch verbreitet angenommen, dass der Gesetzgeber mit der Kodifizierung die gerichtlich entwickelten Milderungsgründe nicht habe beschränken wollen.[1039] Auch das BVerwG ist – nach neuer Rechtslage als Revisionsgericht – seiner Rechtsprechungslinie treu geblieben. Als Milderungsgrund bei der disziplinargerichtlichen Prognose wird weiterhin darauf abgestellt, ob die Tat lediglich geringwertige Gelder oder Güter betraf, wozu sich das Gericht auf den Wortlaut und die Entstehungsgeschichte der Norm beruft.[1040] Tatsächlich hatte der Gesetzgeber in seiner Begründung explizit erklärt, die neue Vorschrift bestimme „die Voraussetzungen der Entfernung aus dem Beamtenverhältnis in Einklang mit der bisherigen Rechtsprechung".[1041] Deshalb geht das BVerwG davon aus, der Gesetzgeber habe seine Rechtsprechung auch zu den Milderungsgründen ausdrücklich gebilligt. Nach der Auffassung des BVerwG sind bei der Frage, ob bei einem Beamten aufgrund eines schweren Dienstvergehens ein endgültiger Vertrauensverlust im Sinne von § 13 Abs. 2 BDG eingetreten ist, alle für diese Einschätzung bedeutsamen belastenden und entlastenden Bemessungsgesichtspunkte

1039 BDG/*Köhler*/*Ratz*, § 13 Rn. 19; GKÖD/*Weiß*, § 13 BDG Rn. 128.

1040 BVerwG v. 20.10.2005, NVwZ 2006, 469.

1041 BT-Drucks. 14/4659, S. 37.

wie etwa auch familiäre und wirtschaftliche Verhältnisse oder tadelfrei abgeleistete Dienstzeiten zu beachten.[1042]

In einer Sonderkonstellation hat das BVerwG allerdings auch das geringwertige Vermögensdelikt eines Beamten unter Ausnutzung der Dienststellung als ausreichend erachtet, um diesen aus dem Beamtenverhältnis zu entfernen, sofern der Orientierungsrahmen für die Bemessung der Disziplinarmaßnahme bis zur Höchstmaßnahme eröffnet sei.[1043]

> In einem im Jahr 2015 entschiedenen Vorgang hatte ein Rettungssanitäter einem bewusstlosen Patienten während des Transports zum Krankenhaus einen 50-Euro-Schein aus der Geldbörse entwendet. Wegen dieser Tat war der Beamte bereits vor einem Strafgericht zu einer Freiheitsstrafe von neun Monaten auf Bewährung verurteilt worden.

Bereits die Vorinstanzen hatten eine Entfernung des Rettungssanitäters aus dem Beamtenverhältnis anerkannt.[1044] Das BVerwG bestätigte diese Entscheidungen. Den Milderungsgrund der Geringwertigkeit (50,00 Euro) schloss es wegen der äußeren Umstände der Tat aus. Der Rettungssanitäter habe den Umstand, dass der Geschädigte ihm wegen seines hilflosen Zustands im Rettungswagen ausgeliefert gewesen sei, zur Tat ausgenutzt. Hinzu kam, dass der Sanitäter bereits wegen Eigentums- und Vermögensdelikten vorbelastet war. Zudem habe er bereits während des Disziplinarverfahrens einen weiteren Diebstahl begangen, der zu einer Freiheitsstrafe führte, die nicht mehr zur Bewährung ausgesetzt worden sei. Andere anerkannte Milderungsgründe sah das Gericht nicht als gegeben an. Weder sei eine freiwillige Offenbarung des Fehlverhaltens oder die Wiedergutmachung des Schadens vor der Entdeckung der Tat oder die Annahme einer unverschuldeten ausweglosen wirtschaftlichen Notlage, in der der Beamte die Tat begangen habe, einschlägig. Bei der Bemessung der Disziplinarmaßnahme kam das Gericht nach Würdigung sämtlicher be- und entlastenden Umstände dazu, dass der Beamte aus dem Beamtenverhältnis zu entfernen sei. Hier kam freilich eine Vielzahl erschwerender Umstände zusammen, die nur in ihrer Gesamtschau dazu führten, dass das BVerwG die Entfernung des Beamten aus dem Dienst trotz Geringwertigkeit des in der konkret zur Beurteilung stehenden Tat bestätigte. Im Grundsatz bleibt jedoch festzustellen, dass die Disziplinargerichte bzw. das BVerwG in der Geringfügigkeit des Schadens, die ein Beamter bei

1042 BVerwG v. 22.9.2006, DÖD 2007, 187 f.

1043 BVerwG v. 10.12.2015 – 2 C 6.14.

1044 VG Düsseldorf v. 19.8.2009 – 31 K 834/07 – juris; OVG Münster v. 27.3.2013 – 3d A 2363/09 – juris.

Verrichtung seines Dienstes verursacht, durchaus einen Milderungsgrund sehen, der das Absehen der Entfernung aus dem Dienst rechtfertigt.

Ein weiterer gravierender Unterschied der verwaltungsgerichtlichen zur arbeitsgerichtlichen Rechtsprechung zeigt sich zudem bei dem Institut der Verdachtskündigung. Die Zulässigkeit einer Kündigung allein wegen des Verdachts, der Arbeitnehmer könne eine strafbare Handlung oder eine schwerwiegende Pflichtverletzung begangen haben, wird von den Arbeitsgerichten überwiegend anerkannt (vgl. oben Kapitel 1 C. IV.).[1045] Aus beamtenrechtlichen Grundsätzen wird hingegen das Verbot hergeleitet, einen Beamten wegen des bloßen Verdachts einer Straftat endgültig aus dem Dienst zu entfernen.[1046] Der Verdacht eines Dienstvergehens ist auch schon wegen der für das Disziplinarverfahren geltenden, aus dem Rechtsstaatsprinzip fließenden Unschuldsvermutung für eine disziplinare Ahndung - der auch Sanktionszwecke immanent sind und bei der es sich um eine staatliche Maßnahme handelt - nicht ausreichend.[1047] Im (Beamten)Disziplinarrecht kommt eine disziplinare Ahndung nach der Rechtsprechung des BVerwG daher nur bei vollem Nachweis einer schuldhaften Pflichtverletzung in Betracht.[1048]

2. Beurteilung von Bagatelldelikten bei Soldaten

Die für Beamte geschilderten Erwägungen und Bewertungskriterien werden seit 2003 auch auf Disziplinarmaßnahmen gegen Soldaten angewendet. Das BVerwG betont auch hier, dass die Streitkräfte auf die Ehrlichkeit und Zuverlässigkeit ihrer Soldaten im Umgang mit öffentlichem Geld und Gut in hohem Maße angewiesen seien, weil sie ihre Angehörigen nicht permanent und überall überwachen können.[1049] Dennoch wird auch bei ihnen auf das Unrechtsbewusstsein abgestellt, während im Arbeitsrecht bei einem geringwertigen Vermögensdelikt regelmäßig von einem irreparablen Vertrauensverlust ausgegangen wurde.

Beispielhaft sei auf die Entscheidung des Bundesverwaltungsgerichts aus dem Jahr 2003 verwiesen, in der es um unwahre Angaben in der Reisekostenabrechnung eines Oberfeldwebels ging.[1050]

1045 Vgl. etwa BAG v. 14.9.1994, BAGE 78, 18; BAG v. 18.11.1999, BAGE 93, 12; BAG v. 6.12.2001, NZA 2002, 847 ff.; BAG v. 28.11.2007, NZA-RR 2008, 344.

1046 *Werxhausen*, ArbRB 2009, 131.

1047 BVerwG v. 4.4.2001, BVerwGE 114, 140.

1048 BVerwG v. 4.4.2001, BVerwGE 114, 140, 144 ff. in Abweichung von der früheren Rechtsprechung, vgl. dazu die Nachweise in diesem Urteil auf S. 144.

1049 BVerwG v. 27.8.2003, NVwZ-RR 2004, 268.

1050 BVerwG v. 27.8.2003, NVwZ-RR 2004, 268 f.

Der betroffene Oberfeldwebel war gemeinsam mit einem ihm unterstellten Soldaten zur Teilnahme an einem Lehrgang an eine Bundeswehrschule abgeordnet worden. Die Anreise zu dem Lehrgang und die Rückreise erfolgten gemeinsam mit dem PKW des Soldaten, der auch der Fahrer war. In dem für die Abrechnung der Reise erforderlichen Formular füllte der Oberfeldwebel wahrheitswidrig die Spalte „Bei Benutzung des eigenen Kfz“ aus, nicht jedoch die Spalte „Bei Mitnahme im Kfz“. Das ausgefüllte Reisekostenformular unterschrieb er auf der Rückseite. Damit versicherte er mit seiner Unterschrift, „dass die vorstehenden Angaben richtig und vollständig sind“, und gab es beim Rechnungsführer ab. Durch die unwahren Angaben kam es zu einer um 68,90 Euro überhöhten Auszahlung von Reisekosten an den Soldaten.

Als erschwerender Umstand wurde hier von dem BVerwG, das eine Entfernung aus dem Dienst oder eine Herabstufung ablehnte, zunächst ausgemacht, dass der Wahrheitspflicht gerade im militärischen Bereich besondere Bedeutung zukomme. Eine militärische Einheit könne nicht geführt werden, wenn sich deren Führung nicht auf die Richtigkeit abgegebener Meldungen, Erklärungen und Aussagen verlassen könne. Auf ihrer Grundlage müssten im Frieden und erst recht im Verteidigungsfall gegebenenfalls Entschlüsse von erheblicher Tragweite gefasst werden. Ein Soldat, der gegenüber Vorgesetzten und Dienststellen der Bundeswehr unwahre Erklärungen abgibt, büße hierdurch allgemein seine Glaubwürdigkeit ein.

Soweit das Gericht zuvor bei Vermögensschäden der Dienstherren auf dem Gebiet des Reisekosten- oder Trennungsgeldbetrugs grundsätzlich eine Dienstgradherabsetzung bis hinunter in einen Mannschaftsgrad als zulässig angesehen habe, halte man hieran jedoch nicht mehr fest. Diese frühere Rechtsprechung habe nicht genügend nach der Schwere des Dienstvergehens differenziert. Die Disziplinarmaßnahme müsse stets in einem angemessenen Verhältnis zum Dienstvergehen und seinem Unrechtsgehalt stehen. Das hier zu beurteilende Dienstvergehen stehe hier in keinem Zusammenhang zu den Kernpflichten des dienstlichen Aufgabenbereichs als Verpflegungsfeldwebel, sodass der Unrechtsgehalt dem unteren Bereich zuzuordnen sei. Der Oberfeldwebel habe zudem nur einen relativ geringen Vermögensschaden bewirkt. Zwar habe er vorsätzlich gehandelt. Im Hinblick auf seine bisherige Führung und seine Persönlichkeitsstruktur seien aber erhebliche, in der Person liegende Milderungsgründe gegeben. Im Ergebnis hielt das BVerwG ein Beförderungsverbot im mittleren Bereich als ausreichend. Um dem Soldaten aber eine als notwendig angesehene spürbare Pflichtenmahnung zu erteilen, sei zusätzlich eine Kürzung der monatlichen Bezüge um ein Zwanzigstel auf die Dauer von zwölf Monaten erforderlich.[1051]

1051 BVerwG v. 27.8.2003, NVwZ-RR 2004, 268 f.

Demgegenüber legt das BAG in vergleichbaren Spesenbetrugsfällen ungleich strengere Maßstäbe an. So sah es zB im Jahr 2007 einen Spesenbetrug auch dann als Grund für eine außerordentliche Kündigung an, obwohl es sich um einen geringen Betrag und auch nur um einen einmaligen Vorfall gehandelt hatte.[1052]

Vergleichbar milde Maßstäbe wie beim Spesenbetrug legte das BVerwG auch bei der Entwendung von Dienstmitteln durch einen Zeitsoldaten an.[1053]

In diesem im Jahr 2003 entschiedenen Fall hatte ein Stabsunteroffizier aus einem Materiallager, zu dem auch er einen Schlüssel besaß, 7 Liter Motorenöl und 6 Liter Frostschutzmittel im Werte von insgesamt 12,00 Euro für private Zwecke entwendet.

Das Truppendienstgericht wertete das Fehlverhalten als Verstöße gegen die Pflichten zum treuen Dienen nach § 7 SG sowie zur Achtungs- und Vertrauenswahrung nach § 17 Abs. 2 SG. Es wich sodann ausdrücklich von der Rechtsprechung des BVerwG ab und nahm Bezug auf die BAG-Rechtsprechung zur fristlosen Kündigung bei Bagatelldelikten. Das Truppendienstgericht urteilte, dass der Zeitsoldat wegen des Dienstvergehens in den Mannschaftsdienstgrad eines Hauptgefreiten herabzusetzten ist.

Das BVerwG änderte dieses erstinstanzliche Urteil jedoch dahingehend ab, dass der Soldat um lediglich einen Dienstgrad zum Unteroffizier der Reserve zu degradieren sei. Dabei ging das BVerwG zunächst davon aus, dass die Gegenstände im Materiallager dem betreffenden Soldaten nicht „anvertraut" im Sinne des Strafrechts und des Wehrdisziplinarrechts gewesen seien. Auch im Soldaten-Disziplinarrecht, so führt das BVerwG sodann aus, sei das verfassungsrechtlich gewährleistete Verhältnismäßigkeitsgebot zu beachten. Der Schaden unterschreite im zu entscheidenden Fall die Bagatellgrenze von 50,00 Euro deutlich. Für die Maßnahmenbemessung sei es aber von Bedeutung, ob es sich um einen vorsätzlich verursachten Vermögensschaden in Millionenhöhe oder einen Schaden im sogenannten Bagatellbereich handelt. Im Ergebnis spreche gegen eine Degradierung des angeschuldigten Soldaten nach Ansicht des BVerwG vor allem der relativ geringe Schadensbetrag. Das Gericht argumentierte auch hier wieder mit der geringeren Hemmschwelle beim Zugriff auf Vermögensgegenständen im Bagatellbereich im Vergleich zu hohen Vermögenswerten. Zudem berücksichtigte es, dass es dem Soldaten aufgrund der praktisch unzureichenden dienstlichen Sicherungsmaßnahmen auch relativ einfach gemacht worden sei, die Betriebsstoffe zu entwenden. Nach Ansicht des Gerichts habe das Verhalten des Soldaten zwar einen erheblichen Vertrauensverlust in seine persönliche Integrität bewirkt;

1052 BAG v. 6.9.2007, NZA 2008, 636 ff.

1053 BVerwG v. 13.2.2008, DÖV 2008, 1056.

gleichwohl sei der Vertrauensverlust aber nicht so gravierend, dass der Soldat lediglich in einem Mannschaftsdienstgrad einsetzbar sei.

Soweit das Truppendienstgericht auf die BAG-Rechtsprechung Bezug nahm, ergab sich nach Ansicht des BVerwG kein anderes Ergebnis. Die vom Gesetzgeber für die Bemessung gerichtlicher Disziplinarmaßnahmen der Wehrdienstgerichte getroffenen Regelungen in § 58 Abs. 7 iVm § 38 Abs. 1 WDO würden sich sowohl verfahrens- als auch materiell-rechtlich grundlegend von den Kündigungsvorschriften für Arbeitnehmer unterscheiden. Es sei Sache des Gesetzgebers, für Pflichtverletzungen in unterschiedlichen Rechtsbereichen die rechtspolitische Angemessenheit gleicher oder unterschiedlicher disziplinarer Sanktionen oder Maßnahmen zu beurteilen und hierüber zu entscheiden. Die Gerichte seien an diese gesetzgeberischen Entscheidungen, sofern diese nicht ihrerseits verfassungswidrig sind, auch dann gebunden, wenn es dabei in den verschiedenen Rechtsbereichen zu vermeintlichen oder tatsächlichen Wertungswidersprüchen gekommen sein sollte.

Das BVerwG entschied also auch hier, dass im Falle eines zulasten des Dienstherrn begangenen zweifachen Diebstahls der relativ geringe Vermögenswert der entwendeten Sachen bei der Bemessung der gerichtlichen Disziplinarmaßnahme in erheblichem Maße zu berücksichtigen ist. Zudem hat das BVerwG die Unterschiede seiner Rechtsprechung zu derjenigen der Arbeitsgerichtsbarkeit insbesondere auf die unterschiedlichen normativen Regelungen zurückgeführt.

3. *Zwischenergebnis*

Festzuhalten ist, dass jedenfalls das erstmalige geringwertige Vermögensdelikt bei Beamten und Soldaten in der Praxis grundsätzlich nicht zur Entlassung aus dem Dienst führt. Bei Arbeitnehmern in privatrechtlichen Dienstverhältnissen wird hingegen eine außerordentliche Kündigung aus einem solchen Anlass regelmäßig als rechtmäßig erachtet.

Dabei sind die von den Arbeits- und den Verwaltungsgerichten herangezogenen Gesichtspunkte durchaus unterschiedlich.[1054] Sie beziehen sich nicht aufeinander und beruhen auf unterschiedlichen Rechtsgrundlagen (§ 626 BGB und § 13 BDG). Im Disziplinarrecht für Beamte und Soldaten wird bei Eigentums- und Vermögensdelikten der Wert der Sache als entscheidender Faktor für die Festlegung der vom Dienstherrn vorzunehmenden Konsequenzen angesehen.[1055] So erkennen die Verwaltungsgerichte ausdrücklich und in Anlehnung an die

---

1054 So auch *Deiseroth*, jurisPR-BVerwG 7/2009 Anm. 1.

1055 *Düwell*, FA 2010, 108, 109.

Wertmaßstäbe des § 248 a StGB einen entsprechenden Milderungsgrund an.[1056] Das BVerwG nimmt gar den Grundsatz an, dass das „allgemeine Unrechtsbewusstsein der Bevölkerung" bei Geringwertigkeit des Zugriffsobjekts bzw. des Schadens ein Absehen von der Entlassung aus dem Dienst gebietet.[1057] Diese Wertung wird in der Praxis der Arbeitsgerichte in dieser Form nicht geteilt.

Weiterhin gehen Arbeits- und Verwaltungsgerichte unterschiedlich mit dem (bloßen) Verdacht hinsichtlich eines geringwertigen Vermögensdelikts um.[1058] Außerdem prüft das BVerwG stets das gesamte Persönlichkeitsbild von Beamten und Soldaten bei der Entscheidung über die angemessene Reaktion des Dienstherrn. Dies schien bei vielen arbeitsgerichtlichen Urteilen - jedenfalls bis zur „Emmely"-Entscheidung des BAG - hingegen nur vordergründig der Fall zu sein. Auch dort wurden zwar am Ende der meisten Urteile im Rahmen einer umfassenden Interessenabwägung alle Aspekte erwähnt, die dem Arbeitnehmer zugutezuhalten seien. Dennoch wurde am Ende – häufig nur floskelhaft – ein irreparabler Vertrauensverlust konstatiert, der alle anderen Umstände überwiege.[1059] Letztendlich geht es in beiden Rechtsgebieten aber um dieselbe Rechtsfrage, nämlich ob der im Dienstverhältnis eingetretene Vertrauensverlust reparabel ist. Insoweit ist durchaus eine unterschiedliche Behandlung festzustellen, obgleich die Tat „an sich" - ein geringwertiges Vermögensdelikt - identisch und für alle Beschäftigungsgruppen (Arbeitnehmern, Beamten, Soldaten) das Problem mangelnder Überwachungsmöglichkeiten des Dienstgebers im Allgemeinen und das Erfordernis eines Vertrauensverhältnisses beider Seiten anzuerkennen ist.

Ein Erklärungsversuch für diese unterschiedlichen Behandlungsweisen wird in dem im Arbeitsrecht verwendeten Prognoseprinzip gesehen, welches zukunftsgerichtet ist und keinen Sanktionscharakter habe.[1060] Disziplinarmaßnahmen im Beamtenrecht hätten hingegen, ebenso wie das Strafrecht, im Gegensatz zu einer Kündigung zivilrechtlicher Arbeitsverhältnisse einen Sanktionscharakter und seien somit vergangenheitsbezogen. Dieser Aspekt lässt sich nicht von der Hand weisen. In den Dienstverhältnissen von Beamten und Soldaten steht dem Dienstherrn mit dem Disziplinarrecht ein umfassendes Instrumentarium zur Verfügung, um den oder die Betroffenen für ihre Verhaltensweisen zu

---

1056 Vgl. BVerwG v. 24.11.1992, DokBer B 1993, 149 ff.; BVerwG v. 11.6.2002, DokBer B 2002, 287 ff.; BVerwG v. 22.9.2006, DÖD 2007 187 f.; BVerwG v. 13.2.2008, DokBer B 2008, 183 ff.

1057 *Reuter*, NZA 2009, 594, 595; *Keiser*, JR 2010, 55, 57 ff.

1058 *Deiseroth*, jurisPR-BVerwG 7/2009 Anm. 1.

1059 Vgl. hierzu bspw. BAG v. 12.8.1999, NZA 2000, 421 ff.

1060 *Berger*, JbArbR 48, 41, 50 (2011).

sanktionieren. Dieses Instrumentarium reicht von der Anordnung einer Geldbuße (§ 7 BDG) über die Kürzung Dienstbezüge (§ 8 BDG) und die Zurückstufung (§ 9 BDG) bis zur Entfernung aus dem Dienst (§ 13 Abs. 2 BDG). Eine solche Reaktionsbreite ist im Arbeitsrecht aber nicht vorzufinden.[1061] Zwar gibt es auch im Arbeitsrecht eine Reihe abgestufter Sanktionsmöglichkeiten (Ermahnung, Missbilligung, Abmahnung); diese sind aber nicht mit den Sanktionsmitteln im Beamtenrecht vergleichbar. Beispielsweise steht einem Arbeitgeber als Alternative zur „Entfernung aus dem Dienst", also der Kündigung, nicht etwa die Möglichkeit einer Kürzung der Vergütung zur Verfügung.[1062] Als einzige Maßnahme, die unmittelbar spürbare Auswirkungen für den Arbeitnehmer hat, bleibt ihm letztlich nur die Kündigung. Das rechtfertigt in der Tat, abweichende Maßstäbe für die endgültige Entfernung aus dem Dienstverhältnis anzulegen, als bei dem ausdifferenzierten System an Reaktionsmöglichkeiten im Beamten- oder Soldatenrecht.[1063]

Abgesehen davon, dass – wie erwähnt – in einem privatrechtlich begründeten Anstellungsverhältnis kein Disziplinarrecht und damit keine disziplinarischen Reaktionsmöglichkeiten des Arbeitgebers existieren, ist dies im Beamtenrecht umfassend und abweichend geregelt.[1064] Zudem wird die rechtliche Verbundenheit zwischen Beamten und Dienstherrn intensiver wahrgenommen als die zwischen Arbeitnehmern und Arbeitgebern.[1065] Dies wird damit begründet, dass die Dienstverhältnisse der Beamten und Soldaten regelmäßig auf Lebenszeit angelegt und durch besondere Treue- und Fürsorgepflichten geprägt seien. Die Landesbeamtengesetze enthalten nur eingeschränkte Entlassungstatbestände. Im Interesse der Leistungsfähigkeit der öffentlichen Verwaltung will das Disziplinarrecht gewährleisten, dass die Beamten die innerhalb und außerhalb des Dienstes geltenden maßgeblichen dienstlichen Pflichten beachten und damit das Vertrauen der Öffentlichkeit in die Integrität des Beamtentums gewahrt bleibt. Gleichzeitig schützt es die einzelnen Beamten durch die förmliche Ausgestaltung des Disziplinarverfahrens. Die mit dem Lebenszeitprinzip korrespondierenden eingeschränkten Entlassungsmöglichkeiten im Beamtenverhältnis einerseits und das Disziplinarrecht andererseits werden dementsprechend als hergebrachte

---

1061 *Berger*, JbArbR 48, 41, 50 (2011).

1062 *Berger*, JbArbR 48, 41, 50 (2011).

1063 BAG v. 10.6.2010, NJW 2011, 167 ff.; klarstellend schon zuvor BAG v. 6.12.2001, NJW 2002, 3651 ff.

1064 So können bspw. keine Dienstbezüge im Rahmen des Disziplinarverfahrens einbehalten werden.

1065 *Rieble*, NJW 2009, 2101, 2105.

Grundsätze des Berufsbeamtentums im Sinne von Art. 33 Abs. 5 GG verstanden. Das zweigleisige System von Disziplinar- und Entlassungsrecht im Beamtenverhältnis stellt eine Eigenart des öffentlichen Dienstes, genauer gesagt des Beamtenrechts dar und ist nicht auf das privatrechtlich begründete Anstellungsverhältnis und seine Beendigung übertragbar.[1066] Diese Wertungen lassen sich nicht auf eine privatrechtliche Leistungsbeziehung übertragen.[1067] Darüber hinaus ist zu bedenken, dass die Entfernung aus dem Beamtendienst und die damit verbundenen – auch sozialrechtlichen – Konsequenzen bei den verbleibenden Tätigkeitsfeldern (jedenfalls nicht mehr im Beamtendienst) härtere Folgen haben können als das Ausscheiden aus einem privatrechtlichen Arbeitsverhältnis. Bei Letzterem kann – jedenfalls theoretisch – jederzeit wieder ein anderes privatrechtliches Dienstverhältnis eingegangen werden. Damit sind in der Tat im Beamtenrecht abweichende Rechtsgrundsätze und Wertungen begründbar, deren Übertragung auf privatrechtliche Dienstverhältnisse aufgrund der unterschiedlichen Rahmenbedingungen nicht in Betracht kommt.

Für die Zulässigkeit unterschiedlicher Wertungen sprechen letztlich auch die unterschiedlichen Rechtsgrundlagen für die Reaktionsmöglichkeiten des Dienstgebers. Die Generalklausel des § 626 BGB soll einen gerechten Ausgleich zwischen Arbeitnehmer- und Arbeitgeberinteressen bewirken.[1068] Die Vorschrift des § 626 BGB geht – anders als etwa § 13 BDG – davon aus, dass auf beiden Seiten eine Gefährdungslage besteht, die im Wege praktischer Konkordanz aufzulösen ist.[1069] Wenn aber – in beamtenrechtlichen Dienstverhältnissen – auf einer Seite der Staat selbst am Abwägungsprozess teilnimmt, so lässt sich bereits dogmatisch nicht an diese besondere Interessenlage anknüpfen, da der Staat gem. Art. 1 Abs. 3 GG nicht grundrechtsberechtigt, sondern grundrechtsgebunden ist. Damit geht § 13 BDG von einer anderen Grundkonstellation aus, auf die die Sachverhalte und Wertungen im privatrechtlichen Bereich nicht übertragen werden können. Diese rechtsdogmatischen Unterschiede lassen einen Vergleich der Reaktionsmöglichkeiten in privaten Arbeitsverhältnissen mit denen in beamtenrechtlichen Dienstverhältnissen – also des § 626 BGB einerseits und des § 13 BDG andererseits – nicht bzw. nur sehr eingeschränkt zu. Eine Orientierung der Arbeitsgerichte an der Rechtsprechung des Disziplinarrechts muss aus diesem Grund daher abgelehnt werden.[1070]

1066 BAG v. 6.12.2001, NJW 2002, 3651 ff.; *Reuter* NZA 2009, 594, 595.

1067 *Reuter* NZA 2009, 594, 595.

1068 ErfK/*Niemann*, § 626 BGB Rn. 14.

1069 ErfK/*Niemann*, § 626 BGB Rn. 14.

1070 Im Ergebnis auch *Rieble*, NJW 2009, 2101, 2105.

IV. Gesamtbewertung

Die vorstehenden Ausführungen haben gezeigt, dass eine Annäherung der verschiedenen Fachgerichtsbarkeiten im Hinblick auf den Umgang mit geringwertigen Vermögensdelikten durch die Beschäftigten nicht realisierbar, aber wohl auch nicht geboten ist. Die strafrechtliche Handhabung ist aufgrund der unterschiedlichen Zwecke und Zielsetzungen dieser beiden Rechtsgebiete von vornherein ungeeignet, dem Arbeitsrecht eine Vorlage für den Umgang mit geringwertigen Vermögensdelikten zu bieten. Aber auch die Rechtsprechung der Zivilgerichte zu geringwertigen Vermögensdelikten von Organmitgliedern hat gezeigt, dass zwar dogmatisch ein Widerspruch besteht, es sich aber sowohl phänomenologisch als auch rechtlich um kaum vergleichbare Sachverhalte handelt.[1071] Letztendlich hat auch die Untersuchung der Rechtsprechung des BVerwG zu geringwertigen Vermögensdelikte von Beamten und Soldaten verdeutlicht, dass sich insoweit ein Vergleich der Gerichtsbarkeiten verbietet. Eine unterschiedliche Behandlung im Beamtenrecht rechtfertigt sich ebenfalls aus dem Sanktionscharakter des Letzteren und aus der Tatsache, dass dort ein wesentlich umfangreicheres Instrumentarium des Dienstherrn zur Verfügung steht, als dies für private Arbeitgeber existiert. Sind im Disziplinarrecht Abstufungen in den Sanktionsmöglichkeiten verfügbar, die im Arbeitsrecht schlicht nicht existieren, so kann dies eine abweichende Behandlung von geringwertigen Vermögensdelikten rechtfertigen und auch gebieten.[1072]

Lassen sich die rechtstatsächliche Behandlung von geringwertigen Vermögensdelikten im Strafrecht und im allgemeinen Zivilrecht sowie im Beamtenrecht einerseits und im Arbeitsrecht andererseits zwar aus Sachgründen nicht harmonisieren, schließt dies aber nicht aus, die in der Arbeitsgerichtsbarkeit vorherrschenden Wertungen darauf zu überprüfen, ob eine Annäherung – soweit dies möglich ist – geboten erscheint.

C. Systematischer Widerspruch bei der Beurteilung von geringwertigen Vermögensdelikten im Vergleich zur Behandlung anderer Kündigungssachverhalte?

Während in der öffentlichen Diskussion regelmäßig die (vermeintliche) Widersprüchlichkeit bei der Behandlung von Bagatellkündigungen im Arbeitsrecht im

1071 *Reuter*, NZA 2009, 594.

1072 *Reuter*, NZA 2009, 594, 595.

Vergleich zum Umgang mit Managern oder generell in anderen Fachgerichtsbarkeiten herausgestellt wird,[1073] wurde ein anderer und wohl gravierenderer Widerspruch innerhalb des Kündigungsschutzrechts kaum aufgegriffen. Auch in der arbeitsrechtlichen Literatur wird er nur vereinzelt erwähnt:[1074] Zwar können Arbeitnehmer - nach einer umfassenden Interessenabwägung - wirksam wegen eines geringwertigen Vermögensdelikts außerordentlich gekündigt werden. Wenn sie jedoch etwa jahrelang kaum Leistungen erbringen, andere Kollegen sexuell belästigen oder durch massive Schlechterfüllung hohe Kosten oder Schäden verursachen, erschwert das deutsche Kündigungsrecht zumeist die Beendigung des Arbeitsverhältnisses durch den Arbeitgeber erheblich.[1075] Insbesondere bei den Fällen der Minder- und Schlechtleistung muss der Arbeitgeber nicht nur die Fehler des entlassenen Mitarbeiters nachweisen, sondern diese auch ins Verhältnis zu seiner Leistungsfähigkeit und zur Fehlerquote der anderen Kollegen setzen. Eine solche Dokumentation wird oftmals für einen langen Zeitraum gefordert, damit der Nachweis erbracht werden kann, dass es sich nicht nur um einen vorübergehenden Abfall der Leitungsfähigkeit des Arbeitnehmers handelt. Oftmals ist der Arbeitgeber nur in Fällen extremer Unfähigkeit mit seiner Kündigung erfolgreich.[1076] Diese Hürden führen im Ergebnis häufig dazu, dass der Arbeitgeber dem Arbeitnehmer entweder hohe Abfindungen zahlt, um eine Auflösung des Arbeitsverhältnisses zu erreichen, oder aber ganz auf eine Kündigung verzichtet. Dies mag in größeren Unternehmen weniger Schwierigkeiten bedeuten, kann aber kleinere durchaus erheblich belasten. Eine Lösung der vertraglichen Beziehungen ist in diesen und vergleichbaren Konstellationen ungleich schwerer, obwohl auch die erwähnten Vorkommnisse geeignet sind, den Betriebsfrieden nachhaltig zu stören.[1077]

Insoweit wurde konstatiert,[1078] dass bei der Beurteilung von Bagatelldelikten ein Widerspruch zu anderen Pflichtverletzungen von Arbeitnehmern bestehe. Es stelle ein Missverhältnis in den Wertungen der Rechtsprechung dar, wenn die Entwendung einer geringwertigen Sache - mehr oder weniger automatisch - als wichtiger Grund für eine Kündigung angesehen wird, während anderweitiges Fehlverhalten des Arbeitnehmers erst dann geahndet wird, wenn

1073 Vgl. zu diesem Problemkreis ausführlich unter B.

1074 Siehe bspw. *Preis*, AuR 2010, 187, 190.

1075 *Budras*, FAZ v. 17.10.2009, S. 11 „In der Kündigungsfalle“.

1076 *Budras*, FAZ v. 17.10.2009, S. 11 „In der Kündigungsfalle“.

1077 *Budras*, FAZ v. 17.10.2009, S. 11 „In der Kündigungsfalle“.

1078 Siehe etwa *Gerhards*, BB 1996, 794, 796.

eine Erheblichkeitsschwelle überschritten ist.[1079] In anderen Bereichen des Kündigungsrechts würden nur Delikte berücksichtigt, die eine gewisse Bedeutung erreichen oder die Schwelle der Beharrlichkeit überschreiten.[1080] So müsse bspw. eine Beleidigung eine erhebliche Ehrverletzung[1081] beinhalten, um arbeitsrechtliche Sanktionen auszulösen. Bei der Verletzung der Arbeitspflicht werde eine Beharrlichkeit vorausgesetzt.[1082] Damit liege selbst bei einer Verletzung der Hauptleistungspflichten kein regelmäßiger Grund für eine außerordentliche Kündigung vor.

Dem soll im Folgenden nachgegangen werden. Zunächst erfolgt eine Systematisierung der Pflichtverletzungen, um einen Überblick zu vermitteln und die verschiedenen Pflichtverletzungen einem direkten Vergleich mit geringwertigen Vermögensdelikten unterziehen zu können. Grundsätzlich sind, auch im Arbeitsverhältnis, die Verletzung von Haupt- und Nebenpflichten zu unterscheiden.

I. Die Verletzung von Hauptpflichten

Gemäß § 611 Abs. 1 BGB verpflichtet sich der Arbeitnehmer durch den Arbeitsvertrag zur Leistung der versprochenen Dienste. Der Arbeitnehmer ist als Schuldner nach der vereinbarten Tätigkeitsbeschreibung zur ausreichenden und notwendigen Erfüllung seiner Hauptpflicht angehalten, die richtige Leistung zur richtigen Zeit am richtigen Ort dem richtigen Gläubiger gegenüber zu erbringen.

1. Arbeitsverweigerung

Der Arbeitnehmer kann seine Hauptpflichten zunächst dadurch verletzen, dass er die Arbeit verweigert. Eine Arbeitsverweigerung liegt vor, wenn der Arbeitnehmer sich entweder ausdrücklich oder durch schlüssiges Verhalten weigert, seine arbeitsvertraglich geschuldete Leistung zur vereinbarten Zeit am vereinbarten Ort zu erbringen, obwohl er weiß oder wissen muss, dass er zur Leistung verpflichtet ist.[1083] Um eine Arbeitsverweigerung überhaupt als solche klassifizieren zu können, muss zunächst die Leistungspflicht, zu der ein Arbeitnehmer nach dem Arbeitsvertrag verpflichtet ist, klar umrissen sein. Dies kann grundsätzlich nur in einem Vergleich zwischen der vertraglich geschuldeten Arbeitsleistung und der vom Arbeitgeber verlangten und vom Arbeitnehmer verweigerten Leistung festgestellt

1079 *Schlachter*, NZA 2005, 433, 434; Widmaier/*Hiebl/Becker*, § 30 II1 b Rn. 58.
1080 *Schlachter*, NZA 2005, 433, 434.
1081 BAG v. 10.10.2002, EzA Nr. 1 zu § 626 BGB 2002 Unkündbarkeit.
1082 BAG v. 14.2.1978, AP Nr. 58 zu Art. 9 GG Arbeitskampf.
1083 MüArbR/*Wank*, Bd. I 2009, § 98 Rn. 71.

werden.[1084] Nur, wenn der Arbeitnehmer die verlangte Leistung tatsächlich zu erbringen hatte, kann eine Arbeitsverweigerung vorliegen.

Ist im Arbeitsvertrag eine bestimmte Tätigkeit des Arbeitnehmers vereinbart, so ist allein das Vereinbarte maßgeblich. Der Arbeitgeber kann dem Arbeitnehmer nicht einseitig eine andere Tätigkeit zuweisen und damit die vertraglich vereinbarte Leistungspflicht verändern. Das Direktionsrecht beschränkt sich bei der Festlegung der geschuldeten Leistung allein darauf, dem Arbeitnehmer die im Rahmen der vereinbarten Tätigkeit liegenden Einzelverrichtungen zuzuweisen. Diese Begrenzung des Direktionsrechts bezieht sich nicht nur auf den sachlichen, sondern auch auf den örtlichen Umfang der geschuldeten Leistungen und damit auch auf die rechtlichen Möglichkeiten einer Verlegung des lokalen Tätigkeitsfeldes in den verschiedenen Zusammenhängen. Die Arbeitsgerichte sind in diesem Zusammenhang meist mit Fällen befasst, bei denen der Arbeitnehmer annimmt, zu einer bestimmten Arbeitsleistung nicht verpflichtet zu sein, bspw. weil es sich um eine (ggf. nur vermeintlich) nicht vom Direktionsrecht umfasste Arbeitsanweisung handelt oder der Arbeitnehmer angeordnete Überstunden ablehnt.[1085] Darüber hinaus kann eine Tätigkeit für den Arbeitnehmer unzumutbar sein, wenn sie lebensbedrohlich ist oder seine Gesundheit erheblich gefährdet. Auch die Aufforderung zu Gesetzesverstößen kann ein Arbeitnehmer zurückweisen; oder er kann die Arbeit verweigern, sofern der Arbeitgeber zuvor selbst gegen seine Pflichten verstoßen hat, etwa über einen längeren Zeitraum kein Gehalt gezahlt hat. Als schwierig gelten Fälle, in denen eine Arbeit mit den moralischen oder religiösen Überzeugungen eines Arbeitnehmers kollidiert.[1086] Eine Arbeitsverweigerung kann auch bei „passiver Resistenz“ oder bei „aktivem Nichtstun“,[1087] obwohl Arbeit vorhanden wäre, angenommen werden.[1088]

Die Arbeitsverweigerung soll eine Kündigung zudem nur dann rechtfertigen können, wenn sie beharrlich erfolgt.[1089] Dies ist dann der Fall, wenn eine Nachhaltigkeit im Willen des Arbeitnehmers zu erkennen ist und dieser demnach die ihm übertragene Arbeit bewusst und dauerhaft trotz ausgesprochener Abmahnung nicht leistet.[1090] Es reicht nicht aus, dass der Arbeitnehmer lediglich eine Weisung des Arbeitgebers nicht befolgt; vielmehr muss eine sog. intensive

---

1084 MüArbR/*Berkowsky*, Bd. I 2009, § 114 Rn. 81.
1085 Vgl. hierzu LAG Köln v. 27.4.1999, NZA 2000, 39 ff.
1086 Siehe hierzu BAG v. 24.2.2011, NZA 2011, 1087 ff.
1087 *Preis*, AuR 2010, 186, 190.
1088 *Preis*, AuR 2010, 186, 190.
1089 BAG v. 21.11.1996, AP Nr. 130 zu § 626 BGB.
1090 MüArbR/*Berkowsky*, Bd. I 2009, § 114 Rn. 84.

Weigerung[1091] vorliegen,[1092] die es erlaubt, ihr die Qualität einer ernsthaften und endgültigen Erfüllungsverweigerung beizumessen (§ 323 Abs. 2 Nr. 1 BGB).[1093] Für eine beharrliche Arbeitsverweigerung genügt also regelmäßig nicht ein einmaliges Verhalten des Arbeitnehmers. Der Arbeitnehmer muss sich somit wiederholt den Anweisungen seines Vorgesetzten in einer Weise widersetzt haben, was erst den Schluss zulässt, dass die Anweisungen auch in der Zukunft nicht beachtet werden. Auf die Anforderung der beharrlichen Arbeitsverweigerung kann ausnahmsweise nur dann verzichtet werden, wenn aus der einmaligen Vertragsverletzung der nachhaltige Wille des Arbeitnehmers erkennbar ist, seinen arbeitsvertraglichen Pflichten nicht nachkommen zu wollen.[1094]

Somit ist festzustellen, dass bei der Arbeitsverweigerung ein „an sich" geeigneter Grund für die außerordentliche Kündigung erst bei einer beharrlichen Arbeitsverweigerung besteht, obwohl auch hier die Vermögensinteressen des Arbeitgebers tangiert sind, und dies wohl nicht selten in größerem Ausmaß als bei einem geringwertigen Vermögensdelikt.[1095] Zudem wird hier regelmäßig der Ausspruch einer Abmahnung als ausreichend angesehen, um das typische Interesse bei einem Erstverstoß im Dauerschuldverhältnis zu befriedigen, anders als dies bei Bagatelldelikten herkömmlich gesehen wird.[1096]

2. Schlecht- oder Minderleistung

Ob bei einer Schlecht- oder Minderleistung von Arbeitnehmern ein personenbedingter oder aber ein verhaltensbedingter Kündigungsgrund vorliegt, hängt davon ab, ob der Arbeitnehmer in der Lage ist, die vertragsgemäße Leistung zu erbringen, wenn er denn wollte,[1097] oder ob er die vertragsgemäße Leistung nicht erbringen kann, obwohl er möchte.[1098] Entscheidend ist, ob das Leistungsdefizit auf einer mangelnden Eignung oder aber auf einem mangelnden Leistungswillen beruht.[1099]

Die Beurteilung der Arbeitsleistung ist in der Praxis nicht einfach, da der Arbeitnehmer – anders als bspw. ein Bauunternehmer im Rahmen eines Werkvertrags iSd § 631 BGB – keinen bestimmten Erfolg schuldet. Zudem schuldet ein

1091 Der Arbeitnehmer droht bspw. eine Krankheit an, um nicht arbeiten zu müssen.
1092 Staudinger/*Preis*, § 626 BGB Rn. 143.
1093 Siehe hierzu etwa BAG v. 21.11.1996, AP § 626 BGB Nr. 130.
1094 BAG v. 21.11.1996, AP § 626 BGB Nr. 130.
1095 Widmaier/*Hiebl/Becker*, § 30 II Rn. 58.
1096 *Preis*, AuR 2010, 186, 190.
1097 In diesem Fall liegt ein verhaltensbedingter Kündigungsgrund vor.
1098 In diesem Fall liegt ein personenbedingter Kündigungsgrund vor.
1099 MüArbR/*Berkowsky*, Bd. I 2009, § 114 Rn. 71.

Arbeitnehmer seinem Unternehmen nicht Spitzenergebnisse, sondern nur eine Leistung mittlerer Art und Güte (§ 243 Abs. 1 BGB).[1100] Der Arbeitnehmer ist lediglich verpflichtet, die ihm übertragene Tätigkeit unter Anpassung der ihm möglichen Fähigkeiten ordnungsgemäß zu erbringen.[1101] Dazu meint das BAG: „Ein Arbeitnehmer genügt – mangels anderer Vereinbarungen – seiner Vertragspflicht, wenn er unter angemessener Ausschöpfung seiner persönlichen Leistungsfähigkeit arbeitet.“[1102] Die Rechtsprechung verwendet insoweit den sog. „subjektiven Leistungsbegriff“, der die Rechtspraxis vor erhebliche Schwierigkeiten bei der Bewertung von Kündigungen sog. „Minderleister“ oder „low performer“[1103] stellt.[1104] Quantitativ ungenügende und qualitativ schlechte Leistungen des Arbeitnehmers sind zwar geeignet, eine ordentliche Kündigung zuzulassen; in den seltensten Fällen rechtfertigen sie jedoch eine außerordentliche Kündigung. Eine außerordentliche Kündigung ist nur dann möglich, wenn der Arbeitnehmer bewusst seine Arbeitskraft zurückhält und nicht unter angemessener Anspannung seiner Kräfte und Fähigkeiten arbeitet oder wenn infolge der Fehlleistung ein nicht wiedergutzumachender Schaden entsteht und bei Fortsetzung des Arbeitsverhältnisses ähnliche Fehlleistungen des Arbeitnehmers zu befürchten sind.[1105]

Zwar gibt es auch einige - wenige - Entscheidungen des BAG, in denen Kündigungen wegen Schlecht- oder gar Nullleistungen als gerechtfertigt angesehen wurden. Die in diesen Entscheidungen aufgestellten Anforderungen sind aber in der Praxis kaum zu erfüllen. Arbeitgebern ist es daher nur unter erheblich erschwerten Voraussetzungen möglich, in einer ihrer Darlegungs- und Beweislast genügenden Weise[1106] zu belegen, dass ein Arbeitnehmer kündigungsrelevante Schlecht- oder Minderleistungen erbracht hat. Dafür genügt weder der Nachweis, dass der Arbeitnehmer leistungsschwächer ist als vergleichbare Arbeitnehmer, noch ist es ausreichend, wenn die Arbeitsleistung des betroffenen Arbeitnehmers unter dem Durchschnitt liegt. Eine Kündigung wegen Minderleistung ist deshalb faktisch nur dann möglich, wenn festgestellt werden kann, welche Leistungen allgemein von einem vergleichbaren Arbeitnehmer erwartet werden können und dass die von dem gekündigten Arbeitnehmer erbrachten

1100 Backmeister/Trittin/Mayer/*Mayer*, § 1 KSchG Rn. 276.
1101 BAG v. 21.5.1992, NZA 1992, 1028, 1029.
1102 BAG v. 17.1.2008, NZA 2008, 693, 694.
1103 Arbeitnehmer mit reduziertem Leistungsprofil.
1104 *Preis*, AuR 2010, 4, 8.
1105 LAG Kiel v. 11.7.2001 – 2 Sa 135/01 Rn. 19 – juris.
1106 Backmeister/Trittin/Mayer/*Mayer*, § 1 KSchG Rn. 276.

Leistungen auf Dauer unter den als Normalwert anzusehenden Leistungen liegen. Insoweit können nur konkrete tatsächliche Angaben des Arbeitgebers, nicht aber lediglich allgemeine Wertungen berücksichtigt werden.[1107] Hat der Arbeitgeber (substanziiert) vorgetragen, dass die Leistungen des Arbeitnehmers über einen längeren Zeitraum den Durchschnitt erheblich unterschritten haben, ist es Sache des Arbeitnehmers, hierauf zu entgegnen und darzulegen, warum er mit seiner deutlich unterdurchschnittlichen Leistung dennoch seine persönliche Leistungsfähigkeit ausschöpft. Hier können altersbedingte Leistungsdefizite, Beeinträchtigungen durch Krankheit, aber auch betriebliche Umstände evident sein. Legt der Arbeitnehmer derartige Umstände plausibel dar, so ist es sodann wieder Sache des Arbeitgebers, sie zu widerlegen.[1108] Schließlich muss auch die Minderleistung erheblich sein.[1109]

Im Falle der Schlechtleistung kommt eine außerordentliche Kündigung grundsätzlich nur dann infrage, wenn der Arbeitnehmer vorsätzlich seine Leistungskraft zurückhält. Dies muss der Arbeitgeber im Streitfall beweisen. Will er wegen fehlerhafter Arbeitsleistung kündigen, so ist zunächst zu beachten, dass Fehler nur jenseits bestimmter Toleranzgrenzen kündigungsrechtlich relevant werden können, weil eine stets fehlerfreie Arbeitsleistung nicht gefordert werden kann.[1110] Deshalb ist es erforderlich, dass der Arbeitgeber den von ihm herangezogenen Vergleichsmaßstab substanziiert darlegt, um das Gericht in die Lage zu versetzen, selbstständig feststellen zu können, dass eine nicht mehr zu tolerierende Fehlerquote vorliegt. Dabei ist die von einem durchschnittlichen vergleichbaren Arbeitnehmer zu erwartende Arbeitsleistung bzw. die insoweit gewöhnlicherweise auftretende Fehlerquote genau darzulegen, und zwar einschließlich der im konkreten Fall herangezogenen Erkenntnisquellen. Lediglich die allgemeine Beschreibung einer fehlerhaften Arbeitsleistung genügt diesen prozessualen Anforderungen nicht.[1111]

Bagatellen reichen im Falle der Schlecht- und Minderleistung somit jedenfalls nicht aus, um eine (außerordentliche) Kündigung des Arbeitnehmers zu rechtfertigen.[1112]

1107 LAG Niedersachsen v. 13.7.1988, AuR 1989, 287.

1108 BAG v. 11.12.2003, NZA 2004, 784 ff.

1109 HaKo/*Zimmermann*, § 1 KSchG Rn. 389.

1110 Jedem Arbeitnehmer kann aufgrund der unvollkommenen menschlichen Natur ein Fehler unterlaufen.

1111 MüArbR/*Berkowsky*, Bd. I 2009, § 114 Rn. 77.

1112 *Preis*, AuR 2010, 186, 190.

3. *Unpünktlichkeit*

Unpünktlichkeit ist ebenfalls eine Hauptpflichtverletzung, da der Arbeitnehmer dem Arbeitgeber seine Arbeitsleistung vorenthält.[1113] Das verspätete Erscheinen zur Arbeit scheint eine typische Bagatelle zu sein.[1114] Eine einmalige Unpünktlichkeit eines Arbeitnehmers rechtfertigt nach allgemeiner Auffassung von vornherein keine außerordentliche Kündigung – insbesondere nicht, wenn die Fehlzeit ohne Schwierigkeit durch Umdisposition kompensiert werden kann.[1115]

Im Jahr 1988 hatte das BAG bei einem Arbeitnehmer, der in eineinhalb Jahren 104 Mal zu spät zur Arbeit erschien und bei dem auch sechs Abmahnungen des Arbeitgebers keine Abhilfe schaffen konnten, eine außerordentliche Kündigung für unwirksam erklärt.[1116] Nach Ansicht des Gerichts reiche eine Betriebsbuße hier als Sanktion aus, wenn durch das Verhalten des Arbeitnehmers die „betriebliche Verbundenheit der Mitarbeiter"[1117] nicht konkret gestört werde. Diese Rechtsprechung erfuhr viel Kritik[1118] und wurde inzwischen klarstellend vom BAG korrigiert.[1119] Mittlerweile gilt, dass einem Arbeitnehmer, der trotz Abmahnung wiederholt zu spät kommt, durchaus außerordentlich gekündigt werden kann. Allerdings muss die Unpünktlichkeit den Grad und die Auswirkung einer beharrlichen Verweigerung der Arbeitspflicht erreicht haben.[1120]

Auch wenn der Arbeitgeber ein vertragswidriges Verhalten zunächst geduldet hat, kann er durch eine Abmahnung zeigen, dass er dies in Zukunft anders handhaben möchte. Hat bspw. ein Arbeitnehmer am Vortag erheblich mehr gearbeitet und ist er in der Folgezeit deshalb wiederholt zu spät gekommen, so wird zu differenzieren sein. Soweit es sich um gesetzlich erlaubte Mehrarbeit handelt, zu deren Verrichtung der Arbeitnehmer verpflichtet war, muss er den Dienst am folgenden Tag pünktlich antreten. Verweigert der Arbeitnehmer dies trotz Abmahnung, kann er fristlos gekündigt werden. Anders stellt sich die Situation dar, wenn der Arbeitnehmer überobligationsmäßige Zusatzarbeiten übernommen hat.

Dass im Zusammenhang mit Verspätungen aber Bagatellen keinesfalls ausreichen, verdeutlicht eine Entscheidung des LAG Niedersachsen,[1121] in der das

1113 *Preis*, AuR 2010, 186, 190.
1114 *Preis*, AuR 2010, 186, 190.
1115 LAG Hamm v. 15.7.1988, LAGE Nr. 41 zu § 626 BGB (Leitsatz 2).
1116 BAG v. 17.3.1988, NZA 1989, 261 ff.
1117 BAG v. 17.3.1988, NZA 1989, 261.
1118 *Preis*, DB 1990, 630, 634.
1119 BAG v. 27.2.1997, NZA 1997, 761 ff.
1120 LAG Hessen v. 10.11.2004 – 2 Sa 756/04 Rn. 19–20 – juris.
1121 LAG Niedersachsen v. 19.1.1960, BB 1960, 407 (Leitsatz 1).

Gericht die auf Unpünktlichkeit gestützte fristlose Kündigung eines Arbeitnehmers für unwirksam erklärt hat, weil der Arbeitnehmer, der in einem Wohnheim des Arbeitgebers wohnte, nicht geweckt wurde.

Es kann demnach festgehalten werden, dass Unpünktlichkeit des Arbeitnehmers zwar grundsätzlich eine Kündigung (regelmäßig aber keine außerordentliche Kündigung) rechtfertigen kann, aber niemals bei einem erstmaligen Verstoß. Insoweit ist zunächst stets der Ausspruch einer Abmahnung erforderlich. Auch hier gilt also abermals, dass Bagatellen im Bereich der Unpünktlichkeit nicht zum Anlass für eine Beendigung des Arbeitsverhältnisses genommen werden können.

4. *Unentschuldigtes Fehlen*

Bei Fällen des unentschuldigten Fehlens erscheint der Arbeitnehmer überhaupt nicht, um die geschuldete Arbeitsleistung zu erbringen, und dies, ohne einen hinreichenden Grund für sein Ausbleiben zu haben. Fraglos stellt das unentschuldigte Fehlen eine Verletzung der Hauptleistungspflichten des Arbeitnehmers dar. Dies soll aber gleichwohl erst bei wiederholtem Auftreten eine außerordentliche Kündigung rechtfertigen können.[1122] Zudem soll stets eine einschlägige Abmahnung erforderlich sein, damit ein wiederholtes unentschuldigtes Fehlen eine Kündigung rechtfertigen kann.[1123]

Fällt die Abwesenheit des Arbeitnehmers zeitlich nicht ins Gewicht und kann sie ohne Schwierigkeiten durch Umdispositionen überbrückt werden, soll demgegenüber kein außerordentlicher Kündigungsgrund vorliegen.[1124] Ähnliches gilt bspw. für den eigenmächtigen Urlaubsantritt[1125] oder nicht genehmigte Raucherpausen des Arbeitnehmers. Letztere müssen jedoch als exzessiv einzuordnen sein, um arbeitsrechtliche Konsequenzen zu rechtfertigen. Dies wurde bspw. bei 50 Zigaretten pro Tag angenommen, was zu einer verlorenen Arbeitszeit von täglich ca. 1,5 Stunden führte.[1126]

1122 BAG v. 24.11.1983, AP Nr. 76 zu § 626 BGB; BAG v. 16.3.2000, AP Nr. 114 zu § 102 BetrVG 1972.

1123 Vgl. BAG v. 15.3.2001, EzA § 626 nF. BGB Nr. 185.

1124 Zumindest ein einmaliges unentschuldigtes Fehlen kann noch keinen hinreichenden Anlass für eine fristlose Kündigung geben.

1125 BAG v. 22.1.1998, 2 ABR 19/97, DB 1997, 1290 f.

1126 LAG Rheinland-Pfalz v. 21.1.2010, ArbR 2010, 223.

Auch bei der Fallgruppe des unentschuldigten Fehlens reichen Bagatellfälle – also nur vorübergehende und zeitlich eher unbedeutende Vorkommnisse – nicht für eine außerordentliche Kündigung aus.[1127]

II. Die Verletzung von Nebenpflichten

Neben seinen Hauptpflichten treffen den Arbeitnehmer sog. Nebenpflichten, die die Hauptleistungspflicht ergänzen. Es werden unterschiedliche Gruppierungen zur Kategorisierung der verschiedenen Nebenpflichten gebildet. So wird teilweise zwischen Handlungs- und Unterlassungspflichten oder aber nach Neben- und Schutzpflichten, dh danach, ob sich die Pflichten primär am Leistungszweck des Arbeitsverhältnisses oder am Schutz der sonstigen Rechtsgüter des Arbeitgebers orientieren, unterschieden. Eine andere Systematik besteht in einer Aufteilung in vertragliche, vorvertragliche und nachvertragliche Nebenpflichten.[1128] Unabhängig davon, wie eine Aufteilung systematisch erfolgt, ist die dogmatische Grundlage aller Nebenpflichten in §§ 242, 241 Abs. 2 BGB begründet. Danach hat der Arbeitnehmer seine Leistung so zu bewirken, wie es Treu und Glauben mit Rücksicht auf die Verkehrssitte erfordern. Das bedeutet, dass eine Nebenpflicht einen engen Bezug zu den Hauptleistungspflichten aufweisen muss. Sie muss dazu dienen, die Erbringung der Hauptleistung vorzubereiten und zu fördern, die Leistungsmöglichkeit zu erhalten und den Leistungserfolg zu sichern. Der Arbeitnehmer ist gehalten, alles zu unterlassen, was dem Arbeitgeber und dem Betrieb abträglich ist.[1129] Hierzu gehört – wie bereits dargelegt (vgl. Kapitel 1 A.) – auch die Nebenpflicht, keine Vermögensdelikte oder andere gegen das Vermögen des Arbeitgebers gerichtete Handlungen zu unternehmen.

1. *Sexuelle Belästigung*

Schutzgut der §§ 7 Abs. 3 und 3 Abs. 4 AGG ist die sexuelle Selbstbestimmung als Konkretisierung des allgemeinen Persönlichkeitsrechts.[1130] Das Recht auf sexuelle Selbstbestimmung wird verstanden als das Recht, selbst darüber zu entscheiden, ob man unter den gegebenen Umständen von einem anderen in ein sexualbezogenes Geschehen involviert werden will.[1131] Eine sexuelle Belästigung im Sinne von § 3 Abs. 4 AGG liegt vor, wenn ein unerwünschtes, sexuell bestimmtes Verhalten

---

1127 LAG Düsseldorf v. 8.9.1953, DB 1953, 996.

1128 Vgl. hierzu Beck-OK/*Joussen*, § 611 Rn. 385 mwN.

1129 BAG v. 16.8.1990, AP Nr. 10 zu § 611 BGB Treuepflicht.

1130 Vgl. Art. 2 Abs. 1 GG iVm Art. 1 Abs. 1 GG.

1131 MüKo-StGB/*Renzikowski*, Vorb. §§ 174 ff. Rn. 31.

bezweckt oder bewirkt, dass die Würde der betreffenden Person verletzt wird.[1132] Jeder Arbeitgeber ist verpflichtet, seine Mitarbeiter vor sexuellen Belästigungen zu bewahren, die als verbotene Benachteiligung im Sinne von § 7 AGG verstanden werden.[1133]

Die Vornahme einer sexuellen Belästigung im Sinne von § 3 Abs. 4 AGG begründet gemäß § 7 Abs. 3 AGG eine Verletzung (arbeits-)vertraglicher Pflichten und kann grundsätzlich einen außerordentlichen Kündigungsgrund nach § 626 Abs. 1 BGB darstellen.[1134] Ob das Verhalten im konkreten Fall tatsächlich eine außerordentliche Kündigung rechtfertigt, hängt von den Umständen des Einzelfalls ab, insbesondere von Umfang und Intensität der Belästigung.[1135]

Eine außerordentliche Kündigung wegen sexueller Belästigung hat regelmäßig dann keinen Bestand, wenn sie nur eine „untere Stufe“ der Belästigung erreicht. So wurde die außerordentliche Kündigung eines Arbeitnehmers, der eine junge Kollegin mehrfach verbal sexuell belästigte, als nicht gerechtfertigt erachtet.[1136] In einem anderen Fall wurde das Umlegen eines Armes um die Schulter einer Auszubildenden nur als Anlass für eine Abmahnung, nicht aber für eine außerordentliche oder ordentliche Kündigung angesehen.[1137] Eine außerordentliche und hilfsweise ordentliche Kündigung wurde ferner im Fall eines 50-jährigen Arbeitnehmers für unwirksam erachtet, der eine minderjährige Mitarbeiterin häufig berührt und gelegentlich gestreichelt, andere Mitarbeiterinnen regelmäßig gekitzelt oder ihnen hinterhergepfiffen hatte.[1138]

Lediglich eine ordentliche Kündigung (statt einer außerordentlichen Kündigung) wurde in folgenden Fällen von den Gerichten bestätigt: Androhung von Gewalt bei Ablehnung sexueller Kontakte;[1139] Berührungen, sexuelle Bemerkungen und Konfrontation mit pornografischen Bildern,[1140] Berührungen der Brust einer Mitarbeiterin,[1141] Vorhalten pornografischer Bilder und nächtliche

---

1132 Vgl. die Legaldefinition der sexuellen Belästigung in § 3 Abs. 4 AGG.
1133 Vgl. § 12 AGG.
1134 LAG Rheinland-Pfalz v. 24.10.2007 – 8 Sa 125/07 – juris.
1135 BAG v. 9.6.2011, NZA 2011, 1342; BAG v. 20.11.2014, NZA 2015, 294.
1136 LAG Hamm v. 15.10.2009 – 11 Sa 511/09 – juris.
1137 LAG Hamm v. 13.2.1997, NZA-RR 1997, 250 ff.
1138 ArbG Ludwigsburg v. 29.11.2003 – 3 Ca 2096/00 – juris.
1139 LAG Hamm v. 10.3.1999, NZA-RR 1999, 623 ff.
1140 LAG Hamm v. 25.5.2007, LAGE Nr. 11 a zu§ 626 BGB 2002.
1141 LAG Hamm v. 22.10.1996, NZA 1997, 769 ff.

telefonische Kontaktaufnahme zu einer Arbeitskollegin mit sexuell belästigenden Mitteilungen.[1142]

Für das Verwenden sexuell aufgeladener Schimpfworte[1143] hielt das LAG Sachsen eine Abmahnung für ausreichend. Zwar stellten die verwendeten Ausdrücke eine nicht entschuldbare sexuelle Belästigung dar, könnten aber nicht automatisch eine fristlose Kündigung rechtfertigen, wenn der Arbeitnehmer diese nicht direkt zu einer Kollegin, sondern mehr zu sich selbst gesagt habe und es nicht zu intensiven Belästigungen oder gar Tätlichkeiten gekommen sei.[1144] Der Ausspruch einer Abmahnung wurde auch bei einem unerwünschten Berühren der weiblichen Brust im Zuge einer Einzelfallabwägung als ausreichend erachtet, da der Täter uneingeschränkte Reue gezeigt sowie glaubhaft erklärt habe, von einem Einverständnis ausgegangen zu sein.[1145]

Außerordentliche Kündigungen wurden wegen entsprechender Sachverhalte nur selten bestätigt, so aber geschehen zB bei mehrmaligem Anfassen, bei Klapsen auf das Gesäß von Kolleginnen und verbaler Belästigungen trotz einer Betriebszugehörigkeit von 29 Jahren des Täters[1146] oder bei wiederholten Aufforderungen zum Geschlechtsverkehr und anderen sexuell belästigenden Bemerkungen mit gleichzeitigen Berührungen[1147] sowie schwerwiegenden verbalen Belästigungen,[1148] insbesondere, wenn zuvor schon eine Abmahnung ausgesprochen wurde.[1149]

Selbst, wenn also eindeutige sexuelle Belästigungen eines Mitarbeiters vorliegen, muss ein Arbeitgeber deren Umfang und Intensität bei seiner Entscheidung berücksichtigen und ggf. mit einer Abmahnung, Versetzung oder Umsetzung reagieren.[1150] Bagatellen werden demnach auch in diesem sensiblen Bereich nicht als automatisch ausreichend für eine außerordentliche Kündigung erachtet.

2. *Beleidigung*

Bei einer Beleidigung des Arbeitgebers, eines Vorgesetzten, eines Kollegen oder eines Kunden durch den Arbeitnehmer entscheiden ebenfalls stets die

---

1142 ArbG Düsseldorf v. 19.6.1997 – 11 Ca 122/97 – juris.
1143 Hier: „Leck mich“ und „fick dich“.
1144 LAG Sachsen v. 11.2.2011 – 3 Sa 461/10 – juris.
1145 Vgl. BAG v. 20.11.2014, NZA 2015, 294 ff.
1146 LAG Rheinland-Pfalz v. 24.10.2007 – 8 Sa 125/07 – juris.
1147 ArbG Lübeck v. 2.11.2000, NZA-RR 2001, 140 f.
1148 ArbG Düsseldorf v. 19.6.1997 – 11 Ca 122/97 – juris.
1149 Vgl. BAG v. 9.6.2011, NZA 2011, 1342 ff.
1150 BAG v. 9.6.2011, NZA 2011, 1342.

besonderen Umstände des Einzelfalls über die Zulässigkeit einer außerordentlichen Kündigung.

Wenn der Arbeitgeber oder andere Arbeitskollegen von einem Arbeitnehmer grob beleidigt werden und dies nach Form und Inhalt eine erhebliche Ehrverletzung darstellt, bejaht das BAG ein außerordentlicher Kündigungsgrund.[1151] Entsprechendes soll auch bei bewusst wahrheitswidrig aufgestellten Tatsachenbehauptungen gelten, soweit diese den Tatbestand der üblen Nachrede erfüllen. Der Arbeitgeber soll das bewusste Verbreiten wahrheitswidriger Behauptungen über die Geschäftsentwicklung des Unternehmens nicht hinnehmen müssen, wenn dadurch der Betriebsfrieden oder der Betriebsablauf erheblich gestört werden.[1152] Je nach Lage des Einzelfalls wurden allerdings auch durchaus grobe Herabsetzungen von Vorgesetzten[1153] oder Kunden des Arbeitgebers[1154] als nicht als ausreichend angesehen, um eine fristlose Kündigung zu tragen.

Auch eine grobe Beleidigung von Kollegen wird von der Rechtsprechung zwar als grundsätzlich geeignet angesehen, eine fristlose Kündigung zu rechtfertigen. Allerdings bestünden auch hier von Branche zu Branche erhebliche Unterschiede, was den gewöhnlichen Umgangston betreffe, wobei es aber in jedem Fall absolute Grenzen gebe.[1155] Kritik am Arbeitgeber, die im Rahmen eines vertraulichen Gesprächs zwischen Kollegen geäußert wurde, wovon der Arbeitgeber aber gleichwohl erfuhr und dem Arbeitnehmer wegen übler Nachrede und Beleidigung fristlos kündigte, sollte ebenfalls nicht geeignet sein, eine außerordentliche Kündigung zu rechtfertigen. Insoweit schütze das Recht auf Privatsphäre die in einem solchen Gespräch gefallenen Äußerungen, weshalb ein Bruch der Vertraulichkeit des Gesprächspartners nicht zulasten der anderen Gesprächsteilnehmer gehen könne.[1156]

Die außerordentliche Kündigung eines Arbeitnehmers wurde hingegen bestätigt, der seinen Arbeitgeber im Gerichtstermin wüst beschimpfte und dabei einen Vergleich mit dem Nationalsozialismus herstellte. Das Gericht war der Auffassung, dass das Grundrecht der Meinungsfreiheit zurücktreten müsse, wenn sich die Äußerungen als Angriff auf die Menschenwürde oder als eine Formalbeleidigung sowie eine Schmähung darstellten.[1157] Die außerordentliche

1151 Siehe etwa BAG v. 10.12.2009, NZA 2010, 698 ff.

1152 BAG v. 10.12.2009, NZA 2010, 698 ff.

1153 LAG Rheinland-Pfalz v. 18.8.2011, NZA-RR 2012, 16.

1154 LAG Schleswig-Holstein v. 8.4.2010 – 4 Sa 474/09 – juris.

1155 LAG Schleswig-Holstein v. 21.10.2009, LAGE Nr. 24 a zu § 626 BGB 2002.

1156 LAG Rheinland-Pfalz v. 8.9.2009, NZA-RR 2010, 212.

1157 LAG Hessen v. 14.9.2010 – 3 Sa 243/10 – juris.

Kündigung eines Mitarbeiters, der die Redewendung „Jawohl, mein Führer!" in einem betrieblichen Gespräch gebrauchte, wurde hingegen als unverhältnismäßig angesehen. Zwar läge darin ein deutliches Fehlverhalten des Mitarbeiters, jedoch könne erst bei der Wiederholung der Formulierung eine verhaltensbedingte Kündigung ausgesprochen werden.[1158]

Abermals ist festzustellen, dass für eine wirksame außerordentliche Kündigung aufgrund einer Beleidigung keine Bagatelltaten ausreichen, sondern ebenfalls eine gewisse Erheblichkeitsschwelle überschritten worden sein muss.

III. Zusammenfassung und eigener Standpunkt

Der Vergleich dieser kündigungsrelevanten Fehlverhalten legt den Schluss nahe, dass insoweit eine normative Ungleichbehandlung erfolgt. In der arbeitsgerichtlichen Rechtsprechung bestand - zumindest vor der „Emmely"-Entscheidung - ein Wertungswiderspruch bei der Beurteilung von geringwertigen Vermögensdelikten im Vergleich zu anderen Pflichtverletzungen von Arbeitnehmern.

Der Ausspruch einer wirksamen (außerordentlichen) Kündigung wegen eines geringwertigen Vermögensdelikts war nahezu ohne Weiteres wirksam, während bei den anderen Fallgruppen das Überschreiten einer Erheblichkeitsschwelle als notwendig angesehen wird und diese damit nicht mit der gleichen Strenge beurteilt werden.[1159] Insbesondere im Hinblick auf Hauptleistungspflichtverletzungen scheint es so, dass die Rechtsprechung das wirtschaftliche Interesse des Arbeitgebers an der Erbringung der Arbeitsleistung weniger stark gewichtet als sonstige Störungen in der Vertrauensbeziehung zwischen den Arbeitsvertragsparteien.[1160] Aber auch bei der sexuellen Belästigung und der Beleidigung – als exemplarische Beispiele der Verletzung der vielfältigen Nebenpflichten – zeigt sich eine normative Tendenz, dass in allen Fallgestaltungen, bei denen die Gefahr besteht, dass die Grenzen des Vertragsverhältnisses gesprengt oder aber Grundrechte des Arbeitnehmers berührt werden, im Gegensatz zur Fallgruppe der Vermögensdelikte nur eine verhaltene Anerkennung von Kündigungen durch den Arbeitgeber gegeben ist.

Der Grund für die bis zur „Emmely"-Entscheidung stark differierende Rechtspraxis wurde hauptsächlich darin gesehen, dass ein Arbeitnehmer, der ein Vermögensdelikt begeht, regelmäßig nicht den geringsten Zweifel an der

---

1158 LAG Rheinland-Pfalz v. 20.1.2011 – 11 Sa 353/10 – juris.

1159 *Preis*, AuR 2010, 186, 191.

1160 *Preis*, AuR 2010, 186, 191.

Rechtswidrigkeit seines Handelns hat.[1161] Es handele sich hier typischerweise um bewusste Rechtsverletzungen.[1162] Hingegen sei zB im Fall der Arbeitsverweigerung und auch der Beleidigung eine Erheblichkeitsschwelle schon deshalb notwendig, um typischerweise irrtumsbedingtes Fehlverhalten von den Kündigungsgründen auszunehmen.[1163] So könne sich ein Arbeitnehmer leicht für berechtigt halten, eine bestimmte, ihm zugeteilte Aufgabe nicht erfüllen zu müssen.[1164] Und in einer eskalierenden Situation könne ein Arbeitnehmer möglicherweise schnell davon ausgehen, einen noch akzeptablen Ton angeschlagen zu haben, oder in dem Bewusstsein handeln, durch den Kraftausdruck auf – vermeintlich – geschehenes Unrecht zu reagieren.[1165] Demgegenüber sei jedem Arbeitnehmer bewusst, dass er sich keine Vermögenswerte aus dem Betrieb des Arbeitgebers aneignen oder sich sonst auf Kosten des Arbeitgebers ihm nicht zustehende Vermögensvorteile verschaffen dürfe.[1166] Zwar bestehe in seltenen Fällen auch die Möglichkeit eines Irrtums über die Rechtswidrigkeit des Handelns bei geringwertigen Vermögensdelikten, etwa, wenn der Arbeitnehmer von einer mutmaßlichen Einwilligung seines Arbeitgebers ausgehe; ein solcher Irrtum könne aber im Rahmen der Interessenabwägung[1167] ohne Weiteres berücksichtigt werden.[1168] Bei Vermögensdelikten könne eine außerordentliche Kündigung zudem ihre negative Anreizfunktion präzise entfalten: Da ihnen ein rationales Kalkül vorausgehe, erhöhe die Androhung schwerwiegender Folgen die Wahrscheinlichkeit vertragsgemäßen Verhaltens.[1169] Anders sei dies hingegen bei Irrtums- oder affektgesteuerten Verhaltens wie etwa der Beleidigung. Hier lasse sich mit konsequenten Kündigungen kein verhaltenssteuernder Effekt erzielen, da solche Verhaltensweise eben nicht oder kaum vorab kalkuliert werden würden. Der Vergleich dieser Konstellationen sei insoweit nicht berechtigt.[1170]

Wenn auch bei Fällen der Beleidigung oder Arbeitsverweigerung die Grenzen zwischen verbotenem und erlaubtem Tun oftmals schwieriger zu deuten sein

1161 BAG v. 12.8.1999, AP Nr. 28 zu § 626 BGB Verdacht strafbarer Handlung.
1162 *Schlachter*, NZA 2005, 433, 434.
1163 *Schlachter*, NZA 2005, 433, 434.
1164 *Berger*, JbArbR 48, 41, 49 (2011).
1165 BAG v. 12.8.1999, AP Nr. 28 zu § 626 BGB Verdacht strafbarer Handlung.
1166 *Berger*, JbArbR 48, 41, 49 (2011).
1167 Nach aA soll bereits schon kein wichtiger Grund an sich vorliegen (vgl. unter Kapitel 1 C. III. 1. a) bb)).
1168 *Schlachter*, NZA 2005, 433, 434.
1169 *Schlachter*, NZA 2005, 433, 434.
1170 *Schlachter*, NZA 2005, 433, 434.

mögen als bei Vermögensdelikten, so wird dennoch eingewendet, dass dies für andere Fallgruppen keinesfalls gelten kann, die gleichwohl eine andere Behandlung in der Rechtspraxis erfahren.[1171] So könne kein Arbeitnehmer Zweifel an der Unrechtmäßigkeit seines Verhaltens etwa bei unerwünschten Berührungen der weiblichen Brust[1172] oder der Androhung von Gewalt bei Ablehnung sexueller Kontakte[1173] haben. Selbiges gelte, wenn ein Arbeitnehmer in weniger als zwei Jahren insgesamt 104 Mal zu spät komme.[1174] Das Vertrauen könne in solchen Fällen ebenso gestört sein wie bei geringwertigen Vermögensdelikten. Umgekehrt hätten hingegen zahlreiche Kündigungsfälle wegen geringwertiger Vermögensdelikte gezeigt, dass Arbeitnehmer durchaus irrtümlich davon ausgehen können, ihr Verhalten sei erlaubt. Auch hier gebe es also indifferente Bereiche, bei denen dem Arbeitnehmer nicht unbedingt das Verbotensein des zur außerordentlichen Kündigung führenden Handelns bewusst sein müsse.[1175] Selbst, wenn ein solcher Umstand dann im Rahmen der zweiten Stufe bei der Interessenabwägung berücksichtigt werden könne, sei dies – zumindest bis zur „Emmely"-Entscheidung – oft nur floskelhaft geschehen und habe keinen nennenswerten Einfluss im Rahmen der Abwägung gehabt.

Die (jedenfalls vormals) vorzufindenden Unterschiede bei der Behandlung geringwertiger Vermögensdelikte in Kündigungsfällen im Vergleich zu anderen Pflichtverletzungen führte zu dem Verdacht, dass Arbeitgeber diese Unterschiede bewusst ausnutzen. Das deutsche Kündigungsrecht hat grundsätzlich – auch im Vergleich zu anderen Rechtsordnungen – hohe Hürden für den Ausspruch einer arbeitgeberseitigen Kündigung errichtet.[1176] Die kündigungsschutzrechtlichen Anforderungen sowohl an die personenbedingte als auch an die verhaltensbedingte Kündigung – speziell auch bei Führungskräften – sind nur schwer zu erfüllen.[1177] Auch müssen regelmäßig Kündigungsfristen eingehalten werden;

1171 Schlachter, NZA 2005, 433, 434.

1172 LAG Hamm v. 22.10.1996, NZA 1997, 769 ff.; vgl. hierzu auch BAG v. 20.11.2014, NZA 2015, 294 ff.

1173 LAG Hamm v. 10.3.1999, NZA-RR 1999, 623 ff.

1174 BAG v. 17.3.1988, EzA Nr. 116 zu § 626 BGB.

1175 Man denke hier bspw. an die Verwendung wertloser, als Abfall deklarierter Gegenstände zum Eigenverbrauch oder zur Weitergabe an Hilfsbedürftige oder aber an das Aufladen eines Mobiltelefons im Stromnetz des Arbeitgebers.

1176 *Diller*, NZA 2006, 569.

1177 *Diller*, NZA 2006, 569 „wie will man dem Arbeitsgericht klar machen, dass eine Führungskraft nicht dynamisch genug ist, das Team nicht motivieren kann, keine neuen Impulse setzt etc.?"

und bei einigen Arbeitnehmergruppen tritt ein besonderer Kündigungsschutz hinzu.[1178]

Deshalb liegt bisweilen die Vermutung nahe, dass die tatsächlichen Anlässe für eine konkrete Kündigung gar nicht in dem (geringwertigen) Vermögensdelikt liegen, sondern in anderen Ursachen, die eine Kündigung aber nicht rechtfertigen würden oder bei denen ein Kündigungsgrund nur mit hohem Aufwand dargelegt und bewiesen werden könnte (vgl. hierzu auch Kapitel 1 C. VI.).[1179] Hinzu kommt, dass Arbeitgeber im Falle einer erfolgreichen Kündigung wegen eines Vermögensdelikts auch etwaige Abfindungszahlungen vermeiden können.[1180] Den maßgeblichen Grund, warum Arbeitgeber bei geringwertigen Vermögensdelikten zur außerordentlichen Kündigung greifen, wird also im deutschen Kündigungsrecht selbst begründet gesehen.[1181] Stand der Kündigungsentschluss auf Arbeitgeberseite fest, könne dieser über seine eigentlichen Motive Stillschweigen bewahren[1182] und sich auf die Suche nach einem anderen und leichter durchsetzbaren Grund für eine fristlose Kündigung begeben,[1183] was tatsächlich wohl nicht selten sogar mit der Hilfe einer Detektei geschah.[1184] Besonders häufig, so wird vermutet, wurde in solchen Konstellationen nach falschen Reisekosten- bzw. Spesenabrechnungen oder aber nach Bagatelldelikten gesucht, wobei Arbeitnehmern teilweise bewusst Fallen gestellt wurden.[1185] Manchmal soll die Suche nach

1178 So bedarf bspw. die Kündigung einer schwangeren Mitarbeiterin der Zustimmung der zuständigen Behörden. Ähnliches gilt zugunsten von schwerbehinderten Mitarbeitern, denen nur im Einvernehmen mit dem Integrationsamt gekündigt werden kann. Schwierigkeiten können sich auch bei der Ermittlung der zutreffenden Kündigungsfrist von besonders geschützten Mitarbeitern ergeben, speziell, wenn die ordentliche Kündigung ausgeschlossen ist.

1179 HaKo/*Gieseler*, § 626 BGB Rn. 99 d.

1180 Siehe hierzu auch *Neugebauer*, DVZ Nr. 26 v. 4.3.2004.

1181 *Diller*, NZA 2006, 569.

1182 So auch *Däubler*, Focus-Online v. 9.6.2010.

1183 *Diller*, NZA 2006, 569.

1184 Bzgl. der Erstattung von Detektivkosten, die der Arbeitgeber tätigt, um ein Vermögensdelikt des Arbeitnehmers aufzudecken, gilt, dass der Arbeitnehmer dem Arbeitgeber die durch den Einsatz eines Detektivs entstandenen Kosten zu ersetzen hat, wenn der Arbeitgeber anlässlich eines konkreten Tatverdachts einem Detektiv die Überwachung des Arbeitnehmers überträgt und dieser einer vorsätzlichen Vertragsverletzung überführt wird. Arbeitgeber sollten aber die Kosten des beauftragten Detektivs kontrollieren und ggf. mehrere Angebote einholen, da ihnen nur notwendige und angemessene Kosten ersetzt werden.

1185 Ein Arbeitgeber darf bspw. Ehrlichkeitskontrollen durchführen, indem er eine „Verführungssituation“ schafft. Auf diese Weise ermittelte Tatsachen sind im

dem Grund für eine fristlose Kündigung aber auch erst im Nachhinein begonnen haben, wenn der Arbeitgeber im Rahmen eines Kündigungsschutzprozesses erkannte, dass die zunächst vorgebrachten Kündigungsgründe für ein Obsiegen im Arbeitsgerichtsprozess nicht ausreichen.[1186]

Insoweit könnte auch eine Rolle spielen, dass es grundsätzlich unerheblich ist, ob der kündigende Arbeitgeber aus anderen Motiven als den angeführten Kündigungsgründen an der Beendigung des Arbeitsverhältnisses interessiert ist.[1187] Das Vorhandensein anderer, nicht genannter Kündigungsgründe wird durch die Gerichte nicht überprüft, weil insoweit unerheblich:[1188] Wenn ein durchschlagender Kündigungsgrund tatsächlich vorliegt, kommt es auf weitere Motive des Arbeitgebers nicht an. Arbeitgeber sind somit berechtigt, objektiv vorliegende Kündigungsgründe zum Gegenstand einer subjektiven Determination im Rahmen des Kündigungsentschlusses zu machen.[1189]

Die Bewertung dieser Phänomene muss von dem Postulat ausgehen, dass prinzipiell ein ausgewogenes Kündigungsrecht zu fordern ist, das Arbeitnehmer ausreichend schützt und Arbeitgeber nicht grenzenlos belastet.[1190] Arbeitgebern muss es möglich sein, sich von Arbeitnehmern zu trennen, die nicht leistungsbereit oder unkollegial sind.[1191] Andererseits wird das Kündigungs-(schutz)recht nur dann gesellschaftlich akzeptiert werden, wenn es zur wahrheitsgemäßen Klärung der Sachverhalte beiträgt, was zweifelhaft ist, wenn vorgeschobene, gesuchte oder gar provozierte Kündigungsgründe die wirklichen Motive vertuschen und dies von der Rechtsordnung gebilligt wird.[1192] Ein ausgewogenes Kündigungsrecht muss daher darauf zielen, es zu unterbinden, dass Arbeitgeber die wahren Kündigungsmotive durch den Kündigungsgrund eines geringwertigen Vermögensdelikte ersetzen und damit ohne Weiteres erfolgreich sein können. Ob es tatsächlich der Wahrheit entspricht, dass Arbeitgeber ihren Ausweg in einer fristlosen Kündigung wegen eines geringwertigen Vermögensdelikts aufgrund

---

Kündigungsschutzprozess verwertbar. Dem stehen nicht das Persönlichkeitsrecht des Arbeitnehmers und, sofern nicht technische Einrichtungen im Sinne von § 87 Abs. 1 Nr. 6 BetrVG eingesetzt werden, auch nicht ein Mitbestimmungsrecht des Betriebsrats entgegen.

1186 *Diller*, NZA 2006, 569.

1187 *Klueß*, AuR 2010, 192, 193; *Küttner*, in FS Bartenbach 2005, 599, 605.

1188 *Ingrid Schmidt*, laut der Thüringischen Landeszeitung v. 2.1.2010.

1189 *Fischer*, jurisPR-ArbR 16/2009 Anm. 1.

1190 Vgl. hierzu *Budras*, FAZ v. 17.10.2009, S. 11 „In der Kündigungsfalle".

1191 *Schlachter*, NZA 2005, 433, 434.

1192 So ebenfalls *Fischer*, jurisPR-ArbR 15/2010 Anm. 1.

der rigiden Rechtsprechung der Arbeitsgerichte sowohl zur verhaltensbedingten als auch betriebsbedingten Kündigung sehen, ist in manchen Fällen naheliegend, wird sich jedoch kaum hinreichend verlässlich nachweisen lassen.[1193]

Vor diesem Hintergrund ist die unter anderem[1194] mit der „Emmely"-Entscheidung einhergehende Neuorientierung der Rechtsprechung zu befürworten. Sie führte zu einer Annäherung bei der Behandlung geringwertiger Vermögensdelikte im Vergleich zu sonstigen Pflichtverletzungen im Arbeitsverhältnis und hat dazu beigetragen, die rechtstatsächlich festzustellenden Wertungswidersprüche im Vergleich zu anderen Kündigungsgründen zu verringern. Zum einen wurden Neuerungen bezüglich der Anforderungen an eine vorherige Abmahnung statuiert, und zum anderen wurden auch die allgemeinen kündigungsrechtlichen Prinzipien auf den Kündigungsgrund der Bagatelldelikte übertragen (vgl. oben unter A. I. 3. d)). Jüngere Entscheidungen der Arbeitsgerichte lassen nunmehr auch die Tendenz erkennen, dass höhere Anforderungen an die Wirksamkeit einer verhaltensbedingten Kündigung wegen eines geringwertigen Vermögensdelikts gestellt werden.

Die in der Emmely-Entscheidung des BAG niedergelegten Grundsätze sind jedoch noch zu vertiefen. Es bedarf weiterer und noch klarerer Richtlinien für die Durchführung der Interessenabwägung in diesen Konstellationen und eine folgenrichtige Anwendung der kündigungsrechtlichen Prinzipien auf den Kündigungsgrund der geringfügigen Vermögensdelikte. Deshalb sollen im abschließenden Kapitel 3 Grundsätze entwickelt werden, die einen sachgerechten Umgang mit geringfügigen Vermögensdelikten im Kündigungsschutzrecht gewährleisten helfen und Wertungswidersprüche zu anderen Pflichtverletzungen eindämmen können.

1193 *Fischer*, jurisPR-ArbR 15/2010 Anm. 1.

1194 Siehe etwa auch BAG v. 23.6.2009, NZA 2009, 1198 ff.

Kapitel 3 Die Entwicklung dogmatischer Strukturen für einen sachgerechten Umgang mit der außerordentlichen Kündigung bei Vermögensdelikten

Grundsätzlich wird mit jeder Rechtsordnung angestrebt, eindeutige Regeln aufzustellen, die deutlich und einfach zu verstehen sind und deshalb von den Betroffenen akzeptiert und befolgt werden. Die allgemeine Beachtung, gleichmäßige Anwendung und einheitliche Überprüfung dieser Regeln stellen die Voraussetzungen für eine Rechtssicherheit dar, die Vertrauen in die Richtigkeit und Gerechtigkeit der Regelung begründet.[1195] Diese Forderungen werden dann schwieriger zu erfüllen sein, wenn die zu regelnden Lebenssachverhalte differieren und unterschiedliche Behandlungen erfordern. Oftmals muss dann die Rechtssicherheit hinter der Einzelfallgerechtigkeit zurückstehen. Um Einzelfallgerechtigkeit herzustellen, bedient sich die Rechtsordnung in solchen Konstellationen unbestimmter Rechtsbegriffe und Generalklauseln,[1196] die dann durch die Gerichte auszufüllen sind. Für die außerordentliche Kündigung von Dauerschuldverhältnissen wurde die Generalklausel des § 626 BGB mit ihren unbestimmten Rechtsbegriffen geschaffen, um in der Vielzahl der von ihr erfassten Konstellationen Einzelfallgerechtigkeit zu erreichen.

Im Arbeitsrecht und im Hinblick auf geringwertige Vermögensdelikte von Arbeitnehmern bemisst die Rechtsprechung die Rechtmäßigkeit einer außerordentlichen verhaltensbedingten Kündigung an den aus § 626 Abs. 1 BGB abgeleiteten, freilich unscharfen Begriffen „an sich geeigneter Grund“ und „Interessenabwägung im Einzelfall“.[1197] Die Handhabung dieser Prüfungspunkte wird zwar durch von der Rechtsprechung entwickelte Grundsätze konkretisiert. Es verbleibt freilich eine ganz erhebliche - zugunsten der Einzelfallgerechtigkeit nicht vollständig vermeidbare - Rechtsunsicherheit, die insbesondere wegen der weiteren arbeits- und sozialversicherungsrechtlichen Konsequenzen[1198] einer arbeitgeberseitig ausgesprochenen außerordentlichen Kündigung aufgrund

1195 *Weber*, RdA 2011, 108.

1196 Unter Generalklauseln sind Rechtsnormen zu verstehen, deren Tatbestände weit gefasst sind, sodass die Rechtsprechung Generalklauseln selbst konkretisieren muss.

1197 *Preis*, LTO v. 10.6.2010.

1198 Vgl. hierzu ausführlich Kapitel 1 C. III.

von Vermögensdelikten unbefriedigend ist.[1199] Konsequenz dessen ist auch eine gewisse Orientierungslosigkeit der im Streit befindlichen Parteien und Rechtsberater, da bei außerordentlichen Kündigungen wegen eines geringfügigen Vermögensdelikts oftmals nicht prognostizierbar ist, ob die Kündigung vor Gericht Bestand haben wird. Kündigungen können aus demselben Anlass ausgesprochen, aber von den Arbeitsgerichten unterschiedlich beurteilt werden.[1200] Wenig verwunderlich ist die Akzeptanz dieser arbeitsgerichtlichen Rechtsprechung und ihren teilweise ausufernden Einzelfallentscheidungen gering.[1201]

Die fehlende Akzeptanz kann sich auch aus wandelnden Wertvorstellungen ergeben, wenn sich die gesellschaftlichen Anschauungen zu bestimmten Punkten ändern. Dies lässt sich am Berufungsurteil im Fall „Emmely" veranschaulichen (siehe hierzu ausführlich Kapitel 2 A. I. 3. a)). Die Entscheidung des Berufungsgerichts hat heftige Kritik erfahren, obwohl sich die Urteilsbegründung sowohl bei den Überlegungen zur Verdachtskündigung als auch bei der Behandlung der finanziellen Geringfügigkeit der vermögensrechtlichen Vorwürfe auf der Linie der bis dato langjährigen Rechtsprechung des BAG bewegte.[1202]

Zudem besteht die Gefahr, dass in der Praxis aufgrund des unkalkulierbaren Prozessrisikos bei den außerordentlichen Kündigungen, die ein geringwertiges Vermögensdelikt zum Inhalt haben, auf außergerichtliche Vergleiche ausgewichen wird, anstatt auf eine gerichtliche Entscheidung zu vertrauen. Dem gilt es entgegenzusteuern, da dem Ziel, der Einzelfallgerechtigkeit einen hohen Stellenwert einzuräumen, immer dann ein schlechter Dienst erwiesen wird, wenn sie im Falle der außerordentlichen Kündigung aufgrund geringwertiger Vermögensdelikte infolge der fehlenden Rechtssicherheit nicht mehr in Anspruch genommen wird.

Es stellt sich damit die Frage, ob bei der Fallgruppe der geringwertigen Vermögensdelikte bei gleichzeitiger Wahrung der Einzelfallgerechtigkeit eine höhere Rechtssicherheit erreicht werden kann.

Die Einzelfallgerechtigkeit hat für den betroffenen Arbeitnehmer und sein Arbeitsverhältnis allerdings ein hohes Gewicht. Angesichts der Diversität der Fallgestaltungen ist es erforderlich, im Ausgangspunkt an den unbestimmten Rechtsbegriffen des § 626 BGB festzuhalten. Kündigungsrecht ist grundsätzlich Einzelfallrecht. Die offene Ausgestaltung des § 626 BGB sowie die

1199 *Wollschläger*, S. 131; *Preis*, LTO v. 10.6.2010.

1200 KR/*Fischermeier*, § 626 BGB Rn. 81.

1201 Siehe etwa LAG Hessen v. 14.7.2009 – 15 Sa 173/09 Rn. 46 – juris.

1202 *Tiedemann*, ArbRB 2011, 93, 94; *Watzenberg*, NJ 2009, 256, 257; *Fischer*, jurisPR-ArbR 16/2009 Anm. 1.

rechtstatsächliche Vielfältigkeit der Kündigungssachverhalte setzt Systematisierungsversuchen somit von vorneherein Grenzen.[1203]

Klarere Konturen können dennoch erreicht werden, wenn auf der Grundlage des von § 626 BGB gesetzten Rahmens klare Leitlinien in Bezug auf geringwertige Vermögensdelikte entwickelt werden, die die Rechtsanwendung erleichtern.[1204] Dafür müssen die kündigungsrechtlichen Prinzipien auch auf Fälle außerordentlicher Kündigungen systematisch und folgerichtig angewendet werden.[1205] Das BAG kann bei mehreren vertretbaren Lösungen seiner Aufgabe als Revisionsgericht durch die Schaffung solcher klaren Leitlinien gerecht werden, die den Einzelfall zu leiten imstande sind.[1206] Eine damit einhergehende faktische Präjudizienbindung der Untergerichte kann dann für mehr Rechtssicherheit und Vertrauensschutz der Rechtsunterworfenen sorgen. Die Revisionsentscheidung über den Fall „Emmely" hat diesbezüglich bereits einen entscheidenden Beitrag geleistet.[1207] Sie hat die Weichen dafür gestellt,[1208] dass das bestehende Konzept überdacht wird und sowohl die Frage nach dem erforderlichen Vertrauen als auch die Verhältnismäßigkeit neu beleuchtet werden können.

Im Folgenden sollen die bestehenden kündigungsrechtlichen Prinzipien auf den Kündigungsgrund geringwertige Vermögensdelikte konsequent angewendet werden. Ein Schwerpunkt wird insbesondere in der Auswahl der verschiedenen Aspekte im Zuge der Interessenabwägung bestehen (unten, II. 1. a)). Im Rahmen der Interessenabwägung muss geklärt werden, ob bei begangenen Vermögensdelikten jedes auch noch so fernliegende Billigkeitskriterium im Abwägungsprozess berücksichtigt werden kann oder aber eine Beschränkung vorgenommen werden muss.[1209]

Des Weiteren können die Leitlinien auch dadurch geschärft werden, indem deutlich wird, wie die einzelnen Kriterien im Rahmen der Interessenabwägung bei geringwertigen Vermögensdelikten zu bewerten und zu gewichten sind. Bei diesen Lösungsansätzen ist zu bedenken, dass die Prüfungskriterien im Rahmen der Interessenabwägung für die Frage, ob ein wichtiger Grund und eine daraus folgende Unzumutbarkeit der Weiterbeschäftigung im Sinne von

---

1203 *Berger*, JbArbR 48, 41, 62 (2011).

1204 So auch A/P/S/*Vossen*, § 626 BGB Rn. 21; D/D/Z/*Däubler*, § 626 BGB Rn. 26.

1205 *Preis*, AuR 2010, 186, 187.

1206 *Preis*, RdA 1989, 327, 335.

1207 *Preis*, AP § 626 BGB Rn. 229; vgl. auch Kapitel 2 A. I. 3. d).

1208 Unter Rückgriff auf eine Entscheidung aus dem Jahr 2009 vgl. hierzu unter Kapitel 2 A. I. 2.

1209 *Preis*, NZA 1997, 1073, 1078.

§ 626 Abs. 1 BGB vorliegen, nicht im Sinne einer naturwissenschaftlich-mathematischen Beziehung abgearbeitet werden können. Dennoch kann für jedes Billigkeitskriterium im Rahmen der Interessenabwägung herausgearbeitet werden, was im Hinblick auf geringwertige Vermögensdelikte bei diesem zu beachten ist und welche Maßstäbe anzulegen sind.

Die nachfolgenden Ausführungen zu den einzelnen Kriterien im Rahmen der Interessenabwägung sind sodann zwar vor dem Hintergrund zu sehen, dass sie nur Mosaiksteine sind, die von den Parteien, ihren Prozessvertretern sowie dem Tatsachengericht auf den entsprechenden Fall in ein plausibles, stimmiges und widerspruchsfreies Gesamtbild einzufügen sind.[1210] Da geringwertige Vermögensdelikte aufgrund der hierzu bereits ergangenen arbeitsrechtlichen Kasuistik nach der konsequenten Ansicht des BAG generell geeignete Sachverhalte im Sinne der ersten Prüfungsstufe darstellen, kommt der Interessenabwägung auf der zweiten Prüfungsstufe eine überragende Bedeutung zu.

Aber auch die weiteren kündigungsrechtlichen Prinzipien sind konsequent auf den Kündigungsgrund der geringwertigen Vermögensdelikte anzuwenden. So wird bei genauer Beachtung des Verhältnismäßigkeitsprinzips zudem der Einsatz milderer Mittel und hier insbesondere das Erfordernis einer vorherigen Abmahnung genau zu prüfen sein (unten, III.). Ein weiterer wichtiger Gesichtspunkt ist sodann eine genaue Auseinandersetzung mit dem Vertrauensschutzprinzip (dazu unter IV.) und hier hauptsächlich die Frage, ob das Vermögensdelikt des Arbeitnehmers das Vertrauen des Arbeitgebers unwiederbringlich zerstört hat oder die Fortsetzung des Arbeitsverhältnisses durch ein verbliebenes Restvertrauen möglich ist. Während dem Prinzip der Unzumutbarkeit (siehe unten, I.) und der Gleichbehandlung (dazu unter VI.) nur vergleichsweise geringe Bedeutung zukommen wird, wird das Prognoseprinzip (dazu unter IV.) bei der Fallgruppe der geringwertigen Vermögensdelikte wiederum eine besondere Beachtung finden müssen. Wenn diese Leitlinien bei geringwertigen Vermögensdelikten erkennbar werden, kann die bestehende Rechtsunsicherheit durch diese objektivierenden Aspekte zu mehr Akzeptanz des Kündigungsschutzrechtes beitragen. Zudem können die Arbeitgeber und ggf. später die Richter die entscheidungserheblichen Gesichtspunkte besser gegeneinander abwägen. Die Folge wäre, dass die Arbeitgeber bei Kenntnis klarer Leitlinien vor dem Ausspruch ungerechtfertigter Kündigungen Abstand nehmen können. Aber auch dem betroffenen Arbeitnehmer würde eine Verdeutlichung der dogmatischen Strukturen insbesondere im Hinblick auf ein geringwertiges Vermögensdelikt

1210 *Fischer*, jurisPR-ArbR 4/2011 Anm. 3.

dabei helfen, abschätzen zu können, ob er eine Kündigungsschutzklage erhebt oder aber auf eine gerichtliche Auseinandersetzung verzichtet.[1211]

Die nachfolgenden Systematisierungsversuche sind zwar keinesfalls abschließend, aber doch so vielseitig, dass für die Fallgestaltung der geringwertigen Vermögensdelikte eine gewisse Kasuistik erstellt werden kann, die dazu beiträgt, Rechtsunsicherheiten einzudämmen.

A. Folgenrichtige Anwendung der kündigungsrechtlichen Prinzipien bei der außerordentlichen Kündigung

Die kündigungsrechtlichen Prinzipien gehen grundsätzlich nicht ineinander auf, sondern sind vielmehr zu trennen, da sie unterschiedliche Ansatzpunkte haben.[1212] Dennoch sind die Prinzipien der Verhältnismäßigkeit, Unzumutbarkeit und Interessenabwägung eng miteinander verzahnt und können wechselseitig für ein- und dieselbe Sachfrage herangezogen werden.[1213]

Für das Prinzip der Unzumutbarkeit besteht zudem der Ausnahmefall, dass dieses - im Rahmen des § 626 BGB - in der Güter- und Interessenabwägung aufgeht. Im Rahmen der Interessenabwägung spielt bei geringwertigen Vermögensdelikten zudem das Vertrauensschutzprinzip eine herausragende Rolle und muss deshalb eine besondere Beachtung finden. So fließen immer wieder Vertrauensschutzaspekte in den Abwägungsvorgang ein, was sich deutlich bei der Berücksichtigung der Dauer der unbeanstandeten Betriebszugehörigkeit sowie der Schadenshöhe zeigen wird. Dadurch wird auch gleichzeitig das Prinzip der Unzumutbarkeit von Vertrauenschutzgesichtspunkten berührt.

Bei der Darstellung des Vertrauensschutzprinzips sollen insbesondere die offengebliebenen Fragen untersucht werden, wie das Vertrauensverhältnis im Arbeitsverhältnis entsteht, das bestehende Vertrauenskapital zu bemessen ist und wie ein Arbeitgeber im Streitfall nachweisen kann, dass eben jenes im Zeitpunkt der Kündigung aufgebraucht ist.

Bei den Prinzipien der Verhältnismäßigkeit und der Güter- und Interessenabwägung handelt es sich um rechtliche Konfliktlösungsmechanismen, die die Kollision von gegensätzlichen, durch Freiheits- und Gleichheitsrechte geschützte Interessen zu bewältigen helfen.[1214] Sie stellen somit ein Mittel dar, um die Entscheidung, welches Interesse sich durchsetzen soll, rational und berechenbar

1211 *Preis*, Prinzipien, S. 7.
1212 *Temming*, Altersdiskriminierung, S. 148.
1213 *Preis*, Prinzipien, S. 135.
1214 *Temming*, Altersdiskriminierung, S. 148.

zu gestalten.[1215] Die Frage, wie der Grundsatz der Verhältnismäßigkeit und die Interessenabwägung im Rahmen des Prüfungsaufbaus des § 626 Abs. 1 BGB systematisch aufeinander bezogen sind, ist umstritten. So wird teilweise vorgeschlagen, die Verhältnismäßigkeitsprüfung der Interessenabwägung in Form eines dreistufigen Prüfungsaufbaus vorzuziehen.[1216] Dem wird entgegnet, dass eine solche zwingende Trennung der offenen Definition des wichtigen Grundes im § 626 Abs. 1 BGB („Wenn-Satz") entgegenstehe.[1217] Der Grundsatz der Verhältnismäßigkeit erlange im Rahmen der Interessenabwägung Wirksamkeit,[1218] indem die gegenläufigen Interessen beider Vertragsteile im jeweiligen Einzelfall unter Beachtung des Verhältnismäßigkeitsgrundsatzes gegeneinander abzuwägen sind.[1219] Wiederum andere sehen in dem Gebot der Interessenabwägung nach § 626 BGB eine Konkretisierung des Grundsatzes der Erforderlichkeit als Bestandteil des Verhältnismäßigkeitsprinzips.[1220] Diese rein aufbautechnische Frage hat indes auf die Ergebnisfindung keinen Einfluss. Gleichwohl sollen aus Gründen der Übersichtlichkeit sowie einer strukturierteren Prüfungsweise hier beide Prinzipien gleichberechtigt nebeneinander dargestellt werden.

Letztlich wird die Ausarbeitung im Hinblick auf das Gleichbehandlungsprinzip zeigen, dass dieses Prinzip im Rahmen der außerordentlichen Kündigung wegen eines geringfügigen Vermögensdelikts eine vergleichsweise untergeordnete Rolle spielt.

Nachfolgend sollen diese sechs Grundprinzipien des Kündigungsrechts bei der außerordentlichen Kündigung dargestellt sowie gleichmäßig und folgenrichtig auf den Kündigungsgrund der geringwertigen Vermögensdelikte angewendet werden.

I. Das Prinzip der Unzumutbarkeit bei geringwertigen Vermögensdelikten

Der Begriff der Unzumutbarkeit steht im Mittelpunkt bei der Prüfung, ob ein wichtiger Grund zur Beendigung des Arbeitsverhältnisses vorliegt.[1221]

1215 *Temming*, Altersdiskriminierung, S. 148.

1216 S/P/V/*Preis*, § 22 Rn. 552; AnwK-ArbR/*Bröhl*, Bd. 1 § 626 BGB Rn. 21, 66; HaKo/*Gieseler*, § 626 BGB Rn. 51 ff.

1217 *Berger*, JbArbR 48, 41, 46 (2011).

1218 *Berger*, JbArbR 48, 2011, 41, 46 (2011).

1219 BAG v. 9.6.2011, NJW 2012, 407; BAG v. 19.4.2012, NZA-RR 2012, 567.

1220 A/P/S/*Vossen*, § 626 BGB Rn. 91 mwN.

1221 Erman/*Belling/Riesenhuber*, § 626 BGB Rn. 49.

So ist das Prinzip der Unzumutbarkeit - anders als im KSchG - ausdrücklich für die außerordentliche Kündigung als Tatbestandsmerkmal in § 626 BGB verankert.[1222] Damit bestehen keine Zweifel daran, dass die Arbeitsgerichte zur Anwendung und Ausfüllung des Begriffs der Unzumutbarkeit verpflichtet sind.[1223]

Im Kündigungsrecht zieht das BAG den Begriff der Unzumutbarkeit allerdings nicht nur bei der außerordentlichen Kündigung, sondern auch bei der ordentlichen Kündigung heran, obwohl - wie erwähnt - das Kriterium der Unzumutbarkeit in § 1 KSchG nicht zu finden ist. Damit verwischen die Grenzen zwischen außerordentlicher und ordentlicher Kündigung.[1224] Zwischen § 1 KSchG und § 626 BGB kann gleichwohl dahingehend differenziert werden, dass im Fall des § 1 KSchG die Fortsetzung des Arbeitsverhältnisses nach Ablauf der Kündigungsfrist und im Fall der – im Rahmen dieser Untersuchung nach § 626 BGB interessierenden – außerordentlichen Kündigung ab sofort unzumutbar sein muss.[1225]

Die Unzumutbarkeit der Weiterbeschäftigung beinhaltet sowohl ein objektives als auch ein subjektives Tatbestandsmerkmal. So muss sich aus der Tat die Unzumutbarkeit eines Festhaltens an der Vertragsbeziehung für einen objektiven Dritten ergeben, aber der Arbeitgeber muss auch subjektiv das Verhalten des Arbeitnehmers als unzumutbar bewerten, da er anderenfalls keine außerordentliche Kündigung aussprechen müsste und dürfte. Für diese Umstände ist er beweispflichtig. Die These, dass aus einem Vermögensdelikt automatisch eine Unzumutbarkeit und damit ein unmittelbares und unverzügliches Trennungsbedürfnis folgen, widerspricht dem Gedanken der von Gesetz wegen erforderlichen Einzelfallprüfung.[1226]

Der Begriff der Unzumutbarkeit bewirkt allerdings keine Subjektivierung der Voraussetzungen des § 626 BGB.[1227] Ob die Fortsetzung des Arbeitsverhältnisses (un-)zumutbar ist, kann nur nach Abwägung der schutzwerten Interessen entschieden werden. Durch das Erfordernis zur Feststellung der Unzumutbarkeit oder Zumutbarkeit führt der Richter aus, was der Gesetzgeber nicht zu leisten vermag, nämlich die Grenze für den Einzelfall unter Gesamtabwägung aller

1222 A/P/S/*Preis*, 1. Teil H. Rn. 38.
1223 A/P/S/*Preis*, 1. Teil H. Rn. 38.
1224 Erman/*Belling/Riesenhuber*, § 626 BGB Rn. 44.
1225 *Hanau*, ZfA 1984, 453, 560.
1226 Palandt/*Weidenkaff*, § 626 BGB Rn. 40.
1227 Staudinger/*Preis*, § 626 BGB Rn. 73.

relevanten Aspekte zu bestimmen und so möglichst Einzelfallgerechtigkeit herzustellen.[1228]

Das Prinzip der Unzumutbarkeit wird zudem stark von Vertrauensschutzerwägungen geprägt. Dies zeigt sich daran, dass die konkrete Unzumutbarkeit des Arbeitgebers, seinen Arbeitnehmer nach einem Vermögensdelikt weiter zu beschäftigen, maßgeblich davon abhängt, ob der Arbeitgeber trotz der Handlung des Arbeitnehmers noch Vertrauen in dessen Loyalität haben kann.

Isoliert betrachtet handelt es sich bei dem Unzumutbarkeitsprinzip jedoch um ein inhaltsleeres, rein regulatives Rechtsprinzip im formellen Sinne ohne eigene materiell rechtliche Wertung. Ferner können aus ihm auch keine konkreten Rechtssätze entwickelt werden.[1229] Im Rahmen des § 626 Abs. 1 BGB ist der Begriff der Unzumutbarkeit der wesentliche Aspekt, der einer materiellen und subsumtionsfähigen Konkretisierung nicht zugänglich ist.[1230] Vielmehr kennzeichnet der Begriff der Unzumutbarkeit in § 626 Abs. 1 BGB lediglich das Ergebnis der im Rahmen der außerordentlichen Kündigung vorzunehmenden Interessenabwägung.[1231] Somit geht die Unzumutbarkeit (wie auch die Verhältnismäßigkeit im engeren Sinne)[1232] in der Güter- und Interessenabwägung auf und hat keinen eigenen Regelungsgehalt.[1233]

Die Unzumutbarkeit stellt damit das Wertungsergebnis eines Abwägungsvorgangs dar, dessen Ausgestaltung jeweils anhand des Einzelfalls zu bestimmen ist.[1234] Zudem setzt die Beurteilung der Zumutbarkeit einer Weiterbeschäftigung neben dem Abwägungsergebnis eine darauf aufbauende Prognose des zukünftigen Arbeitnehmerverhaltens voraus. Da die Unzumutbarkeit in § 626 BGB einen Rechtsbegriff ohne eigenen normativen Richtliniengehalt bildet,[1235] kann man in ihr allenfalls einen gesetzlichen Hinweis erblicken, dass nur in Ausnahmefällen ein Vertrag mit der außerordentlichen Kündigung beendet werden darf und deshalb die Interessen des Arbeitgebers die des Arbeitnehmers überwiegen müssen.[1236]

1228 *Wollschläger*, S. 170.

1229 *Preis*, Prinzipien, S. 494.

1230 *Wollschläger*, S. 168.

1231 Staudinger/*Preis*, § 626 BGB Rn. 50.

1232 Siehe hierzu sogleich unter III.

1233 Staudinger/*Preis*, § 626 BGB Rn. 73; *Preis*, Prinzipien, S. 135 ff.; Erman/*Belling/Riesenhuber*, § 626 BGB Rn. 50.

1234 *Wollschläger*, S. 95.

1235 *Preis*, Prinzipien, S. 135 ff. mwN.

1236 Erman/*Belling/Riesenhuber*, § 626 BGB Rn. 50.

II. Das Prinzip der Güter- und Interessenabwägung bei geringwertigen Vermögensdelikten

Der Abwägung der betroffenen Güter und Interessen kommt bei der außerordentlichen Kündigung wegen eines geringwertigen Vermögensdelikts eine Schlüsselstellung zu. Schon bei der Darstellung des Prinzips der Unzumutbarkeit hat sich gezeigt, dass die Interessenabwägung eine autoritative Bedeutung haben muss, da der Abwägungsprozess dazu dient, herauszufinden, ob eine Weiterbeschäftigung unzumutbar ist.[1237] Die Unzumutbarkeit bzw. die Zumutbarkeit für den Arbeitgeber, den Arbeitnehmer nach einem geringwertigen Vermögensdelikt weiter zu beschäftigen, stellt das Ergebnis dieser Abwägung dar. Dies gilt erst recht, da der sog. ersten Stufe in dem vom BAG vorgegebenen zweistufigen Prüfungsaufbau des § 626 BGB in Bezug auf geringwertige Vermögensdelikte nahezu keine den Tatbestand begrenzende Funktion zukommt.[1238] Die Rechtmäßigkeit einer außerordentlichen Kündigung entscheidet sich damit im Wesentlichen durch das Ergebnis der Interessenabwägung und damit auf der zweiten Stufe. Sie erweist sich bei geringwertigen Vermögensdelikten als entscheidende Prüfungsstufe und kann die Weichenstellung dahingehend sein, dass trotz eines „an sich" gegebenen wichtigen Grundes lediglich eine ordentliche Kündigung oder Abmahnung erforderlich sein soll.[1239]

Die Interessenabwägung ist damit von ausschlaggebender Bedeutung in jedem Kündigungsschutzprozess. Sie obliegt primär den Instanzgerichten und ist revisionsrechtlich nur eingeschränkt überprüfbar.[1240] Die erkennenden Richter der Instanzgerichte sind aber im Rahmen der zweiten Prüfungsstufe des § 626 Abs. 1 BGB nicht frei, sondern sowohl an die Grundsätze der Interessenabwägung als auch an die Berücksichtigung und Bewertung der einzelnen Interessen durch die vom BAG gesetzten Präjudizien faktisch gebunden.[1241] Deshalb ist es wichtig, dass das BAG den Instanzgerichten durch Schaffung normativer Konkretisierungen dabei hilft, eine strukturierte Interessenabwägung vorzunehmen.[1242]

Für die Interessenabwägung bei der außerordentlichen Kündigung wegen eines geringfügigen Vermögensdelikts ist ein Rückgriff auf den Grundsatz der

1237 *Oetker*, SAE 1985, 175, 176; *Preis*, Prinzipien, S. 184.

1238 So sollen nach Ansicht des BAG weder der Wert der Sache noch ein Verschulden im Rahmen der ersten Prüfungsstufe berücksichtigt werden.

1239 *Tiedemann*, ArbRB 2011, 93.

1240 *Hunold*, DB 2009, 1658, 2660.

1241 *Wollschläger*, S. 142.

1242 Schon lange gefordert von *Preis*, DB 1990, 630.

Verhältnismäßigkeit aus dem öffentlichen Recht nicht erforderlich. Bei § 626 Abs. 1 BGB ergibt sich die Ermächtigung zur richterlichen Abwägung - und ausdrücklich - schon aus dem Gesetz.[1243] § 626 Abs. 1 BGB enthält damit eine regulative Weiterverweisung der Rechtsfindung an den mit dem Einzelfall betrauten Richter.[1244] Dies ist, wie bereits beschrieben, legitim, da der Gesetzgeber zwangsläufig nicht alle regulierungsbedürftigen Konflikte erfassen kann und damit dem Richter bei einer Kollision schutzwürdiger Rechtsgüter unter Heranziehung einer Abwägung die Konfliktlösung auferlegen darf.[1245]

Eine solche Interessenabwägung wurde aber auch bereits durchgeführt, bevor das Gesetz in § 626 BGB ab dem Jahr 1969 eine Legaldefinition des „wichtigen Grundes" enthielt. Auch dies war nicht zu beanstanden, da in § 626 BGB mehrere Umstände vereinigt sind, die gleichermaßen zu einer Interessenabwägung führen müssen.[1246] Bereits das in § 626 BGB - auch seinerzeit schon - enthaltene Merkmal „wichtiger Grund" beinhaltet keine normative Konfliktentscheidung. Auch dieses Merkmal ist ein an den Richter verweisendes Regulativ und somit eine typische Generalklausel, die ihre formelle Bestätigung noch in dem nachträglich eingefügten Begriff der Unzumutbarkeit findet.[1247] § 626 Abs. 1 BGB enthält somit drei die richterliche Interessenabwägung legitimierende Anhaltspunkte: die beiden Regulative „wichtiger Grund" und „Unzumutbarkeit" sowie die ausdrückliche Anordnung einer umfassenden Interessenabwägung.[1248] Letztendlich erfordert aber auch der Umstand, dass § 626 BGB keine absoluten Kündigungsgründe kennt,[1249] dass bei jeder außerordentlichen Kündigung aufgrund eines geringwertigen Vermögensdelikts eine umfassende Interessenabwägung durchzuführen ist.

Bei der Interessenabwägung ist unter Abwägung aller Umstände des Einzelfalls zu bewerten, ob das Bestandsschutzinteresse des Arbeitnehmers höher einzustufen ist als das Interesse des Arbeitgebers an der Beendigung des Arbeitsverhältnisses.[1250] Die außerordentliche Kündigung ist somit nur dann wirksam, wenn die Interessen des Arbeitgebers gegenüber den Interessen des Arbeitnehmers

---

1243 A/P/S/*Preis*, 1. Teil H. III. Rn. 42; Staudinger/*Preis*, § 626 BGB Rn. 50.

1244 *Preis*, Prinzipien, S. 190.

1245 *Preis*, Prinzipien, S. 190.

1246 So auch A/P/S/*Preis*, 1. Teil H. III. Rn. 43.

1247 A/P/S/*Preis*, 1. Teil H. III. Rn. 43.

1248 *Preis*, Prinzipien, S. 193.

1249 BAG v. 25.3.1976, AP Nr. 6 zu § 103 BetrVG; BAG v. 15.11.1984, AP Nr. 87 zu § 626 BGB.

1250 BAG v. 16.12.2004, AP Nr. 191 zu § 626 BGB; *Weth*, jurisPK-BGB § 626 Rn. 10.

überwiegen und dieser Abgleich ergibt, dass die Fortsetzung des Arbeitsverhältnisses mit sofortiger Wirkung unzumutbar ist.[1251]

Die Rechtsprechung hat bei der außerordentlichen Kündigung wegen geringfügiger Vermögensdelikte in einer Vielzahl von Einzelentscheidungen die Berücksichtigung bestimmter einzelner Interessen zugelassen und anderen Interessen keine Bedeutung zugemessen oder sie ganz verworfen. Grundsätzlich geht die Rechtsprechung – wie bereits dargelegt[1252] – jedoch davon aus, dass nach dem Wortlaut des § 626 Abs. 1 BGB alle Umstände des Einzelfalls bei der Interessenabwägung berücksichtigt werden müssen.[1253]

Während Teile der Literatur dieser Rechtsprechung folgen,[1254] wenden Kritiker ein, dass die Rechtsprechung auf einer topischen Rechtsmethode beruhe, die auf die Prüfung verzichte, ob und welche Kriterien bei der Interessenabwägung überhaupt rechtlich bedeutsam sind.[1255] Das BAG tendiere dazu, eine Abwägung nahezu beliebiger Interessen durchzuführen.[1256] Gerade in Bezug auf Vermögensdelikte widerspreche es aber der Rechtssicherheit, wenn jegliche Umstände berücksichtigt werden könnten; vielmehr sei eine Beschränkung auf vertragsbezogene Interessen erforderlich.[1257] Sachgerecht sei damit allein, den Prüfungsmaßstab normativ auf arbeitsvertraglich relevante Umstände zu konkretisieren und zu reduzieren.[1258] Interessenverletzungen, die allein der privaten Sphäre des Arbeitnehmers oder des Arbeitgebers zuzurechnen seien, könnten weder die Unzumutbarkeit noch die Zumutbarkeit der Weiterbeschäftigung begründen. Einer solchen Limitierung trat die Rechtsprechung mit dem Hinweis entgegen, dass sie erhebliche Abgrenzungsprobleme zur Folge hätte. Beispielsweise sei das Interesse des Arbeitnehmers auf den Bestand seines Arbeitsverhältnisses wenigstens bis zum Ablauf der Kündigungsfrist seiner Privatsphäre zuzurechnen. Zudem sei eine Beschränkung der Interessen auf solche mit Relevanz für den

---

1251 ErfK/*Niemann*, § 626 BGB Rn. 24; Staudinger/*Preis*, § 626 BGB Rn. 75.

1252 Siehe bereits unter Kapitel 1 C. III. 1. b.).

1253 St. Rspr. seit BAG v. 9.12.1954, AP Nr. 1 zu § 23 GewO; vgl. hierzu auch BAG v. 27.4.2006, AP Nr. 203 zu § 626 BGB; BAG v. 26.3.2009, AP Nr. 220 zu § 626 BGB.

1254 D/D/Z/*Däubler*, § 626 BGB Rn. 46; MüArbR/*Wank*, Bd. I 2009, § 98 Rn. 124.

1255 Siehe etwa *Preis*, Prinzipien, S. 221 ff.; Staudinger/*Preis*, § 626 BGB Rn. 75; A/P/S/*Vossen*,§ 626 BGB Rn. 111 f.

1256 *Fromm*, S. 36 f.

1257 ErfK *Niemann*, § 626 BGB Rn. 24 b; *Preis*, Prinzipien, S. 224 f.

1258 Siehe etwa *Preis*, AuR 2010, 242, 246; S/P/V/*Preis*, § 22 Rn. 555; *Preis*, Prinzipien, S. 224 f.; A/P/S/*Vossen*, § 626 Rn. 111; KR/*Fischermeier*, § 626 BGB Rn. 236; ErfK/*Niemann*, § 626 BGB Rn. 24 b.

Arbeitsvertrag nicht vom Wortlaut der Norm (§ 626 Abs. 1 BGB) gedeckt.[1259] Dem Verweis auf den Wortlaut des § 626 BGB wird wiederum entgegengehalten, dass es auch dort nur um die konkreten Umstände des Einzelfalles gehe. Dieser Einzelfall liege bei geringwertigen Vermögensdelikten in einer Vertragspflichtverletzung, sodass außervertragliche Aspekte schon mangels Bezug zum Kündigungsgrund ausscheiden müssten.[1260] Eine vermittelnde Ansicht sieht eine Gewichtung der Interessen zumindest nach der Nähe zum Arbeitsvertrag bei geringwertigen Vermögensdelikten als sinnvoll an.[1261] Welcher Meinung zu folgen ist, wird letztendlich erst nach einer genauen Begutachtung der einzelnen Interessengesichtspunkte feststellbar sein.

Zudem wird auch kritisiert, dass innerhalb der einzelnen Interessengesichtspunkte noch nicht hinreichend die Art und Weise der Berücksichtigung herausgearbeitet sei.

Kritiker sehen somit das Zentralproblem der außerordentlichen Kündigungen wegen eines geringfügigen Vermögensdelikts in der von der Rechtsprechung durchzuführenden Interessenabwägung begründet.[1262] Da insbesondere durch das Prinzip der Güter- und Interessenabwägung im Rahmen des § 626 Abs. 1 BGB eine dem Einzelfall gerecht werdende und zugleich den gesetzlichen Wertungen entsprechende Entscheidung erreicht werden kann,[1263] soll im Folgenden geklärt werden, ob dieses Prinzip in Bezug auf die außerordentliche Kündigung wegen eines geringfügigen Vermögensdelikts tatsächlich bislang unzureichend herausgearbeitet wurde.

1. Grundlagen der Interessenabwägung

Die Interessenabwägung stellt in unserer Rechtsordnung einen festen Bestandteil der Rechtsfindung dar.[1264] Mit dem Ziel, den Abwägungsvorgang genauer und rationaler zu gestalten sowie ihm Denkgesetze zugrunde zu legen, deren Anwendung die Abwägung nachvollziehbar und berechenbar macht, unterteilte *Hubmann* den Abwägungsvorgang in drei Abschnitte.

1259 BAG v. 27.4.2006, AP Nr. 203 zu § 626 BGB; BAG v. 16.12.2004, AP Nr. 191 zu § 626 BGB.

1260 Vgl. etwa *Preis*, AuR 2010, 242, 247.

1261 KR/*Fischermeier*, § 626 BGB Rn. 252.

1262 *Preis*, Prinzipen, S. 185.

1263 *Preis*, Prinzipien, S. 185; *Strader/Straube*, ArbR 2009, 7, 8.

1264 *Hubmann*, S. 142.

Voraussetzung einer im Rahmen von § 626 BGB durchzuführenden, strukturierten Interessenabwägung ist - nach der (freilich grundlegenden) Vorentscheidung, ob der Richter überhaupt eine eigenständige Interessenabwägung vornehmen darf - in einem ersten Schritt das Auffinden der relevanten Interessen. Da eine vorherige Entscheidung über das „Ob" einer Interessenabwägung aufgrund der gesetzlichen Ermächtigung in § 626 Abs. 1 BGB obsolet ist, geht es also zunächst um die Frage, welche Güter und Interessen der Arbeitgeber und möglicherweise später der Richter überhaupt berücksichtigen darf, wenn der Arbeitnehmer ein geringwertiges Vermögensdelikt gegen seinen Arbeitgeber begeht.

Die tangierten und relevanten Gesichtspunkte sind anhand sorgfältiger Analyse und Erforschung des vorgetragenen Sachverhalts zu ermitteln.[1265] Scheinargumente und sachwidrige Erwägungen sind auszuschließen und nach dem Sachverhalt erhebliche Gesichtspunkte möglichst vollständig zu berücksichtigen.[1266] Dabei ist es nicht ausreichend, allein die Berücksichtigung eines Gesichtspunktes festzustellen, sondern es soll auch die Art und Weise und damit der Modus der Berücksichtigung bestimmter Umstände in den Vordergrund gerückt werden. Dafür müssen im Rahmen des ersten Prüfungsabschnitts für jedes Kriterium im Hinblick auf geringwertige Vermögensdelikte entsprechende Leitlinien entwickelt werden.

In einem zweiten Schritt ist sodann zu untersuchen, nach welchen Grundsätzen das Gewicht der einschlägigen Interessen zu bewerten ist.[1267] Die Rechtsanwender sind gehalten, für jeden Einzelfall abzugrenzen, welche Gesichtspunkte nach normativen Kriterien für diesen Fall überhaupt schutzwürdig sein können und mit welcher Schwerpunktsetzung diese Gesichtspunkte in die Abwägung einzustellen sind.

Schließlich muss der zur Rechtsfindung berufene Richter in einem letzten Schritt die Konfliktlösung herbeiführen, indem er einen Interessenausgleich festlegt.[1268]

Durch eine Vorgehensweise nach diesen Maßgaben kann - bei Schärfung der einzelnen Kriterien - eine wichtige Weiche dafür gestellt werden, dass immer da, wo der Richter eine Interessenabwägung zur Lösung eines Interessenkonflikts bezüglich eines geringwertigen Vermögensdelikts durchführt, die Gefahr

1265 *Wollschläger*, S. 142.
1266 *Hubmann*, S. 149.
1267 So auch *Preis*, Prinzipien, S. 185.
1268 *Schmalz*, Methodenlehre, Rn. 345.

divergierender Wertentscheidungen begrenzt und eine immerhin annähernd vorhersehbare Rechtsgewinnung herbeigeführt wird.[1269]

Letztlich ist darauf hinzuweisen, dass die Interessenabwägung nicht erst von den Arbeitsgerichten, sondern auch schon vom Arbeitgeber durchgeführt werden sollte. Jeder Arbeitgeber, der die außerordentliche Kündigung eines Arbeitnehmers aufgrund eines geringwertigen Vermögensdelikts in Erwägung zieht, sollte ebenfalls vorab eine gewissenhafte Abwägung vornehmen (und wird dies auch tun, wenn die Kündigung nicht aus anderen, mit der eigentlichen Tat nicht in Zusammenhang stehenden Motiven erfolgt). Für eine sachgerechte Handhabung erscheint es empfehlenswert, dass der Arbeitgeber den betroffenen Arbeitnehmer zuvor anhört. Zwar ist die Anhörung des Arbeitnehmers vor Ausspruch der außerordentlichen Kündigung – abgesehen von der Verdachtskündigung (dazu oben, Kapitel 1 C. IV. 1. c)) – keine Wirksamkeitsvoraussetzung der Kündigung.[1270] Sie erscheint aber sinnvoll im Sinne einer Obliegenheit im eigenen Interesse des Arbeitgebers,[1271] da der Kündigungssachverhalt sich regelmäßig erst nach einer Anhörung des Arbeitnehmers vollständig erfassen lässt.[1272] Der Arbeitgeber wird eine Reihe von Informationen nur von seinem Arbeitnehmer selbst erfahren (können), sodass die Anhörung hilft, den Sachverhalt – insbesondere auch aus der Sicht des Arbeitnehmers – möglichst vollständig zu erfassen.[1273] Ohne eine solche Anhörung geht der Arbeitgeber ein erhöhtes Risiko ein, dass der Arbeitnehmer im Prozess entlastende Umstände vorträgt, die den wichtigen Grund ausschließen und bei deren Kenntnis die Kündigung nicht ausgesprochen worden wäre.[1274]

Die Anhörung sollte der Arbeitgeber schriftlich dokumentieren. Der Ausspruch einer außerordentlichen Kündigung ohne eine gewissenhafte Anhörung birgt die erhöhte Gefahr ihrer Unwirksamkeit, wenn der Sachverhalt nicht ausnahmsweise auch ohne Anhörung hinreichend klar ist. Damit dient die Anhörung auch dazu, den Arbeitgeber vor einer unangemessenen Reaktion auf eine

---

1269 *Preis*, Prinzipien, S. 223; A/P/S/*Vossen*, § 626 BGB Rn. 111 f.; Staudinger/*Preis* § 626 Rn. 75.

1270 BAG v. 23.3.1972, AP Nr. 63 zu § 626 BGB; BAG v. 18.9.1997, AP Nr. 138 zu § 626 BGB.

1271 A/P/S/*Vossen*, § 626 BGB Rn. 92; MüArbR/*Wank*, Bd. I 2009, § 98 Rn. 127.

1272 BAG v. 17.3.2005, AP Nr. 46 zu § 626 BGB.

1273 A/P/S/*Vosssen*, § 626 BGB Rn. 92.

1274 BAG v. 23.3.1972, AP Nr. 63 zu § 626 BGB; BAG v. 10.2.1977, AP Nr. 9 zu § 103 BetrVG 1972.

Vertragsverletzung zu bewahren.[1275] Ein Erraten der Arbeitnehmerinteressen birgt hingegen stets die Gefahr, dass bekannte und erahnbare Interesse übersehen werden, deren Nichtbeachtung zu Fehlern in der Interessenabwägung führen.

a) Berücksichtigungsfähigkeit und Konkretisierung der schutzwürdigen Interessen

Im Folgenden sollen nunmehr die Berücksichtigungsfähigkeit sowie die Schutzwürdigkeit der einzelnen für die Abwägung infrage kommenden Gesichtspunkte mit Bezug auf geringwertige Vermögensdelikte überprüft und bewertet werden. In diesem Zusammenhang wird es auch um die Streitfrage gehen, ob bei der außerordentlichen Kündigung wegen eines geringfügigen Vermögensdelikts eine normative Eingrenzung der berücksichtigungsfähigen Interessen vorzunehmen ist. Die Konkretisierung der schutzwerten Güter und Interessen sowie das Aufzeigen objektiver Grundsätze, worauf bei diesen berücksichtigungsfähigen Interessen im Zusammenhang mit geringwertigen Vermögensdelikten zu achten ist, sollen helfen, eine nachvollziehbare Abwägungsmethodik zu entwickeln.

Die relevanten Interessen können zu Systematisierungszwecken in vertragsbezogene, betriebsbezogene, personenbezogene und sonstige (schutzwürdige) Interessen eingeteilt werden. Eine eindeutige Zuordnung wird jedoch nicht immer möglich sein, da die Interessen oftmals ineinander verschwimmen bzw. aufgehen. Zudem gibt es auch keine verbindlichen oder durch Übung praktizierten Interessenkataloge. Dennoch soll hier aus Gründen der Übersichtlichkeit im Rahmen der Aufzählung bei jedem Gesichtspunkt soweit wie möglich eine solche Systematisierung und Einordnung erfolgen. Dies zudem auch deshalb, weil der Meinungsstreit um die Forderung nach einer Berücksichtigung von lediglich vertragsbezogenen Interessen eine Kennzeichnung dieser Interessen im Rahmen der Aufzählung verlangt.

aa) Dauer der beanstandungsfreien Betriebszugehörigkeit

Die beanstandungsfreie Betriebszugehörigkeitsdauer stellt ein vertragsbezogenes Interesse dar, dem stets eine abwägungsrelevante Bedeutung beigemessen wird.[1276] Nach der Rechtsprechung des BAG und der herrschenden Meinung ist die störungsfreie Dauer des Arbeitsverhältnisses bei der Interessenabwägung – auch bei

1275 *Berger*, JbArbR 48, 41, 44 (2011).

1276 BAG v. 28.1.2010; NZA-RR 2010, 461 ff.

geringwertigen Vermögensdelikten – grundsätzlich zugunsten des Arbeitnehmers zu berücksichtigen.[1277]

Die vorangegangene Dauer des Arbeitsverhältnisses wird regelmäßig als vertrauensbildend angesehen, wenn sich der Arbeitnehmer in der Vergangenheit vertragstreu und loyal verhalten hat.[1278] Bereits im Jahr 1964 hat das BAG betont, dass die bisherige Zusammenarbeit der Boden sei, auf dem der Kündigungsschutz wurzelt.[1279] Mit der „Emmely"-Entscheidung aus dem Jahr 2010 erhielt der Aspekt der unbeanstandeten Beschäftigungsdauer eine ganz entscheidende und ausdrückliche Neu-Akzentuierung.[1280] So soll sich der Arbeitnehmer nach Ansicht des BAG nunmehr einen Vorrat an Vertrauen (bzw. ein Vertrauenskapital)[1281] aufbauen können, der sich nach der unbeanstandeten Betriebszugehörigkeitsdauer bemisst.[1282] Je länger eine Vertragsbeziehung ungestört bestanden hat, desto eher soll die Prognose berechtigt sein, dass der dadurch erarbeitete Vertrauensvorrat durch ein einmaliges Bagatelldelikt nicht vollständig zerstört werden kann.[1283] Vielmehr könne es eine lange und ungestörte Betriebszugehörigkeit für den Arbeitgeber wegen der bisher geleisteten Dienste und der massiven Auswirkungen einer fristlosen Beendigung des Arbeitsverhältnisses für den Arbeitnehmer zumutbar erscheinen lassen, das Arbeitsverhältnis jedenfalls noch bis zum Ablauf der ordentlichen Kündigungsfrist fortzusetzen oder lediglich eine Abmahnung auszusprechen. Hierbei soll danach zu unterscheiden sein, ob sich ein Arbeitnehmer bereits nach kurzer Betriebszugehörigkeit vertragswidrig verhält oder sich über mehrere Jahre hinweg einen Vertrauensvorrat erarbeitet hat. Das Kriterium der „ungestörten" Dienstzeit verlangt zudem, nicht allein auf den Bestand des Arbeitsverhältnisses zu schauen; vielmehr ist auch ein reibungsloser Ablauf erforderlich. Diese Klarstellung des BAG wird als Antwort auf die jahrelange Kritik zu Kündigungen bei geringwertigen Vermögensdelikten und damit zu solchen im Vertrauensbereich gesehen.

Der vom BAG für langjährig beschäftigte Arbeitnehmer statuierte Vorrat an Vertrauen wirft jedoch Folgefragen auf. Es ist bislang ungeklärt, unter welchen

1277 BAG v. 13.12.1984, NZA 1985, 288; Staudinger/*Preis*, § 626 BGB Rn. 79; KR/*Fischermeier*, § 626 BGB Rn. 241; *Preis*, Prinzipien, S. 232; D/D/Z/*Däubler*, § 626 BGB Rn. 48; A/P/S/*Vossen*, § 626 BGB Rn. 100.

1278 *Weth*, jurisPK-BGB § 626 Rn. 10.

1279 BAG v. 3.12.1964, BAGE 16, 345, 348.

1280 *Tiedemann*, ArbRB 2011, 93, 94.

1281 Vgl. zu den Begrifflichkeiten Vertrauensvorrat und Vertrauenskapital unter V. 4.

1282 BAG v. 10.6.2010, NZA 2010, 1227 ff.

1283 BAG v. 10.6.2010, NZA 2010, 1227 ff.

Voraussetzungen und Maßstäben sich das Vertrauenskapital auf- bzw. abbaut. So sind lediglich die Dauer des Arbeitsverhältnisses sowie die Art und die Anzahl etwaiger Beanstandungen im Streitfall noch recht unproblematisch feststellbar.[1284] Fraglich ist jedoch, welche Anforderungen an die Beanstandungsfreiheit zu stellen sind. Weiterhin ist klärungsbedürftig, ob - sofern es in der Vergangenheit zu Beanstandungen kam - nur einschlägige Beanstandungen geeignet sind, das Vertrauenskapital zu reduzieren.[1285] Außerdem ist unklar, ab wann ein Arbeitnehmer als „langjährig beschäftigt" anzusehen ist.

(1) Beanstandungsfreiheit

Zu der Frage, was unter einem beanstandungsfreien Arbeitsverhältnis zu verstehen ist, gibt die „Emmely"-Entscheidung nur insofern Aufschluss, als sie darauf verweist, dass das Arbeitsverhältnis der Kassiererin Barbara Emme „ohne rechtlich relevante Beanstandungen" verlaufen war.[1286] Unklar bleibt aber, ob von dem Terminus „rechtlich relevante Beanstandungen" ausschließlich Abmahnungen erfasst sind oder auch Ermahnungen und sonstige arbeitgeberseitige Anweisungen nach einem Fehlverhalten rechtlich relevant sein können.[1287]

Die Ausführungen des BAG im Fall „Emmely" legen hier nahe, dass nur förmliche Abmahnungen relevant sein sollen, Ermahnungen oder andere Beanstandungen hingegen nicht. Dem ist zuzustimmen. Zwar kann der Arbeitgeber auch mit letzteren Mitteln die vom Arbeitnehmer geleistete Arbeit beanstanden; gleichwohl ist nur eine Abmahnung geeignet, eine Kündigung vorzubereiten.

Zudem scheint das BAG nur einschlägige Abmahnungen als berücksichtigungsfähig anzusehen.[1288] Daher sollen nicht jegliche Abmahnungen einen Vertrauensvorrat mindern können, sondern es soll wohl für einzelne Pflichtenkreise ein eigenes Vertrauenskapital gelten. Das BAG beschränkt damit die Feststellung des Vertrauensverlusts auf bestimmte Bereiche.

Problematisch an dieser Sichtweise ist, dass das Arbeitsverhältnis als solches und das ihm zugrunde liegende, an die Betriebszugehörigkeitsdauer gekoppelte Vertrauen nicht teilbar sein dürften. Fraglich ist deshalb, ob es sachgerecht ist, wenn tatsächlich erteilte, allerdings nicht einschlägige Abmahnungen im Ergebnis als gänzlich unbeachtlich einzustufen wären, sodass (dann lediglich fiktiv)

1284 *Tiedemann*, ArbRB 2011, 93, 94.

1285 *Tiedemann*, ArbRB 2011, 93, 95.

1286 BAG v. 10.6.2010, NZA 2010, 1227, 1232.

1287 *Tiedemann*, ArbRB 2011, 93, 95.

1288 BAG v. 10.6.2010, NZA 2010, 1227, 1232: „(...) Dieses Verhalten steht mit dem Kündigungsvorwurf in keinerlei Zusammenhang (...)."

von einem ungestörten Verlauf des Arbeitsverhältnisses auszugehen wäre.[1289] Damit von einer beanstandungsfreien Betriebszugehörigkeit gesprochen werden kann, sollte es unter Zugrundelegen einer möglichst lebensnahen Auslegung richtigerweise nicht erforderlich sein, dass der Arbeitnehmer nicht bereits wegen einer gleichartigen Pflichtverletzung abgemahnt wurde, sondern es darf generell keine Beanstandungen gegeben haben. Wenn Leistungen des Arbeitnehmers bereits beanstandet wurden, kann sich dies also zulasten des Arbeitnehmers auswirken. Dabei wirken sich der Grad und die Häufigkeit der Beanstandungen sowie der Zeitpunkt der letzten Beanstandung auf den Bonus einer langen Betriebszugehörigkeit entsprechend negativ aus. Natürlich ist zu berücksichtigen, dass nicht einschlägige Abmahnungen nicht als genauso gravierend erachtet werden können wie einschlägige Abmahnungen. Es ist also zu differenzieren: Betrifft eine vorangegangene Abmahnung nicht den Vertrauensbereich bzw. Fragen von Anstand und Ehrlichkeit, sondern andere Störungen der arbeitsrechtlichen Beziehungen der Parteien, können solche Abmahnungen nicht in gleichem Maße zulasten des Arbeitnehmers berücksichtigt werden, da sie eben nicht einen Abbau von erarbeitetem Vertrauen tangieren.[1290]

Es stellt sich weiter die Frage, ob es für die Berücksichtigungsfähigkeit früherer Beanstandungen auch auf deren Rechtmäßigkeit ankommt. Während eine aus materiellen Gründen unwirksame Abmahnung keine Rechtsfolgen entfalten kann,[1291] dürfte eine aus (nur) formellen Gründen rechtswidrige Abmahnung dennoch als relevante Beanstandung im Arbeitsverhältnis anzusehen und im Rahmen der Interessenabwägung zu berücksichtigen sein.[1292] So hat auch das BAG entschieden, dass eine formell unwirksame Abmahnung, etwa weil eine nach dem geltenden Tarifvertrag erforderliche Anhörung unterblieb, durchaus kündigungsrechtlich relevant sein kann, wenn sie sachlich berechtigt und ihr der klare Hinweis zu entnehmen war, der Arbeitgeber erwäge im Wiederholungsfall die Kündigung.[1293] Dieser Rechtsprechung ist zuzustimmen. Für die Verwertbarkeit einer formell unwirksamen Abmahnung spricht zunächst, dass der Ausspruch einer solchen formfrei ist und diese deshalb auch wirksam mündlich hätte ausgesprochen werden können (vgl. hierzu oben Kapitel 1 C. I. 1.).

1289 *Tiedemann*, ArbRB 2011, 93, 95.

1290 LAG Hamburg v. 30.7.2014 – 5 Sa 22/14 – juris.

1291 Der Arbeitnehmer muss das gerügte Fehlverhalten tatsächlich begangen haben, und die Abmahnung muss insgesamt berechtigt ausgesprochen worden sein, indem die Abmahnungsgründe auch zutreffen.

1292 *Tiedemann*, ArbRB 2011, 93, 95.

1293 Vgl. BAG v. 19.2.2009, NZA 2009, 894 ff.

Die Abmahnung ist zudem nicht lediglich eine förmliche Willenserklärung, sondern eine rechtsgeschäftsähnliche Handlung in Form der Ausübung eines Rügerechts. Die rein faktische Warnfunktion besteht unabhängig von rechtlichen Formschriften, da der Arbeitnehmer unabhängig davon erkennen kann, bei welchem Pflichtverstoß aus Sicht des Arbeitgebers ein Anlass für den Kündigungsausspruch besteht. Die Sichtweise der Rechtsprechung ist auch stimmig im Hinblick auf die vom BAG angestellten Vertrauenserwägungen. So kann die Frage, ob ein Arbeitgeber zu einem Arbeitnehmer Vertrauen hat oder nicht, keinesfalls von der formellen Wirksamkeit einer Abmahnung abhängig gemacht werden, da es allein um das Vertrauen in die korrekte Vertragserfüllung in der Zukunft geht. Dafür kann aber allein ausschlaggebend sein, ob eine Pflichtverletzung in der Vergangenheit festgestellt werden kann, die geeignet ist, das Vertrauenskapital zu reduzieren, und nicht, ob diese Pflichtverletzung formell ordnungsgemäß abgemahnt wurde.[1294]

(2) Langjährige Beschäftigung

Auch das Erfordernis einer „langjährigen Beschäftigung“ des Arbeitnehmers bedarf einer Konkretisierung. Der Term „langjährig beschäftigt“ als solcher ist zunächst noch unbestimmt. Präzisierungen in zeitlicher Hinsicht lassen sich der vorhandenen arbeitsgerichtlichen Rechtsprechung nicht entnehmen.

Teilweise wird vertreten, dass ein relevantes Vertrauenskapital erst nach mehr als sechs Monaten Betriebszugehörigkeit aufgebaut werden könne, da innerhalb der ersten sechs Monate kein Kündigungsschutz bestehe und diese Dauer üblicherweise als die Zeit betrachtet werde, in der sich ein Arbeitgeber entscheidet, ob er einen Arbeitnehmer weiterbeschäftigen möchte. Erst, wenn der Arbeitnehmer überhaupt dem Anwendungsbereich des Kündigungsschutzes unterfalle, habe sich aufseiten des Arbeitgebers ein relevantes Vertrauen entwickelt.[1295]

Naheliegender dürfte jedoch sein, den Vertrauenszuwachs an dem tatsächlich gelebten Arbeitsverhältnis auszurichten. Danach sollten die Beschäftigungsdauer und damit auch der Vertrauenszuwachs unmittelbar ab Vollzug des Arbeitsverhältnisses beginnen und nicht erst nach Ablauf einer Probezeit. So ist schon vor Arbeitsbeginn bereits ein gewisses Anfangsvertrauen des Arbeitgebers in den Arbeitnehmer vorauszusetzen, da dieser ansonsten nicht eingestellt worden wäre. Mit Beginn der Arbeitsaufnahme kann der Arbeitnehmer sodann auf die vermögensmäßige Sphäre seines Arbeitgebers zugreifen, da dieser den

1294 Vgl. hierzu auch *Schrader*, NJW 2012, 342, 345 f.
1295 *Schrader*, NJW 2012, 342, 344.

Arbeitnehmer in seinen Räumlichkeiten arbeiten lässt, ihm die Produktionsmittel zur Verfügung stellt und sein Eigentum anvertraut. Der Arbeitgeber muss damit bereits ab diesem Zeitpunkt Vertrauen in die Loyalität seines Arbeitnehmers haben, sodass schon ab Vollzug, also dem ersten Tag der Beschäftigung, das Vertrauenskapital anwachsen muss. Aus diesem Grund sollten auch bereits Berufsausbildungszeiten einen Vertrauenszuwachs begründen können.

Zudem sollte der rechtliche Bestand des Arbeitsverhältnisses auch nicht durch eine genommene Elternzeit, Wehrdienst, Sonderurlaub etc. geschmälert werden können, auch wenn das Ausmaß von erarbeitetem Vertrauen durchaus einen geringeren Umfang bei Berücksichtigung dieser Abwesenheitszeiten haben kann.[1296] Auch hier ist immer auf den konkreten Einzelfall abzustellen, etwa im Falle der Elternzeit der Umstand, wie lange das Elternteil sich in Elternzeit befand und ob die Arbeitszeit während der Elternzeit nur reduziert wurde.

Letztlich gibt es bislang kein Bewertungssystem, wie sich unterschiedlich lange Betriebszugehörigkeitsdauern im Rahmen der Interessenabwägung auswirken.[1297] Solche Bewertungssysteme widersprechen aber dem Erfordernis der Einzelfallabwägung, sodass die Schaffung klarer Skalen auch nicht legitim wäre. Es kommt in erster Linie immer auf den konkreten Einzelfall sowie den einzelnen Arbeitnehmer, seine Tätigkeit und Stellung im Unternehmen an, um beurteilen zu können, ob in der Zeit des bestehenden und gelebten Arbeitsverhältnisses erhebliches Vertrauen akkumuliert wurde.[1298] So wird ein Arbeitnehmer, dessen Tätigkeit ein gewisses Vertrauen voraussetzt, in kürzerer Zeit Vertrauen aufbauen können als ein Arbeitnehmer, der keine Stellung im Betrieb ausfüllt, mit der ein besonderes Vertrauen einhergeht. Weiterhin würde auch eine feste zeitliche Untergrenze keinen zusätzlichen Gewinn bringen, da damit ein Signal an die Arbeitnehmer entstehen könnte, ab einer gewissen Beschäftigungsdauer geschützt

---

1296 Vgl. zu einer genommenen Elternzeit LAG Hamburg v. 30.6.2014 – 5 Sa 22/14 Rn. 38 – juris.

1297 Vgl. hierzu auch die Forderung des LAG Düsseldorf v. 23.2.2011, LAGE Nr. 32 zu § 626 BGB 2002: „Die Kammer hat die Revision zugelassen. Zwar wird der Streitfall von Einzelfallumständen geprägt. Jedoch ist dem Bundesarbeitsgericht Gelegenheit zu geben, alle in eine Interessenabwägung einzubeziehenden wesentlichen Gesichtspunkte zu benennen, diese im Wege der eigenen Interessenabwägung zu gewichten… und ggf. auch den unteren Instanzen Hinweise zu geben, in welchem Verhältnis zu den verbrachten Dienstzeiten…Vertrauenskapital angesammelt und in welchem die danach ermittelte Höhe des Vertrauenskapitals durch Pflichtwidrigkeiten aufgebraucht wird."

1298 *Tiedemann*, ArbRB 2011, 93, 95.

zu sein.[1299] In diesem Zusammenhang ist zu beachten, dass eine besonders lange Betriebszugehörigkeit auch nie als zwingendes Abmahnungserfordernis verstanden werden darf.[1300]

(3) Berücksichtigung der Beschäftigungsdauer zulasten des Arbeitnehmers?

Die große Gewichtung einer langen, beanstandungsfreien Betriebszugehörigkeit im Rahmen der Interessenabwägung zugunsten des Arbeitnehmers ist allerdings auch kritisiert worden.[1301] So wurde zu bedenken gegeben, dass eine stets positive Berücksichtigung nicht zwingend sein könne, da Arbeitnehmer mit einer langen Betriebszugehörigkeit häufig eine Vorbildfunktion gegenüber erst kurzzeitig beschäftigten Arbeitnehmern einnehmen.[1302] Eine lange Betriebszugehörigkeit müsse den Arbeitnehmer bei der Interessenabwägung auch belasten können, wenn gerade die vermeintliche Betriebstreue den Arbeitgeber dazu veranlasst hat, den Arbeitnehmer weniger als andere Arbeitnehmer zu kontrollieren.[1303] Oftmals würden gerade langfristig beschäftigte Arbeitnehmer weniger kontrolliert als erst kurzzeitig beschäftigte Arbeitnehmer,[1304] sodass infolgedessen der Vertrauensbruch noch gravierender sein kann als bei einem Vermögensdelikt durch einen erst kurze Zeit im Betrieb beschäftigten Arbeitnehmer.[1305] Gerade der langjährig beschäftigte Arbeitnehmer, der vorsätzlich ein Vermögensdelikt gegen seinen Arbeitgeber begehe, erschüttere die in den vielen Jahren oder gar Jahrzehnten gewachsene und ihm entgegengebrachte Vertrauensgrundlage in besonderem Maße.[1306] Zudem dränge sich bei dem betroffenen Arbeitgeber unweigerlich auch der Verdacht auf, dass der Arbeitnehmer nur zufällig erwischt worden sei und womöglich unentdeckt in all den vergangenen Jahren auch schon das Vermögen seines Arbeitgebers geschädigt hat.

1299 *Tiedemann*, ArbRB 2011, 93, 95.

1300 LAG Rheinland-Pfalz v. 16.12.2013, AE 2014, 68 ff.; ArbG Berlin v. 28.9.2010, BB 2011, 382 f.

1301 *Bengelsdorf*, SAE 1992, 121, 140; *Stoffels*, NJW 2011, 118, 122; *Gerstner*, ArbRAktuell 2010, 532; *Weber*, RdA 2011, 108.

1302 *Hunold*, DB 2009, 2658, 2661.

1303 *Bengelsdorf*, SAE 1992, 121, 140; *Gerstner*, ArbRAktuell 2010, 532; *Stoffels*, NJW 2011, 118, 122; *Weber*, RdA 2011, 108; *Berger*, JbArbR 48, 41, 57 (2011).

1304 *Bengelsdorf*, SAE 2011, 122, 135.

1305 *Bengelsdorf*, SAE 2011, 122, 135.

1306 *Willemsen*, RdA 2017, 115, 117.

Außerdem wird darauf hingewiesen, dass eine starke Berücksichtigung der störungsfreien Betriebszugehörigkeitsdauer eine Altersdiskriminierung darstellen könne und dazu führe, dass, je älter ein Arbeitnehmer sei, desto eher dieser ein geringwertiges Vermögensdelikt begehen könne.[1307] Bereits im Jahr 1985 veranschaulichte *Tschöpe*[1308] die Problematik der Gefahr einer Diskriminierung jüngerer Arbeitnehmer aufgrund einer zu starken Berücksichtigung der Dauer der Betriebszugehörigkeit anhand eines Beispielfalls, in dem zwei Arbeitnehmer gemeinschaftlich einen Diebstahl zulasten des Arbeitgebers begingen und die Interessenabwägung beider Arbeitnehmer bis auf eine unterschiedlich lange Betriebszugehörigkeit gleich gelagert war. Seiner Ansicht nach sei es schwer nachvollziehbar, wenn der Arbeitgeber einen Arbeitnehmer wegen seiner längeren Betriebszugehörigkeit nicht kündigt, die Kündigung des anderen Arbeitnehmers mit einer kürzeren Betriebszugehörigkeit jedoch gerechtfertigt wäre.[1309] Deshalb forderte er, wenn stets eine zwingende Berücksichtigung der Betriebszugehörigkeitsdauer für erforderlich gehalten werde, diese im Rahmen der Interessenabwägung gegebenenfalls auch zulasten des Arbeitnehmers zu berücksichtigen.[1310] Hierfür spricht, dass das Vertrauen in einen Arbeitnehmer, mit dem eine lange und vertrauensvolle bzw. enge Zusammenarbeit besteht, kontinuierlich zur einwandfreien Zusammenarbeit ansteigt. Ein Fehlverhalten nach langer Betriebszugehörigkeit mag dann tatsächlich dazu führen, dass das größere Vertrauen umso mehr erschüttert werde.[1311] Auch das BAG war früher davon ausgegangen, dass sich eine lange Betriebszugehörigkeit des Arbeitnehmers gelegentlich auch mittelbar zu dessen Nachteil im Rahmen der Interessenabwägung auswirken könne.[1312] Dies sollte aber dann gelten, wenn der Arbeitgeber wegen dieses Umstandes dem Arbeitnehmer ein besonderes Vertrauen entgegen brachte und zusätzlich deshalb von sonst üblichen Kontrollen absah.[1313] Dem Einwand der Gefahr einer Diskriminierung jüngerer Arbeitnehmer begegnete das BAG hingegen mit dem Hinweis, dass ohne das Kriterium der beanstandungsfreien Dauer des Arbeitsverhältnisses ein maßgeblicher Umstand für die Beurteilung der

1307 *Hunold*, DB 2009, 2658, 2661; vgl. hierzu auch *Schuld*, FA 2009, 299: „Alte dürfen klauen".

1308 *Tschöpe*, NZA 1985, 588, 590.

1309 *Tschöpe*, NZA 1985, 588, 590.

1310 *Tschöpe*, NZA 1985, 588, 590.

1311 Vgl. LAG Nürnberg v. 16.10.2007, 7 Sa 182/07 Rn. 33, LAGE § 626 BGB 2002 Verdacht strafbarer Handlung Nr. 4.

1312 BAG v. 16.10.1986, RzK I 6d Nr. 5.

1313 BAG v. 16.10.1986, RzK I 6d Nr. 5.

Zumutbarkeit einer Weiterbeschäftigung unberücksichtigt bliebe. Die Unzumutbarkeit hänge unter anderem davon ab, ob es sich um einen erstmaligen Pflichtverstoß nach einer langjährigen beanstandungsfreien Beschäftigung handele oder ob der Verstoß bereits nach kurzer Beschäftigungsdauer oder nach zwar länger währender, aber nicht unbeanstandeter Betriebszugehörigkeit auftrat. Ein Verstoß gegen Unionsrecht und damit eine mögliche mittelbare Diskriminierung jüngerer Arbeitnehmer liege nicht vor, da diese durch ein legitimes Ziel und verhältnismäßige Mittel gerechtfertigt sei.[1314]

Richtigerweise sollte bei der Berücksichtigung der Dauer der unbeanstandeten Betriebszugehörigkeit im Rahmen der Interessenabwägung stets differenziert werden: Zum einen sind zunächst die Verfehlungen im Leistungsbereich von denjenigen im Vertrauensbereich abzugrenzen. Verfehlungen im Leistungsbereich werden naturgemäß im Zuge eines langjährigen Arbeitsverhältnisses eher vorkommen. Der Arbeitnehmer wird hier zu Recht nicht damit rechnen müssen, dass diese den Bestand des Arbeitsverhältnisses gefährden. Eine Gewichtung der Betriebszugehörigkeitsdauer zugunsten des Arbeitnehmers wird regelmäßig sinnvoll sein, da es sich hier um Kündigungsgründe handelt, die unmittelbar mit der vertraglich geschuldeten Leistung in Zusammenhang stehen.[1315] Bei Verfehlungen im Vertrauensbereich – und damit gerade bei geringwertigen Vermögensdelikten gegen den Arbeitgeber – kann dagegen mit einer Billigung des Arbeitgebers nicht immer gerechnet werden.

Weil die Einbeziehung der Betriebszugehörigkeit im Rahmen der Interessenabwägung stets für unumgänglich gehalten wird, sollte dieser Gesichtspunkt nicht ausnahmslos zugunsten des Arbeitnehmers ausfallen können. Es erscheint nicht abwegig, dass der Arbeitgeber sich gerade von demjenigen Arbeitnehmer durch ein Vermögensdelikt in besonderem Maße hintergangen fühlt, der schon lange Jahre dem Unternehmen angehört. Das kann insbesondere der Fall sein, wenn das bis dato bestehende Vertrauen zu einer Reduzierung der Kontrollen[1316] geführt hat oder der Arbeitnehmer sogar in eine besondere Vertrauensstellung versetzt wurde.[1317] In solchen Fällen sollte bei Vermögensdelikten eine lange Betriebszugehörigkeit aufgrund der massiven Vertrauensbeeinträchtigung in Einzelfällen auch zulasten des Arbeitnehmers gewertet werden können.

1314 BAG v. 7.7.2011, NZA 2011, 1412 ff.

1315 *Tschöpe*, NZA 1985, 588, 589.

1316 *Bengelsdorf*, SAE 1992, 140; LAG Nürnberg v. 16.10.2007, LAGE Nr. 4 zu § 626 BGB 2002 Verdacht strafbarer Handlung.

1317 *Klueß*, NZA 2009, 337.

Damit eine lange Betriebszugehörigkeit aber zulasten des Arbeitnehmers in der Interessenabwägung berücksichtigt werden kann, muss durch das Gericht zwingend festgestellt werden, dass gerade diese lange Betriebszugehörigkeit zu einem Absehen von sonst üblichen Kontrollen geführt hat.[1318] Der Arbeitgeber muss dem Gericht also darlegen, dass er sich von dem langjährig beschäftigten Arbeitnehmer besonders getäuscht fühlt und diesem gerade wegen seiner langen Beschäftigung ein besonderes Maß an Vertrauen entgegengebracht hat.[1319]

Von dieser Ausnahme abgesehen muss sich eine langjährige Betriebszugehörigkeit im Rahmen der Interessenabwägung jedoch grundsätzlich zugunsten des Arbeitnehmers auswirken, wenn dieser sich in der Vergangenheit tadellos verhalten hat. Ein langjährig bestehendes, unbeanstandetes Arbeitsverhältnis spricht für eine hohe Loyalität des Arbeitnehmers und die Bewährung des Arbeitnehmers im Betrieb, die auf ein künftig störungsfreies Miteinander schließen lässt. Für die Zumutbarkeit der Weiterbeschäftigung muss es demnach von Bedeutung sein, ob der Arbeitnehmer schon lange Zeit im Betrieb beschäftigt war und keine Vermögensdelikte begangen hat oder ob er sich bereits nach kurzer Betriebszugehörigkeit vertragswidrig verhalten hat.[1320] Eine lange unbeanstandete Vertragserfüllung spricht somit regelmäßig dafür, dass eine einzelne Pflichtverletzung als Ausreißer angesehen werden kann.[1321]

Eine solche Handhabung fügt sich auch am besten in die Dogmatik des sonstigen Kündigungsrechts ein, wonach langjährig beschäftigte Arbeitnehmer stets einen stärkeren Schutz genießen als nur kurze Zeit beschäftigte.[1322] Insoweit ist bspw. die sechsmonatige Wartezeit für das Eingreifen des Kündigungsschutzes zu nennen oder aber auch die Dauer der Beschäftigung im Hinblick auf die Kündigungsfristen nach § 622 Abs. 2 BGB.

bb) Lebensalter und Chancen auf dem Arbeitsmarkt

Das Lebensalter stellt wie die Chancen auf dem Arbeitsmarkt ein personenbezogenes Interesse des Arbeitnehmers dar.

Was die Berücksichtigung des Lebensalters eines Arbeitnehmers im Rahmen der Interessenabwägung bei der außerordentlichen Kündigung wegen Bagatelldelikten betrifft, hat das BAG in seiner Rechtsprechung einen Wechsel vollzogen,

---

1318 LAG Nürnberg v. 16.10.2007, LAGE Nr. 4 zu § 626 BGB 2002 Verdacht strafbarer Handlung.

1319 *Weber*, RdA 2011, 108, 111; *Stoffels*, NJW 2011, 118, 122.

1320 BAG v. 13.12.1984, NZA 1985, 288.

1321 ErfK/*Niemann*, § 626 BGB Rn. 46 a.

1322 *Wiedemann*, in BAG-FS, 1979, S. 659.

das in älteren Entscheidungen das Lebensalter eines Arbeitnehmers im Rahmen der Interessenabwägung noch als schützenswertes Interesse berücksichtigt hat.[1323] Auch die Instanzgerichte berücksichtigten bis zuletzt gelegentlich noch ein hohes Alter des Arbeitnehmers wegen seiner schlechteren Perspektiven auf eine Wiederbeschäftigung oder aber ein geringes Alter wegen guter Aussichten auf dem Arbeitsmarkt.[1324]

Rein tatsächlich ist es für ältere Arbeitnehmer nach Ausspruch der fristlosen Kündigung durchaus schwieriger, eine erneute Anstellung bei einem anderen Arbeitgeber zu finden als für jüngere Arbeitnehmer, denn die Arbeitsmarktstatistiken weisen für ältere Arbeitnehmer über 50 Jahre erhebliche schlechtere Perspektiven auf eine Neuanstellung aus.[1325]

Diese frühere Rechtsprechung des BAG wurde in der Literatur jedoch kritisiert.[1326] Geltend gemacht wurde, dass das Lebensalter als solches keinen Bezug zum Arbeitsverhältnis aufweise, weshalb zweifelhaft sei, dieses Kriterium unabhängig von Dauer und Verlauf des Arbeitsverhältnisses als Posten in die Interessenabwägung einzustellen.[1327] Es wurde also gerügt, das Alter stelle insoweit ein sachfremdes und nicht arbeitsvertragsbezogenes Kriterium dar. Zu beachten sei ferner, dass es bei der Interessenabwägung im Rahmen des § 626 BGB nicht um eine Sozialauswahl wie bei einer betriebsbedingten Kündigung nach § 1 KSchG gehe. Auch deshalb sei die Berücksichtigung des Lebensalters verfehlt. Und abermals wurde als problematisch bezeichnet, dass ein Abstellen auf das Alter des Arbeitnehmers zugleich auch eine Benachteiligung von jüngeren Arbeitnehmern bedeute. So knüpfe der Begriff des Alters in § 1 AGG an das biologische Alter des Menschen an, ohne dabei ein bestimmtes Alter, etwa das „älterer Menschen", hervorzuheben und zu bevorzugen. Nach Ansicht des Europäischen Gerichtshofes verbiete das Benachteiligungsverbot jede Diskriminierung aufgrund des Alters des Betroffenen, wenn die unterschiedliche Behandlung nicht aus anderen Gründen gerechtfertigt sei. Zur Rechtfertigung reiche nicht ein einfacher sachlicher Grund aus, sondern dieser Grund müsse auch in einem angemessenen Verhältnis zum Grad der Ungleichbehandlung stehen.[1328] Die Praxis

1323 BAG v. 22.2.1980, NJW 1981, 298, 301; BAG v. 15.11.1995, NJW 1996, 1556 ff.

1324 Vgl. etwa LAG Hamburg v. 30.7.2014 – 5 Sa 22/14 Rn. 41 – juris; ArbG Hamburg v. 1.7.2015, NZA 2015, 471, 473.

1325 *Frei*, (Keine) Chance für Bewerber ab 50? Das Einstellungsverhalten von Personalverantwortlichen.

1326 *Schrader/Straube*, ArbR 2009, 7, 8.

1327 *Preis*, Prinzipien, S. 232.

1328 EuGH v. 22.11.2005, NZA 2005, 1345.

des BAG, die formelhaft und pauschal auch das Lebensalter des Arbeitnehmers in die Interessenabwägung einbeziehen will, stehe somit im Widerspruch zum Gemeinschaftsrecht der EU.[1329] Gerade bei Vermögensdelikten sei nicht einzusehen, dass bei identischem Sachverhalt einem Arbeitnehmer, nur weil er älter ist, nicht gekündigt werden könne, einem jungen Arbeitnehmer, nur weil er bessere Chancen auf dem Arbeitsmarkt hat, in einer vergleichbaren Situation hingegen schon. Ein sachlicher Rechtfertigungsgrund sei hierfür nicht ersichtlich. Der Unrechtsgehalt der Tat bleibe identisch, und zwar unabhängig vom Alter des Arbeitnehmers.[1330]

Das BAG hat sich dieser Kritik nicht verschlossen, in späteren Entscheidungen einen unmittelbaren bzw. relevanten Bezug des Lebensalters des Arbeitnehmers zum Arbeitsverhältnis verneint und daher dessen Berücksichtigung als schutzwürdiges Interesse abgelehnt.[1331] Insbesondere in der Revisionsentscheidung über den Fall „Emmely" stellt das BAG allein auf die Dauer der Betriebszugehörigkeit und nicht auf das Lebensalter ab.[1332]

Zusammenfassend lässt sich feststellen, dass das Lebensalter nach Ansicht des BAG nicht zwingend ein Bestandteil jeder Interessenabwägung sein muss.[1333] Grundsätzlich sei das Lebensalter zwar berücksichtigungsfähig,[1334] jedoch keinesfalls in der Weise, dass proportional zum Alter die außerordentliche Kündigung erschwert wird.[1335] Insbesondere bei Vermögensdelikten ist eine Berücksichtigung des Lebensalters im Rahmen der Interessenabwägung kritisch zu hinterfragen. Zwar ist das Lebensalter des Betroffenen in faktischer Hinsicht stets von Relevanz für die Chancen des Arbeitnehmers auf dem Arbeitsmarkt und damit für seine Existenzsicherung nach der außerordentlichen Kündigung. Jedoch könnte man, wie *Hunold,* diesen Umstand auch gerade gegen ältere Arbeitnehmer in die Abwägung einstellen.[1336] Gerade ältere Arbeitnehmer müssten ein zwingend gebotenes Eigeninteresse daran haben, alles, was den Arbeitsplatz

---

1329 So auch KR/*Fischermeier*, § 626 BGB Rn. 241.

1330 *Schrader/Straube*, ArbR 2009, 7, 8.

1331 BAG v. 16.3.2000, NZA 2000, 1332, 1335: „das Lebensalter der Klägerin hat keinen unmittelbaren Bezug zum Arbeitsvertrag; im übrigen besteht kein Anhaltspunkt dafür, daß die Chancen … auf dem Arbeitsmarkt altersbedingt beeinträchtigt wären."

1332 BAG v. 10.6.2010, NJW 2011, 167 ff.

1333 Vgl. auch BAG v. 27.4.2006, NZA 2006, 1033.

1334 BAG v. 9.6.2011, NZA 2011, 1027 ff.

1335 ErfK/*Niemann*, § 626 BGB Rn. 43.

1336 *Hunold*, DB 2009, 2658 ff.

gefährdet, zu unterlassen und ihre Loyalitätspflichten gegen ihren Arbeitgeber stets erfüllen.[1337] Die Rechtsprechung greift diesen Gedanken jedoch nicht auf.

Am überzeugendsten dürfte der Hinweis sein, dass die angespannte Arbeitsmarktlage für ältere Arbeitnehmer in keinem Zusammenhang mit der Begehung eines Vermögensdelikts am Arbeitsplatz steht und deshalb die Tat nicht mildern kann. Denn allein das Alter des Arbeitnehmers sagt über seine Schutzwürdigkeit wenig aus.[1338] Zudem ist zu bedenken, dass wenn sich das Rechtssystem bemüht, wie bspw. durch die Einführung des AGG im Jahre 2006, jede Form der nachteiligen Behandlung wegen des Alters zu eliminieren, es nur logische Folge ist, dass im Sinne dieser gesetzlich verankerten Neutralität auch eine geforderte Vorteilsgewährung versagt wird.

Oftmals wird aber ein hohes Lebensalter auch mit einer langen Betriebszugehörigkeit zusammenfallen, sodass dem Lebensalter isoliert nur selten eine eigenständige Bedeutung zukommen dürfte.

Gerade im Hinblick auf Vermögensdelikte dürfte es am sachgerechtesten sein, allein auf die mit einem hohen Lebensalter meist einhergehende lange Dauer der Vertragsbeziehung und hier insbesondere die unbeanstandete Betriebszugehörigkeit zurückzugreifen. Aber auch für den Fall, dass ein hohes Lebensalter nicht mit einer langen Betriebszugehörigkeitsdauer einhergeht, sollte es im Hinblick auf Vermögensdelikte ausreichen, dass die Gerichte das Alter des Arbeitnehmers lediglich zur Kenntnis nehmen. Diesem sollte aber losgelöst von der Betriebszugehörigkeitsdauer kein eigenständiges Gewicht beigemessen werden, und zwar auch nicht wegen schlechterer Chancen auf dem Arbeitsmarkt. Das Ausmaß der Verletzung bestehenden Vertrauens ist unabhängig vom Lebensalter zu bewerten.

cc) Qualität der Pflichtverletzung

Die Qualität der in Rede stehenden Pflichtverletzung muss im Rahmen der Interessenabwägung bei Vermögensdelikten stets berücksichtigt werden und eine bei der Tatsachenfeststellung ausschlaggebende Bedeutung haben. Es handelt sich hierbei um einen vertragsbezogenen Aspekt, namentlich um die Art und Weise der Begehung der Schädigungshandlung und die konkreten betrieblichen Umstände sowie die Erwartungen und Anweisungen des Arbeitgebers.

1337 *Hunold*, DB 2009, 2658 ff.

1338 *Preis*, Prinzipien, S. 422.

(1) Grad des Verschuldens

Für die Bewertung der Qualität der Pflichtverletzung ist zunächst der Blick auf das Verschulden zu richten. Das arbeitsrechtliche Verschulden bestimmt die subjektive Vorwerfbarkeit des (Unrechts)Erfolges und stellt eines der wichtigsten Abwägungskriterien zugunsten des Arbeitgebers dar. Ein schuldhaftes Handeln ist zwar nach Ansicht des BAG keine notwendige Voraussetzung für den wichtigen Grund „an sich" im Sinne von § 626 Abs. 1 BGB,[1339] soll aber im Rahmen der Interessenabwägung ein entscheidendes, wenn nicht sogar das wichtigste Bewertungsprinzip darstellen.[1340] Die Verschuldensformen sind hier - wie auch beim allgemeinen zivilrechtlichen Verschulden - Vorsatz und Fahrlässigkeit.

Stets ist in einem ersten Schritt zu klären, ob dem Arbeitnehmer die Pflichtverletzung überhaupt vorwerfbar ist.[1341] Ein unverschuldeter Rechtsirrtum - insbesondere ein etwaiger Verbotsirrtum – ist bei der Interessenabwägung zugunsten des Arbeitnehmers zu berücksichtigen.[1342] Durfte ein Arbeitnehmer zu Recht annehmen, sein Arbeitgeber sei mit dem betreffenden Verhalten einverstanden – sog. mutmaßliche Einwilligung -, fehlt es bereits an einer vorwerfbaren Pflichtverletzung. Eine außerordentliche Kündigung wegen dieses Verhaltens kann nicht rechtmäßig sein, da der Verschuldensvorwurf entfällt.

Sofern der Arbeitnehmer hingegen vorwerfbar fälschlich von einer Duldung seines Verhaltens durch den Arbeitgeber ausgegangen ist – sog. vermeidbarer Verbotsirrtum –, kann seine Fehleinschätzung das dann vorliegende Verschulden gleichwohl mindern. Es bleibt dann zu prüfen, ob dem Arbeitnehmer insoweit ein Fahrlässigkeitsvorwurf gemacht werden kann und von welchem Grad der Fahrlässigkeit auszugehen ist.[1343]

In einem nächsten Schritt ist dann ggf. zu prüfen, ob der Arbeitnehmer nicht nur in Bezug auf die Begehung des Vermögensdelikts vorsätzlich gehandelt hat, sondern sich sein Vorsatz auch auf den dem Arbeitgeber zugefügten Schaden bezogen hat.[1344] Hilfreich ist es hier stets, einen Systemzusammenhang zur privilegierten Arbeitnehmerhaftung herzustellen.[1345] Die privilegierte Arbeitnehmerhaftung ist maßgeblich von der Erwägung getragen, dass der Arbeitnehmer den

---

1339 Vgl. zu diesem Problemkreis bereits ausführlich unter Kapitel 1 C. III. 1. a) bb).

1340 HaKo/*Gieseler*, § 626 BGB Rn. 60; Staudinger/*Preis*, § 626 BGB Rn. 79.

1341 *Rieth*, HFR 2011, 122, 139.

1342 *Berger* JbArbR 48, 2011, 41, 51 f. (2011).

1343 Siehe hierzu BAG v. 14.2.1996, AP Nr. 26 zu § 626 BGB Verdacht strafbarer Handlung.

1344 *Preis*, LTO v. 10.6.2010.

1345 Vgl. hierzu *Preis*, AuR 2010,242, 243.

Arbeitgeber nicht an seinem Eigentum und Vermögen schädigen darf. Das BAG prüft im Rahmen seiner Feststellungen zum Verschulden, in welchem Umfang der Arbeitnehmer bezogen auf den Schadenserfolg vorsätzlich oder fahrlässig gehandelt hat.[1346] So wird bspw. ein Arbeitnehmer, der als Müll bzw. Sperrmüll deklarierte Gegenstände, die sodann der Müllpresse zugeführt worden wären, verbotswidrig an sich nimmt (also die Rechtswidrigkeit seines Handelns kennt), trotzdem regelmäßig keinen Vorsatz haben, seinem Arbeitgeber einen Schaden zuzuführen (und einen finanziell messbaren Schaden wohl auch nicht verursachen).[1347] Ebenso verhält es sich bei einem Arbeitnehmer, der Lebensmittel seines Arbeitgebers verspeist, die ansonsten entsorgt worden wären, oder derlei Lebensmittel sogar in altruistischer Absicht einer gemeinnützigen Organisation übergibt.[1348]

Solche kleinsten Eigentumsdelikte, die auf einem Verhalten basieren, das erklärbar, vielleicht sogar verständlich oder sozialadäquat und somit entschuldbar ist, können nicht mit Vermögensdelikten verglichen werden, die mit Schädigungsabsicht begangen werden.[1349] In den genannten Beispielen ist der wirtschaftliche Wert der Sache für den Arbeitgeber nicht vorhanden oder so gering, dass die Pflichtverletzung des Arbeitnehmers nicht primär in der Verletzung von Arbeitgebervermögen, sondern in einer unerwünschten Eigenmächtigkeit des Arbeitnehmers zu sehen ist, insbesondere darin, den Arbeitgeber nicht zuvor um Erlaubnis für das betreffende Vorgehen gefragt zu haben.[1350] Dem Arbeitgeber ist in solchen Fällen aber zuzumuten, sein sicherlich ebenfalls schützenswertes Interesse daran, um Erlaubnis gebeten zu werden, auch ohne Kündigung durchzusetzen. In solchen Fallgestaltungen hat der Arbeitgeber an den streitgegenständlichen Waren kein eigenes vermögensrechtliches Interesse, das eine außerordentliche Kündigung rechtfertigen könnte. Auch wenn es sich arbeitnehmerseitig um Pflichtverletzungen oder teilweise Straftaten handelt, die aus Bequemlichkeit, angesichts der Geringfügigkeit oder aus mangelndem

1346 BAG v. 17.9.1998, NZA 1999, 141–145.

1347 Siehe hierzu LAG Berlin-Brandenburg v. 4.6.2015, NZA-RR 2016, 129, 131: „Nach dem festzustellenden Sachverhalt handelte es sich (…) nicht um geringwertiges oder gar bestandsgeführtes Material, welches nur gegen einen Kaufpreis abgegeben werden konnte.“

1348 Vgl. etwa ArbG Düsseldorf v. 5.4.1995; ArbG Lörrach v. 16.10.2009, AuR 2010, 79 f.; AuR 1995, 334 f.; LAG Schleswig-Holstein v. 29.9.2010, NZA-RR 2011, 126 ff.

1349 *Preis*, AuR 2010, 242, 246.

1350 Vgl. hierzu auch die Ausführungen zur Schadenshöhe sogleich unter gg).

Unrechtsbewusstsein begangen werden,[1351] müssen diese milder bewertet werden als Fälle, in denen der Arbeitnehmer seinen Arbeitgeber ganz bewusst auch finanziell schädigt.[1352]

Letztendlich steigt das Verschulden des Arbeitnehmers auch durch die Wiederholungsgefahr und damit mit der Häufigkeit einschlägiger Abmahnungen.[1353] Die Zahl der Abmahnungen gibt Aufschluss über die Beharrlichkeit des pflichtwidrigen Verhaltens, insbesondere über die Anzahl der Verstöße.

(2) Stellung des Arbeitnehmers im Betrieb

Für die Bewertung der Qualität der Pflichtverletzung ist zudem entscheidend, ob der Arbeitnehmer eine besondere Stellung im Unternehmen begleitet oder ihm sensible Aufgabenbereiche anvertraut sind.[1354] Bei Mitarbeitern, die eine Führungs- und Vorbildfunktion ausüben, müssen zwangsläufig strengere Maßstäben gelten als bei Mitarbeitern mit rein ausführenden Aufgaben.[1355] Arbeitnehmer, denen typischerweise in Ausübung ihrer Tätigkeit Vermögenswerte anvertraut sind, beanspruchen ebenfalls ein gesteigertes Vertrauen des Arbeitgebers (so etwa Kassierer/innen oder Bankangestellte).[1356] Zu ihrem Aufgabenbereich gehört gerade die Sicherstellung der ordnungsgemäßen Verbuchung und Zuführung der Einnahmen in das Arbeitgebervermögens.[1357] Durch ein Vermögensdelikt wird dieses Vertrauen verletzt, und es besteht ein erhöhtes Verschulden, dessen Berücksichtigung im Rahmen der Interessenabwägung notwendig ist. Wenn der Arbeitnehmer eine besondere Verantwortung trägt, können auch fahrlässige Pflichtverletzungen schon schwerwiegend sein, wenn das Verschulden zu einem hohen Schaden führt.[1358] Bei geringwertigen

---

1351 *Rieth*, HFR 2011, 122, 139.

1352 Der Arbeitnehmer entwendet bspw. Ware, die noch für den Verkauf vorgesehen ist.

1353 HaKo/*Zimmermann*, § 1 KSchG Rn. 325.

1354 Vgl. hierzu LAG Hamburg v. 30.7.2014 – 5 Sa 22/14 Rn. 37 – juris: „Dies gilt umso mehr, als den im Verkauf Beschäftigten und damit auch der Klägerin nicht nur geringe Werte anvertraut werden, es sich wegen der Vielzahl der ausgestellten und zugänglichen Waren in der Tat um einen sensiblen Bereich handelt, der ganz wesentlich Vertrauen für die Zusammenarbeit in einem Dauerschuldverhältnis voraussetzt."

1355 Vgl. auch LAG Niedersachsen v. 22.11.2010 – 12 Sa 1115/10 Rn. 37 – juris; *Hunold*, NZA-RR 2011, 561, 563.

1356 BAG v. 12.8.1999, NZA 2000, 421, 424; BAG v. 1.2.2007, NZA 2007, 744, 748; LAG Berlin-Brandenburg v. 24.2.2009, NZA-RR 2009, 188, 193 f.; ErfK/*Niemann* § 626 BGB Rn. 95; *Rieble*, NZA 2009, 2101, 2102.

1357 *Fuhlrott*, ArbRAktuell 2010, 541, 543.

1358 BAG v. 4.7.1991, RzK I 6 a Nr. 73.

Vermögensdelikten sollte demnach immer differenziert werden, ob es sich bei der Tätigkeit des Arbeitnehmers um eine vermögensverwaltende Tätigkeit handelt oder eine Tätigkeit ohne derartige Aufgaben. Soweit hingegen die Vermögensverwaltung nicht zu den Hauptpflichten des Arbeitnehmers gehört, ist dies im Rahmen der Interessenabwägung zu berücksichtigen, indem eine gewisse Relativierung stattfindet.[1359]

Zu berücksichtigen ist zudem, ob der Arbeitnehmer das Vermögensdelikt in Erfüllung seines Vertragsverhältnisses oder nur bei einer sich bietenden Gelegenheit begangen hat. Wenn der betroffene Arbeitnehmer gegen den Kernbereich seiner arbeitsvertraglichen Pflichten verstoßen hat, muss dies in erheblichem Maße zulasten des Arbeitnehmers gewichtet werden.[1360] Der Arbeitgeber muss in solchen Fällen davon ausgehen, dass es sich bei der Tat eben nicht um eine Gelegenheitstat handelte, sondern um eine Handlung unter gezielter Verletzung des Arbeitsverhältnisses und Ausnutzung der eingeräumten bzw. faktisch bestehenden Zugriffsmöglichkeiten.[1361] Die Schwere der Pflichtverletzung wird bspw. bei einem Diebstahl verstärkt, wenn dem Arbeitnehmer die Obhut über den entwendeten Gegenstand oblag. Dies kann immer dann bejaht werden, wenn das Delikt mit der vertraglich geschuldeten Tätigkeit des Arbeitnehmers zusammenhängt und der Arbeitnehmer eine sich aus dem Arbeitsvertrag ergebende Obhutspflicht verletzt und das Delikt nicht nur außerhalb seines konkreten Aufgabenbereichs bei Gelegenheit der Arbeitsleistung verübt.[1362] Je eher sich die Schädigung als Missbrauch besonderer Einwirkungsmöglichkeiten darstellt und je näher die verletzte Pflicht an die dem Arbeitnehmer auferlegten Kernpflichten, insbesondere seine Hauptpflicht, heranrückt, zu deren Zweck das Arbeitsverhältnis erst geschaffen wurde, desto gewichtiger ist das Kündigungsinteresse des Arbeitgebers.[1363] Konsequenterweise kann daher die Entwendung derselben Sache durch Arbeitnehmer gänzlich anders zu beurteilen sein, je nachdem, welchen Posten sie besetzen und welche Aufgabenbereiche sie im Betrieb ihres Arbeitgebers zu erfüllen haben. So wird bspw. die Entwendung einer Packung Kekse durch einen Tankstellenkassierer anders zu bewerten sein als die Entwendung derselben Packung Kekse durch einen Fahrer, der den Kraftstoff anliefert. Dem Tankstellenmitarbeiter wurde die Ware nämlich im Gegensatz

---

1359 LAG Berlin-Brandenburg v. 16.9.2010, NZA-RR 2010, 633 ff.

1360 Dies kann insbesondere bei einer besonderen Vertrauensstellung mit vermögensrelevantem Einschlag gegeben sein.

1361 *Preis*, AuR 2010, 242, 247.

1362 BAG v. 12.8.1999, NZA 2000, 421, 424; *Grimm/Windeln*, ArbRB 2009, 374, 375.

1363 *Schlachter*, NZA 2005, 433, 435.

zum Tankwagenfahrer explizit anvertraut, sodass dieser ganz bewusst eine Vertragspflicht – möglicherweise sogar eine Hauptpflicht – verletzt hat, während der Tankwagenfahrer nur bei Gelegenheit eine Nebenpflicht verletzt hat.[1364]

(3) Intensität des vertragswidrigen Verhaltens

Wichtig für die Beurteilung der Qualität der Pflichtverletzung ist zudem die Intensität des vertragswidrigen Verhaltens und damit die Art und Weise der Tatbegehung und die darin liegende kriminelle Energie.[1365] Je mehr Eigeninitiative ein Arbeitnehmer aufwendet, je mehr kriminelle Energie er für die Tatvollendung aufbringen muss und umso weniger eine objektive bestehende „Verführungskonstellation“ am Arbeitsplatz gegeben ist, die das Handeln des Arbeitnehmers zumindest psychologisch plausibel macht, desto eher werden die Interessen des Arbeitgebers an der außerordentlichen Kündigung überwiegen und diese akzeptiert werden müssen.[1366]

In diesem Sinne wird man von einem besonders verwerflichen Handeln des Arbeitnehmers auszugehen haben, wenn dieser bspw. vorsätzlich Kontrolleinrichtungen des Arbeitgebers überwunden hat oder aber zu Täuschungszwecken Urkunden gefälscht oder unterdrückt hat.[1367] Erschwerend ist in solchen Fällen zu berücksichtigen, wenn das Verhalten des Arbeitnehmers im Rahmen von Tätigkeiten geschehen ist, die der Arbeitgeber nur schwer überwachen kann.[1368] Hingegen muss es zugunsten des Arbeitnehmers zu werten sein, wenn er das Vermögensdelikt in einer besonderen Verführungssituation ohne das Hinzutreten erschwerender Umstände begangen hat.[1369] Letztere Aspekte sprechen gegen eine außerordentliche Kündigung zB im Fall der Mitnahme eines zur Entsorgung vorgesehenen Kinderreisebetts[1370] oder der Mitnahme für betriebliche

---

1364 AA MüKo-BGB/*Henssler*, § 626 Rn. 179 a, der die Ansicht vertritt, dass außerhalb des Kernbereichs der Arbeitstätigkeit begangene Pflichtverletzungen oft einer intensiveren Vorbereitung bedürfen und damit ein höheres Maß an krimineller Energie erfordern als Pflichtverletzungen, die durch die Anreizsituation des Arbeitsplatzes spontan hervorgerufen werden.

1365 *Stoffels*, NJW 2011, 118, 122.

1366 *Fischer*, jurisPR-ArbR 4/2011 Anm. 3.

1367 *Berger*, JbArbR 48, 41, 54 (2011).

1368 *Berger*, JbArbR 48, 41, 54 (2011).

1369 *Berger*, JbArbR 48, 41, 55 (2011).

1370 LAG Baden-Württemberg v. 10.2.2010, LAGE Nr. 27 zu § 626 BGB 2002.

Zwecke nicht mehr brauchbaren Heizöls,[1371] sowie etwa an die Entwendung einer Haarspange zur Befestigung einer vorgeschriebenen Kopfbedeckung.[1372]

Zu untersuchen ist in diesem Zusammenhang letztlich auch noch das Arbeitnehmerverhalten im Hinblick auf Heimlichkeit und Geständigkeit.[1373] Begeht der Arbeitnehmer ein geringfügiges Vermögensdelikt offen vor seinen Arbeitskollegen, seinem Arbeitgeber oder Vorgesetzten sowie bspw. im Bewusstsein einer Videoüberwachung, kann sich dies auf die Zukunftsprognose[1374] insofern günstig auswirken, als eine solche offene Begehungsweise Indiz für einen Rechtsirrtum sein kann.[1375] Anders wäre es nur dann, wenn die offene Begehungsweise als besondere Dreistigkeit und Gleichgültigkeit des Arbeitnehmers hinweisen kann.[1376] Allein die Umstände des Einzelfalls können in solchen Fällen Aufschluss darüber geben, welche Sichtweise näherliegt.[1377] Eine heimliche Handlungsweise wird in der Rechtsprechung hingegen regelmäßig als den Arbeitnehmer belastender Umstand gewertet. Die Geständigkeit des Arbeitnehmers kann zudem als Ausdruck einer auf Korrektheit und Ehrlichkeit ausgerichteten Grundhaltung des Arbeitnehmers zu seinen Gunsten in der Interessenabwägung berücksichtigt werden.

(4) Bestehen von Regularien des Arbeitgebers

Weiterhin können auch im Betrieb bestehende klare Verbote bzw. Anweisungen für die Ermittlung der Qualität der Pflichtverletzung herangezogen werden, ebenso wie das Fehlen solcher Regularien. Vermögensdelikte gegen Arbeitgebereigentum verbieten sich zwar kraft Gesetzes und bedürfen grundsätzlich keines konkreten Verbots.[1378] Gleichwohl kann es einen wesentlichen Unterschied im Rahmen der Abwägung machen, ob das Verhalten des Arbeitnehmers ausdrücklich vom Arbeitgeber als verboten bezeichnet wurde bzw. ob der Arbeitnehmer gegen eine eindeutige Weisung seines Arbeitgebers gemäß § 106 GewO verstoßen hat oder ob dieses Verbot nur stillschweigend vorausgesetzt wurde. Hat der Arbeitgeber etwa solche Regularien im Arbeitsvertrag festgehalten oder

1371 LAG Mecklenburg-Vorpommern v. 27.1.2015, LAGE Nr. 52 zu § 626 BGB 2002.

1372 LAG Köln v. 16.12.2008 – 9 Ta 474/08 – juris, AuR 2009, 104.

1373 Vgl. hierzu auch LAG Rheinland-Pfalz v. 10.11.2015 – 6 Sa 178/15 – Rn. 66.

1374 Vgl. hierzu unter IV.

1375 LAG Baden-Württemberg v. 10.2.1010, LAGE Nr. 27 zu § 626 BGB 2002.

1376 Vgl. etwa *Weller*, GWR 2010, 560; *Walker*, NZA 2011, 1, 3; *Fandel/Kock*, BB 2011, 61, 62; *Stoffels*, NJW 2011, 118, 123.

1377 *Berger*, JbArbR 48, 41, 56 (2011).

1378 *Schlachter*, NZA 2005, 433, 436.

der Arbeitnehmer bspw. einen Belehrungsnachweis[1379] oder eine Personaleinkaufsrichtlinie[1380] unterschrieben, kann dies die Interessenabwägung nachhaltig beeinflussen, da der Arbeitgeber durch die vertragliche bzw. schriftliche Fixierung gezeigt hat, dass er bestimmte Umstände für so essenziell hält, dass diese durch ausdrückliche Bekanntmachung eine besondere Bedeutung erfahren sollen.[1381] Ein Verstoß des Arbeitnehmers gegen ihn ausdrücklich bekannte Verfahrensregeln wirken sich damit zulasten des Arbeitnehmers aus. Dagegen ist der bisweilen von Arbeitgebern unternommene Versuch unzulässig, im Arbeitsvertrag absolute Kündigungsgründe zu bezeichnen, durch deren Kenntnis sich der Arbeitnehmer nicht mehr auf Unkenntnis berufen kann, da § 626 BGB zwingenden Charakter hat (vgl. hierzu bereits Kapitel 1 C. III.).

Freilich ergeben sich die Existenz des entsprechenden Verbots und die Kenntnis des Arbeitnehmers von diesem bisweilen schon ganz selbstverständlich aus den Umständen der Tätigkeit. So muss bspw. einer Kassiererin das Verbot der Entnahme von Geld aus der Kasse gewiss nicht nochmals ausdrücklich aufgegeben werden, und folglich wäre das Fehlen einer solchen expliziten Vorgabe im Rahmen der Interessenabwägung unbeachtlich.[1382] In anderen Bereichen kann das Vorliegen oder Fehlen ausdrücklicher Regularien jedoch durchaus relevant werden. Dies kann dann der Fall sein, wenn es sich bei den entwendeten Gegenständen um solche handelt, die der Arbeitgeber als Abfall[1383] entsorgen wollte.[1384] Zwar steht es in rechtlicher Hinsicht regelmäßig im Ermessen des Arbeitgebers, wie er mit seinem Eigentum verfährt und welche Regelung er für die Verwertung von Resten trifft. Ferner hat sich der Arbeitgeber auch nicht dafür zu rechtfertigen, warum er eine solche Entscheidung trifft oder ob es sinnvolle Handlungsalternativen gegeben hätte. Trotzdem ist es gerade in solchen Fällen hilfreich und mitunter geboten, dass der Arbeitgeber seine Entscheidung auch deutlich kommuniziert.[1385] So kann er durch exakte und verbindliche betriebliche Handlungsanweisungen an seine Arbeitnehmer im Hinblick auf die Behandlung von vermögensrelevanten Sachverhalten eine Sensibilisierung erreichen.[1386] Wenn dem Arbeitnehmer aus solchen schriftlichen oder auch mündlichen Äußerungen des Arbeitgebers bekannt ist,

1379 Vgl. hierzu LAG Berlin-Brandenburg v. 4.6.2015, NZA-RR 2016, 129, 131.
1380 Vgl. hierzu LAG Niedersachsen v. 22.11.2010 – 12 Sa 1115/10 Rn. 42 – juris.
1381 MüKo-BGB/*Henssler*, § 626 BGB Rn. 59.
1382 *Grimm/Windeln*, ArbRB 2009, 374, 375.
1383 Bspw. Speisereste oder abgelaufene Lebensmittel.
1384 *Grimm/Windeln*, ArbRB 2009, 374, 375.
1385 *Grimm/Windeln*, ArbRB 2009, 374, 375.
1386 *Fischer*, jurisPR-ArbR 4/2011 Anm. 3.

dass der Arbeitgeber ein bestimmtes Verhalten nicht duldet, kann der Arbeitnehmer bei Zuwiderhandeln nicht darauf vertrauen, dass der Bestand des Arbeitsverhältnisses nicht gefährdet ist,[1387] auch wenn es sich um Handlungen handelt, für die nachvollziehbare Motive vorhanden sind oder die in der allgemeinen Anschauung als weniger gravierend angesehen werden. Zudem können Arbeitgeber durch solche klaren und verbindlichen Verhaltensgrundsätze für die eigenen Arbeitnehmer neben der Ermittlung der Qualität der Pflichtverletzung dazu beitragen, dass der Arbeitnehmer größere objektive und subjektive Widerstände überwinden muss, um seinen Arbeitgeber zu schädigen. Dies kann dazu führen, dass ein zuvor erworbener Vertrauensbonus in Form des durch eine lange Betriebszugehörigkeit angesammelten Vertrauens nicht mehr anerkannt werden kann.[1388] Solche Regeln sind gerade dann sinnvoll, wenn aufgrund einer langjährigen Tätigkeit des Arbeitnehmers Abnutzungseffekte und Ermüdungserscheinungen mit Blick auf die Einhaltung gesellschaftlich selbstverständlicher Erwartungshaltungen eingetreten sein sollten.[1389]

Auch bei Vorliegen eines ausdrücklichen Verbots muss dieses gleichwohl bei der Gewichtung der Interessen zurückstehen oder gar unbeachtlich sein, wenn der Arbeitgeber in der Vergangenheit Verstöße gegen die Regularien großzügig gehandhabt hat.[1390] Immer dann, wenn der Arbeitgeber ein Verbot oder eine Verhaltensregel aufgestellt hat, diese aber nicht konsequent implementiert und umsetzt, sondern Ausnahmen zulässt, ohne dass hierfür Gründe erkennbar sind, kann bei den Arbeitnehmern der Eindruck entstehen, der Arbeitgeber erachte Verstöße nicht als so schwerwiegend, dass deshalb der Bestand der Arbeitsverhältnisses auf dem Spiel steht.[1391] Die Qualität der Pflichtverletzung wird in solchen Fallgestaltungen also wieder relativiert und als weniger gravierend angesehen werden müssen.[1392]

dd) Selbstbindung und Mitverursachung des Arbeitgebers

Eine etwaige Selbstbindung des Arbeitnehmers ist stets im Rahmen der Interessenabwägung zu berücksichtigen. Zudem darf auch eine Mitverantwortung des Arbeitgebers für den die Kündigung auslösenden Vorfall, sofern eine solche besteht, im Rahmen der Interessenabwägung nicht außer Acht gelassen

1387 LAG Baden-Württemberg v. 30.9.2010, NZA-RR 2011, 76 ff.
1388 *Fischer*, jurisPR-ArbR 4/2011 Anm. 3.
1389 *Fischer*, jurisPR-ArbR 4/2011 Anm. 3.
1390 *Grimm/Windeln*, ArbRB 2009, 374, 375.
1391 BAG v. 23.6.2009, NZA 2009, 1198 ff.
1392 Siehe hierzu sogleich unter dd).

werden.[1393] Das Vorverhalten des Arbeitgebers ist bei der Interessenabwägung daher stets zu berücksichtigen.[1394]

Hat der Arbeitgeber frühere Vermögensdelikte seiner Arbeitnehmer zwar registriert, aber diese ausdrücklich oder stillschweigend hingenommen und von einer Kündigung abgesehen, kann dies in späteren, vergleichbaren Fällen zu einer Selbstbindung des Arbeitgebers führen. Er kann sich dann nur schwer auf einen gleichartigen Verstoß berufen, da der Arbeitnehmer regelmäßig davon ausgehen durfte, das Verhalten gefährde nicht den Bestand des Arbeitsverhältnisses.[1395] Eine solche Selbstbindung kann dann den Ausspruch einer Kündigung ausschließen, da sie ohne eine vorherige Abmahnung widersprüchlich und damit treuwidrig im Sinne des § 242 BGB wäre.[1396] Der Arbeitgeber ist dann vielmehr an sein früheres Verhalten gebunden, einem geringwertigen Vermögensdelikt keine Konsequenzen folgen zu lassen (vgl. hierzu auch den relevanten Problemkreis der herausgreifenden Kündigung unter VI.). Ferner wird sich ein Arbeitgeber bei schon länger bemerktem Materialschwund im Betrieb die Frage gefallen lassen müssen, warum er keine entsprechenden Vorkehrungen getroffen hat.[1397]

Eine Änderung der eigenen Praxis kann jedoch ab dem Zeitpunkt gerechtfertigt sein, zu dem der Arbeitgeber den Arbeitnehmern mitgeteilt hat, in Zukunft anders zu verfahren. Zu beachten ist in diesem Zusammenhang stets, dass hier das subjektive Unrechtsbewusstsein des Arbeitnehmers oder Arbeitgebers nicht ausschlaggebend sein kann. Vielmehr bedarf es objektiver Anhaltspunkte, also einer allgemeinen Praxis im Betrieb. In solchen Fällen muss im Kündigungsfall geprüft werden, ob der Arbeitnehmer noch annehmen durfte, der Arbeitgeber werde sein Verhalten (weiterhin) tolerieren. Im Rahmen der Interessenabwägung ist somit auch bei diesem Kriterium zu prüfen, ob der Arbeitnehmer einem Rechtsirrtum unterlag und ob der Arbeitgeber dies fahrlässig verursacht hat.[1398]

Wenn bspw. eine Bedienung nach einer großen Feierlichkeit in einem Restaurant bemerkt, dass ihre bereits länger beschäftigten Kollegen angebrochene Weinflaschen mit nach Hause nehmen, ohne darauf seitens des Arbeitgebers angesprochen zu werden, kann sie davon ausgehen, dass diese Praxis betriebsüblich

---

1393 HK-ArbR/*Griebeling/Herget*, § 626 BGB Rn. 83.

1394 *Reichel*, AuR 2004, 250, 252.

1395 *Reichel*, AuR 2004, 250, 252.

1396 Venire contra factum proprium.

1397 *Reichel*, AuR 2004, 250, 252.

1398 Staudinger/*Preis*, § 626 BGB Rn. 79.

ist.[1399] Wer sich als Mitarbeiter einer Bäckerei nach Geschäftsschluss regelmäßig an der nicht verkauften Ware bedienen darf, wird nicht wegen Diebstahls eines Teilchens gekündigt werden können, wenn er dieses - statt es vor Ort zu verzehren - mit nach Hause nimmt.

Damit der Arbeitgeber in der Praxis nicht mit solchen Darlegungspflichten konfrontiert wird, kann er durch Klauseln im Arbeitsvertrag, durch Weisungen oder Schulungen vorbeugend klarmachen, welches Verhalten er nicht sanktionslos hinnehmen wird, wobei dann zudem eine Konsequenz in der Umsetzung erforderlich ist, um auf solche Regelungen ggf. eine außerordentliche Kündigung stützen zu können. Der Arbeitgeber sollte also zur Vermeidung einer solchen Selbstbindung bei Vermögensdelikten stets deutlich Position beziehen[1400] und der Entstehung von Grauzonen durch klare Weisungen entgegentreten. Hat er demgegenüber keine eindeutigen Anordnungen getroffen, wie in bestimmten Situationen mit Fundstücken, übriggebliebenen Lebensmitteln usw. verfahren werden soll, spricht vieles dafür, dass eine außerordentliche Kündigung keinen Bestand haben wird und vielmehr eine Abmahnung ausreichend ist, um den Arbeitnehmer zu vertragsgemäßem Verhalten zu bewegen.[1401] Eine außerordentliche Kündigung dürfte dann im Rahmen der Interessenabwägung keinen Bestand haben. Auch, wenn es kaum möglich sein wird, konkrete Vorgaben und Verbote systematisch für sämtliche Aspekte der jeweiligen Tätigkeit vorzugeben, ist dies für typische und erwartbare Konstellationen möglich und zumutbar. Andernfalls spricht die Abwesenheit einer solchen betriebsinternen Kommunikation im Zweifelsfall gegen die Statthaftigkeit einer außerordentlichen Kündigung.

Schlussendlich kann eine Mitverantwortung des Arbeitgebers zugunsten des Arbeitnehmers auch dann im Rahmen der Interessenabwägung berücksichtigt werden,[1402] wenn der Arbeitgeber durch rechtmäßige Kontrollmaßnahmen eine Verführungssituation für den Arbeitnehmer geschaffen hat,[1403] namentlich dann, wenn die Verführungssituation explizit durch das bewusste arbeitgeberseitige Stellen einer Falle geschaffen wurde.

Für eine Berücksichtigung einer Mitverantwortung des Arbeitgebers in der Interessenabwägung muss die Durchführung solcher sog. Ehrlichkeitskontrollen

---

1399 Für den Fall, dass der Arbeitgeber die Entwendung der Weinflaschen nicht mitbekommen hat, hätte sie hingegen die Pflicht, diese Vorkommnisse ihrem Arbeitgeber zu melden (vgl. Kapitel 1 B. I. 5 a)).

1400 *Langen*, AuA 2010, 20, 21.

1401 *Stoffels*, NJW 2011, 118, 122.

1402 HaKo/*Gieseler*, § 626 BGB Rn. 63.

1403 BAG v. 18.11.1999, AP Nr. 32 zu § 626 BGB Verdacht strafbarer Handlung.

jedoch zulässig sein. Unzulässige Kontrollmaßnahmen greifen bereits in rechts- bzw. vertragswidriger Weise in das allgemeine Persönlichkeitsrecht (Art. 2 Abs. 1 GG iVm Art. 1 Abs. 1 GG) des Arbeitnehmers ein und führen dazu, dass diese nicht als Beweismittel gegen den Arbeitnehmer verwendet werden können (sog. „Beweisverwertungsverbot"). Ein Beweisverwertungsverbot soll nach Ansicht des BAG nur dann nicht gegeben sein, wenn der Betriebsrat der Verwertung der Beweismittel und der darauf basierenden Kündigung zugestimmt hat.[1404] Ansonsten muss der Arbeitgeber im Rahmen eines Kündigungsschutzverfahrens das vertragswidrige Verhalten des Arbeitnehmers aufgrund der ihm obliegenden Beweis- und Darlegungslast mit anderen Beweismitteln (zB Zeugenaussagen) beweisen.

Grundsätzlich hält das BAG in Ermangelung einer gesetzlichen Regelung zur Frage der zulässigen Reichweite von Kontrollmaßnahmen des Arbeitgebers gegenüber seinen Arbeitnehmern mit dem Hinweis, dass das Persönlichkeitsrecht des Arbeitnehmers nicht schrankenlos gewährleistet sei, Ehrlichkeitskontrollen des Arbeitnehmers für erlaubt, wenn eine konkrete Güter- und Interessenabwägung ergebe, dass derartige Eingriffe in das Persönlichkeitsrecht des Arbeitnehmers durch überwiegende Interessen des Arbeitgebers gerechtfertigt und verhältnismäßig sind.[1405] Ist für die Durchführung einer Ehrlichkeitskontrolle keine Zuhilfenahme einer technischen Einrichtung erforderlich, hat der Betriebsrat auch kein Mitbestimmungsrecht, da allein eine Kontrolle des Arbeitsverhaltens tangiert ist.[1406] Etwas anderes gilt nur, wenn fremde Mitarbeiter bei der Ausführung der Ehrlichkeitskontrolle so in den Betriebsablauf eingliedert werden, dass eine mitbestimmungspflichtige Einstellung iSd § 99 BetrVG vorliegt.[1407] Solche Kontrollmaßnahmen sind zulässig, wenn die Ehrlichkeit des betroffenen Mitarbeiters auf andere Weise nicht oder nur unter erschwerten Bedingungen überprüfbar ist. Dies ist insbesondere bei solchen Arbeitnehmern der Fall, die vom Arbeitgeber nur schwer unverdeckt überwacht werden können, wie dies etwa bei Kassenkräften, leitenden Mitarbeitern oder aber Außendienstmitarbeitern der Fall ist. Ansonsten darf ein Arbeitgeber einen Arbeitnehmer nur dann auf seine Ehrlichkeit hin überprüfen, wenn ein konkretes Verdachtsmoment für eine Straftat – und damit auch für ein Vermögensdelikt – gegeben ist und andere Maßnahmen zur Überführung des Mitarbeiters keinen hinreichenden Erfolg

1404 BAG v. 27.3.2003, NZA 2003, 1193, 1196.

1405 BAG v. 4.4.1990 AP Nr. 21 zu § 611 BGB Persönlichkeitsrecht; BAG v. 27.3.2003, NZA 2003, 1193, 1194.

1406 BAG v. 18.11.1999, NZA 2000, 418, 421.

1407 Vgl BAG v. 13.3.2001, AP Nr. 34 zu § 99 BetrVG 1972 Einstellung.

versprechen.[1408] Solche Ehrlichkeitskontrollen dürfen dann zwar regelmäßig, aber nur stichprobenartig erfolgen.[1409] Des Weiteren können Ehrlichkeitskontrollen auch dann zulässig sein, wenn der Arbeitnehmer bzw. der Betriebsrat in diese eingewilligt hat, etwa im Rahmen einer gesonderten Vereinbarung im Arbeitsvertrag oder durch den Abschluss einer Betriebsvereinbarung.

Im Rahmen der Interessenabwägung entscheiden die Einzelfallumstände, ob sich aus der Art und Weise, wie der Arbeitnehmer durch den Arbeitgeber in Versuchung geführt worden ist, Umstände zu seiner Entlastung ergeben können. Insbesondere darf der Arbeitgeber nicht die Grenze zwischen der (zulässigen) Schaffung einer Tatgelegenheit und der (unzulässigen) Anstiftung zur Tatbegehung überschritten haben. Eine Einwirkung auf den Arbeitnehmer ist nicht zulässig, wenn sie als aktive Bestimmung zur Tatbegehung gewertet werden kann, etwa, wenn sich der Arbeitnehmer anfänglich weigert und sodann überredet wird.[1410] Zudem ist auch von Bedeutung, ob und wie der Arbeitnehmer durch den Arbeitgeber auf derartige Ehrlichkeitskontrollen hingewiesen wurde.[1411]

ee) Abschreckungsgesichtspunkte, Generalprävention und Betriebsdisziplin

Im Rahmen der Interessenabwägung ist der Aspekt der Selbstbindung des Arbeitgebers eng mit Gesichtspunkten der Abschreckung anderer Arbeitnehmer bzw. der Generalprävention und Betriebsdisziplin verzahnt. Hierbei handelt es sich um ein betriebliches bzw. unternehmerisches Interesse, das immer zugunsten des Arbeitgebers zu werten ist. Es kommt also bei der Berücksichtigung dieses Aspekts nicht (nur) auf das Verhältnis des Arbeitgebers zum gekündigten Arbeitnehmer an, sondern auch auf das Verhältnis des Arbeitgebers zu den anderen Arbeitnehmern.

Nach teilweise vertretener Auffassung soll ein berechtigtes gesteigertes Interesse des Arbeitgebers an der Auflösung des Arbeitsvertrages immer dann bestehen, wenn er eine Nachahmungsgefahr für andere Arbeitnehmer befürchten muss, sofern er nicht mit einer Kündigung reagiert.[1412] Das Aussprechen einer Abmahnung oder gar die stillschweigende Duldung bei einem Vermögensdelikt

---

1408 BAG v. 27.3.2003, NZA 2003, 1193, 1195; *Hümmerich/Reufels*, § 1 Arbeitsverträge Rn. 3646.

1409 *Hümmerich/Reufels*, § 1 Arbeitsverträge Rn. 3647.

1410 Vgl LAG Hamm v. 29.6.1989, LAGE Nr. 44 zu § 626 BGB.

1411 BAG v. 18.11.1999, NZA 2000, 418, 420.

1412 LAG Nürnberg v. 16.10.2007, LAGE Nr. 4 zu § 626 BGB 2002 Verdacht strafbarer Handlung.

berge stets das Risiko von Nachahmungstätigkeiten. Wenn der Arbeitgeber Vermögensdelikte nicht strikt ahnde, bestehe somit die Gefahr, dass die Betriebsdisziplin insgesamt leidet und sich andere Arbeitnehmer ermutigt fühlen könnten, ihre Redlichkeit aufzugeben.[1413] Somit sei auch berücksichtigungsfähig, wie sich das pflichtwidrige Verhalten des Arbeitnehmers im betreffenden Betrieb auf das Verhalten anderer Arbeitnehmer auswirke.[1414] Deshalb wird vertreten, dass auch Abschreckungsgesichtspunkte im Rahmen der Interessenabwägung grundsätzlich berücksichtigungsfähig sind und ein hartes Durchgreifen des Arbeitgebers erforderlich machen können.[1415]

Die Rechtsprechung wie auch Teile der Literatur stehen der Berücksichtigung generalpräventiver Gesichtspunkte vor dem Hintergrund des fehlenden Sanktionscharakters der Kündigung allerdings zurückhaltend gegenüber.[1416] Es sei zu bedenken, dass immer dann, wenn die Kündigung eines Arbeitnehmers der Verhinderung eines vertragswidrigen Verhaltens anderer Arbeitnehmer diene und mit ihr ein Abschreckungseffekt erreicht werden soll, der betroffene Arbeitnehmer stellvertretend für die anderen Arbeitnehmer „geopfert" werde. Solche Abschreckungsgedanken seien dem Kündigungsrecht aber fremd. Lediglich in Ausnahmefällen – wie bspw. im Einzelhandel – könne darauf abgestellt werden, wie es sich im Betrieb des Arbeitgebers auswirkt, wenn der Arbeitgeber Pflichtverletzungen des Arbeitnehmers ohne erhebliche Sanktionen zulässt.[1417] In solchen Unternehmen bestehe die Gefahr, dass durch eine Vielzahl geringwertiger Vermögensdelikte in der Summe hohe Schäden entstehen.[1418] Der Arbeitgeber habe daher in solchen Branchen ein großes Interesse daran, dass Vermögensdelikte von allen Arbeitnehmern deutlich als ihren Arbeitsplatz gefährdend angesehen werden. Zudem besteht auch insbesondere im Einzelhandel die Gefahr, dass Arbeitnehmer absichtlich Verpackungen beschädigen, um den Inhalt unverkäuflich zu machen und ihn sich sodann anzueignen. Insbesondere könne

---

1413 Siehe hierzu *Lotze/Fischer*, AuA 2010, 512.

1414 Vgl. hierzu LAG Rheinland-Pfalz v. 30.1.2009, NZA-RR 2009, S. 303: „Insoweit überwiegt das Interesse der Beklagten an der Signalwirkung auf andere Mitarbeiter, Verhaltensweisen, wie das der Klägerin, unter keinen Umständen ohne Folgen für den Fortbestand des Arbeitsverhältnisses zuzulassen."

1415 *Weth*, jurisPK-BGB § 626 Rn. 10.

1416 BAG v. 16.12.2004, AP Nr. 191 zu § 626 BGB, wonach es sich bei der Generalprävention nur um einen begrenzt tragfähigen Gesichtspunkt handelt; so auch *Bartels*, RdA 2010, 109, 111; *Preis*, AuR 2010, 243, 245 f.

1417 BAG v. 11.12.2003, NZA 2004, 486, 488.

1418 BAG v. 10.6.2010, NZA 2010, 1227, 1232.

der Arbeitgeber auch aus technischen und rechtlichen Gründen seine Arbeitnehmer nicht permanent überwachen, will sich also auf deren Ehrlichkeit auch dann verlassen können, wenn sie unbeobachtet mit Vermögensgegenständen umgehen.[1419] Da die Kosten des zuverlässigen Ausschlusses solcher Übergriffe zudem unverhältnismäßig hoch wären, könne das Setzen eines besonders starken negativen Anreizes geeignet sein, um die Arbeitnehmer zu vertragsgemäßem Verhalten zu veranlassen. Dies sei umso wichtiger, weil die Zahl der unentdeckten Fälle die der tatsächlich bemerkten Fälle deutlich übersteigen dürfte. Deshalb sei es anzuerkennen, dass ein Arbeitgeber immer dann, wenn ein Arbeitnehmer einer Tat überführt wird, auch das berechtigte Interesse daran habe, zur Abschreckung der übrigen Belegschaft exemplarisch mit äußerster Härte, also auch mit einer fristlosen Kündigung zu reagieren.[1420] Immer dann, wenn von einer Vertragspflichtverletzung jedoch keine spezifische Ausstrahlungswirkung auf andere Arbeitnehmer zu erwarten ist, muss eine Berücksichtigung hingegen ausscheiden.[1421]

Prinzipiell sollte die Generalprävention gegenüber anderen Mitarbeitern mit Rücksicht auf den grundsätzlich nicht anzuerkennenden Sanktionscharakter einer Kündigung im Rahmen der Interessenabwägung nur in eng begrenzten Ausnahmefällen als Abwägungsgesichtspunkt in die Interessenabwägung zugunsten des Arbeitgebers eingestellt werden können. Zudem sind Kündigungen auch nicht geeignet, zu einem guten Betriebsklima beizutragen. Daher ist im Grundsatz ein generalpräventives Sanktionsinteresse nicht anzuerkennen, sofern keine Besonderheiten hinzutreten (dazu sogleich).

Nur in besonderen Konstellationen – insbesondere, wenn es sich um einen Arbeitnehmer handelt, dem eine Führungs- und Vorbildfunktion gegenüber anderen Mitarbeitern zukommt – müssen Ausnahmen zulässig und eine Gewichtung dieses Umstands in der Interessenabwägung möglich sein.[1422] Gleiches muss für bestimmte Branchen in der Arbeitswelt gelten, bei denen für Arbeitgeber eine erhöhte Gefahr besteht, dass durch eine Vielzahl geringwertiger Vermögensdelikte in der Summe hohe Schäden entstehen. In solchen Fällen sowie in Fällen der Nicht-Sanktionierung von Vorgesetzten besteht eine erhöhte Gefahr für die Funktionsfähigkeit des Betriebes. Ein zugunsten des Arbeitgebers berechtigtes Interesse an Generalprävention muss dann bejaht werden.[1423]

1419 *Schlachter*, NZA 2005, 433, 434.

1420 *Berkowsky*, AA 2005, 135.; *Schlachter*, NZA 2005, 433, 434.

1421 BAG v. 16.12.2004, NJOZ 2005, 3779, 3783.

1422 ArbG Frankfurt v. 31.1.2001, NZA-RR 2001, 368 (Leitsatz 1).

1423 *Hunold*, NZA-RR 2011, 561, 568.

Das Vorliegen einer solchen Ausnahmekonstellation hat der Arbeitgeber darzulegen und zu beweisen. Entscheidend sind demnach immer die vom Arbeitgeber darzulegenden betrieblichen Gegebenheiten sowie eine mit dem tatsächlichen Verhalten verbundene Ausstrahlungswirkung und Nachahmungswahrscheinlichkeit durch andere Arbeitnehmer.[1424]

ff) Verhalten des Arbeitnehmers nach der Tatbegehung/Pflicht zur Selbstbezichtigung

Zu klären ist des Weiteren, ob auch nachträgliches Arbeitnehmerverhalten in die Interessenabwägung über die außerordentliche Kündigung einbezogen werden darf. Bei diesem - personenbezogenen - Aspekt ist zunächst zu differenzieren zwischen dem Verhalten des Arbeitnehmers vor und nach Erhalt der außerordentlichen Kündigung wegen eines geringfügigen Vermögensdelikts.

Nach allgemeiner Ansicht ist der Zeitpunkt des Zugangs der Kündigungserklärung nach § 130 Abs. 1 BGB maßgeblicher Bezugsmoment.[1425] Dieser Moment ist für die Prüfung aller materiellen Kündigungsvoraussetzungen im Rahmen des § 626 Abs. 1 BGB und damit auch für die anzustellende Interessenabwägung entscheidend.[1426] Bei dem Verhalten des Arbeitnehmers unmittelbar nach der Tatbegehung und noch vor Erhalt der Kündigung wird generell davon ausgegangen, dass dieses im Rahmen der Interessenabwägung berücksichtigt werden kann.[1427] Ein Einräumen des Pflichtverstoßes, das Bemühen des Arbeitnehmers um Sachverhaltsaufklärung und eine glaubwürdige Entschuldigung können zu seinen Gunsten in der Interessenabwägung Beachtung finden.[1428] Die Einsicht des Arbeitnehmers, dass sein Verhalten falsch war, könne dazu beitragen, dass verloren gegangenes Vertrauen wieder zurückgewonnen werden kann.[1429] Insbesondere kann in einer sofortigen Einräumung der Tat ein Indiz für die grundsätzliche Redlichkeit des Arbeitnehmers gesehen werden.

Auch die Rechtsprechung des 2. Senats des BAG geht davon aus, dass das „Nach-Tat-Verhalten" des Arbeitnehmers - konkret seine Einlassungen nach der Pflichtverletzung, aber noch vor Ausspruch der Kündigung - von hohem Gewicht für die vorzunehmende Interessenabwägung ist. Insbesondere im Zusammenhang mit arbeitgeberseitigen Aufklärungsmaßnahmen kann sich nach

---

1424 *Berger*, JbArbR 48, 41, 57 (2011).

1425 KR/*Fischermeier*, § 626 BGB Rn. 173.

1426 Exemplarisch KR/*Fischermeier*, § 626 BGB Rn. 173.

1427 *Grimm/Windeln*, ArbRB 2009, 374, 375.

1428 F/G/N/*Gieseler*, § 626 BGB Rn. 98.

1429 BAG v. 27.4.2006, NZA 2006, 1033, 1034.

Ansicht des BAG, dass Verhalten des Arbeitnehmers durchaus und in erheblichem Umfang belastend im Rahmen der Interessenabwägung auswirken, wenn der Arbeitnehmer seinen Pflichtenverstoß leugnet und mehrfach vorsätzlich die Unwahrheit sagt.[1430] Auch die Literatur fordert teilweise, dass es sich im Rahmen der Interessenabwägung zulasten des Arbeitnehmers auswirken müsse, wenn der Arbeitnehmer den Vorwurf abstreitet oder den Verdacht auf Unschuldige lenkt, da sich ein solches Verhalten besonders negativ auf die Vertrauensbeziehung auswirkt.[1431]

Diese Erwägungen können jedoch nur für eine Tatkündigung, nicht aber für eine Verdachtskündigung gelten. Zwar ist der im Strafrecht anzuwendende Grundsatz nemo tenetur se ipsum accusare aufgrund der im Zivilprozess abweichenden Verfahrensmaxime[1432] nicht heranzuziehen;[1433] dennoch kann ein Unterlassen der Selbstbezichtigung im Falle einer Verdachtskündigung nicht zulasten des Arbeitnehmers gewertet werden, da dieser sich ansonsten genötigt fühlen könnte, eine Tat zuzugeben, die er nicht begangen hat.[1434]

Hiervon abzugrenzen ist das Verhalten des Arbeitnehmers nach Erhalt der Kündigung. Hierbei ist abermals zu unterscheiden, ob es sich um Umstände handelt, die zulasten des Arbeitnehmers oder zu seinen Gunsten in die Abwägung und die Prüfung der Rechtmäßigkeit der Kündigung einbezogen werden sollen.

Grundsätzlich können Umstände, die erst nach Ausspruch der außerordentlichen Kündigung eintreten, die bereits erklärte außerordentliche Kündigung nicht im Nachhinein rechtfertigen. Dies beruht auf der Überlegung, dass der Arbeitgeber ein nachträgliches (Prozess)Verhalten bei seinem Kündigungsentschluss und damit bei Ausspruch der Kündigung - mangels Kenntnis - auch nicht berücksichtigen konnte und dies daher nicht ausschlaggebend gewesen sein kann.[1435] Ferner wäre es befremdlich, wenn der Arbeitgeber zunächst eine Kündigung ausspricht und in der Folge aus der daraus zwangsläufig entstehenden Konfliktsituation damit beginnen könnte, weitere Kündigungsgründe zu generieren. Nachfolgende Gegebenheiten sind damit grundsätzlich nicht geeignet, zur Rechtfertigung einer bereits ausgesprochenen Kündigung beizutragen. Sie können allenfalls eine neue Kündigung - bspw. wegen versuchten

---

1430 BAG v. 24.11.2005, NZA 2006, 484.
1431 *Grimm/Windeln*, ArbRB 2009, 374, 375.
1432 Vgl. hierzu die Ausführungen in Kapitel 2 B. I.
1433 *Zech*, S. 72.
1434 *Fischer*, jurisPR-ArbR 16/2009 Anm. 1.
1435 So auch *Tiedemann*, ArbRB 2010, 222, 223.

oder vollendeten Prozessbetrugs - oder aber einen Auflösungsantrag gemäß §§ 9, 10 KSchG rechtfertigen.[1436]

In engen Grenzen werden Ausnahmen hiervon im Zusammenhang mit dem prognostischen Charakter[1437] der Kündigung vom BAG anerkannt.[1438] Ausnahmsweise können deshalb Umstände, die nach der Kündigung eingetreten sind, dann eine Rolle spielen, wenn sie das frühere Verhalten des Arbeitnehmers in einem neuen Licht erscheinen lassen, diesem also ein größeres Gewicht als Kündigungsgrund verleihen,[1439] weil sie eine bessere Würdigung der Tatsachen, die als Kündigungsgrund dienen, ermöglichen.[1440] In diesem Zusammenhang soll auch das Prozessverhalten eines Arbeitnehmers bei der Interessenabwägung berücksichtigt werden können, soweit es tatsächlich Rückschlüsse auf den Kündigungsgrund erlaubt. Zwischen dem späteren Prozessverhalten und den Umständen, die zum Ausspruch der Kündigung geführt haben, muss dann aber eine derart enge innere Beziehung bestehen, dass diese nicht außer Acht gelassen werden kann, ohne dass ein einheitlicher Lebensvorgang zerrissen würde.[1441] Die Berücksichtigung der nachträglichen Vorgänge rechtfertigt sich dann daraus, dass sie eine bessere Würdigung der alten Gründe ermöglicht.[1442] Dies darf jedoch nicht dazu führen, dass eine im Kündigungszeitpunkt unbegründete Kündigung zu einer begründeten Kündigung wird.[1443] Auf der anderen Seite kann auch ein positiver Eindruck des Arbeitnehmers in der mündlichen Verhandlung nicht zu seinen Gunsten in der Interessenabwägung berücksichtigt werden, also dazu führen, dass die außerordentliche Kündigung allein wegen des ihr nachfolgenden guten Arbeitnehmerverhaltens nicht (mehr) gerechtfertigt oder zB nur ein Abmahnungserfordernis zuzulassen wäre.[1444]

Die Berücksichtigung des späteren Prozessverhaltens muss auch immer dann ausscheiden, wenn es sich im Vergleich zum ursprünglichen Pflichtenverstoß

1436 KR/*Fischermeier*, § 626 BGB Rn. 176; *Tiedemann*, ArbRB 2010, 222, 223.

1437 Zum Prognoseprinzip sogleich unter IV.

1438 BAG v. 15.12.1955, BAGE 2, 245, 251.

1439 BAG v. 13.10.1977, NJW 1978, 1872, 1874.

1440 Leider lässt sich dieser pauschalen Umschreibung nicht entnehmen, unter welchen Voraussetzungen die Umstände, die zur Kündigung geführt haben, nachfolgend weiter aufgehellt werden können und wie sich dies bei der Prüfung der Wirksamkeit der Kündigung auswirken soll. Dies kann letztendlich nur anhand der Umstände des Einzelfalls bewertet werden.

1441 BAG v. 15.12.1955, BAGE 2, 245, 251.

1442 BAG v. 28.10.1971, AP Nr. 62 zu § 626 BGB.

1443 *Berger*, JbArbR 48, 41, 58 (2011).

1444 BAG v. 11.12.2003, AP Nr. 179 zu § 626 BGB.

als Aliud erweist[1445] und damit nun einen eigenständigen Grund für eine neue Kündigung oder einen Auflösungsantrag bilden kann.[1446] Ein solches Aliud und damit auch ein neuer Lebensvorgang liegt vor, wenn durch das spätere Prozessverhalten ein neuer Kausalverlauf in Gang gesetzt wurde.[1447] Dies kann etwa der Fall sein, wenn der Arbeitnehmer seinen Arbeitgeber in einem Kündigungsrechtsstreit wegen eines geringwertigen Vermögensdelikts beleidigt. Durch die Beleidigung kann dann aber nicht die ursprüngliche Kündigung wegen eines geringwertigen Vermögensdelikts begründet werden.

Ferner können prozessuale Erwägungen diese Abgrenzung bestätigen. Nur ein solches der Kündigung nachfolgendes Verhalten, das mit dem Kündigungsgrund einen einheitlichen Lebensvorgang bildet, ist vom punktuellen Streitgegenstand der Kündigungsschutzklage erfasst. Anderenfalls kämen nachträgliche - und mutmaßlich streitentscheidende - Vorgänge hinzu, die in keinem Bezug zur ursprünglichen Kündigung stehen und somit auch nicht prozessual verwertet werden dürfen.[1448] Ob noch ein einheitlicher Lebensvorgang bzw. ein Verhalten vorliegt, das auf keinem neuen Kausalverlauf beruht, kann nur anhand der Umstände des Einzelfalls beurteilt werden. Dies wurde bspw. bejaht, wenn sich im Laufe des Prozesses die Verdachtsmomente gegen einen gekündigten Arbeitnehmer derart verdichtet haben, dass das Tatsachengericht zu der Überzeugung gelangt ist, dass der Arbeitnehmer die Tat auch tatsächlich begangen hat. Nach der Rechtsprechung des BAG erweise sich dann die Verdachtskündigung in ihrer schärfsten Form als wirksam, nämlich aufgrund der Überzeugung von der Tatbegehung.[1449] Einen einheitlichen Lebensvorgang nahm das BAG weiterhin an, wenn gleichartige Pflichtenverstöße nach Beginn des Kündigungsschutzprozesses begangen wurden. Ein solches Verhalten belege die Wiederholungsgefahr arbeitsvertraglicher Pflichtverletzungen, bestätige also die vom Arbeitgeber behauptete Unzumutbarkeit der weiteren Beschäftigung und sei deshalb zu berücksichtigen.[1450]

Fraglich ist zudem, wie es sich auswirkt, wenn der gekündigte Arbeitnehmer während des Kündigungsschutzprozesses die Aufklärung des Kündigungssachverhalts - ggf. unter Verstoß gegen die prozessuale Wahrheitspflicht gemäß § 138 ZPO - verhindert, bspw. durch beharrliches Leugnen. Das BAG hat in

1445 *Walker*, NZA 2009, 921, 923.

1446 *Tiedemann*, ArbRB 2010, 222, 224.

1447 *Tiedemann*, ArbRB 2010, 222, 224.

1448 *Bartels*, RdA 2010, 109, 114.

1449 BAG v. 3.7.2003, AP Nr. 38 zu § 626 BGB.

1450 BAG v. 13.10.1977, NJW 1978, 1872, 1874.

seiner „Emmely"-Entscheidung entgegen der Auffassung der Vorinstanz den Umstand, dass auch die dortige Klägerin bei den Aufklärungsmaßnahmen des Arbeitgebers mehrfach und beharrlich gelogen hatte, nicht in die von ihm als Revisionsgericht selbst vorgenommene Interessenabwägung einbezogen, sondern festgestellt, dass das Prozessvorbringen der dortigen Klägerin nicht auf den Kündigungsgrund zurückwirken könne. Vielmehr lasse ihr wechselnder Vortrag sowie ihr beharrliches Leugnen einer vorsätzlichen Pflichtverletzung keine Rückschlüsse auf ihre künftige Zuverlässigkeit als Kassiererin zu.[1451] Der eigentliche Kündigungssachverhalt – unrechtmäßiges Einlösen der Pfandbons – sei dadurch nicht in einem neuen Licht erschienen. Die Argumentation des BAG überrascht insofern, als dass es in einer Entscheidung aus dem Jahr 2005 noch gegenteilig entschieden hatte und das Leugnen sowie die wechselhafte Einlassung des dortigen Klägers zu dessen Lasten berücksichtigte.[1452] Auch wenn das BAG in seiner „Emmely"-Entscheidung auf diese Entscheidung Bezug nimmt, weicht es ohne weitere Begründung von ihr ab.[1453] Damit kann vermutet werden, dass sich das BAG in seiner „Emmely"-Entscheidung stillschweigend von seiner bisherigen Praxis distanzieren wollte.

Der BAG-Entscheidung über den Fall „Emmely" ist überwiegend zuzustimmen, da sie den Grundsatz akzentuiert, dass auf den Zeitpunkt des Zugangs der Kündigung abzustellen ist, da nur so eine rechtssichere Abgrenzung zwischen dem Streit über die Kündigungsgründe und dem über etwaige Auflösungsgründe über die weitere Zusammenarbeit hergestellt werden kann. Allerdings ist die Rechtsprechung, nach der nach Zugang der Kündigung eintretende Umstände für die gerichtliche Beurteilung der Kündigung relevant sind, wenn sie die Kündigungsvorwürfe und damit die Kündigung „in einem neuen Licht erscheinen lassen", zu offen angelegt. Sie bietet keine hinreichende Rechtssicherheit für die Praxis und führt im Ergebnis zu Abgrenzungsschwierigkeiten bei problematischer Prozessführung.[1454] In diesem Zusammenhang ist stets zu berücksichtigen, dass es einer Partei im Zivilprozess grundsätzlich erlaubt ist, ihr Vorbringen im Laufe des Prozesses zu ändern, zu ergänzen oder gar zu berichtigen, sodass bei der gerichtlichen Würdigung die Gründe für ein Umschwenken nicht außer Acht gelassen werden dürfen.[1455] Letztlich ist auch stets zu beachten, dass nicht jedes unzutreffende Parteivorbringen sogleich als Lüge bezeichnet werden kann.

1451 Vgl. hierzu auch Kapitel 2 A. I. 3. c).

1452 Vgl. BAG v. 24.11.2005, AP Nr. 197 zu § 626 BGB, Rn. 21.

1453 Siehe hierzu *Walker*, NZA 2011, 1, 4.

1454 *Fischer*, jurisPR-ArbR 48/2010 Anm. 1.

1455 BAG v. 12.8.2010 – 2 AZR 104/09 – juris.

Die Wahrnehmung eines Geschehens ist grundsätzlich nicht unbeeinflusst vom äußeren und inneren Standpunkt des Wahrnehmenden. Gleiches muss für die Erinnerung und die Wiedergabe eines Geschehens gelten. Dies insbesondere vor dem Hintergrund eines von starker Polarität geprägten Prozessverhältnisses, wie es in einem Kündigungsrechtsstreit meist zwischen den Prozessparteien anzutreffen ist.[1456] Wegen dieser Schwierigkeiten sollten ein Leugnen oder eine Erschwerung der Sachverhaltsaufklärung auch nur im Rahmen eines Auflösungsantrags berücksichtigt werden können. Diese Sichtweise wird der strukturellen Unterschiedlichkeit zwischen der im Rahmen der Interessenabwägung nach § 626 Abs. 1 BGB anzustellenden arbeitsvertraglichen Prognoseentscheidung, die sich allein auf den Kündigungszeitpunkt bezieht, einerseits und der sich aus dem Prozessverhalten ergebenden prozessualen Prognoseentscheidung nach § 9 KSchG andererseits gerecht. Letztere bewertet nicht den Kündigungssachverhalt als solchen, sondern ein nachträglich eingetretenes bzw. auftretendes Geschehen, dass ein solches eigenständiges Gewicht hat, ohne Rückgriff auf die Kündigung, dass eine Fortsetzung des Arbeitsverhältnisses nicht sinnvollerweise gerichtlich angeordnet werden kann.[1457]

Damit ein nachträgliches Prozessverhalten des Arbeitnehmers, das mit dem ursprünglichen arbeitsvertraglichen Pflichtenverstoß einen einheitlichen Lebenszusammenhang bildet, in der Interessenabwägung berücksichtigt werden kann, muss es der Arbeitgeber zudem auch als Sachvortrag ordnungsgemäß in den Prozess einführen.[1458]

gg) Höhe des Schadens und wirtschaftliche Folgen für das Unternehmen

Eingetretene Schäden und die wirtschaftlichen Folgen für das Unternehmen sind betriebs- bzw. unternehmensbezogene Aspekte, die grundsätzlich das Interesse des Arbeitgebers an einer Beendigung des Vertragsverhältnisses stützen würden. Da die Höhe des Schadens – wie bereits festgestellt[1459] – auf der ersten Stufe der Prüfung des § 626 Abs. 1 BGB keine Beachtung finden soll, kann eine etwaige Berücksichtigung erst im Rahmen der zweiten Stufe bei der Interessenabwägung erfolgen.

1456 BAG v. 10.6.2010, NZA 2010, 1227 ff.

1457 Zutreffend *Fischer*, jurisPR-ArbR 48/2010 Anm. 1.

1458 *Tiedemann*, ArbRB 2010, 222, 224.

1459 Vgl. die Ausführungen in Kapitel 2 A. II.

Bis zum „Emmely“-Prozess wurde die Schadenshöhe durchweg nicht in die Interessenabwägung eingestellt.[1460] Erstmalig stellte das BAG in der Revision zu diesem Verfahren fest, dass auch die wirtschaftlichen Folgen der Tat für das betroffene Unternehmen in der Interessenabwägung zu beachten sind.[1461] Gleichwohl ist rein tatsächlich festzustellen, dass die Schadenshöhe auch nach der „Emmely“-Entscheidung in der Praxis nur in wenigen arbeitsgerichtlichen Entscheidungen[1462] im Rahmen der Interessenabwägung herangezogen und beachtet wurde. Dies mag damit zusammenhängen, dass die Gerichte die mit der Einführung einer Bagatellgrenze einhergehenden Probleme auf der zweiten Prüfungsstufe ebenso scheuen wie auch schon auf der diskutierten ersten Prüfungsstufe.[1463] Andere Aspekte spielen für die Tatsachengerichte jedenfalls eine sehr viel gewichtigere Rolle als eine Berücksichtigung der Schadenshöhe.

Ungeachtet dessen stellt sich die Frage, ob die Höhe des Schadens grundsätzlich geeignet ist, das Abwägungsergebnis maßgeblich zu beeinflussen. In Fällen geringwertiger Vermögensdelikte ist zunächst ein besonders strenger Maßstab anzulegen, da die Entwendung von Arbeitgebereigentum unabhängig vom Wert der Sache einen schwerwiegenden Eingriff in das grundrechtlich geschützte Eigentum darstellt. Im Schrifttum ist geäußert worden, dass der Schadenshöhe keine entscheidende Rolle zukommen dürfe, da es für die Frage nach dem Vertrauensfortbestand keinen Unterschied machen kann, ob der Arbeitnehmer wegen weniger Cent oder eines hohen Euro-Betrags ein Vermögensdelikt begangen hat.[1464] Das Vertrauen sei regelmäßig und unabhängig von der Höhe des Vermögensschadens zerstört.[1465] Jeder Gegenstand, der dem Eigentumsschutz unterliege, genieße ein von der Rechtsordnung garantiertes symbolisches Vertrauen. Vertrauensgegenstand sei nicht der wirtschaftliche Wert der entwendeten Sache, sondern die Bedeutung des Eigentums als solchem, das von geringwertigen Sachen symbolisch gesehen in gleichem Maße repräsentiert werde wie von einer

1460 Vgl. bspw. ArbG Lörrach v. 10.6.2009, AuR 2010, 79 f.; LAG Baden-Württemberg v. 23.2.1010 – 8 Sa 9/09 – juris; LAG Berlin-Brandenburg v. 12.3.2010 – 13 Sa 2621/09 – juris; LAG Niedersachsen v. 12.2.2012, AE 2010, 174 f.

1461 BAG v. 10.6.2010, NZA 2010, 1227, 1231.

1462 Siehe bspw. LAG Schleswig-Holstein v. 18.12.2013 – 6 Sa 203/13 – juris: „Für das Bestandsinteresse der Klägerin spricht ferner der geringe Wert des Rotkohls, und zwar unabhängig davon, ob er ohnehin weggeworfen oder am nächsten Tag noch verwendet worden wäre.“

1463 Siehe hierzu bereits ausführlich in Kapitel 2 A. II.

1464 Siehe etwa *Preis*, AuR 2010, 242, 243; *Schrader/Straube*, ArbR 2009, 7, 8.

1465 *Schrader/Straube*, ArbR 2009, 7, 8.

Sache mit hohem Wert.[1466] Der wirkliche Schaden eines Vermögensdelikts im Arbeitsverhältnis bestehe in der sich darin ausdrückenden Respektlosigkeit gegenüber dem Eigentum des Arbeitgebers und den sich aus dem Vertrag ergebenden Pflichten. Damit sei der Wert der entwendeten Sache genauso irrelevant wie der Umstand, ob der bestohlene Arbeitgeber zu den wohlhabenden oder weniger wohlhabenden Arbeitgebern gehöre.[1467]

Ein anderer Teil der Literatur vertritt hingegen die Auffassung, dass die Höhe des Schadens im Abwägungsprozess durchaus von Bedeutung sei.[1468] Der Umfang des Schadens habe ein unterschiedliches Gewicht, das abhängig von der Stellung des Arbeitnehmers, den besonderen Betriebsverhältnissen und der Art der entwendeten Waren sei.[1469] Zudem gebe es durchaus Fälle, in denen dem Arbeitnehmer bei geringfügigen Vermögensdelikten die Schwere der Schuld nicht gleichermaßen bewusst sei wie bei der Verursachung erhebliche Schäden.[1470] Es dürfe nicht übersehen werden, dass das Maß der Hemmschwellenüberwindung mit der Schadenshöhe einhergehe. Je höher der Vermögenswert des entwendeten Arbeitgebereigentums sei, desto höher sei regelmäßig auch das Unrechtsbewusstsein[1471] des Arbeitnehmers einzustufen.[1472] Eine geringe Schadenshöhe zeige aufgrund der tatsächlich und psychologisch geringen Hemmschwelle damit auch eine niedrigere kriminelle Energie.[1473] In diesem Zusammenhang wird vorgeschlagen, sich als Richtwert dafür, ob ein hoher Schaden gegeben ist oder nicht, an der Vorschrift des R 19.6 LStH 2010 zu orientieren.[1474] Sie bestimmt, dass Sachleistungen bis zu 40,00 Euro des Arbeitgebers, die auch im gesellschaftlichen Verkehr üblicherweise ausgetauscht werden und zu keiner ins Gewicht fallenden Bereicherung der Arbeitnehmer führen, als bloße Aufmerksamkeiten nicht zum Arbeitslohn gehören. Eine solche Grenze stelle eine gesetzlich abgesicherte, objektive Größe dar, die die Treuegesichtspunkte im Arbeitsrecht quantifiziert.

1466 *Fromm*, S. 541 f.

1467 *Tschöpe*, NZA 1985, 588, 589.

1468 *Fischer*, jurisPR-ArbR 48/2010 Anm. 2; *Hunold*, NZA-RR 2003, 57, 60.

1469 *Hunold*, NZA-RR 2003, 57, 60.

1470 Vgl. hierzu bspw. LAG Hessen v. 14.7.2009 – 15 Sa 173/09 – juris: Hier gibt ein Tankstellenkassierer zwei Polizeibeamten je einen Becher Kaffee kostenlos aus.

1471 Laut Duden das Bewusstsein davon, dass mit einer bestimmten Handlung etwas Unrechtes bzw. Rechtswidriges getan wird.

1472 So auch *Birnbaum*, AuA 2010, 212, 213; *Grimberg*, AiB 2009, 378, 380.

1473 *Fischer*, jurisPR-ArbR 48/2010 Anm. 2.

1474 *Fischer*, jurisPR-ArbR 48/2010 Anm. 2.

Vieles spricht dafür, die Schadenshöhe nur als ein Indiz für die Qualität der Pflichtverletzung[1475] im Rahmen der Interessenabwägung zu werten.[1476] Grundsätzlich sollte der Wert der Sache lediglich ein relatives Kriterium darstellen. So wird ein hoher Schaden eine außerordentliche Kündigung eher rechtfertigen können als ein geringer. Dennoch wird auch ein hoher Schaden nicht automatisch die sofortige Auflösung des Arbeitsverhältnisses begründen, sondern auch hier können die besonderen Fallumstände eine Weiterbeschäftigung zumutbar machen.[1477] Die Höhe des Schadens kann aber durchaus einen Hinweis darauf geben, mit welcher Unbekümmertheit ein Arbeitnehmer gehandelt hat.[1478] So gibt die Schadenshöhe oftmals darüber Aufschluss, ob sich ein Arbeitnehmer mit großer krimineller Energie, mit Täuschungsabsicht oder nur durch die Gelegenheit verleitet falsch verhalten hat. Zudem kann insbesondere mit einer extremen Geringwertigkeit jenseits der finanziellen Wahrnehmbarkeit schnell ein Irrtum des Arbeitnehmers über die Rechtmäßigkeit seiner Handlung einhergehen. Deshalb sollte gerade in Fallgestaltungen der extremen Geringwertigkeit eindringlicher als bisher geprüft werden, ob der Arbeitnehmer bei Begehung der Tat nicht möglicherweise das Einverständnis seines Arbeitgebers vermutet hat. Hat der Arbeitnehmer sich insoweit tatsächlich nur geirrt, dürfte der Ausspruch einer vorherigen Abmahnung sachgerecht und ausreichend sein. Hingegen können feste Bestimmungen/Verbote seitens des Arbeitgebers auch bei extremer Geringwertigkeit einem Irrtum des Arbeitnehmers entgegenstehen.

Besonders aufmerksam sollte zudem mit Fallgestaltungen umgegangen werden, in denen sich überhaupt kein Vermögensschaden feststellen lässt.[1479] Es kann sich zwar trotzdem um Eigentumsdelikte handeln, jedoch rechtfertigt eine völlige Wertlosigkeit der betroffenen Sache für den Arbeitgeber durchweg eine moderatere Beurteilung als Fälle, in denen ein Vermögensschaden zu verzeichnen ist. Wenn aber die entwendete Sache für den Arbeitgeber keinen (auch keinen ideellen) Verlust darstellt und der Vorwurf gegenüber dem Arbeitnehmer allein darin besteht, eine Weisung des Arbeitgebers missachtet zu haben, muss dies anders gewichtet werden, als wenn der Arbeitnehmer einen Schaden verursacht hat. Dies ist dann auch wieder im Hinblick auf das Verschulden relevant,

1475 Vgl. hierzu unter cc) (1).
1476 *Preis*, AuR 2010,242, 243.
1477 *Berger*, JbArbR 48, 41, 48 (2011).
1478 *Preis*, AuR 2010,242, 243.
1479 Vgl. bspw. LAG Berlin-Brandenburg v. 4.6.2015, NZA-RR 2016, 129 ff.

da der Arbeitnehmer bei für den Arbeitgeber wertlosen Sachen auch keinen Vorsatz hat, seinem Arbeitgeber einen Schaden zuzufügen.[1480]

Bei geringwertigen Vermögensdelikten und insbesondere dann, wenn kein Schaden des Arbeitgebers gegeben ist, ist auch die wirtschaftliche Lage des Unternehmens in keiner Weise negativ beeinträchtigt, was auch von der Motivlage her einen entscheidenden Unterschied in der Bewertung darstellen muss. Damit kann eine etwaige Berücksichtigung der Schadenshöhe mit Einfluss auf die wirtschaftliche Lage des Unternehmens auch nur beim Diebstahl hochwertiger Sachen oder bei der Unterschlagung empfindlicher Geldbeträge in Betracht kommen. Der Vermögensschaden muss dafür in Bezug auf den gesamten wirtschaftlichen Stand des Unternehmens von hohem Gewicht sein.

Handelt es sich hingegen wirtschaftlich betrachtet um eine wertlose Sache ohne einen ideellen Wert für den Arbeitgeber oder hat diese sogar einen negativen Wert,[1481] da sie bspw. nur unter Kostenaufwand fachgerecht entsorgt hätte werden können, scheidet eine Berücksichtigung zugunsten des Arbeitgebers im Rahmen der Interessenabwägung aus.[1482] Vielmehr indizieren solche Fallgestaltungen ein geringes Verschulden des Arbeitnehmers (vgl. oben unter cc) (1)).

Anders ist dies nur in Fallgestaltungen, bei denen der Arbeitnehmer fälschlicherweise glaubt, die entwendete Sache habe einen Wert, da der Arbeitnehmer auch dann das Vertrauen in seine Integrität erschüttert hat und davon ausging, den Arbeitgeber tatsächlich zu schädigen.[1483] Darüber hinaus kann auch ein ideeller Wert für den Arbeitgeber bei der Entwendung von Gegenständen ohne Marktwert als wichtiger Grund zur außerordentlichen Kündigung ausreichen.[1484]

hh) Unterhaltspflichten/Familienstand des Arbeitnehmers

Bei den Unterhaltspflichten sowie dem Familienstand des Arbeitnehmers handelt es sich um personenbezogene Interessen. Über ihre Berücksichtigungsfähigkeit im Rahmen der Interessenabwägung besteht Uneinigkeit.

Nach Ansicht des BAG können diese Umstände - je nach Lage des Einzelfalls - Bedeutung in der Interessenabwägung haben.[1485] Grundsätzlich weisen

1480 *Preis*, LTO v. 10.6.2010.

1481 Vgl. hierzu *Schall*, NJW 2010, 1248, 1251.

1482 Vgl. hierzu auch LAG Mecklenburg-Vorpommern v. 27.1.2015, LAGE § 626 BGB 2002 Nr. 52.

1483 *Adam*, MDR 2011, 205, 206.

1484 *Adam*, MDR 2011, 205, 206.

1485 BAG v. 27.4.2006, NZA 2006, 1033 ff.; BAG v. 9.6.2011, NZA 2011, 1027 ff.; BAG v. 27.9.2012, NZA 2013, 425 ff.

die Unterhaltspflichten wie auch der Familienstand zwar keinen direkten Bezug zum Arbeitsverhältnis auf; sie dürften dennoch eine nicht unerhebliche Motivation des Arbeitnehmers darstellen, die eigene Existenzgrundlage nicht zu gefährden.[1486] Das BAG vertritt die Auffassung, dass diese Aspekte nicht von vornherein von der Berücksichtigung ausgeschlossen sind,[1487] wenngleich sie im Einzelfall in den Hintergrund treten und im Extremfall sogar völlig vernachlässigt werden können.[1488]

Unterhaltspflichten sind daher nach Ansicht des BAG kein notwendiger Bestandteil einer nach § 626 BGB genügenden Abwägung. Vielmehr sind diese auch nach Ansicht des BAG zu wenig arbeitsplatzbezogen und könnten demnach nur marginale Bedeutung erlangen.[1489] Insbesondere bei einer verhaltensbedingten außerordentlichen Kündigung aufgrund eines Vermögensdelikts soll die Unterhaltspflicht nur dann gewichtet werden, wenn es um ein Vermögensdelikt geht, bei dem eine durch die Unterhaltspflicht bedingte wirtschaftliche Notlage das Motiv für das Verhalten des Arbeitnehmers gewesen ist.[1490] Gleiches soll gelten, wenn die Pflichtverletzung in einem spezifischen Zusammenhang mit einer besonderen familiären Konstellation stehe.[1491]

Abgesehen von diesen Ausnahmen lassen sich aber auch nach Ansicht des BAG aus der familiären Situation nur schwer Gesichtspunkte für oder gegen eine Kündigung entnehmen, da sie regelmäßig nicht prägend für das Arbeitsverhältnis sind.[1492] Eine Beachtung dürfe lediglich in solchen Fallkonstellationen möglich sein, wenn sie in einem Zusammenhang mit dem Kündigungssachverhalt stehen.[1493] Somit soll es in den allermeisten Fällen ausreichen, wenn die Tatsacheninstanzen die Sozialdaten des Arbeitnehmers - wie eben die Unterhaltspflichten

---

1486 BAG v. 16.12.2004, AP Nr. 191 zu § 626 BGB.

1487 Vgl. BAG v. 16.12.2004, AP Nr. 191 zu § 626 BGB.

1488 BAG v. 27.2.1997, AP Nr. 36 zu § 1 KSchG Verhaltensbedingte Kündigung; BAG v. 20.1.2000, BAGE 93, 255; BAG v. 16.12.2004, AP Nr. 191 zu § 626 BGB; BAG v. 27.4.2006, NZA 2006, 1033, 1034.

1489 BAG v. 18.9.2008, NZA-RR 2009, 393, 396; *Weth*, jurisPK-BGB § 626 Rn. 10.

1490 BAG v. 2.3.1989, EzA Nr. 118 zu § 626 BGB nF.

1491 BAG v. 16.12.2004, AP Nr. 191 zu § 626 BGB.

1492 Siehe aber dennoch LAG Hamburg v. 30.7.2014 – 5 Sa 22/14 Rn. 41 – juris; ArbG Hamburg v. 1.7.2015, NZA-RR 2015, 471, 473: „Andererseits waren aber die bestehenden Unterhaltspflichten gegenüber ihren minderjährigen Kindern und dabei der Status der Klägerin als alleinerziehender Mutter zu berücksichtigen."

1493 BAG v. 21.1.1999, NZA 1999, 863.

und den Familienstand - lediglich zur Kenntnis nehmen, ohne ihnen ein entscheidendes Gewicht zukommen zu lassen.[1494]

In der Literatur ist umstritten, ob Familienstand und bestehende Unterhaltspflichten des gekündigten Arbeitnehmers berücksichtigt werden sollten. Teile im Schrifttum schließen sich unter Verweis auf die gesetzliche Vorgabe des § 626 BGB und das darin verankerte Gebot umfassender Interessenabwägung der Ansicht des BAG an und halten es ebenfalls für falsch, die Unterhaltspflichten und den Familienstand von vorneherein von einer Berücksichtigung gänzlich auszuschließen. Angesichts der zentralen Bedeutung des Arbeitsverhältnisses für die gesamten Lebensumstände des Arbeitnehmers sei eine trennscharfe Abgrenzung zwischen noch vertragsbezogenen und nicht mehr vertragsbezogenen Gründen zudem auch nicht möglich.[1495] Andere Stimmen im Schrifttum verneinen hingegen die Berücksichtigungsfähigkeit der familiären Situation sowie der Unterhaltspflichten, da bei geringwertigen Vermögensdelikten erkennbar der Bezug zum Kündigungsvorwurf fehle.[1496]

Die vertretenen Ansichten dürften - bis auf die genannten Ausnahmefälle - regelmäßig zu dem gleichen Ergebnis kommen. So wird es für die Ergebnisfindung keinen Unterschied machen, ob die familiäre Situation und die Unterhaltspflichten als Gesichtspunkt in den Entscheidungen zwar aufgeführt werden, ohne dass diesen ein Gewicht beigemessen wird, oder ob diese von vorneherein nicht einmal im Rahmen der Abwägung als Aspekt genannt werden.

Regelmäßig können richtigerweise der Familienstand und die Unterhaltspflichten bei dem Kündigungsgrund der geringwertigen Vermögensdelikte im Rahmen der Interessenabwägung keine Berücksichtigung finden.

b) Gewichtung und Abwägung der Interessen

Im vorangegangenen Prüfungspunkt wurden bereits die schutzwürdigen von den nicht (gleichermaßen) schutzwürdigen Interessen im Hinblick auf den Kündigungsgrund der geringwertigen Vermögensdelikte herausgearbeitet. Sachfremde Belange - wie etwa Unterhaltspflichten, der Familienstand, das Lebensalter oder auch die Schadenshöhe - waren im Hinblick auf geringwertige Vermögensdelikte regelmäßig auszuklammern und der Kreis der berücksichtigungsfähigen Belange zu reduzieren.

1494 BAG v. 16.3.2000, AP Nr. 114 zu § 102 BetrVG 1972.

1495 MüKo-BGB/*Henssler*, § 626 Rn. 83.

1496 KR/*Fischermeier*, § 626 BGB Rn. 236; *Preis*, S. 224 f.; A/P/S/*Vossen*, Rn. 111; ErfK/*Niemann*, § 626 BGB Rn. 45.

Der Arbeitgeber und ggf. später der Richter müssen, nachdem sie die einzelnen Gesichtspunkte bestimmt haben, diese gewichten und gegeneinander abwägen. Dazu sind die für jeden Einzelfall herausgearbeiteten Interessen zunächst den beiden Interessenträgern – Arbeitgeber oder Arbeitnehmer – zuzuordnen und gegenüberzustellen. Die sodann erforderliche Gewichtung und Abwägung der in Betracht zu ziehenden und kollidierenden Interessen muss widerspruchsfrei und vollständig sein.[1497] Das BVerfG hat entschieden, dass der Zivilrichter bei der Abwägung das Willkürverbot nach Art. 3 GG zu beachten hat.[1498] Der Gleichheitssatz entfaltet sich damit über die Generalklausel des § 626 BGB bei der richterlichen Abwägung[1499] und muss insoweit das Korrektiv jeder Abwägung sein.[1500]

Für die Abwägung nach § 626 BGB gibt es ansonsten keine allgemein anerkannte Methode. Es haben sich mehrere sog. Präferenzregeln herausgebildet, die den erkennenden Richter bei seiner Entscheidungsfindung unterstützen können. Unter einer Präferenzregel ist ein Katalog mehrerer Bewertungsfaktoren zu verstehen, die eine differenzierte und gerechtigkeitsorientierte Rechtsfindung ermöglichen können.[1501] Die nachfolgend genannten Präferenzregeln sind für sich genommen unzureichend. So wird nur in den seltensten Fällen die endgültige Entscheidung allein über die Anwendung einer einzigen Präferenzregel erfolgreich sein.[1502] Im Zusammenspiel wechselseitiger Ergänzung sind sie gleichwohl hilfreich, um eine gerechtere Rechtsfindung zu ermöglichen.[1503]

Ein erster Ansatz, um eine zielführende Abwägung vorzunehmen, könnte sein, den verschiedenen Interessen eine bestimmte Ranghöhe zuzuordnen. Aus einer solchen Rangordnung würde sich dann bereits eine entsprechende Wertung der im konkreten Fall zu berücksichtigenden Interessen ergeben. Eine Rangordnung wäre fraglos hilfreich, erscheint aber aufgrund der Vielzahl der in Betracht kommenden Interessen in den hier in Rede stehenden Konstellationen

---

1497 D/D/Z/*Däubler*, § 626 Rn. 46 mwN.

1498 BVerfG, Beschluss v. 24.2.1971, NJW 1971, 1645, 1647: „Die Aufgabe des Zivilrichters besteht (…) darin, auf Grund einer wertenden Abwägung der Umstände des Einzelfalls – unter Beachtung des allgemeinen Willkürverbots (Art. 3 Abs. 1 GG) – die Schranken des Grundrechtsbereichs der einen Partei gegenüber demjenigen, der anderen Partei zu konkretisieren."

1499 Vgl. hierzu auch *Preis*, Prinzipien, S. 233 ff.

1500 *Hubmann*, S. 150.

1501 *Preis*, Prinzipien, S. 244.

1502 *Preis*, Prinzipien, S. 244.

1503 *Preis*, Prinzipien, S. 244.

praktisch kaum realisierbar. Zudem kann im Einzelfall auch nicht die (abstrakte) Ranghöhe, sondern nur das Gewicht eines einzelnen Interesses, das ihm nach den Umständen des Einzelfalls zukommt, über den Vorrang von Werten entscheiden.[1504] Damit lässt sich gerade bei Vermögensdelikten im Rahmen der ermittelten Interessen kein eindeutiger Rangunterschied feststellen. Eine Abwägung der betroffenen Interessen anhand einer generellen Ranghöhe kommt daher nicht infrage.

Eine weitere Möglichkeit der Abwägung könnte in der Interessenhäufung zu sehen sein. Hierbei wären alle auf den Einzelfall zu beziehenden Interessen von Arbeitnehmer und Arbeitgeber zu erfassen, um sodann zu ermitteln, welcher Vertragspartner rein quantitativ mehr tangierte Interessen aufweisen kann. Den Ausschlag geben würde nach dieser Abwägungsmethode derjenige Vertragspartner, der zahlenmäßig mehr betroffene Interessen nachweisen kann. Eine solche additive Verfahrensweise hätte jedoch zur Folge, dass eine Gewichtung der jeweiligen Interessen stark vernachlässigt werden würde, da nach dieser Methode jedes Interesse im Grundsatz gleichwertig in die Abwägung einzustellen wäre. Problematisch ist an einer solchen Abwägungsmethode zudem, dass ein Interessenkatalog aller in Betracht kommenden Interessen nicht existiert und demnach der Vertragspartner mit der besseren Interessenfindungsfähigkeit die Interessenabwägung für sich entscheiden könnte. Auch kann sich die Frage stellen, wie bestimmte Aspekte bei der Addition zu behandeln sind, also ob diese jeweils einzelne Interessen darstellen, die gesondert zu zählen oder nur unter einem gemeinsamen Oberbegriff als eine Einheit in die Abwägung aufzunehmen sind.

Gleichwohl ist die Interessenhäufung als Präferenzregel für geringwertige Vermögensdelikte zumindest im Ansatz zu befürworten. Es erscheint sinnvoll, wenn das Gericht zunächst alle tangierten schutzwürdigen Interessen auflistet, um sie sodann summarisch gegenüberzustellen.[1505] Der Richter muss anschließend jedoch auch zwingend das Gewicht jedes einzelnen Interesses einordnen, um sodann die Gesamtwertung rational vollziehen zu können.

Häufiger gab es den Vorschlag, der Interessenabwägung durch ein Punktesystem eine voraussehbare, objektiv nachvollziehbare und mathematische Berechnung beizulegen. Dafür sollten für jedes einzelne Interesse Punkte vergeben und damit ein entsprechender Gewichtungsfaktor angewendet werden, mit dem sodann ein Obsiegen der Arbeitnehmer oder Arbeitgeberinteressen festgestellt

1504 *Hubmann*, S. 21.
1505 *Preis*, Prinzipien, S. 244.

werden könne.[1506] Mit einem solchen Punktesystem wird bspw. auch bei der Sozialauswahl im Rahmen der betriebsbedingten Kündigung nach § 1 KSchG gearbeitet.

Der Lösungsversuch einer mathematischen Wertung ist jedoch im Hinblick auf die außerordentliche Kündigung wegen eines geringfügigen Vermögensdelikts nicht gewinnbringend. Die Vorhersehbarkeit eines solchen Punktesystems würde die kaum auflösbare Problemstellung einer im Voraus festzulegenden Gewichtung der einzelnen Aspekte mit sich bringen und der Einzelfallgerechtigkeit widersprechen. Ein Punktesystem wäre für die außerordentliche Kündigung auch nicht einfach zu realisieren. Zum einen mangelt es an konkreten Maßstäben und an der Kenntnis aller Interessen im Vorhinein. Dies wiederum birgt die bei der Interessenhäufung dargestellten Probleme der Interessenfindungsfähigkeit der Vertragspartner.

Eine weitere Möglichkeit besteht darin, die Abwägung nach der Interessenintensität auszurichten. Hierbei ist die Intensität des Eingriffs bei der Gewichtung und demnach die Frage besonders zu würdigen, wie stark in eine geschützte Rechtsposition eingegriffen wurde.[1507] Gleichzeitig spielt der Zeitfaktor eine entscheidende Rolle: Je dauerhafter und intensiver ein Interesse in Anspruch genommen wurde, desto mehr ist es zu gewichten.[1508]

Das Kriterium der Interessenintensität ist eine Präferenzregel, die bei der Behandlung von außerordentlichen Kündigungen wegen geringwertiger Vermögensdelikte stets Beachtung finden muss. Abhängig von der Intensität, mit der ein Interesse im Einzelfall Bedeutung erlangt, ist ihm eine schwächere oder stärkere Vorzugstendenz beizumessen.[1509]

Bei geringwertigen Vermögensdelikten erlangt etwa – wie bereits herausgearbeitet (vgl. hierzu a) aa)) – die Dauer der unbeanstandeten Betriebszugehörigkeit des Arbeitnehmers eine besondere Bedeutung. Je länger der Arbeitnehmer im Betrieb ohne Störungen beschäftigt war, desto größere Bedeutung kommt diesem Interesse regelmäßig aufseiten des Arbeitnehmers zu.[1510]

Zudem muss hier auch der Blick auf die Aktualität des Interesses gerichtet werden. So ist einem Interesse immer dann eine besondere Bedeutung beizumessen, wenn dessen Verwirklichung aktuell notwendig ist, da es in der streitigen

---

1506 *Fromm*, S. 639 f.; *Hubmann*, 26 f., 73 f., 124 f.

1507 *Preis*, Prinzipien, S. 248.

1508 *Hubmann*, S. 81.

1509 *Wollschläger*, 148.

1510 Vgl. zu den Ausnahmen, bei der eine lange Betriebszugehörigkeit auch zulasten des Arbeitnehmers berücksichtigt werden kann, bereits die Ausführungen unter a) aa).

Sachlage nur hier und jetzt verwirklicht werden kann.[1511] Interessen, die den Kündigungssachverhalt hingegen nicht berühren, entfalten kein Gewicht, da ihnen für den konkreten Fall die Aktualität fehlt.[1512] Immer dann, wenn in der konkreten Situation eine (vollständige) Verwirklichung des Interesses nicht (mehr) möglich ist, nehmen demgemäß auch das Gewicht und damit die Intensität dieses Interesses ab.[1513] Letztlich beeinflussen auch die Dringlichkeitsskala der Bedürfnisse, die Intensität des Interesses und damit die Präferenzverhältnisse die Abwägung. Entscheidend kommt es darauf an, wie dringlich das Arbeitnehmerinteresse gegenüber dem Arbeitgeberinteresse ist.

Eine Schlüsselstellung bei der Interessenabwägung muss, wie oben gezeigt (vgl. cc) (1)), auch der Gesichtspunkt des Verschuldens einnehmen. Das Verschulden bildet neben den zuvor genannten objektiven Kriterien der Interessenabwägung die wichtigste subjektive Komponente. Die hierin zum Ausdruck kommende Bewertung der Verwerflichkeit des fraglichen Verhaltens muss deshalb eine entscheidende Bedeutung auch im Rahmen der Interessenabwägung einnehmen.[1514] Grundsätzlich muss derjenige, der fremde Interessen angreift, in dem dadurch entstehenden Interessenkonflikt eine weitgehende Zurücksetzung seiner Belange dulden.[1515] So muss es erheblichen Einfluss auf die Beurteilung im Rahmen der Interessenabwägung haben, wie die Umstände des zur Kündigung führenden Pflichtverstoßes zu bewerten sind (Vorsatz oder Fahrlässigkeit, Irrtum über Rechtswidrigkeit des Pflichtverstoßes, Heimlichkeit, Eigeninitiative etc.). Eine ausschlaggebende Bedeutung des Gesichtspunkts des Verschuldens erscheint insoweit auch sachgerecht, da in Extremfällen ein geringes Verschulden als einziger Gesichtspunkt zugunsten des gekündigten Arbeitnehmers im Wertungsprozess zu berücksichtigen ist. Allein dies kann dann dem Vertragsbeendigungsinteresse des Arbeitgebers entgegengehalten werden, gleichwohl aber einen entscheidenden Ausschlag geben.[1516]

Im Rahmen der Bewertung eines Interesses nach den genannten Präferenzregeln sind zudem auch stets die jeweiligen Konsequenzen der gegenläufigen Forderungen der Parteien (außerordentliche Kündigung bzw. Weiterbeschäftigung des Arbeitnehmers) zu beachten (sog. Folgenberücksichtigung)[1517] Der erkennende

1511 *Preis*, Prinzipien, S. 248.
1512 *Hubmann*, S. 35.
1513 *Preis*, Prinzipien, S. 248.
1514 BAG v. 21.1.1999, NZA 1999, 863, 864; vgl. auch *Hubmann*, S. 82.
1515 *Hubmann*, S. 84.
1516 BAG v. 10.11.2005, AP Nr. 196 zu § 626 BGB.
1517 *Hubmann*, S. 32.

Richter darf daher bei seiner Entscheidung die nachteiligen Folgen einer außerordentlichen Kündigung für den Arbeitnehmer nicht außer Acht lassen.[1518] So muss ein außerordentlich gekündigter Arbeitnehmer, wie bereits dargelegt, unter anderem Nachteile in Form der sofortigen Gehaltseinstellung sowie von Sperrzeiten bei der Arbeitslosenversicherung hinnehmen.[1519] Die Folgenabwägung gilt aber nicht einseitig zugunsten des Arbeitnehmers. Stets ist auch zu berücksichtigen, wie sich eine gerichtlich erzwungene Weiterbeschäftigung auf den Arbeitgeber auswirken würde.[1520] Dieser wird bei einer Weiterbeschäftigung des Arbeitnehmers dem Risiko weiterer schädigender Handlungen des Arbeitnehmers ausgesetzt. Der Arbeitgeber kann diesem Risiko auch nicht durch eine pauschale Überwachung begegnen, da eine solche oftmals aus datenschutzrechtlichen Gründen aufgrund der hohen Missbrauchsgefahr schwer zu realisieren ist.[1521]

c) Ergebnis der Interessenabwägung

Als Ergebnis der Interessenabwägung hat der Richter eine Entscheidung darüber zu treffen, ob die Interessen des Arbeitgebers oder des Arbeitnehmers überwiegen. Nach den möglichen Urteilstenorierungen hat der Richter nur die Feststellungsmöglichkeit, das Arbeitsverhältnis durch die Kündigung als aufgelöst oder als nicht aufgelöst zu erklären.[1522]

Das Ergebnis der Interessenabwägung erscheint immer dann einfach, wenn ein eindeutiges Übergewicht zugunsten der einen oder anderen Seite zu verzeichnen ist. In einem solchen Fall kann der Richter unproblematisch den überwiegenden Interessen stattgeben und das Arbeitsverhältnis für aufgelöst oder nicht aufgelöst erklären.[1523]

Problematisch wird es hingegen, wenn nach einer umfassenden Bewertung und Prüfung der Interessen kein eindeutiges Ergebnis erzielt werden kann. Der Richter muss sich in einer solchen Entscheidungssituation immer mit Blick darauf entscheiden, welche Rechtsgüter im Falle eines Urteils am wenigsten beeinträchtigt sind. Letztlich sind auch die anderen kündigungsrechtlichen Prinzipien eng mit der Interessenabwägung verzahnt und spielen im Hinblick auf die Ergebnisfindung der Interessenabwägung eine maßgebliche Rolle. Hier ist insbesondere das Verhältnismäßigkeitsprinzip zu nennen (hierzu sogleich unter III.).

1518 Vgl. *v. Koppenfels*, S. 133.
1519 Vgl. hierzu ausführlich Kapitel 1 C. III.
1520 *Preis*, Prinzipien, S. 250 f.
1521 *Huber/Uzuner*, NZWiSt 2016, 94, 98.
1522 *Preis*, Prinzipien, S. 252.
1523 *Preis*, Prinzipien, S. 252.

Zudem sind auch das Prognoseprinzip (hierzu unter IV.) und das Vertrauen hinsichtlich der Zumutbarkeit der Weiterbeschäftigung mit entscheidend (siehe hierzu unter V.).

2. Zusammenfassung und Fazit der Interessenabwägung

Die Aufstellung der Abwägungsgesichtspunkte gibt Richtlinien an die Hand, wie, warum und zu wessen Gunsten die einzelnen Aspekte im Hinblick auf geringwertige Vermögensdelikte zu werten sind. Insgesamt hat die Aufzählung verdeutlicht, dass beim Kündigungsgrund „Bagatelldelikt" nicht automatisch jeder Gesichtspunkt mit der gleichen Gewichtung berücksichtigt werden kann.

Hinsichtlich der Frage, welche Aspekte im Rahmen der Interessenabwägung zu berücksichtigen sind – namentlich, ob eine Beschränkung auf vertragsbezogene Interessen erfolgen sollte –, ist zusammenfassend Folgendes festzustellen: Zunächst hat die Aufstellung der einzelnen Abwägungsaspekte gezeigt, dass die Rechtsprechung – bis auf wenige Ausnahmen – von der Möglichkeit des Abstellens auf außervertragliche Umstände nur sehr selten Gebrauch macht. Rein faktisch wird durch die Rechtsprechung in den allermeisten Fällen eine eingegrenzte Interessenabwägung praktiziert. Auch wenn in vielen Entscheidungen außervertragliche Aspekte erwähnt werden, haben diese keinen entscheidenden Einfluss im Rahmen der Abwägung, sodass sich der Meinungsstreit über die Berücksichtigungsfähigkeit außervertraglicher Aspekte in der arbeitsgerichtlichen Praxis nur selten auf das Abwägungsergebnis auswirken dürfte.[1524] Das BAG hat bei geringwertigen Vermögensdelikten nur solchen Kriterien eine besondere Relevanz beigemessen, die in einer direkten Beziehung zum Kündigungsvorwurf standen. Umstände, die allein der Privatsphäre des Arbeitnehmers angehörten, rückten regelmäßig in den Hintergrund. Exemplarisch sei hier zunächst der Aspekt des Lebensalters des Betroffenen zu nennen, der durch die Gerichte nunmehr durch den Gesichtspunkt der Betriebszugehörigkeit weitestgehend ersetzt wurde. Darüber hinaus wird ein Arbeitnehmer, der ein Vermögensdelikt gegen seinen Arbeitgeber begeht, sein Verhalten auch nicht unter Hinweis auf seine sonstige soziale Schutzbedürftigkeit (bspw. Krankheit, sein Vermögen), den Umfang der Unterhaltsverpflichtungen und seiner familiären Situation oder seiner Lage auf dem Arbeitsmarkt in einem milderen Licht erscheinen lassen können.[1525] Diesen Umständen fehlt der unmittelbare Bezug zum Arbeitsvertrag und damit zum Kündigungsgrund, da sie der Privatsphäre des Arbeitnehmers

1524 Siehe hierzu *Preis*, AuR 2010, 242, 247.
1525 Siehe hierzu *Preis*, AuR 2010, 242, 247.

zuzuordnen sind.[1526] Unterhaltspflichten sollen nach Ansicht des BAG bei Kündigungen wegen eines Vermögensdelikts – wie bereits beschrieben – allenfalls dann eine Rolle spielen, wenn eine durch Unterhaltspflichten bedingte wirtschaftliche Notlage Motiv des Vermögensdeliktes war.[1527] Dass dies bei geringwertigen Vermögensdelikten wohl durchweg nicht der Fall ist, dürfte auf der Hand liegen.

Richtigerweise sollte die Nähe eines in Rede stehenden Umstands zum Arbeitsverhältnis als Kriterium für die Gewichtung des jeweiligen Interesses verstanden werden.[1528] Da es um die Beantwortung der Frage geht, ob in Anbetracht der konkreten Pflichtverletzung für die Zukunft noch ein störungsfreier Leistungsaustausch zwischen den Parteien möglich ist, sind in erster Linie diejenigen Gesichtspunkte zu berücksichtigen bzw. als ausschlaggebend zu gewichten, die mit dem Arbeitsvertrag und dem Kündigungsgrund im Zusammenhang stehen.[1529] Je geringer der Bezug zum Kündigungsgrund und zum Arbeitsvertrag ist und je mehr ein Interesse dem privaten Bereich einer Partei zuzuordnen ist, desto weniger Gewicht sollte ihm bei einem im Raum stehenden Vermögensdelikt beigemessen werden.[1530] Diese Sichtweise wird auch der Präferenzregel der Interessenintensität unter dem Gesichtspunkt der Aktualität gerecht. Ein dem Kündigungssachverhalt entfernt stehendes Interesse kann hiernach keinen Einfluss auf die Entscheidung ausüben, da diesem im konkreten Fall die Aktualität fehlt.[1531]

Bei geringwertigen Vermögensdelikten treten damit rein personenbezogene Interessen in den Hintergrund bzw. verlieren ihr Gewicht vollkommen, wenn sich mit den vertragsbezogenen Interessen ein eindeutiges Abwägungsergebnis erzielen lässt. Führt eine Abwägung der arbeitsvertraglich relevanten Interessen hingegen zu keinem eindeutigen Ergebnis, könnten die personenbezogenen Interessen in Grenzfällen wiederum den Ausschlag geben.[1532] Dies erfordert aber zwingend, dass ohne eine Berücksichtigung der personenbezogenen Interessen von einem Gleichgewicht der Arbeitgeber- und Arbeitnehmerinteressen

---

1526 *Preis*, NZA 1997, 1073, 1078; KR/*Fischermeyer*, § 626 BGB Rn. 238.
1527 BAG v. 2.3.1989, AP Nr. 101 zu § 626 BGB.
1528 KR/*Fischermeier*, § 626 BGB Rn. 238.
1529 *Berger*, JbArbR 48, 41, 54 (2011).
1530 So auch *Berger*, JbArbR 48, 41, 54 (2011); MüKo-BGB/*Henssler*, § 626 Rn. 83; im Ergebnis auch *Wollschläger*, S. 156 ff.
1531 Vgl. *Hubmann*, S. 35.
1532 KR/*Fischermeier*, § 626 BGB Rn. 252.

auszugehen wäre.[1533] Die gegenteilige Auffassung, wonach bestimmte Aspekte stets und ausnahmslos von der Berücksichtigung ausgeschlossen sein sollen, korrespondiert nicht hinreichend mit der gesetzlichen Vorgabe, nach der alle Umstände des Einzelfalles Bedeutung haben können (§ 626 Abs. 1 BGB).

Ein zumindest mittelbarer Bezug zum Arbeitsvertrag wird jedoch auch nach der Judikatur des BAG bereits dadurch sichergestellt, dass andernfalls das betreffende Interesse nicht durch die Kündigung bzw. eine Fortbeschäftigung beeinträchtigt werden kann.[1534] Schließlich ist zu berücksichtigen, dass das Arbeitnehmerinteresse an der Aufrechterhaltung des Arbeitsverhältnisses wenigstens bis zum Fristablauf oftmals gerade auf Umständen beruht, die auch aus seinem Privatbereich stammen.[1535] Zudem erfordert auch die vorzunehmende Folgenberücksichtigung der fraglichen Maßnahme (außerordentliche Kündigung und Weiterbeschäftigung) einen Blick auf die personenbezogenen Umstände.

Nachdem die schutzwürdigen Interessen herausgearbeitet wurden, zeigen die skizzierten Abwägungsmethoden sodann die wichtigsten Regeln auf, die bei der außerordentlichen Kündigung wegen eines geringfügigen Vermögensdelikts zu beachten sind. Durch eine Beachtung der Präferenzregeln der Interessenhäufung, der Interessenintensität sowie einer Berücksichtigung von Verschulden und der eintretenden Folgen für die Vertragsparteien wird eine rationalere Abwägungsmethodik erreicht, die die Entscheidungsfindung erleichtert und für die Beteiligten transparenter macht.

Ein unvermeidbarer Unsicherheitsfaktor besteht auch bei Beachtung der herausgearbeiteten Grundsätze weiterhin im verbleibenden richterlichen Wertungsspielraum. Der Richter darf und muss angesichts der Besonderheiten des konkreten Falles entscheiden, mit welchem Gewicht er die verschiedenen Gesichtspunkte im Einzelfall bewertet. Das Gericht ist jedoch gehalten, diese Einzelwertung in den Entscheidungsgründen deutlich zu machen und sie nicht in einer pauschalen Gesamtabwägung aufgehen zu lassen.[1536] Dann wird dies zu billigen sein, und es erleichtert zudem die nächstinstanzliche Überprüfung der Entscheidung (oder ggf. die Prüfung der Rechtsmittelaussichten durch die beteiligten Parteien). Zudem führen die saubere Begrenzung und Beschreibung der berücksichtigungsfähigen Interessen und deren Bewertung im Einzelfall nach

---

1533 Zustimmend KR/*Fischermeier*, § 626 BGB Rn. 252; *Berger*, JbArbR 48, 41, 54 (2011); HaKo-ArbR/*Griebeling*, § 626 BGB Rn. 84; HaKo/*Gieseler*, § 626 BGB Rn. 96.

1534 HaKo/*Gieseler*, § 626 BGB Rn. 94.

1535 KR/*Fischermeier*, § 626 BGB Rn. 252.

1536 *Preis*, Prinzipien, S. 252.

den aufgezeigten Präferenzregeln dazu, dass sich die subjektiv richterliche Eigenwertung auf ein hinnehmbares Maß reduziert.[1537]

III. Das Verhältnismäßigkeitsprinzip bei geringwertigen Vermögensdelikten

Ein wichtiger Faktor der außerordentlichen Kündigung bei geringwertigen Vermögensdelikten ist die Beachtung des Grundsatzes der Verhältnismäßigkeit.[1538]

Das allgemeine Verhältnismäßigkeitsprinzip ist im Rechtsstaatsprinzip verankert und wurde in den Rechtsgebieten des Verfassungs- und Verwaltungsrechts entwickelt. Dieses Prinzip wurde zu einem Grundsatz mit Verfassungsrang, der Gesetzgebung und Verwaltung bindet.

Im Arbeitsrecht wurde der Grundsatz der Verhältnismäßigkeit vom BAG erstmals im Jahr 1978 in das Kündigungsrecht eingeführt.[1539] Vor der Implementierung dieses Grundsatzes wurde lediglich der Begriff der Billigkeit im Kündigungsrecht verwendet. Im Anwendungsbereich der außerordentlichen Kündigung ist wegen der Ausgestaltung des § 626 Abs. 1 BGB als regulative Generalklausel eine spezifische gesetzliche Konkretisierung des Verhältnismäßigkeitsprinzips nicht zu erwarten.[1540] Das Prinzip der Verhältnismäßigkeit ist jedoch im Bereich des Kündigungsschutzgesetzes konkretisiert und muss demnach im Wege eines „Erst-recht-Schlusses" auch bei der Anwendung des § 626 Abs. 1 BGB berücksichtigt werden. Mittlerweile hat sich das Verhältnismäßigkeitsprinzip zu einem Fundamentalprinzip des Kündigungsrechts entwickelt.[1541]

Konkret bedeutet der Grundsatz der Verhältnismäßigkeit im Hinblick auf die außerordentliche Kündigung, dass diese nur dann zulässig ist, wenn es keine anderen, nach den jeweiligen Umständen des konkreten Falles möglichen und angemessenen milderen Mittel gibt, die geeignet sind, das in der bisherigen Form nicht mehr tragbare Arbeitsverhältnis weiterzuführen.[1542] Eine außerordentliche Kündigung darf nur bei Vorliegen einer arbeitsvertraglichen Pflichtverletzung ausgesprochen werden, bei der die Auswirkungen auf das Arbeitsverhältnis so gravierend sind, dass jegliche Weiterbeschäftigung des Arbeitnehmers durch

---

1537 *Wollschläger*, S. 170.

1538 Erman/*Belling/Riesenhuber*, § 626 BGB Rn. 52.

1539 BAG v. 30.5.1978, AP Nr. 70 zu § 626 BGB „die außerordentliche Kündigung ist nur zulässig, wenn sie die unausweichlich letzte Maßnahme (ultima-ratio) für den Kündigungsberechtigten ist (…)."

1540 A/P/S/*Preis*, 1. Teil H. IV. Rn. 66.

1541 Vgl. hierzu *Preis*, Prinzipien, S. 255.

1542 BAG v. 30.5.1978, AP Nr. 70 zu § 626 BGB; D/D/Z/*Däubler*, § 626 BGB Rn. 34.

den Arbeitgeber unzumutbar ist. Das Verhältnismäßigkeitsprinzip ist nach Auffassung des BAG nur dann gewahrt, wenn die außerordentliche Kündigung die unausweichlich letzte Maßnahme und damit Ultima Ratio für den Kündigungsberechtigten ist.[1543]

Problematisch ist, dass sich der Begriff Ultima Ratio nicht zweifelsfrei definieren lässt. Der genaue Inhalt wie auch die Bedeutung des Ultima-Ratio-Prinzips sind ungeklärt, sodass ihm mehrere Bedeutungen zugewiesen werden.[1544] In der Literatur wird der Term sehr unterschiedlich gebraucht. Teilweise werden das Verhältnismäßigkeitsprinzip und das Ultima-Ratio-Prinzip synonym verwendet. Andere halten das Ultima-Ratio-Prinzip für identisch mit dem Grundsatz der Erforderlichkeit, weshalb es nicht die Verhältnismäßigkeit im engeren Sinne tangiere.[1545]

Aufgrund der unterschiedlichen Verwendungen des Begriffs Ultima-Ratio-Prinzip sowie der schwierigen Verständigung auf rationaler Ebene wird der Term Ultima-Ratio-Prinzip hier nicht weiterverwendet, und es soll eine Beschränkung auf den klassischen Aufbau des Verhältnismäßigkeitsprinzips erfolgen. Danach ist das Verhältnismäßigkeitsprinzip im Rahmen der außerordentlichen Kündigung gewahrt, wenn drei Aspekte beachtet wurden: Die außerordentliche Kündigung muss zum einen *geeignet* sein, die Störung des Vertragsverhältnisses zu beseitigen.[1546] Darüber hinaus muss sie aber auch *erforderlich* und *angemessen* (Verhältnismäßigkeit im engeren Sinne) sein.

Die außerordentliche Kündigung ist als Reaktion auf Arbeitnehmerverhalten im vorstehend genannten Sinne geeignet, wenn mit ihrer Hilfe der gewünschte Erfolg gefördert werden kann,[1547] wenn sie also weitere Vertragsverletzungen vermeiden hilft. Für die außerordentliche Kündigung als Reaktion auf ein geringwertiges Vermögensdelikt dürfte kein Fall denkbar sein, in dem die Geeignetheit der Kündigung als Maßnahme zur Erreichung dieses Ziels nicht geeignet ist. Sie beendet das Arbeitsverhältnis mit sofortiger Wirkung, wodurch der beabsichtigte Selbstschutz des Arbeitgebers vollumfänglich erreicht wird. Eine etwaige vom Arbeitnehmer ausgehende Gefährdung von Vermögensinteressen des Arbeitgebers kann dann nicht mehr in weitere Schäden umschlagen. Die Geeignetheit des Mittels der außerordentlichen Kündigung ist damit stets gegeben, da sie eine Wiederholung des Vermögensdelikts faktisch ausschließt.

1543 BAG v. 30.5.1978, AP Nr. 70 zu § 626 BGB; BAG v. 19.4.2007, AP Nr. 20 zu § 174 BGB.

1544 *Bengelsdorf*, SAE 2011, 122, 131.

1545 *Preis*, Prinzipien, S. 279.

1546 ErfK/*Niemann*, § 626 BGB Rn. 25.

1547 Siehe statt vieler nur *Preis*, Prinzipien, S. 265 mwN.

Die außerordentliche Kündigung muss darüber hinaus auch erforderlich sein. Unter den geeigneten Mitteln ist somit stets dasjenige Mittel auszuwählen, welches den geringsten Eingriff darstellt, da es den Arbeitnehmer am wenigsten fühlbar beeinträchtigt.[1548] Freilich sind für diese Prüfungsstufe nur solche alternativen Maßnahmen relevant, die gleichermaßen effektiv sind, um das unternehmerische Ziel zu erreichen.[1549] In Betracht kommen bei Pflichtverletzungen – und damit auch bei geringwertigen Vermögensdelikten – bspw. die ordentliche Kündigung, eine Abmahnung oder die Änderungskündigung. Das BAG hat in seiner „Emmely"-Entscheidung aus dem Prinzip der Verhältnismäßigkeit eine Stufenfolge zulässiger Reaktionen des Arbeitgebers bei Pflichtverletzungen des Arbeitnehmers abgeleitet, die sich wie folgt zusammenfassen lässt:[1550]

(1) Vorrang des milderen Mittels der Abmahnung als Spezialprävention
(2) nach vergeblicher einschlägiger Abmahnung ordentliche Kündigung als Minus gegenüber der außerordentlichen Kündigung
(3) außerordentliche Tat- und Verdachtskündigung ausschließlich bei gravierenden, die sofortige Unzumutbarkeit der Weiterbeschäftigung rechtfertigenden Pflichtverletzungen[1551]

So folgt schon aus dem Wortlaut des § 626 BGB, dass eine außerordentliche Kündigung immer dann nicht erforderlich ist, wenn bereits die ordentliche Kündigung ausreicht, um der Vertragsstörung angemessen zu begegnen.[1552] Im Hinblick auf die ordentliche Kündigung wäre zu überprüfen, ob der Arbeitgeber den Arbeitnehmer, der ein Vermögensdelikt begangen hat, bis zum Ablauf der regulären Kündigungsfrist mit anderen Aufgaben betrauen oder aber stärker kontrollieren kann, um eine Wiederholungstat für den Zeitraum der Kündigungsfrist zu verhindern. Erst, wenn feststeht, dass dies nicht möglich sein wird, kann eine außerordentliche Kündigung erforderlich und damit zulässig sein.[1553] Die nunmehr zwischen beiden Gestaltungsrechten anerkannte Stufenfolge[1554] bietet die Möglichkeit, bereits bei Überprüfung der Wirksamkeit der außerordentlichen Kündigung die für die ordentliche Kündigung bestehenden Schranken zu

---

1548 Siehe bspw. BVerfG v. 18.12.1968, AP Nr. 42 zu Art. 12 GG.

1549 ErfK/*Niemann*, § 626 BGB Rn. 25.

1550 BAG v. 10.6.2010, NZA 2010, 1227, 1231.

1551 Kritisch hierzu *Bengelsdorf*, SAE 2011, 122, 128: „Es ist indessen sehr zweifelhaft, ob eine solche Stufenfolge gegen die normative Gesetzeslage kreiert werden darf."

1552 BAG v. 10.6.2010, NZA 2010, 1227, 1231.

1553 *Zech*, S. 55.

1554 Bspw. schon länger gefordert von *Preis*, AuR 2010, 186, 187.

überprüfen. Alle für die außerordentliche Kündigung geltenden möglichen und zumutbaren milderen Mittel[1555] müssen somit bereits für die Rechtfertigung der ordentlichen Kündigung geprüft werden.[1556]

Als milderes Mittel rückt hier die Abmahnung ins Zentrum der Betrachtung.[1557] Sie hat – wie bereits dargelegt (vgl. Kapitel 1 C. I.) – durch die Regelung des § 314 Abs. 2 BGB eine gesetzgeberische Bestätigung erfahren und ist nunmehr zwingend auch bei Störungen des Vertragsverhältnisses im Vertrauensbereichs zu beachten. Der seit der „Bienenstich"-Entscheidung[1558] geltende Grundsatz, dass bei geringwertigen Vermögensdelikten aufgrund eines irreparablen Vertrauensverlusts eine Abmahnung entbehrlich sei, wurde zwar in diversen Folgeentscheidungen aufrechterhalten, modifiziert und verschärft, bis sich dann jedoch im Jahr 2009 ein bemerkenswerter Wandel vollzog.[1559] Eine BAG-Entscheidung aus 2009 stellte klar, dass bei Störungen des Vertrauensbereichs durch Eigentums- und Vermögensdelikte eine Abmahnung nicht ohne Weiteres entbehrlich ist.[1560] Dies gelte etwa, wenn dem Arbeitnehmer zwar die Verbotswidrigkeit seines Verhaltens hinreichend klar sei, er aber Grund zu der Annahme haben durfte, der Arbeitgeber würde dieses nicht als ein so erhebliches Fehlverhalten werten, dass dadurch der Bestand des Arbeitsverhältnisses auf dem Spiel stünde.[1561] Das Abmahnungserfordernis sollte daher im Grundsatz auch bei Störungen des Vertrauensbereichs durch Straftaten gegen das Vermögen oder das Eigentum des Arbeitgebers gelten.

In seiner „Emmely"-Entscheidung aus dem Jahr 2010 stellte das BAG diese Grundsätze erneut heraus, um klarzustellen, dass Vermögensdelikte gegen den Arbeitgeber diesen nicht stets zur außerordentlichen Kündigung berechtigen. Zunächst ist demnach stets von dem Grundsatz auszugehen, dass es vor Ausspruch einer (außerordentlichen) Kündigung wegen eines geringwertigen Vermögensdelikts einer Abmahnung bedarf.[1562] Nach jetziger Rechtsprechung ist eine vorherige Abmahnung unter Berücksichtigung des Verhältnismäßigkeitsgrundsatzes nur entbehrlich, wenn (1) eine Verhaltensänderung bei Ex-ante-Betrachtung in der Zukunft trotz Abmahnung nicht erwartet werden kann *oder* (2) es sich um eine schwere Pflichtverletzung handelt, deren Rechtswidrigkeit

1555 Bspw. Abmahnung, Versetzung, Änderungskündigung.
1556 *Preis*, AuR 2010, 186, 188.
1557 *Berger*, JbArbR 48, 41, 52 (2011); BAG v. 23.6.2009, NZA 2009, 1198 ff.
1558 BAG v. 17.5.1984, NZA 1985, 91 f.
1559 Vgl. hierzu ausführlich die Ausführungen in Kapitel 1 C. I.
1560 BAG v. 23.6.2009, AP Nr. 59 zu § 1 KSchG 1969 Verhaltensbedingte Kündigung.
1561 BAG v. 23.6.2009, NZA 2009, 1198 ff.
1562 BAG v. 12.1.2006, AP Nr. 54 zu § 1 KSchG 1969 Verhaltensbedingte Kündigung.

dem Arbeitnehmer ohne Weiteres erkennbar und bei der die Hinnahme des Verhaltens durch den Arbeitgeber offensichtlich ausgeschlossen ist.[1563]

Damit das Verhältnismäßigkeitsprinzip ordnungsgemäß austariert werden kann, müssen die Arbeitsgerichte somit in einem ersten Schritt die Frage beantworten, ob die Gefahr besteht, dass der betroffene Arbeitnehmer nach einer Abmahnung das einschlägige Fehlverhalten fortsetzen wird.[1564] Es kommt entscheidend darauf an, ob die Prognose gerechtfertigt ist, der Arbeitnehmer werde sich jedenfalls nach einer Abmahnung künftig wieder vertragstreu verhalten.[1565] Begeht der Arbeitnehmer ein geringwertiges Vermögensdelikt gegen seinen Arbeitgeber, so handelt es sich in der Regel um ein steuerbares Verhalten. Somit wird man meist davon ausgehen müssen, dass der einzelne Arbeitnehmer nach dem Ausspruch einer Abmahnung sein Verhalten umstellen kann und zukünftig keine Vermögensdelikte mehr begeht.

Durch eine Abmahnung dürfte sich der Arbeitnehmer regelmäßig seiner Pflichten bewusster werden und in der Zukunft weitere gleichartige Pflichtverstöße unterlassen. Dies gilt insbesondere auch dann, wenn der Arbeitnehmer sein Fehlverhalten erkannt und eingeräumt hat, da dies verdeutlicht, dass der Arbeitnehmer nicht uneinsichtig oder unbelehrbar ist, sodass anzunehmen ist, dass eine Abmahnung nicht wirkungslos bleibt.[1566] Entbehrlich wird eine Abmahnung hingegen dann sein, wenn eine Verhaltensänderung gleichwohl nicht erwartet werden kann, etwa, weil der Arbeitnehmer seinem Arbeitgeber deutlich mitgeteilt hat, sein Verhalten nicht ändern zu wollen, oder wenn dieser anderweitig keine Einsicht über das begangene Unrecht zeigt.[1567]

Sollte im Rahmen des ersten Prüfungsschritts der Ausspruch einer Abmahnung erforderlich sein – was bei geringwertigen Vermögensdelikten regelmäßig der Fall sein dürfte –, so muss sodann geprüft werden, ob sich die Entbehrlichkeit einer vorherigen Abmahnung anhand des zweiten Prüfungsschritts ergibt. Dies ist immer dann der Fall, wenn festgestellt werden kann, dass die in Rede stehende Pflichtverletzung so schwerwiegend ist, dass eine Hinnahme durch den Arbeitgeber offensichtlich – auch für den Arbeitnehmer erkennbar – ausgeschlossen ist. Für eine solche Prüfung müssen die Gerichte stets das gelebte Arbeitsverhältnis sowie die Umstände des Einzelfalls untersuchen.

1563 BAG v. 10.6.2010, NZA 2010, 1227, 1231.

1564 *Preis*, AuR 2010, 242, 245.

1565 LAG Berlin-Brandenburg v. 4.6.2015, NZA-RR 2016, 129, 131.

1566 Vgl. ArbG Düsseldorf v. 28.1.2015 – 8 Ca 5713/14 Rn. 34 – juris.

1567 *Preis*, DB 1990, 685, 688.

Es ist zu prüfen, ob die Pflichtverletzung so schwer wiegt, dass der Arbeitnehmer auf jeden Fall mit einer Vertragsbeendigung seitens des Arbeitgebers rechnen musste.[1568] Dies ist in Fällen zu verneinen, bei denen sich der Arbeitnehmer der Verbotswidrigkeit seines Handelns zwar bewusst war, er aber Grund zu der Annahme haben konnte, der Arbeitgeber würde dies nicht als ein so erhebliches Fehlverhalten werten, dass dadurch der Bestand des Arbeitsverhältnisses auf dem Spiel stehen könnte. Dann kann eine Abmahnung erforderlich sein.

Zur Veranschaulichung sei hier exemplarisch nochmals auf die bereits im Rahmen der Interessenabwägung angesprochene Entwendung wirtschaftlich wertloser Gegenstände verwiesen. In einem solchen Fall dürfte es für den Arbeitnehmer regelmäßig nicht vorhersehbar sein, dass der Arbeitgeber die formale Verletzung seines Eigentumsrechts unmittelbar zum Anlass einer Kündigung nimmt.[1569] Oftmals dürfte es für den Arbeitnehmer näherliegen, anzunehmen, dass ihm durch eine Abmahnung – oder auch nur auf sonstige Weise – klargemacht wird, dass sein Arbeitgeber trotz der für ihn wirtschaftlichen Wertlosigkeit des entwendeten Gutes auch die formale Verletzung der Eigentümerrechte „an sich" als zur Kündigung geeigneten Vorfall ansieht.[1570]

Zudem ist an dieser Stelle der Prüfung zu berücksichtigen, wie konkret die diesbezüglichen Pflichten und Verbote in dem Arbeitsverhältnis geregelt sind und wie konsequent diese Regeln implementiert wurden. So können Fälle, in denen der Arbeitgeber den Arbeitnehmer bspw. vor der Pflichtverletzung deutlich darauf hingewiesen hat, dass er ein bestimmtes Fehlverhalten nicht dulden und zum Anlass einer Kündigung nehmen wird, anders zu beurteilen sein als Konstellationen, in denen der Arbeitgeber keinen solchen Hinweis erteilt hat (vgl. hierzu bereits unter II. 1. a) cc) (4)). Ein Arbeitnehmer, der nach einem klaren Hinweis[1571] gleichwohl die untersagte Fehlhandlung vornimmt, macht damit deutlich, dass er nicht gewillt ist, die Erwartungen seines Arbeitgebers zu erfüllen. Dann kann eine Abmahnung nicht ihre verhaltenssteuernde Funktion erfüllen, mögliche Zweifel des Arbeitnehmers bezüglich der Reaktion des Arbeitgebers auf ein Fehlverhalten auszuschließen. Eine ohne vorherige Abmahnung ausgesprochene Kündigung ist in einer solchen Konstellation nicht

1568 LAG Berlin-Brandenburg v. 4.6.2015, NZA-RR 2016, 129, 131.

1569 Siehe hierzu bereits unter II. 1. a) cc) und gg).

1570 LAG Mecklenburg-Vorpommern v. 27.1.2015, LAGE Nr. 52 zu § 626 BGB 2002.

1571 Bspw. ein Rundschreiben, ein Aushang im Betrieb oder auch nur eine klare Dienstanweisung.

unverhältnismäßig.[1572] Stets ist jedoch hier zu berücksichtigen, dass die auf individuelle Verstöße reagierende Abmahnung nicht vorweggenommen werden darf, da dies nichts anderes als eine Verweigerung des Grundsatzes der Verhältnismäßigkeit bedeuten würde.

Wird diese Prüfungsfolge im Hinblick auf das Erfordernis einer vorherigen Abmahnung eingehalten, bleibt gleichwohl genügend Raum, Einzelfallgerechtigkeit herzustellen.[1573] Trotzdem wird diese Vorgehensweise im Schrifttum teilweise moniert und der Abmahnung die Geeignetheit abgesprochen. Eine Abmahnung könne die Gefahr weiterer Pflichtverletzungen nicht gleichermaßen bannen wie eine Kündigung.[1574] Eine Abmahnung stelle keine Garantie dar, um für eine dauerhafte Beseitigung des pflichtwidrigen Verhaltens zu sorgen.[1575] Auch wenn diese Auffassung auf den ersten Blick nachvollziehbar erscheint, kann sie nicht überzeugen, da sie die Prognosepflicht verkennt, die ebenfalls dem Erfordernis der Verhältnismäßigkeit zugrunde liegt.[1576] Anderenfalls würde stets nur die für den Arbeitnehmer einschneidendste Maßnahme sicher zum Ziel führen, während alle anderen Möglichkeiten von vornherein außer Betracht bleiben müssten. Dies war allerdings gewiss nicht die Intention von Rechtsprechung und Gesetzgebung. Vielmehr wurde der geringstmögliche Eingriff in den Vordergrund gestellt. Auch die Abmahnung kann damit eine praktikable Maßnahme sein, die die Interessen des Arbeitgebers hinreichend wahrt und zugleich dem betroffenen Arbeitnehmer eine neue Chance einräumt.

Schließlich ergibt sich aus dem Kriterium der Erforderlichkeit einer arbeitgeberseitigen Maßnahme auch der Vorrang der Änderungskündigung vor der Beendigungskündigung. Eine Änderungskündigung besteht immer aus zwei Elementen:[1577] der Kündigung des Arbeitsverhältnisses, verbunden mit dem Angebot des Arbeitgebers auf dessen Fortsetzung zu geänderten Arbeitsbedingungen.[1578] Im Falle von Vermögensdelikten wird es bei der Änderungskündigung um eine Beschäftigung an einem Arbeitsplatz im Unternehmen gehen, in dessen Umfeld das Risiko vergleichbarer Verfehlungen ausgeschlossen oder zumindest drastisch verringert wird. Dies verlangt eine Prognose des Arbeitgebers, dass

1572 LAG Nürnberg v. 16.10.2007, LAGE Nr. 4 zu § 626 BGB 2002 Verdacht strafbarer Handlung.

1573 *Preis*, AuR 2010, 242, 245.

1574 *Bengelsdorf*, SAE 2011, 122, 131.

1575 *Bengelsdorf*, SAE 2011. 122, 131.

1576 Siehe zum Prognoseprinzip ausführlich unter IV.

1577 BAG v. 10.9.2009, NZA 2010, 333, 335.

1578 ErfK/*Oetker*, § 2 KSchG Rn. 6.

durch die Änderungskündigung eine erneute Vertragsverletzung mit hinreichender Wahrscheinlichkeit auszuschließen ist. Eine solche Prognose wird in der Praxis regelmäßig wohl nicht gestellt werden können. Ist die Kündigung wegen einer Verletzung von Arbeitgebereigentum begründet, sind kaum Fälle denkbar, in denen die Kündigungsrelevanz durch eine Umsetzung entfallen könnte.[1579] Gleiches muss für eine Versetzung als ebenfalls in Betracht zu ziehendes milderes Mittel gelten.[1580] Auch hier wird das Risiko weiterer Vermögensdelikte durch den Arbeitnehmer regelmäßig nicht durch eine Versetzung auf einen anderen freien Arbeitsplatz entfallen.[1581]

Zuletzt muss die außerordentliche Kündigung auch verhältnismäßig im engeren Sinne sein. Der Ausspruch der außerordentlichen Kündigung muss zu der vorliegenden Störung des Rechtsverhältnisses in einem angemessenen Verhältnis stehen (sog. Mittel-Zweck-Relation).[1582] Die Verhältnismäßigkeit im engeren Sinne beinhaltet damit ein Abwägungsgebot. Das Mittel und der Zweck müssen in ein Wertsystem eingestellt werden, welches dazu dient, einen abwägenden Vergleich zwischen dem geeigneten und erforderlichen Mittel sowie den durch das Mittel voraussichtlich entstehenden Nachteilen anzustellen. Diese Vergleichsmethode soll bezwecken, dass eine übermäßige Reaktion verhindert wird. Für den Fall, dass die Nachteile des Mittels überwiegen, hat ein solches zu unterbleiben. Allerdings kommt der Verhältnismäßigkeit im engeren Sinne keine eigenständige Bedeutung zu. Wenn der Wortlaut des § 626 Abs. 1 BGB von einem Abwägen der Interessen spricht, soll dadurch das Prinzip der Güter- und Interessenabwägung in den Vordergrund der richterlichen Prüfung gestellt werden.[1583] Somit geht der Grundsatz der Verhältnismäßigkeit im engeren Sinne vollständig im Prinzip der Güter- und Interessenabwägung auf. Dies hat zur Folge, dass die Verhältnismäßigkeit im engeren Sinne im Rahmen der Prüfung einer außerordentlichen Kündigung wegen eines geringfügigen Vermögensdelikts nach § 626 BGB keinen eigenständigen Prüfungspunkt darstellt. Vielmehr hat eine gleiche methodische Handhabung wie auch bei der Güter- und Interessenabwägung zu erfolgen.[1584]

1579 *Berkowsky*, AA 2005, 135.

1580 *Preis*, AuR 2010, 242, 246.

1581 Eine Versetzung ist vielmehr auf Fälle zugeschnitten, in denen der Vertragsverstoß arbeitsplatzbezogen ist, wie dies bspw. bei der Schlechtleistung der Fall sein kann.

1582 ErfK/*Niemann*, § 626 BGB Rn. 24.

1583 *Preis*, Prinzipien, S. 310.

1584 Siehe hierzu auch *Preis*, Prinzipien, S. 269 ff.: Dieser beschreibt die Verhältnismäßigkeit im engeren Sinne sogar als eine Teilmenge des Prinzips der Güter- und Interessenabwägung.

IV. Das Prognoseprinzip bei geringwertigen Vermögensdelikten

Das sog. Prognoseprinzip hat sich sowohl in der Rechtsprechung[1585] als auch im Schrifttum[1586] weitgehend bei allen Kündigungsgründen durchgesetzt. Für die Fälle der verhaltensbedingten Kündigung hat sich das gesetzlich nicht geregelte Prognoseprinzip aus Rechtsfortbildung entwickelt.[1587] Danach muss auch bei jeder verhaltensbedingten (außerordentlichen) Kündigung aufgrund eines geringwertigen Vermögensdelikts das Prognoseprinzip aktiviert werden.[1588] Konkret bedeutet dies, dass es für die Entscheidung der Rechtswirksamkeit einer Kündigung immer einer Zukunftsprognose im Hinblick darauf bedarf, ob eine Wiederholungsgefahr besteht.[1589] Die außerordentliche Kündigung – insbesondere eine verhaltensbedingte – darf nur auf solche Gründe gestützt werden, die sich zukünftig konkret nachteilig auf das Arbeitsverhältnis auswirken.[1590] Die von ihrer Natur aus zukunftsbezogenen Kündigungsgründe[1591] müssen damit stets im Hinblick auf das zukunftsbezogene Moment der (zumutbaren) Weiterbeschäftigung interpretiert werden. Ohne eine Zugrundelegung des Prognoseprinzips würde sich die außerordentliche Kündigung als Strafe darstellen.[1592] Ein Sühne- oder Strafcharakter der verhaltensbedingten Kündigung ist aber – wie bereits herausgearbeitet (vgl. ausführlich Kapitel 2 B. I. 1.) – abzulehnen,[1593] da ihr Zweck allein in der Vermeidung des Risikos weiterer zukünftiger Pflichtverletzungen bestehen kann.[1594]

Damit sich eine vergangene Pflichtverletzung in der Zukunft belastend auswirken kann, muss sie zunächst von solcher Qualität sein, dass auch künftig eine

---

1585 BAG v. 9.3.1995, AP Nr. 130 zu § 626 BGB; BAG v. 19.4.2007, NZA-RR 2007, 571, 576; BAG v. 10.6.2010, NZA 2010, 1227, 1229 ff.

1586 Staudinger/*Preis*, § 626 BGB Rn. 98 ff.; KR/*Fischermeier*, § 626 BGB Rn. 110; ErfK/*Niemann*, § 626 BGB Rn. 19.

1587 BAG v. 23.6.2009, NZA 2009, 1198 ff.

1588 Die Anforderungen an das Prognoseprinzip unterscheiden sich nach der Art des Kündigungsgrundes. Bei der für die Untersuchung entscheidenden außerordentlichen verhaltensbedingten Kündigung aufgrund eines Vermögensdelikts hat der Prognosegedanke bislang die schwächste Ausprägung.

1589 A/P/S/*Vossen*, § 1 KSchG Rn. 73.

1590 *Weth*, jurisPK-BGB § 626 Rn. 5.

1591 *Preis*, Prinzipien, S. 322 f.; *v. Hoyningen-Huene/Linck*, § 1 Rn. 189 ff.; A/P/S/*Vossen*, § 626 BGB Rn. 26.

1592 D/D/Z/*Däubler*, § 626 BGB Rn. 33.

1593 Erman/*Belling/Riesenhuber*, § 626 BGB Rn. 37.

1594 ArbG Hamburg v. 1.7.2015, NZA 2015, 471, 473.

vertrauensvolle Fortführung des Arbeitsverhältnisses ausgeschlossen ist.[1595] Es muss der begründete Anlass bestehen, dass entsprechende Störungen auch in der Zukunft eintreten werden.[1596] Diese als Gefährdung im Raum stehenden Störungen müssen den Schluss rechtfertigen, dass dem Arbeitgeber die weitere Zusammenarbeit bis zum Ablauf der Kündigungsfrist (außerordentliche Kündigung) oder aber über den Ablauf der Kündigungsfrist hinaus (ordentliche Kündigung) nicht zumutbar ist.[1597] Die zeitliche Komponente dieser Prognose beschränkt sich bei der außerordentlichen Kündigung wegen eines geringwertigen Vermögensdelikts letztlich auf den Zeitraum der ordentlichen Kündigungsfrist.[1598] Damit muss eine Wiederholungsgefahr für diesen – teilweise recht kurzen – Zeitraum bestehen und eine sofortige Beendigung erforderlich machen. Der maßgebende Zeitpunkt für die Beurteilung der Richtigkeit dieser Prognose fällt zudem mit dem Zeitpunkt für die Beurteilung des Vorliegens eines Kündigungsgrunds zusammen.[1599]

Die Prognoseentscheidung ist vom kündigenden Arbeitgeber vor der Kündigungserklärung vorzunehmen und aus den Geschehnissen in der Vergangenheit abzuleiten.[1600] Der einzelne Arbeitgeber muss darlegen und beweisen, dass eine Wiederholungsgefahr von gleichen oder ähnlichen Pflichtverletzungen besteht und das Arbeitsverhältnis daher auch in Zukunft belastet ist. Jedoch dürfen an die Prognose aufgrund einer außerordentlichen Kündigung wegen eines geringwertigen Vermögensdelikts keine zu hohen Anforderungen gestellt werden. Das folgt aus der Überlegung, dass kein Arbeitgeber mit absoluter Sicherheit voraussagen kann, wie sich der betreffende Arbeitnehmer in Zukunft verhalten wird.[1601] Eine Prognose wird damit nie die Qualität einer sicheren Erkenntnis haben können.[1602] Vielmehr basiert jede Prognoseentscheidung auf einem Wahrscheinlichkeitsurteil, was in der rechtlichen Beurteilung zwangsläufig zu Unsicherheitsfaktoren führt.[1603] Um dennoch eine erhöhte Richtigkeitsgewähr der Prognoseentscheidung zu erreichen, sind nur objektiv

1595 Staudinger/*Preis*, § 626 BGB Rn. 91.
1596 *Berkowsky*, § 3 Rn. 52; *Weth*, jurisPK-BGB § 626 Rn. 5.
1597 T/L/L/*Waas/Gabrys*, § 1 Rn. 151.
1598 *Enderlein*, RdA 2000, 325.
1599 *Preis*, Prinzipien, S. 339.
1600 Moll/*Ulrich*, § 43 Rn. 87.
1601 *Berkowsky*, § 3 Rn. 53.
1602 *Preis*, Prinzipien, S. 338.
1603 Vgl. *Preis*, Prinzipien, S. 323.

nachvollziehbare Umstände, die bei Zugang der Kündigungserklärung gegeben sind, zu berücksichtigen.[1604]

Aus Gründen der Rechtssicherheit muss zudem das zweistufige Prüfungsmuster des Prognoseprinzips beachtet werden.[1605] Danach ist im Rahmen der ersten Prüfungsstufe das in der Vergangenheit liegende vertragswidrige Verhalten als notwendige Basis für die Prognose festzustellen und zu würdigen.[1606] Grundlage ist somit die Feststellung einer beachtlichen gegenwärtigen Beeinträchtigung des Arbeitsverhältnisses. Die zukunftsbezogene Betrachtungsweise führt also nicht etwa dazu, dass das vorangegangene Verhalten des Arbeitnehmers keine Rolle spielt. Es ist vielmehr die Prognosebasis.[1607] In einem zweiten Schritt ist zu prüfen, ob das Vertragsverhältnis auch künftig beeinträchtigt ist bzw. ob das Risiko weiterer Vertragsverletzungen droht (Negativprognose).[1608] Es ist damit zu prüfen, ob die gegenwärtige Störung des Arbeitsverhältnisses auch zukünftig Relevanz haben wird, etwa weil mit Wiederholungen zu rechnen ist oder aber auch, wenn – ohne eine Wiederholungsgefahr – bereits die einmalige Störung das Vertrauensverhältnis irreparabel zerstört hat. Damit können im Rahmen des Prognoseprinzips alternative Vorrausetzungen vorliegen: zum einen die reale Wiederholungsgefahr weiterer Pflichtverletzungen und zum anderen das unwiederbringlich zerstörte Vertrauen bereits durch das einmalige Auftreten der Pflichtverletzung.

Das Bestehen einer Wiederholungsgefahr ist hier von nachhaltiger Relevanz. So ist wichtiger Anhaltspunkt sowie Bestandteil der Prognoseentscheidung zunächst der Ausspruch einer vorherigen Abmahnung zwecks Objektivierung der negativen Prognose.[1609] Das Erfordernis, zu prüfen, ob eine vorherige Abmahnung ausreichend gewesen wäre, folgt deshalb nicht nur aus dem Verhältnismäßigkeitsprinzip, sondern trägt zugleich dem Prognoseprinzip Rechnung.[1610] Eine Abmahnung soll – wie bereits dargestellt – den Arbeitnehmer dazu veranlassen, sein bisheriges, mit den vertraglichen Pflichten nicht zu vereinbarendes Verhalten künftig zu ändern.[1611] Vor diesem Hintergrund ist – auch hier wieder – zu berücksichtigen, dass bei geringwertigen Vermögensdelikten regelmäßig ein

---

1604 *Weth*, jurisPK-BGB § 626 Rn. 5.

1605 *Preis*, Prinzipien, S. 338; Staudinger/*Preis*, § 626 BGB Rn. 93.

1606 *Preis*, Prinzipien, S. 328 f.

1607 ErfK/*Oetker*, § 1 KSchG Rn. 78; HaKo/*Pfeiffer*, § 1 Rn. 173.

1608 Staudinger/*Preis*, § 626 BGB Rn. 93; *Preis*, Prinzipien, S. 329.

1609 BAG v. 23.6.2009, AP Nr. 59 zu § 1 KSchG 1969 Verhaltensbedingte Kündigung.

1610 BAG v. 10.6.2010, NZA 2010, 1227, 1231 mwN.

1611 Siehe ausführlich zu den Funktionen der Abmahnung unter Kapitel 1 C. I. 1.

steuerbares Störverhalten[1612] gegeben ist, das meist durch ein willensbestimmtes Korrekturverhalten in Zukunft geändert werden kann.[1613] Wird ein bereits einschlägig abgemahnter Arbeitnehmer rückfällig, so begründet dies grundsätzlich eine negative Prognose dahingehend, dass der Arbeitnehmer ein entsprechendes Verhalten auch in Zukunft wiederholen wird.[1614] Das vertragsrechtliche Instrument der Abmahnung ist damit geeignet, die Negativprognose der Wiederholungsgefahr bei der verhaltensbedingten Kündigung auf eine sichere Grundlage zu stellen.[1615] Damit wird jedoch erst auf eine zweite Tat abgestellt. Bei geringwertigen Vermögensdelikten geht es jedoch häufig um die erste – zumindest die erste vom Arbeitgeber registrierte – Vertragspflichtverletzung und deren zukünftige Auswirkungen. Für diese Fälle hat der Wandel in der Rechtsprechung bzgl. der Abmahnungspraxis die Voraussetzung dafür geschaffen, dass auch bei erstmaligen, zuvor als erheblich eingestuften Pflichtverletzungen, die den Vertrauensbereich tangieren, nunmehr grundsätzlich zunächst eine Abmahnung erforderlich sein soll,[1616] um dann auf deren Grundlage sowie etwaigen weiteren Vertragspflichtverletzungen eine objektive Prognoseentscheidung treffen zu können.[1617]

Ferner ist auch der Verschuldensgrad des Arbeitnehmers[1618] für die Prognoseentscheidung von großer Bedeutung.[1619] Dessen Einschätzung erlaubt es, bei der verhaltensbedingten außerordentlichen Kündigung Rückschlüsse darauf zu ziehen, ob eine günstige oder ungünstige Prognose für die Zukunft besteht.[1620] Je höher das Verschulden des Arbeitnehmers zu bewerten ist, desto eher kann eine Negativprognose bejaht werden.[1621] Hier rücken insbesondere Aspekte wie etwa der Grad der Heimlichkeit und das Unrechtsbewusstsein in den Vordergrund (vgl. hierzu bereits ausführlich unter II. 1. a) cc)). Ein Arbeitnehmer, der

---

1612 Anderes kann nur gelten, wenn eine Kleptomanie festgestellt wurde.

1613 *Zuber*, NZA 1999, 1142, 1145.

1614 *Berkowsky*, § 3 Rn. 54; AnwK-BGB/*Klappstein*, § 626 Rn. 42; ArbG Hamburg v. 1.7.2015, NZA 2015, 471, 473.

1615 Staudinger/*Preis*, § 626 BGB Rn. 93.

1616 Vgl. zu den Ausnahmen, bei denen eine Abmahnung für nicht erforderlich gehalten wird, die Ausführungen unter III.

1617 Vgl. hierzu Kapitel 1 C. I. 2.

1618 Siehe hierzu ausführlich unter II. 1. a) cc) (1).

1619 BAG v. 25.4.1991, NZA 1992, 212, 215; BAG v. 10.11.2005, NZA 2006, 491, 493; A/P/S/*Vossen*, § 626 BGB Rn. 106; KR/*Fischermeier*, § 626 BGB Rn. 242; *Preis*, AuR 2010, 186, 187.

1620 Staudinger/*Preis*, § 626 BGB Rn. 64.

1621 Erman/*Belling/Riesenhuber*, § 626 BGB Rn. 38.

sein Fehlverhalten zugibt, zeigt Unrechtsbewusstsein und Reue.[1622] Ein solches Verhalten hat für eine positive Prognoseentscheidung große Bedeutung, da es die Wiederholungsgefahr geringer erscheinen lässt.[1623] Zeigt der Arbeitnehmer hingegen keine Reue oder leugnet er seine Tat, versucht er sie zu vertuschen oder andere Arbeitnehmer ohne Anlass in die im Raum stehenden Vorwürfe zu involvieren, spricht dies für eine negative Prognose.[1624] Dieser Gesichtspunkt gilt freilich nur für eine erwiesene Tatkündigung nicht aber für die Verdachtskündigung. Letztlich gilt auch im Hinblick auf das Prognoseprinzip, dass eine positive Zukunftsprognose umso eher angenommen werden kann, je länger die Vertragsbeziehung ungestört bestanden hat.[1625]

Problematisch erscheint jedoch die zweite alternative Voraussetzung des Prognoseprinzips in Form des Vorliegens eines unwiederbringlich zerstörten Vertrauens bei einmaliger Pflichtverletzung. Die häufig erfolgte Annahme insbesondere des BAG, die Wiederherstellung von Vertrauen könne erwartet werden, setzt einen hinsichtlich seiner Vertrauensempfindungen stets gleichartigen, also objektivierbaren Arbeitgeber voraus. Es wird ein objektiv feststellbares Vertrauen vorausgesetzt, während die subjektive Seite des Vertrauens nicht relevant sein soll.[1626] Zum näheren Verständnis und zur Systematisierung dieses Problemkreises sollen die nachfolgenden Ausführungen zum Vertrauensschutzprinzip Aufschluss geben.

V. Das Prinzip des Vertrauensschutzes bei geringwertigen Vermögensdelikten

Bei dem Prinzip des Vertrauensschutzes handelt es sich um ein fundamentales Rechtsprinzip im Kündigungsschutzrecht, das bei der Bewertung von geringwertigen Vermögensdelikten eine Schlüsselstellung einnimmt. Dies erklärt sich ohne Weiteres daraus, dass es sich bei Vermögensdelikten um Vertragsverstöße des Arbeitnehmers im sogenannten Vertrauensbereich handelt. Daher stand das Recht zur außerordentlichen Kündigung wegen eines geringfügigen Vermögensdelikts schon immer in einer engen Beziehung zu Fragen des Vertrauensschutzes.[1627] Zudem werden das Prinzip der Unzumutbarkeit, das Prognoseprinzip sowie das

1622 ArbG Hamburg v. 1.7.2015, NZA 2015, 471, 473.

1623 LAG Berlin-Brandenburg v. 16.9.2010, GWR 2010, 510; ArbG Hamburg v. 1.7.2015, NZA 2015, 471, 473.

1624 *Walker*, NZA 2011, 1, 4.

1625 BAG v. 10.6.2010, NZA 2010, 1227, 1232.

1626 Siehe hierzu sogleich unter V. I.

1627 Erman/*Belling/Riesenhuber*, § 626 BGB Rn. 39; Staudinger/*Preis*, § 626 BGB Rn. 94.

Prinzip der Güter- und Interessenabwägung stark vom Prinzip des Vertrauensschutzes geprägt.

In der Befugnis zur außerordentlichen Kündigung kann eine befreiende Reaktion des Arbeitgebers auf ein fehlgeschlagenes Vertrauen gesehen werden.[1628] Insbesondere bei Kündigungen, die aufgrund eines geringwertigen Vermögensdelikts ausgesprochen werden, nimmt die Zerstörung des Vertrauens zwischen Arbeitgeber und Arbeitnehmer als wichtiges Element eine entscheidende Rolle ein. Das liegt daran, dass in entsprechenden Kündigungsschutzverfahren – insbesondere, wenn der Arbeitnehmer nicht einschlägig abgemahnt wurde – oftmals darauf verwiesen wurde, die Verfehlung des Arbeitnehmers habe zum Verlust des notwendigen Vertrauens geführt und sei damit nicht abmahnungsbedürftig.[1629] Bei Maßnahmen wegen Vermögensdelikten der Arbeitnehmer geht es nicht um das Vertrauen des Arbeitgebers in die Leistungsfähigkeit des Arbeitnehmers oder in sein Vermögen oder Willen zur konkreten Arbeitsausführung. Entscheidend ist immer das Vertrauen des Arbeitgebers in die Redlichkeit des Arbeitnehmers.[1630] Entscheidend ist insoweit eine charakterliche Seite des Arbeitnehmers, also ein in erster Linie subjektives Element und nicht seine Qualifikation.[1631] Da der Arbeitgeber aus rechtlichen und tatsächlichen Gründen seine Arbeitnehmer nicht permanent überwachen kann, muss er sich auf die Ehrlichkeit seiner Mitarbeiter auch dann verlassen können, wenn sie unbeobachtet mit seinen Vermögensgegenständen hantieren.[1632] Das für die Bewertung einer außerordentlichen Kündigung relevante Vertrauen muss sich zudem grundsätzlich auf das Arbeitsverhältnis beziehen und darf sich nicht auf außerhalb des Arbeitsverhältnisses liegende Umstände stützen.[1633]

Auf der anderen Seite ist nicht nur das enttäuschte Vertrauen des kündigenden Arbeitgebers zu beachten. Daneben ist auch stets ein berechtigtes Vertrauen des Arbeitnehmers zu würdigen, wegen bestimmter Umstände nicht gekündigt zu werden.[1634] Er bringt einen großen Teil seiner Lebenszeit in das Arbeitsverhältnis ein und erwartet von seinem Arbeitgeber nicht nur die Zahlung seines Gehalts, sondern auch die Rücksichtnahme auf seine Interessen. Unter Beachtung von Vertrauensschutzaspekten eines Arbeitnehmers kann es fraglich sein,

1628 *Herschel*, in FS Müller, 1981, S. 200.
1629 So auch *Fromm*, S. 532.
1630 A/P/S/*Vossen*, § 1 KSchG, Rn. 368.
1631 LAG Köln v. 10.6.1994, NZA 1995, 792.
1632 *Schlachter*, NZA 2005, 433, 434.
1633 *Zech*, S. 80.
1634 *Preis*, Prinzipien, S. 357 f.

ob eine wechselseitige, jedenfalls herkömmlich oftmals fast (arbeits-)lebenslängliche Beziehung zwischen Arbeitnehmer und Arbeitgeber durch ein Vermögensdelikt, dessen Wert in keinem Verhältnis zur Zusammenarbeit steht, zerrüttet oder aufgelöst werden kann.

Das Vertrauen kann folglich einerseits die Grundlage für die Rechtfertigung einer Kündigung bilden, andererseits auch die Unwirksamkeit der Kündigung begründen. Somit handelt es sich um ein Prinzip mit ambivalenter Wirkung.[1635] Ein friedliches Arbeitsverhältnis, welches auf Dauer Bestand haben soll, ist demnach nur dann gewährleistet, wenn sich beide Vertragspartner in den Grenzen, die für das Arbeitsleben wichtig sind, vertrauen können.[1636]

Nachfolgend soll ein rational nachvollziehbarer Umgang mit Vertrauensfragen im Hinblick auf die außerordentliche Kündigung bei geringwertigen Vermögensdelikten herausgearbeitet werden. Es soll also untersucht werden, inwiefern Gesichtspunkte des Vertrauensschutzes Einfluss auf die Rechtfertigung einer außerordentlichen Kündigung aufgrund eines geringwertigen Vermögensdelikts nehmen können. Dabei wird auf den Vertrauenstatbestand im Arbeitsverhältnis und darauf einzugehen sein, wann und ob eine gestörte Vertrauensbeziehung wiederhergestellt werden kann. Abschließend soll noch auf Neuerungen im Zusammenhang mit dem Vertrauenskapital und dem Abmahnungsentfernungsanspruch des Arbeitnehmers eingegangen werden.

1. Der Vertrauensbegriff

Eine umfassende oder allgemein anerkannte Definition des Vertrauensbegriffs ist bislang nicht gelungen. Vertrauen ist auch kein beständiger Wert, der einer in Zahlen ausdrückbaren Tabelle oder Skala zugänglich wäre.[1637] Der Begriff des Vertrauens wird zudem auch in den unterschiedlichen wissenschaftlichen Disziplinen nicht einheitlich verwendet. So definiert bspw. *Niklas Luhmann* für die Soziologie Vertrauen als Mechanismus zur Reduktion sozialer Kompetenz. Vertrauen beziehe sich stets auf eine kritische Alternative, in der der Schaden beim Vertrauensbruch größer sein kann als der Vorteil, der aus dem Vertrauenserweis gezogen wird. Vertrauen ist demnach auch eine „riskante Vorleistung".[1638] Voraussetzung für entgegengebrachtes Vertrauen sei allerdings nicht, dass das Risiko vorher rational abgewogen wird. Es kann auch unbedacht, leichtsinnig und

1635 *Preis*, Prinzipien, S. 358.
1636 Siehe hierzu auch *Birnbaum*, AuA 2010, 212 f.
1637 *Bengelsdorf*, SAE 2011, 122, 123.
1638 *Luhmann*, S. 24.

routinemäßig erworben werden. Vertrauen liege in der Grauzone zwischen Wissen und Nichtwissen. Wer etwas sicher weiß, hat keinen Bedarf für Vertrauen. Wer gar nichts weiß, hat dafür keine Basis. Auf die Lauterkeit und Wohlgesinntheit eines anderen zu setzen, sei nur dann ein Akt des echten Vertrauens, wenn man eine Wahl habe.[1639] Anhand eines bekannten Experiments aus der Spieltheorie mit zwei Strafgefangenen veranschaulicht *Luhmann* seine Sichtweise.[1640]

> Zwei gefangene Verdächtige könnten durch ein Geständnis eine Strafmilderung erwirken. Der ungeständige Verdächtige hingegen hätte eine deutlich höhere Strafe zu verbüßen. Schweigen jedoch beide Verdächtige und unterbleibt somit ein Geständnis, müssten beide Strafgefangenen aus Mangeln an Beweisen freigesprochen werden. Eine Absprache ist nicht möglich. Sofern sie einander vertrauen, wäre das Schweigen die vernünftigste Alternative. Fehlt das Vertrauen, dann wäre die Ablegung eines Geständnisses die klügste Entscheidung.[1641]

In der Neurophysiologie versteht man hingegen unter Vertrauen allein einen neuronalen Mechanismus im menschlichen Endhirn. Beim Vorgang des Vertrauens werde der Nucleus caudatus[1642] durch verschiedene Neurotransmitter stimuliert. Der entscheidende Faktor sei, dass diese Stimulierung vor der eigentlichen Aktivität eintrete, weil sie erwartet wird.[1643]

Aus psychologisch-persönlichkeitstheoretischer Perspektive wird Vertrauen wiederum definiert als die subjektive Überzeugung von der Richtigkeit und Redlichkeit von Personen, Handlungen, Einsichten und Aussagen eines anderen. Unter Vertrauen werden also psychische Beziehungen zwischen zwei Personen verstanden, die von persönlichen Veranlagungen abhängen.[1644] Das Vertrauen soll dabei nicht gegenüber jedermann latent vorhanden sein.[1645] Erst, wenn die andere Person nicht mehr austauschbar und damit nicht mehr unbekannt ist, sondern in das Bewusstsein des anderen tritt, also bekannt wird, soll von Vertrauen die Rede sein können.[1646]

1639 Siehe hierzu auch *Kara* in die Zeit v. 31.3.2016 Nr. 15, S. 28: „Woher kommt Vertrauen".

1640 *Luhmann*, S. 25.

1641 Luce/Raiffa, S. 94.

1642 Der Nucleus caudatus ist ein paariges großes Kerngebiet im Endhirn und für die Kontrolle willkürlicher Bewegungen mitverantwortlich.

1643 Vgl. hierzu die Studie von *King-Casas/Tomlin/Anen/Camerer/Quartz/Montague*, Science 308 (5718), 78 ff.

1644 *Schröer*, S. 75.

1645 *Ebeling*, S. 90.

1646 *Luhmann*, S. 18 f., 34 f.

Die Philosophie sieht in dem Vertrauen die Grundlage eines sittlichen Bewusstseins, das in einem Rechtsgefühl gewürdigt wird. Das Rechtsgefühl bestehe in der Achtung der bestehenden Rechtsordnung und äußere sich in der Entrüstung über einen Vertrauensbruch, der zugleich einen elementaren Verstoß gegen das ethische Fühlen und Werten sei.

Vertrauen ist nach den vorstehend genannten Bedeutungen somit ein vorrechtlicher und kein juristischer Begriff.[1647] Zudem stellen alle Beschreibungen des Vertrauens auf subjektive Elemente[1648] – den sog. subjektiven Vertrauensbegriff – ab. Eine derart subjektive Beziehung zwischen zwei Personen ist ebenso wie ihre Zerstörung schwer fassbar.[1649]

Im Hinblick auf das Kündigungsrecht ist festzustellen, dass es sich bei dem (subjektiven) Vertrauensverlust des Arbeitgebers nicht um einen mit der herkömmlichen Systematik zu vereinbarenden Kündigungsgrund handelt.[1650] Dennoch hat der Gesetzgeber in der arbeitsgerichtlichen Rechtsprechung den Vertrauensverlust als Kündigungsgrund schon immer anerkannt,[1651] auch wenn es keine ausdrückliche Normierung des Vertrauensverlustes als Grund für eine Kündigung gibt.[1652]

Bereits das RAG hat den Vertrauenswegfall als Kündigungsgrund akzeptiert[1653] und damals noch allein die subjektive Vertrauensempfindung des Arbeitgebers als maßgeblich erachtet. Dies wurde damit begründet, dass es Sache des einzelnen Arbeitgebers sei, durch die Begründung eines Arbeitsverhältnisses Vertrauen aufzubauen. Im Umkehrschluss müsse es dann aber auch Sache des Arbeitgebers sein, den Vertrauensverlust festzustellen und das Arbeitsverhältnis aufzulösen. Vertrauen sei eine innere Tatsache, die von Dritten nicht beurteilt und damit auch nicht objektiv festgestellt werden könne.[1654]

1647 *Ebeling*, S. 89; *Belling*, RdA 1996, 223, 229.

1648 Mit Ausnahme der Neurophysiologie, die den Vorgang des Vertrauens als physikalischen Vorgang klassifiziert.

1649 *Schröer*, S. 75.

1650 *Hoefs*, S. 137.

1651 Vgl. BT-Drucks. 14/6040, S. 177.

1652 § 627 BGB erlaubt die Kündigung bei besonderen Vertrauensverhältnissen, regelt aber nicht den Vertrauensverlust als Kündigungsgrund.

1653 RAG v. 7.3.1936, ARS 26, 272, 275.

1654 So auch *Bengelsdorf*, SAE 2011, 122, 133.

Diese Sichtweise ist auf Widerstand gestoßen, da es im Kündigungsschutzrecht entscheidend auf die Objektivierung von Vertrauenstatbeständen ankommen müsse.[1655] Es bereite unlösbare Probleme, wenn das subjektive Vertrauensempfinden des Arbeitgebers bei der Bewertung über das Bestehen von Vertrauen ausschlaggebend sei.[1656] Würde ein solches für die juristische Definition des Vertrauensbegriffs herangezogen, münde dies in eine fehlende Nachprüfbarkeit von Störungen in Vertrauensbeziehungen durch die Arbeitsgerichte.[1657] Eine Kontrolle der Rechtsordnung über rein subjektiv gemessenes Vertrauen sei insbesondere auch deshalb nicht möglich, weil subjektive Vertrauensempfindungen schnell behauptet und leicht manipuliert werden könnten.[1658] Es sei aber ein wesentliches Anliegen des Kündigungsschutzrechts, den Arbeitnehmer vor den reinen Befindlichkeiten und Launen des Arbeitgebers zu schützen.[1659] Eine fristlose Kündigung, die sich auf den Wegfall des Vertrauens im subjektiven Sinne stützt, würde zudem auch dem etablierten Rechtsgrundsatz „pacta sunt servanda“ den Boden entziehen. Der Arbeitnehmer hätte keinen Einfluss darauf, ob das Arbeitsverhältnis wegen Erschütterung des Vertrauens aufgelöst wird. Somit dürfe die Beurteilung der Verhaltensweisen eines Arbeitnehmers nicht dem persönlichen Ermessen des Arbeitgebers überlassen werden, sondern müsse sich nach allgemeinen Wertungsgrundlagen richten. Dies wurde gerade im Hinblick auf die Verdachtskündigung für unumgänglich gehalten, da hier ein Tatnachweis gerade nicht gegeben sei. Deshalb wurde immer wieder – insbesondere zur Erhöhung der Rechtssicherheit und zur Vermeidung von Willkürentscheidungen – gefordert, dass subjektive Elemente im Kündigungsrecht nicht berücksichtigt werden können. Vielmehr sei erstrebenswert, Kündigungsgründe grundsätzlich nur anhand objektiver Kriterien zu messen.[1660]

Die rechtliche Erfassung von Vertrauen anhand objektiver Kriterien ist – gerade im Hinblick auf die zahlreichen Fälle, die durch Berichterstattungen über Bagatellkündigungen publik wurden – ein verständliches Bestreben. Dass der subjektive Vertrauensbegriff nicht entscheidend sein kann, erschließt sich – neben den bereits oben genannten Argumenten – auch dann, wenn man einen Arbeitgeber, der keine Kenntnis von einem geringwertigen Vermögensdelikt und

1655 Erman/*Belling/Riesenhuber*, § 626 BGB Rn. 39.

1656 BAG v. 30.1.1963, AP Nr. 50 zu § 626 BGB; *Preis*, Prinzipien, S. 464.

1657 So auch *Hunold*, DB 2009, 2658, 2661; *Bourguignon*, PERSONAL 2010, Nr. 7/8, 74; *Preis*, Prinzipien, S. 363.

1658 *Preis*, Prinzipien, S. 364.

1659 *Enderlein*, RdA 2000, 325, 326.

1660 *Hoefs*, S. 137.

der Gefahr künftiger Pflichtverletzungen hat, mit einem anderen vergleicht, der über eine solche Kenntnis verfügt. Während Ersterer seinem Arbeitnehmer aufgrund der Nichtkenntnis weiterhin vertraut, dürfte dies bei Letzterem nicht mehr der Fall sein. Der subjektive Vertrauensverlust darf beim wissenden Arbeitgeber aber keine zusätzliche Belastung darstellen. Vielmehr muss der Unterschied in der objektiv bestehenden Gefahr weiterer Pflichtverletzung begründet sein.[1661]

Eine Objektivierung des Vertrauensbegriffs bereitet ebenfalls Schwierigkeiten.[1662] Zunächst ist die Annahme der derzeitigen obergerichtlichen Rechtsprechung, dass die Wiederherstellung von Arbeitgebervertrauen erwartet werden könne, für sich schon problematisch, da die subjektive Seite des Vertrauens damit komplett ausgeblendet wird. Eine solche Aussage verlangt – wie bereits beschrieben – einen hinsichtlich seines Vertrauensempfindens archetypischen Arbeitgeber, bei dem ein objektiv feststellbares Vertrauen vorausgesetzt wird. Abgesehen davon stellt sich die Frage, welche Umstände überhaupt geeignet sind, einen schutzwürdigen und berücksichtigungsfähigen Vertrauenstatbestand zu bilden.[1663] Weiterhin ist unklar, in welcher Weise schutzwürdigem Vertrauen entsprochen werden kann und welche konkreten Rechtsfolgen sich hieraus in Problemfällen ergeben.[1664] Zur Beantwortung dieser Fragen müssen zunächst die dogmatischen Strukturen dieses Prinzips veranschaulicht werden.

2. Dogmatische Strukturen des Vertrauensschutzprinzips

Das Vertrauensschutzprinzip gehört nicht nur im Kündigungsschutzrecht, sondern auch in der gesamten Rechtsordnung zu einem der elementarsten Prinzipien. Im Privatrecht genießt ein gerechtfertigtes Vertrauen stets einen besonderen Schutz.[1665] Wer in berechtigter Weise darauf vertraut, dass eine bestimmte Rechtslage besteht, und sich darauf einstellt, wird von der Rechtsordnung bzw. dem Gesetz geschützt, indem er entweder so gestellt wird, als bestünde die angebliche Rechtslage, oder indem er den Ersatz für einen erlittenen Vertrauensschaden erhält.[1666] Als zentrale Vertrauensnormen seien hier im allgemeinen Zivilrecht exemplarisch die §§ 122, 145, 179 Abs. 2, 242 und 932 BGB genannt.[1667]

1661 *Zech*, S. 81.

1662 So auch *Ebeling*, S. 92; *Belling*, RdA 1996, 223, 229.

1663 Siehe *v. Koppenfels*, S. 101.

1664 Siehe *v. Koppenfels*, S. 101.

1665 *Herschel*, in FS Müller, 1981, S. 1.

1666 Vgl. gutgläubiger Eigentumserwerb, Duldungs- und Anscheinsvollmacht, Vertragsschluss durch kaufmännisches Bestätigungsschreiben; Blankethaftung.

1667 Die Aufzählung ist nicht abschließend.

Im Individualarbeitsrecht wird das Vertrauen im Rahmen des Arbeitsverhältnisses bspw. im Zusammenhang mit der Erwirkung eines Anspruchs kraft betrieblicher Übung relevant.[1668] Das kollektive Arbeitsrecht kennt den Begriff der vertrauensvollen Zusammenarbeit in der Norm des § 2 Abs. 1 BetrVG, welche in §§ 74 Abs. 1 S. 2, 74 Abs. 2 S. 2 BetrVG durch das Gebot zum ernsten Willen zur Einigung sowie dem Verbot von Maßnahmen, welche den Betriebsablauf beeinträchtigen können, konkretisiert wird. Die Zusammenarbeit ist vertrauensvoll, wenn jeder dem anderen trauen sowie dessen Worten Glauben schenken kann.[1669] Grundbedingung jeder vertrauensvollen Zusammenarbeit sollen „Ehrlichkeit und Offenheit"[1670] sein.[1671]

Letztlich ist das Vertrauensschutzprinzip auch und gerade im Verfassungsrecht anzutreffen; man denke hier an den Erlass rückwirkender Gesetze oder aber auch im Verwaltungsrecht an die Rücknahme oder den Widerruf von Verwaltungsakten nach den §§ 48, 49 VwVfG. Auch wenn die Rechtsprobleme, die mit dem Vertrauensschutzprinzip gelöst werden, im Einzelnen unterschiedlich sind, lässt sich dennoch eine dogmatische Struktur des Prinzips erkennen.[1672]

Beim juristischen Vertrauensbegriff steht das Vertrauen in die Redlichkeit des Vertragspartners, sich stets aufrichtig, gerecht und loyal entsprechend den Regeln einer Gemeinschaft zu verhalten, im Vordergrund. Als Mindestvoraussetzung setzt das Vertrauensschutzprinzip einen objektiv zu bewertenden Vertrauenstatbestand als Basis und daneben die Verantwortlichkeit des Betroffenen für das Entstehen oder die Verletzung des Vertrauenstatbestands sowie die Schutzwürdigkeit des Begünstigten voraus. Dieser Dreiklang sollte auch im Kündigungsrecht wegen geringwertiger Vermögensdelikte beachtet werden, bevor etwaige Rechtsfolgen mit dem Hinweis auf den Vertrauensschutz verknüpft werden können.[1673] Damit die Rechtsfolge der außerordentlichen Kündigung wegen eines geringfügigen Vermögensdelikts eintreten kann, müssen alle drei Faktoren dieses Dreiklangs im Rahmen der Prüfung als besonders hoch eingestuft werden.[1674]

1668 Siehe zur betrieblichen Übung ausführlich Küttner/*Griese*, Betriebliche Übung Rn. 1 ff.

1669 Vgl. auch *Weber*, Vertrauensvolle Zusammenarbeit, S. 19 ff.

1670 ErfK/*Koch*, § 2 BetrVG Rn. 1.

1671 BAG v. 21.4.1983, AP Nr. 20 zu § 40 BetrVG 1972.

1672 So auch *v. Koppenfels*, S. 102.

1673 So auch *v. Koppenfels*, S. 102.

1674 *Preis*, Prinzipien, S. 361.

a) *Objektiver Vertrauenstatbestand*

Zunächst ist also das Vorliegen eines objektiven Vertrauenstatbestands von entscheidender Bedeutung.[1675]

Immer wieder wurde kritisiert, dass außerordentliche Kündigungen, die aufgrund eines geringfügigen Vermögensdelikts ausgesprochen wurden, mit der pauschalen Behauptung eines besonderen Vertrauensverhältnisses, das durch das Delikt in seinen Grundfesten erschüttert sei, als gerechtfertigt angesehen wurden. Nicht nur den Arbeitgebern, sondern auch den Arbeitsgerichten wurde vorgeworfen, den Begriff der Vertrauensstörung zum Teil unreflektiert zu gebrauchen.[1676] In diesem Zusammenhang wurde darauf hingewiesen, dass nicht jedes Arbeitsverhältnis besonderes Vertrauen voraussetze und damit auch einen besonderen Vertrauensschutz erfordere.[1677] Zu Begründung wird teilweise auch auf die Vorschrift des § 627 BGB verwiesen, die zwischen normalen Dienstverträgen und mit einem besonderen Vertrauen verbundenen Verträgen unterscheidet. Insofern liege in der vom BAG vorgenommenen Annahme eines Vertrauensbereichs oftmals eine grundlose Anreicherung des Arbeitsverhältnisses um ein nicht vorhandenes Element.[1678] Dies sei problematisch, da es nicht immer der Realität des Arbeitslebens entspreche, in jedem Dienst- oder Arbeitsverhältnis automatisch ein besonderes Vertrauensverhältnis zu sehen.[1679] Bei lebensnaher Betrachtung könne das Vertrauen in die Redlichkeit des Arbeitnehmers nur bei einer kleinen Zahl von Arbeitsverhältnissen eine echte Rolle spielen. Oftmals kenne der Arbeitgeber seine Mitarbeiter nicht persönlich. Sei dies der Fall, könne sich kein Vertrauensverhältnis einstellen, das durch ein geringwertiges Vermögensdelikt wieder zerstört werden könnte.

Bisweilen wird in diesem Zusammenhang auch auf Fälle von Großunternehmen hingewiesen, bei denen durch Datenschutzskandale erkennbar geworden sei, dass ihr Vertrauen gegenüber ganzen Belegschaften ohnehin nur als äußerst gering einzustufen sei.[1680] Das Arbeitsverhältnis sei vielmehr ganz charakteristisch durch Kontrollen geprägt, was oft eine Vertrauensbasis von Anfang an infrage stelle. Dem wird allerdings entgegengehalten, dass das Vorhandensein von Kontrollmaßnahmen wie etwa einer Videoüberwachung allein nicht belege, dass

---

1675 *Preis*, Prinzipien, S. 359.

1676 Siehe etwa *Preis*, LTO v. 10.6.2010.

1677 So etwa *v. Craushaar*, S. 94.

1678 D/D/Z/*Däubler*, § 626 BGB Rn. 41.

1679 So bspw. *Preis*, AuR 2010, 186, 245 „Die Aussage jedes Arbeitsverhältnis ist ein Vertrauensverhältnis ist eine Fortsetzung des Mythos eines Gemeinschaftsverhältnisses."

1680 Vgl. etwa *Klueß*, AuR 2010, 192, 193.

keine Vertrauensbasis bestand. Jeder Arbeitnehmer habe die Pflicht, sich so zu verhalten, dass es um seinetwillen einer Kontrolle nicht bedurft hätte.[1681] Erweise sich ein zunächst unspezifisches, nicht auf einen bestimmten Arbeitnehmer bezogenes, generelles Misstrauen des Arbeitgebers schließlich im Hinblick auf einen bestimmten Mitarbeiter als berechtigt, werde erst dadurch das Vertrauen in dessen Redlichkeit tatsächlich erschüttert.[1682]

Richtigerweise sollte zur Beantwortung der Frage, welches Vertrauensverhältnis zwischen einem Arbeitnehmer und einem Arbeitgeber gegeben ist, auf das konkrete Arbeitsverhältnis abgestellt werden. Herkömmlich war das Arbeitsverhältnis mit faktischer Ewigkeitsbindung der Regelfall. Die lebenslange Beschäftigung bei einem Arbeitgeber führte zu einer starken Identifikation des Arbeitnehmers mit dem Unternehmen. Dies ist für viele Beschäftigte heutzutage – gerade in Zeiten von Arbeitnehmerüberlassung und befristeten Arbeitsverhältnissen – in dieser Intensität gewiss so nicht mehr nachvollziehbar.

Inzwischen kann es jedenfalls in größeren Betrieben im Hinblick auf das Vertrauen im Arbeitsverhältnis nicht um die persönliche Beziehung zwischen Arbeitnehmer zu seinem Arbeitgeber im Sinne einer intrapersonalen Beziehung gehen. Der Arbeitgeber ist ohnehin oftmals keine natürliche Person. Gleichwohl müssen auch hier die langfristige Bindung der Parteien des Arbeitsverhältnisses und das hohe Maß an sozialer Bedeutung des Arbeitsplatzes eine Beziehung zwischen den Parteien des Arbeitsvertrages begründen, die nicht allein durch Vertragstreue geprägt ist. Das Arbeitsverhältnis stellt ein sog. Dauerschuldverhältnis dar. Der Arbeitsvertrag verbindet die Arbeitsvertragsparteien über einen längeren Zeitraum; Arbeitgeber und Arbeitnehmer kommen nicht etwa kurzzeitig zusammen, um bspw. einen Kaufvertrag abzuschließen. Somit kann ein langjähriges Arbeitsverhältnis nicht mit solchen Vertragstypen verglichen werden, die sich durch den punktuellen, meist zweiseitig verpflichtenden Austausch von Leistungen definieren.[1683]

Ein erfolgreiches Unternehmen braucht ehrliche und loyale Mitarbeiter. Der Arbeitgeber muss sich darauf verlassen können, dass die von ihm gesetzten Regeln im Betrieb eingehalten und nicht heimlich umgangen werden. Dies gilt umso mehr, da der Arbeitgeber oftmals seine vermögensmäßige Sphäre für seine Arbeitnehmer öffnet. Der Arbeitgeber lässt den Arbeitnehmer in seinen Räumlichkeiten arbeiten, stellt die Produktionsmittel zur Verfügung und vertraut ihm sein

1681 BAG v. 10.6.2010, NZA 2010, 1227, 1232.
1682 BAG v. 10.6.2010, NZA 2010, 1227, 1232.
1683 *Urban*, S. 34.

Eigentum und seine Kunden an. Er ist damit darauf angewiesen, dass der Arbeitnehmer – insbesondere auch dann, wenn er nicht beaufsichtigt wird – ihn nicht bestiehlt, betrügt oder Gegenstände, die ihm anvertraut werden, unterschlägt. Insbesondere verlangt die moderne Arbeitsorganisation einen hohen Grad an Delegation der Entscheidungen und Aufgaben auf den Arbeitnehmer, was für eine erfolgreiche Arbeitsbeziehung ein hohes Maß an Vertrauen erfordert.

Als entscheidend für die Begründung eines Vertrauensverhältnisses kann damit schon die Nähe des Arbeitnehmers zum Eigentum des Arbeitgebers während des Arbeitsprozesses gesehen werden.[1684] Neben dem Leistungsaustausch hinsichtlich der Hauptpflichten des Vertrags spielen somit im Arbeitsverhältnis auch Nebenpflichten (§§ 241 Abs. 2, 242 BGB) eine entscheidende Rolle. Zudem ist der Arbeitgeber auch zur Fürsorge gegenüber seinen Arbeitnehmern gesetzlich verpflichtet (vgl. § 618 BGB). Somit besteht auch ein gesetzlich gewolltes Näheverhältnis zwischen Arbeitgeber und Arbeitnehmer.[1685] Aufgrund dieser Tatsachen muss in einem Arbeitsverhältnis zwangsläufig und automatisch auch ein Vertrauensverhältnis gesehen werden. Grundsätzlich ist damit von einem normativen Grundvertrauen zwischen den Vertragsparteien auszugehen, was bei jedem Arbeitsverhältnis vorherrscht und diesem besonderen Vertragstyp geschuldet ist.

Sodann muss der Blick jedoch auf den konkreten Einzelfall und das tatsächlich gelebte Arbeitsverhältnis gerichtet werden. Stets ist zu berücksichtigen, dass je nach Ausgestaltung des Arbeitsverhältnisses auch das entgegengebrachte Vertrauen zwischen den Vertragsparteien unterschiedlich ausgestaltet ist. Entscheidend ist also immer, welche Vertrauenspositionen zum Inhalt des Arbeitsvertrages geworden sind. So gibt es einerseits entpersönlichte Arbeitsverhältnisse und andererseits solche mit besonders intensiven Vertrauensbindungen.

Ein intensiver Vertrauenstatbestand ist bspw. anzunehmen, wenn die Wahrung des Vertrauensverhältnisses zu den typischen Vertragspflichten gehört. Dies ist insbesondere in kleinen Betrieben anzunehmen sowie dann, wenn der Arbeitnehmer im Interessenbereich des Arbeitgebers selbstständig tätig wird oder dem Arbeitnehmer ein Tätigkeitsbereich anvertraut ist, der nur schwer kontrolliert werden kann.[1686] Der Begriff des Anvertrauens spielt in diesem Zusammenhang eine wichtige Rolle.[1687] Es macht einen qualitativen Unterschied, ob ein Arbeitnehmer planmäßig gegen ein ausdrückliches Vertragsgebot verstößt oder nur durch die Gelegenheit verleitet etwas an sich nimmt. Bei Arbeitnehmern

1684 *Berkowsky*, AA 2005, 135.

1685 *Tiedemann*, ArbRB 2011, 93, 94.

1686 Vgl. *Wallmeyer*, S. 85 f.

1687 Siehe hierzu bereits unter Kapitel 1 A. II.

in besonderen Vertrauenspositionen[1688] besteht somit ein gesteigertes Bedürfnis, eine außerordentliche Kündigung aufgrund eines zerstörten Vertrauens zu ermöglichen.[1689] Diese Sichtweise ist gerechtfertigt, da der Arbeitnehmer gerade durch seine Vertrauensposition besondere Einwirkungsmöglichkeiten auf das Vermögen des Arbeitgebers hat.

Andere Maßstäbe müssen hingegen bei gewöhnlichen oder aber entpersönlichten Arbeitsverhältnissen gelten, in denen der Arbeitgeber den Arbeitnehmer womöglich nicht einmal persönlich kennt. Hier kann nicht ohne Weiteres eine außerordentliche Kündigung mit dem Argument des Vertrauensverlusts gerechtfertigt werden. Andererseits kann aus den genannten Gründen nicht pauschal damit argumentiert werden, dass in solchen Arbeitsverhältnissen überhaupt kein Vertrauen zwischen Arbeitgeber und Arbeitnehmer bestehe, welches durch das Delikt zerstört werden kann.[1690] Um hier einen Vertrauenstatbestand zu legitimieren, bedarf es jedoch eines Sachverhalts, der unmissverständlich deutlich werden lässt, dass bestimmte Befugnisse dem Arbeitnehmer nur eingeräumt sind, weil er diesem vertraut. Der Arbeitgeber muss dem Arbeitnehmer demnach Gegenstände anvertrauen oder ihm die Befugnis einräumen, ohne Kontrollen über Vermögensgegenstände des Arbeitgebers zu verfügen.[1691] Dies gilt etwa für Arbeitnehmer, die im Verkauf beschäftigt sind. Es handelt sich hier wegen der Vielzahl der ausgestellten und zugänglichen Waren um einen sensiblen Bereich, der ganz wesentlich Vertrauen für die Zusammenarbeit in einem Dauerschuldverhältnis voraussetzt.[1692] Der Diebstahl anvertrauter Gegenstände oder aber auch der Spesenbetrug als Verletzung des eingeräumten Vertrauens können dann wieder eine außerordentliche Kündigung legitimieren.

In einem weiteren Schritt hat sodann die unbeanstandete Betriebszugehörigkeitsdauer einen erheblichen Einfluss auf das wachsende Vertrauen (sog. Vertrauenskapital) und damit den bestehenden Vertrauenstatbestand. Ein langjähriges und störungsfrei verlaufendes Arbeitsverhältnis erfährt hinsichtlich des entgegengebrachten Vertrauens Bestätigung und Kontinuität.[1693]

1688 Besondere Vertrauenspositionen können sich bspw. aus der Eigenart des Betriebs (Bank, Wach- und Schließgesellschaft, Polizei) oder aus hervorgehobenen Positionen des Arbeitnehmers (leitender Angestellter, angestellter Geschäftsführer, Umgang mit vertraulichen Daten) ergeben.

1689 So auch *Hoefs*, S. 78 f.

1690 So aber *Perreng*, FA 2009, 289.

1691 *Fromm*, S. 539; *Preis*, Prinzipien, S. 365.

1692 Vgl. hierzu LAG Hamburg v. 30.7.2014 – 5 Sa 22/14 Rn. 37– juris.

1693 Siehe hierzu ausführlich unter II. 1. a) aa).

Auf diese Weise kann objektiv der Vertrauenstatbestand umrissen werden, ohne dass subjektive Empfindungen des Arbeitgebers beachtet werden müssen. Die rein subjektive Motivation des Arbeitgebers darf, wie dargestellt, nicht für einen Kündigungsgrund ausreichend sein; vielmehr ist stets der Versuch zu unternehmen, auf objektive Kriterien abzustellen.[1694]

b) Grad der Verantwortlichkeit des Arbeitnehmers

Nachdem der objektive Vertrauenstatbestand umrissen wurde, ist sodann der Grad der Verantwortlichkeit des Arbeitnehmers für die (behauptete) Zerstörung des Vertrauenstatbestands zu würdigen.

Bei geringwertigen Vermögensdelikten des Arbeitnehmers gegen den Arbeitgeber ist der Kündigungsgrund im Ausgangspunkt stets dem Verantwortungsbereich des Arbeitnehmers zuzuordnen. Da Vermögensdelikte zudem den Basisfall unredlichen Verhaltens darstellen, ist bei diesen grundsätzlich von vornherein von einem hohen Verantwortlichkeitsgrad des Arbeitnehmers auszugehen.[1695]

Durch ein geringwertiges Vermögensdelikt erfährt das Arbeitsverhältnis daher in der Regel eine Störung des bis dato bestehenden objektiven Vertrauenstatbestands. Ein vollkommener Vertrauensverlust kann allerdings allein durch die Begehung des Vermögensdelikts und der damit regelmäßig einhergehenden Verantwortlichkeit des Arbeitnehmers nicht automatisch bejaht werden. Zudem muss für die Bemessung des Verantwortlichkeitsgrads des Arbeitnehmers für die Verletzung des Vertrauenstatbestands wiederum die enge Verknüpfung des Vertrauensschutzprinzips mit den bereits erläuterten Aspekten im Rahmen der Interessenabwägung beachtet werden. So hängt der Grad der Verantwortlichkeit des Arbeitnehmers bspw. von seinem Posten im Betrieb ab. Befand sich der Arbeitnehmer in einer speziellen Vertrauensstellung mit ausdrücklich anvertrauten Vermögensgenständen bzw. in einer leitenden Position, so wird schon eine grob fahrlässige Schädigung des Arbeitgebervermögens gravierende Auswirkungen auf den Vertrauenstatbestand haben. Das Vertrauen ist in solchen Fällen als besonders wichtig einzustufen und damit auch besonders störanfällig.

Für die Frage, wie hoch der Grad der Verantwortlichkeit des Arbeitnehmers einzustufen ist, rücken jedoch insbesondere sowohl die Verschuldensaspekte

---

1694 LAG Hamm v. 5.6.1998, NZA-RR 1999, 126, 128; *Berkowsky*, NZA-RR 2001, 393, 394; LAG Schleswig-Holstein v. 25.2.2004, NZA-RR 2005, 132, 133.

1695 *Preis*, Prinzipien, S. 374.

(Vorsatz und Fahrlässigkeit,[1696] Vorsatz auch bzgl. einer Schädigung des Arbeitgebervermögens, Unrechtsbewusstsein etc.) als auch die Umstände der Tatbegehung (Heimlichkeit, Beharrlichkeit etc.) in den Vordergrund. Die Schadenshöhe spielt hingegen – wie bereits herausgearbeitet[1697] – keine herausragende Rolle, sodass geringwertige Vermögensdelikte bei der Beurteilung des verletzten Vertrauens nicht viel anders zu gewichten sind als hohe Vermögensschädigungen.

Durch eine Gesamtschau der im Rahmen der Interessenabwägung genannten Abwägungsaspekte kann damit der Verantwortlichkeitsgrad des Arbeitnehmers bezüglich der Verletzung des Vertrauenstatbestands objektiv bestimmt werden (vgl. hierzu ausführlich unter II. 1. a).

c) Schutzwürdigkeit des Arbeitgebers

Für die Frage, wie hoch die Schutzwürdigkeit des Arbeitgebers zu bemessen ist, kommt es darauf an, inwiefern er sich auf den Vertrauenstatbestand eingestellt und sein Verhalten darauf eingerichtet hat. Der Arbeitgeber ist nur dann schutzwürdig, wenn die vorgetragenen Vertrauenserwägungen auch der Rechtswirklichkeit entsprechen und nicht lediglich unter dem Deckmantel des irreparablen Vertrauensverlustes zum Schutze des Arbeitgebereigentums aus generalpräventiven oder sonstigen Gründen sämtliche sozialen Folgen einer Kündigung für den Arbeitnehmer ignoriert werden sollen.[1698]

In diesem Zusammenhang muss die ambivalente Wirkung des Vertrauensschutzprinzips beachtet werden. So können Gesichtspunkte des Vertrauensschutzes bei fehlender Schutzwürdigkeit des Arbeitgebers auch zum Ausschluss einer (außerordentlichen) Kündigung führen.[1699] Bspw. erscheint die Kündigung eines Arbeitnehmers als unzulässige Rechtsausübung, wenn der Arbeitgeber bei seinem Arbeitnehmer ein Vertrauen dahingehend erzeugt hat, wegen bestimmter Umstände nicht gekündigt zu werden.[1700] Ein Arbeitgeber verhält sich widersprüchlich, wenn er das Fehlverhalten des Arbeitnehmers über einen langen Zeitraum geduldet hat und plötzlich als Anlass für eine außerordentliche Kündigung nimmt.[1701] Die Kündigung wäre dann wegen des Verbotes widersprüchlichen Verhaltens unwirksam (§ 242 BGB). Dementsprechend kann

1696 Der Arbeitgeber kann bei bloß fahrlässigen Taten – anders als beim Vorsatz – in der Regel weiter vertrauen.

1697 Vgl. ausführlich unter II. 1. a) gg).

1698 GE Fraktion DIE LINKE, BT-Drucks. 17/649, S. 1.

1699 *Preis*, Prinzipien, S. 369.

1700 *Röhsler*, DB 1969, 1147, 1148.

1701 Vgl. hierzu bereits unter II. 1. a) dd).

die außerordentliche Kündigung eines Arbeitnehmers aufgrund eines Bagatelldelikts keinen Bestand haben, wenn der Arbeitgeber das entsprechende Verhalten trotz Kenntnis nicht geahndet hat und der Arbeitnehmer aufgrund dessen annehmen konnte, dass der Arbeitgeber sein Verhalten toleriert. Allein der Vertrauensschutz des Arbeitnehmers kann somit dazu führen, dass ein „an sich" bestehender Kündigungsgrund ohne rechtliche Relevanz bleiben muss.[1702] Diese Rechtsfolge ist auch gerechtfertigt, da der Arbeitgeber einen prägnanten objektiven Vertrauenstatbestand aufgebaut hat, auf den sich der Arbeitnehmer einstellen durfte.[1703] Auch hier zeigt sich wieder ein Ineinandergreifen des Vertrauensschutzprinzips mit dem Prinzip der Güter- und Interessenabwägung (vgl. hierzu den Aspekt der Selbstbindung des Arbeitgebers im Rahmen der Interessenabwägung unter II. 1. a) dd)).

d) Fazit

Liegen alle drei Faktoren vor (also der objektive Vertrauenstatbestand, eine Verantwortlichkeit des Arbeitnehmers und eine Schutzbedürftigkeit des Arbeitgebers), so kann das Vertrauensschutzprinzip zur Anwendung kommen.[1704]

Je nach Intensität des Vertrauensschutzes sind unterschiedliche Rechtsfolgen an diesen zu knüpfen. Sind alle drei Faktoren stark betroffen, also liegt ein intensiver Vertrauenstatbestand vor bei gleichzeitig hohem Verantwortlichkeitsgrad des Arbeitnehmers für die Verletzung dieses Vertrauenstatbestands und einer hoch einzustufenden Schutzwürdigkeit des Arbeitgebers, so muss ein solcher Vertrauensbruch auch ernste Konsequenzen in Form einer außerordentlichen Kündigung nach sich ziehen können, da es ohne drastische Konsequenzen auf Misstrauen, Kontrolle und Mitarbeiterüberwachung hinausliefe. Es ist also auf den konkreten Einzelfall abzustellen. Festzuhalten ist demnach, dass ein geringwertiges Vermögensdelikt somit je nach Ausprägung der Betroffenheit dieser drei Faktoren in dem einen Arbeitsverhältnis eine echte Bagatelle darstellen kann, während es in dem anderen Arbeitsverhältnis – bspw. wegen eines in den Arbeitnehmer besonders investierten Vertrauens – eine schwerwiegende Vertragsstörung darstellt, die zur außerordentlichen Kündigung berechtigt.[1705]

1702 *Preis*, Prinzipien, S. 362.

1703 *Preis*, Prinzipien, S. 370.

1704 *Preis*, Prinzipien, S. 361.

1705 Siehe hierzu auch *Preis*, AuR 2010, 242, 245.

3. *Die Wiederherstellung von Vertrauen*

Für die Beantwortung der Frage, ob das Vertrauen des Arbeitgebers in seinen Arbeitnehmer wiederhergestellt werden kann, ist die Unterscheidung zwischen gestörtem und zerstörtem Vertrauen von grundlegender Bedeutung. So kann ein gestörtes Vertrauen – im Gegensatz zum zerstörten Vertrauen – unter gewissen Umständen wiederhergestellt werden. Ferner wurde bereits festgestellt, dass grundsätzlich nur zerstört werden kann, was auch tatsächlich entgegengebracht worden ist.[1706] Dies generell zu unterstellen, ist – wie dargestellt – eine bloße Fiktion.[1707]

Bis zur „Emmely"-Entscheidung scheuten sich die Gerichte davor, entgegen dem Vortrag des Arbeitgebers, das Vertrauen in den gekündigten Arbeitnehmer verloren zu haben, anzunehmen, das Vertrauen könne wiederhergestellt werden. Vielmehr ging man davon aus, dass der Arbeitnehmer durch ein geringwertiges Vermögensdelikt vorsätzlich das Integritätsinteresse seines Arbeitgebers verletzt und stets – selbst bei einem bloßen Verdacht, beim ersten Vorfall dieser Art und ohne, dass ein konkreter Vertrauenstatbestand benannt werden musste – eine außerordentliche Kündigung gerechtfertigt sei.[1708] Dadurch wurde es dem Arbeitgeber faktisch leicht gemacht, aus anderen Gründen als den maßgeblichen ihm unbequeme Mitarbeiter zu kündigen. Bereits im Jahr 1997 forderte der damalige vorsitzende Richter am BAG *Schaub*, dass abhängig vom Umfang des geschwundenen Vertrauens eine Abmahnung notwendig sein kann.[1709] Die seinerzeit vorherrschende Auffassung in der Rechtsprechung,[1710] dass einmal geschwundenes Vertrauen nicht wiederhergestellt werden kann, hielt er für unzutreffend.[1711] Dem folgt mittlerweile auch die Rechtsprechung.

Nunmehr ist Zurückhaltung geboten, bei einem einmaligen Vorfall und einem geringwertigen Vermögensdelikt eine Vertrauenserschütterung vorschnell als zerstörtes Vertrauen zu qualifizieren. Auch wenn ein Vertrauensbruch aufgrund eines geringwertigen Vermögensdelikts grundsätzlich bejaht werden kann, beinhaltet die stets durchzuführende Interessenabwägung unterschiedliche Möglichkeiten, um festzustellen, ob das Vertrauen wiederhergestellt werden kann. Sie kann bspw. dazu führen, dass trotz des vorhandenen Vertrauensbruchs

1706 So auch *Klueß*, AuR 2010, 192 f.
1707 *Klueß*, AuR 2010, 192, 193.
1708 *Fromm*, S. 540 f.
1709 *Schaub*, NZA 1997, 1185, 1186.
1710 BAG v. 13.12.1984, NZA 1985, 288.
1711 *Schaub*, NZA 1997, 1185, 1186.

eine außerordentliche Kündigung deshalb nicht statthaft ist, weil die Abwägung ergibt, dass das Vertrauen wiederhergestellt werden kann. Insbesondere die unbeanstandete Betriebszugehörigkeitsdauer kann hier Aufschluss darüber geben, ob ein zerstörtes oder lediglich gestörtes Vertrauen gegeben ist. So kann ein langjähriges, fehlerfreies Arbeitsverhältnis durchaus geeignet sein, einen Vertrauenstatbestand zu erzeugen, der durch eine einmalige kleine Verfehlung zwar gestört wird, aber nicht zerstört werden kann.[1712]

Andererseits kann die Dauer der Betriebszugehörigkeit nicht ein solch großes Vertrauen erzeugen, dass eine außerordentliche Kündigung wegen eines zerstörten Vertrauens nie gerechtfertigt sein kann. Das erweist schon die Auflistung der Umstände, die im Rahmen der Interessenabwägung über die langjährige beanstandungsfreie Betriebszugehörigkeit hinaus noch zu berücksichtigen sind (siehe hierzu die einzelnen Abwägungsgesichtspunkte unter II. 1. a)).

Zudem kann eine langjährige Betriebszugehörigkeit – wie bereits festgestellt (vgl. hierzu unter II. 1. a) aa) (3)) – dem Arbeitnehmer auch zum Nachteil gereichen, wenn sie den Arbeitgeber bspw. dazu veranlasst hat, dem Arbeitnehmer besonderes Vertrauen entgegenzubringen und von sonst üblichen Kontrollen abzusehen.[1713] Aus der Tatsache der langen Betriebszugehörigkeit kann damit auch umgekehrt der Schluss gezogen werden, dass der Vertrauensbruch noch gravierender zu werten ist als bei einem Vermögensdelikt durch einen erst kurze Zeit im Betrieb beschäftigten Arbeitnehmer. Deshalb kann es auch Fälle geben, in denen sofort von einem zerstörten Vertrauen zu sprechen ist, weil der Arbeitnehmer das über Jahre hinweg angesammelte Vertrauen seines Arbeitgebers in seine Redlichkeit gleichwohl auf einen Schlag verspielt hat.[1714] Allgemein ist es aber sinnvoll, die Frage, ob das Vertrauen wiederhergestellt werden kann, auch maßgeblich an die Dauer der ungestörten Betriebszugehörigkeit zu binden, sofern man beachtet, dass diesem Grundsatz keine absolute Geltung zukommt. Mit der Anerkennung eines zeitabhängigen Vertrauenskapitals ist ein daran anknüpfendes abgestuftes Reaktionssystem dann aber auch geboten.[1715]

Um abschließend festzustellen, ob das Vertrauen lediglich gestört ist und damit wiederhergestellt werden kann oder aber unwiederbringlich zerstört ist, sind zudem weitere Gesichtspunkte zu berücksichtigen. Entscheidend sind hier die Intensität des Vertrauenstatbestands, der Grad der Verantwortlichkeit des Arbeitnehmers und das Ausmaß der Vertrauensinvestition aufseiten des

1712 BAG v. 10.6.2010, NZA 2010, 1227, 1232.
1713 BAG v. 16.10.1986, BeckRS 2009, 55835; *Weber*, RdA 2011, 108, 111.
1714 *Stoffels*, NJW 2011, 118, 122.
1715 *Zech*, S. 85.

Arbeitgebers.[1716] Zudem bildet auch die Abmahnung für die Frage, ob verloren gegangenes Vertrauen zurückgewonnen werden kann oder nicht, ein wichtiges Indiz. Die Abmahnung erlangt somit auch vor dem Hintergrund des Vertrauensschutzes eine besondere Bedeutung im Kündigungsrecht.[1717] Wenn nach einer Abmahnung einschlägige Pflichtverletzungen fortgesetzt werden, wird regelmäßig aus dem gestörten ein zerstörtes Vertrauen. Zum Zeitpunkt der ersten Pflichtverletzung kann jedoch nur mit Blick auf die Zukunft die Frage beantwortet werden, ob mit einer Wiederholung zu rechnen ist.[1718]

4. *Der Verbleib von Abmahnungen in der Personalakte zur Vermeidung der Entstehung von Vertrauenskapital*

Eine Rechtsprechung, die nunmehr auf das angesammelte Vertrauen und seinen Verbrauch abstellt, hat auch zu Neuerungen in der arbeitsrechtlichen Abmahnungspraxis geführt, auf die aus systematischen Gründen erst hier ausführlich eingegangen werden soll (siehe hierzu bereits Kapitel 2 A. I. 3. d) und Kapitel 3 A. II. 1. a) aa)).

In der „Emmely"-Entscheidung legte das BAG wie – bereits dargelegt – fest, dass bei der Beurteilung außerordentlicher Kündigungen nunmehr ein angewachsenes Vertrauenskapital berücksichtigt werden muss. Der Begriff des „Vertrauenskapitals" wurde durch das BAG erstmals in seiner Pressemitteilung[1719] zur „Emmely"-Entscheidung benutzt. In den Entscheidungsgründen gebrauchte das Gericht stattdessen die Synonyme „Vorrat an Vertrauen" und „Maß an Vertrauen".[1720] Das Vertrauenskapital hat sich dennoch zu einem Begriff entwickelt, der mehrfach in der Literatur aufgegriffen wurde und ein verändertes Verständnis der Interessenabwägung im Kündigungsrecht kennzeichnet.[1721] Der Begriff des Vertrauensvorrats ist gleichzusetzten mit dem in der Pressemitteilung des BAG zur gleichen Entscheidung verwendeten Begriff des Vertrauenskapitals.

Wie der Begriff des Vertrauenskapitals genau bestimmt wird, ist nach wie vor nicht klar umrissen. Wie bereits erläutert, soll er aber bedeuten, dass eine über lange Jahre ungestörte Vertrauensbeziehung zweier Vertragspartner nicht

---

1716 Vgl. hierzu *Preis*, Prinzipien, S. 360 f.

1717 *Preis*, Prinzipien, S. 375.

1718 Siehe hierzu die Ausführungen zum Prognoseprinzip unter IV.

1719 Pressemitteilung Nr. 42/10 des BAG vom 10.6.2010.

1720 Aus Gründen der vereinfachten Darstellung wird im Folgenden gleichwohl der Begriff „Vertrauenskapital" verwendet.

1721 *Kleinebrink*, BB 2011, 2617.

zwingend bereits durch eine erstmalige Vertrauensenttäuschung vollständig und unwiederbringlich zerstört werden kann. Damit ein Arbeitsverhältnis als „ungestört" klassifiziert werden kann, ist nicht allein dessen rechtlicher Bestand, sondern vielmehr dessen reibungsloser Ablauf entscheidend.[1722] Eine Störung des Arbeitsverhältnisses steht der Bildung eines Vertrauenskapitals somit entgegen (vgl. hierzu unter II. 1. a) aa) (1)).

Wenn ein Arbeitnehmer sich seit der „Emmely"-Entscheidung nunmehr auf ein solches Vertrauenskapital berufen darf, muss der Arbeitgeber aber auch die Möglichkeit haben, das Bestehen eines solchen Vertrauenskapitals zu widerlegen.[1723] Eine Störung des Vertrauenskapitals kann der Arbeitgeber grundsätzlich durch eine Abmahnung beweisen und dokumentieren. Eine Abmahnung ist ein probates Mittel, einen etwaigen auf Arbeitgeberseite bestehenden Vertrauenstatbestand abzubauen und diesen transparent zu machen.[1724] Eine Abmahnung hat zur Folge, dass sich das angesammelte Vertrauenskapital verringert, und sie markiert zugleich den Zeitpunkt, ab dem durch eine Fortsetzung des Arbeitsverhältnisses neues Vertrauenskapital angesammelt werden kann.[1725] Rein praktisch gelingt dies dem Arbeitgeber aber nur dann, wenn er auf länger zurückliegende Abmahnungen zurückgreifen darf. Dafür muss er diese aber auch unbegrenzt aufbewahren dürfen, und zwar idealerweise solange das Arbeitsverhältnis mit dem Arbeitnehmer besteht – und damit ggf. über Jahrzehnte hinweg.[1726] Aus diesem Grund wurde von Teilen der Rechtslehre angenommen, dass der Abmahnung nach der „Emmely"-Entscheidung noch eine weitere Funktion,[1727] nämlich eine sog. „Vertrauensvorratsbestimmungsfunktion" zukommen müsse.[1728] Schwierig war jedoch, dass dem Arbeitnehmer nach bisheriger Rechtsprechung ein allgemein anerkannter arbeitnehmerseitiger Entfernungsanspruch von Abmahnungen aus der Personalakte nach §§ 242, 1004 BGB allein durch Zeitablauf zustand, selbst wenn die Abmahnung ordnungsgemäß erfolgte.[1729] Dies wurde im Lichte der „Emmely"-Entscheidung problematisch. Wenn die Abmahnung durch Zeitablauf entfernt wird, kann der im Kündigungsschutzprozess darlegungs- und beweispflichtige Arbeitgeber eine eingetretene Beschädigung des Vertrauens in

---

1722 *Fuhlrott*, ArbRAktuell 2012, 498, 500.
1723 *Novara/Knierim*, NJW 2011, 1175.
1724 Staudinger/*Preis*, § 626 BGB Rn. 109.
1725 *Zech*, S. 88.
1726 *Fuhlrott*, ArbRAktuell 2012, 498, 500.
1727 Vgl. zu den bislang drei anerkannten Funktionen der Abmahnung Kapitel 1 C. I. 1.
1728 *Ritter*, DB 2011, 175, 176; *Schrader/Dohnke*, NZA-RR 2012, 617, 618.
1729 BAG v. 27.11.1985, DB 1986, 489 f.

der Vergangenheit nicht mehr belegen, da sich die hierfür in der Vergangenheit ausgesprochenen Abmahnungen nicht mehr in der Personalakte befinden.[1730] Für den Arbeitgeber wäre es damit unmöglich, sich prozessual gegen die Behauptung des Arbeitnehmers, die Betriebszugehörigkeit sei (stets) unbeanstandet verlaufen, substanziiert zur Wehr zu setzen.[1731] Das Vertrauenskapital und der Entfernungsanspruch des Arbeitnehmers hinsichtlich materiell und formell korrekter Abmahnungen kollidierten somit miteinander.

In der Literatur wurde nach der „Emmely"-Rechtsprechung deshalb gefordert, dass dem Arbeitnehmer nunmehr ein solcher Entfernungsanspruch nicht mehr zugestanden werden könne.[1732] Aus der Berücksichtigung des Vertrauenskapitals bei der Interessenabwägung folge vielmehr zwingend das Recht des Arbeitgebers zur langfristigen Dokumentation arbeitsvertraglicher Pflichtverletzungen.[1733] Anderenfalls werde es dem Arbeitgeber unangemessen erschwert sich von langjährigen Mitarbeitern zu trennen, was wiederum gegen Art. 12 GG verstoße.[1734] Weiterhin wurde auch ein Verstoß gegen § 242 BGB gesehen. Von einem Arbeitgeber werde rechtlich Unmögliches verlangt, wenn er aufgrund des Abmahnungsentfernungsanspruchs keine Nachweismöglichkeit mehr habe, dass das Arbeitsverhältnis nicht störungsfrei verlief und damit sein Kündigungsrecht faktisch nicht mehr ausüben könne.[1735] Selbst dann, wenn die Abmahnung nach gewisser Zeit ihre Warnfunktion verliere, müsse der Arbeitgeber sich im Rahmen der Interessenabwägung weiterhin auf sie berufen dürfen. Durch bloßen Zeitablauf könne die Abmahnung nicht bedeutungslos werden, weil für die Abwägung der beiderseitigen Interessen erheblich sein könne, ob das Arbeitsverhältnis während seines – gesamten – Bestands störungsfrei gewesen sei. Der Arbeitgeber müsse demnach die Möglichkeit haben, Unterlagen, die einen Vertrauenszuwachs verhindern könnten, dauerhaft in der Personalakte zu belassen. Im Ergebnis müsse demnach das Interesse des Arbeitgebers am Verbleib der Abmahnung in der Personalakte das Interesse des Arbeitnehmers an seinem Entfernungsanspruch überwiegen.[1736] In diesem Zusammenhang sei noch darauf hingewiesen, dass aber auch schon vor der „Emmely"-Entscheidung Teile der

---

1730 *Fuhlrott*, ArbRAktuell 2012, 498, 500.
1731 *Novara/Knierim*, NJW 2011, 1175, 1177.
1732 *Kleinebrink*, BB 2011, 2617, 2622; *Ritter*, DB 2011, 175, 176; *Schrader*, NJW 2012, 342, 344.
1733 *Novara/Knierim*, NJW 2011, 1175, 1177.
1734 *Ritter*, DB 2011, 175, 176; *Schrader*, NJW 2012, 342, 344.
1735 *Schrader*, NJW 2012, 342, 344.
1736 *Kleinebrink*, BB 2011, 2617, 2622.

Literatur einen Entfernungsanspruch bei rechtmäßigen Abmahnungen allein aufgrund Zeitablaufs ablehnten, da eine korrekte Abmahnung auch nach längerer Zeit keine Verletzung des Persönlichkeitsrechts des Arbeitnehmers darstellen könne.[1737] Auch bei Abmahnungen, die für eine mögliche Kündigung bedeutungslos geworden seien, könnte der Arbeitgeber ein schützenswertes Interesse daran haben, ein vollständiges Bild über den Arbeitnehmer zu erhalten.[1738]

Das BAG hat sich dieser Problematik in einer Entscheidung vom 19.7.2012 unter Bezugnahme auf seine ältere Rechtsprechung angenommen und neue Regeln für den Anspruch auf Entfernung einer Abmahnung aufgestellt.[1739] Den Terminus Vertrauenskapital hat das BAG dabei allerdings erneut nicht aufgegriffen.

Nach Ansicht des BAG können Arbeitnehmer zwar nach wie vor in entsprechender Anwendung von §§ 242, 1004 Abs. 1 S. 1 BGB die Entfernung einer zu Unrecht erteilten Abmahnung aus ihrer Personalakte verlangen.[1740] Dieser Anspruch bestehe bspw., wenn die Abmahnung entweder inhaltlich unbestimmt ist oder aber unrichtige Tatsachenbehauptungen enthält. Weiterhin bestehe ein solcher Anspruch auch dann, wenn die Abmahnung auf einer unzutreffenden rechtlichen Bewertung des Verhaltens des Arbeitnehmers beruhe oder diese den Grundsatz der Verhältnismäßigkeit verletze. Ein Anspruch auf Entfernung einer zu Recht erteilten Abmahnung bestehe jedoch nur dann, soweit kein schutzwürdiges Interesse des Arbeitgebers mehr an deren Verbleib in der Personalakte gegeben sei.[1741] Beachtet werden müsse in diesem Zusammenhang stets, dass die Personalakte ein möglichst vollständiges, wahrheitsgemäßes und sorgfältiges Bild über die in der Personalakte gesammelten Urkunden und Vorgänge geben soll. Ein Arbeitnehmer könne deshalb nur in Ausnahmefällen die Entfernung solcher Aktenvorgänge verlangen, die auf einer korrekten Sachverhaltsdarstellung beruhen. Ein solcher Fall soll vorliegen, wenn eine Interessenabwägung im Einzelfall ergebe, dass die weitere Aufbewahrung zu unzumutbaren beruflichen Nachteilen für den Arbeitnehmer führen könnte, obwohl der beurkundete Vorgang für das Arbeitsverhältnis rechtlich bedeutungslos geworden ist. Die schutzwürdigen Interessen des Arbeitnehmers verlangen für den Anspruch auf Entfernung einer zu Recht erteilten Abmahnung nicht nur, dass die Abmahnung ihre Warnfunktion verloren hat. Der Arbeitgeber darf darüber hinaus auch kein

1737 Vgl. bspw. *Eich*, NZA 1988, 759, 761 ff.; *Walker*, NZA 1995, 601, 608.

1738 Bspw. für Personalentscheidungen oder die Erstellung des Arbeitszeugnisses.

1739 BAG v. 19.7.2012, NZA 2013, 91, ff.

1740 BAG v. 19.7.2012, NZA 2013, 91, 92.

1741 Vgl. hierzu BAG v. 12.8.2010, NZA-RR 2011, 162 ff.; BAG v. 19.7.2012, NZA 2013, 91, 92 f.

berechtigtes Interesse mehr an der Dokumentation der gerügten Pflichtverletzung haben. Das ist insbesondere nicht der Fall, solange eine zu Recht erteilte Abmahnung für eine im Zusammenhang mit einer möglichen späteren Kündigung erforderlich werdende Interessenabwägung Bedeutung haben kann. Darüber hinaus kann es im berechtigten Interesse des Arbeitgebers liegen, die Erteilung einer Rüge im Sinne einer Klarstellung der arbeitsvertraglichen Pflichten weiterhin dokumentieren zu können.[1742]

Gleichwohl könne sich der Arbeitgeber nicht für die gesamte Dauer des Arbeitsverhältnisses auf sein Dokumentationsinteresse berufen. Ein hinreichend lange zurückliegender, nicht schwerwiegender und durch beanstandungsfreies Verhalten faktisch überholter Pflichtenverstoß verliere seine Bedeutung für eine später erforderlich werdende Interessenabwägung. Handele es sich hingegen um eine nicht unerhebliche Pflichtverletzung im Vertrauensbereich, könne diese eine erhebliche Zeit von Bedeutung sein.[1743]

Damit relativiert das BAG ein uneingeschränkt ewiges Dokumentationsinteresse im Hinblick auf Abmahnungen wegen kleinster Pflichtverletzungen, die weder für eine finale Interessenabwägung noch zur Pflichtenklarstellung oder zur Leistungsbeurteilung vernünftigerweise herangezogen werden können.[1744] Auf Verlangen des Arbeitnehmers müssen nach Ansicht des BAG also solche Abmahnungen aus der Personalakte entfernt werden.[1745] Damit lehnt das BAG eine zusätzliche „Vertrauensvorratsbestimmungsfunktion"[1746] der Abmahnung ab. Die Bedeutung der Abmahnung für die Widerlegung eines Vertrauensvorrats sei lediglich unter der bereits bisher anerkannten Dokumentationsfunktion zu berücksichtigen.

Dieser Sichtweise ist zuzustimmen. Eine Abmahnung entfaltet außerhalb ihrer Warnfunktion über die bloße Dokumentation bestehender Tatsachen hinaus keine eigenständigen Rechtswirkungen. Durch die Warnfunktion erfolgt eine

1742 BAG v. 19.7.2012, NZA 2013, 91, 93.

1743 BAG v. 19.7.2012, NZA 2013, 91, 93.

1744 Zur Veranschaulichung, in welcher Kategorie sich fortan die zu Recht erteilten Abmahnungen, deren Beseitigung der Arbeitnehmer noch verlangen kann, bewegen, führt das BAG einen „auf nur geringer Nachlässigkeit beruhenden Ordnungsverstoß" auf und verweist auf einen Fall, in dem ein langjährig im öffentlichen Dienst beschäftigter Hilfssachbearbeiter ohne Arbeitsrückstände einmal während aufgabenloser Arbeitszeit einen Roman gelesen und Briefmarken in ein Sammelalbum einsortiert hatte.

1745 *Latzel*, SAE 2013, 79, 83.

1746 So *Schrader*, NJW 2012, 342, 345; *Ritter*, NZA 2012, 19, 21.

Objektivierung der negativen Zukunftsprognose dahingehend, dass ein gleichartiger Verstoß die Annahme des Arbeitgebers rechtfertigt, der Arbeitnehmer werde auch in der Zukunft weitere Pflichtverstöße begehen. Dagegen löst die Abmahnung hinsichtlich eines Vertrauensvorrats keine weiteren Rechtsfolgen aus. Nicht die Abmahnung selbst, sondern bereits der Pflichtenverstoß sorgt dafür, dass eine beanstandungsfreie Dauer des Arbeitsverhältnisses kürzer ist oder fehlt. Der Umstand, dass der Arbeitgeber dieses Verhalten zum Anlass genommen hat, eine Abmahnung auszusprechen, hat demgegenüber keine eigenständige Bedeutung bei der Interessenabwägung. Dieser Umstand beinhaltet allein eine Entscheidung des Arbeitgebers, auf die der Arbeitnehmer keinen Einfluss hat. Die Abmahnung dokumentiert lediglich den genauen Inhalt des Pflichtenverstoßes und hilft dem Arbeitgeber, in einem späteren Kündigungsschutzprozess darzulegen, dass aufseiten des Arbeitnehmers kein bzw. kein die Interessen des Arbeitgebers überwiegender Vertrauensvorrat durch eine beanstandungsfreie Betriebszugehörigkeit gegeben ist.[1747]

Die vom BAG für Abmahnungen entwickelten Grundsätze werden teilweise als verfassungswidrig kritisiert. Zum einen wurde eingewendet, die Grundsätze würden gegen das Postulat der Einheit der Rechtsordnung verstoßen.[1748] Zum anderen wurde geltend gemacht, dass mit dieser Rechtsprechung ein Eingriff in das Recht auf informationelle Selbstbestimmung des Arbeitnehmers einhergehe. Zwar spreche für die Rechtmäßigkeit des Eingriffs, dass das Institut des Vertrauenskapitals dem Schutz des Arbeitnehmers dienen solle, indem einem Arbeitgeber eine Hürde für eine Kündigung des Arbeitsverhältnisses auferlegt werde. Jedoch werde das Gegenteil erreicht: Ihn belastende Daten würden ohne Differenzierung nach Art und Schwere des Pflichtverstoßes für den ungewissen Fall eines Kündigungsrechtsstreits auf unbestimmte Zeit vorgehalten. Dagegen würden selbst Einträge im Bundeszentralregister, die strafrechtliche Verurteilungen betreffen und mithin ungleich schwerer wiegen, nach Fristen getilgt. Mithin tangiere letztlich die „Emmely"-Rechtsprechung die Datenschutzrechte der Arbeitnehmer.[1749]

Zusammenfassend kann festgehalten werden, dass ein Anspruch auf Entfernung einer zu Recht erteilten Abmahnung aus der Personalakte nicht allein deswegen berechtigt ist, weil die Abmahnung keine Warnfunktion mehr entfaltet. Vielmehr darf auch kein Dokumentationsinteresse des Arbeitgebers an der vorgeworfenen Pflichtverletzung mehr bestehen. Für den Entfernungsanspruch

---

1747 Siehe hierzu auch *Salomon/Rogge*, NZA 2013, 363, 365.

1748 *Ritter*, DB 2013, 344.

1749 *Zilkens*, RDV 2013, 30; vgl. ausführlich zu diesem Problemkreis *Schrader/Dohnke*, NZA-RR 2012, 617 ff.

wegen Zeitablaufs verbleibt damit de facto kein Anwendungsbereich mehr, da die Abmahnung über ihre nach den bisherigen Grundsätzen gegebenenfalls endende Warnfunktion zur Dokumentation einer Pflichtverletzung ihre Bedeutung beibehält.[1750] Nur so kann man dem Arbeitgeberinteresse, einen störungsfreien Verlauf des Arbeitsverhältnisses auch nach langer Zeit widerlegen zu können, gerecht werden. In diesem Zusammenhang sei noch zu erwähnen, dass in der Betriebspraxis auch schon vor der „Emmely"-Entscheidung viele Arbeitgeber neben der Personalakte sog. „Parallelakten" geführt haben, um nachzuweisen, dass das Vertrauen bereits vor dem konkreten Kündigungsanlass erodiert war.[1751]

VI. Das Prinzip der Gleichbehandlung bei geringwertigen Vermögensdelikten

Schließlich zählt auch das Prinzip der Gleichbehandlung zu den sechs Prinzipien, die das Kündigungsrecht beherrschen. Dennoch hat das Gleichbehandlungsprinzip im Kündigungsrecht eine vergleichsweise geringe praktische Bedeutung. Das liegt daran, dass konkrete Kündigungssachverhalte nur selten vergleichbar sind.[1752] Eine Kündigung betrifft als einseitiges Gestaltungsrecht das individuelle Verhältnis zwischen einem Arbeitgeber und dem einzelnen Arbeitnehmer[1753] und lässt sich nur in Ausnahmefällen als kollektives Geschehen begreifen.[1754] Vielmehr dürfte es nahezu ausgeschlossen sein, dass in zwei unterschiedlichen Kündigungssachverhalten absolut deckungsgleiche Interessen beider Arbeitsvertragsparteien bestehen.[1755] Fraglich ist demnach, inwiefern der Arbeitgeber bei der außerordentlichen Kündigung wegen eines Vermögensdelikts an den arbeitsrechtlichen Gleichbehandlungsgrundsatz gebunden sein kann.

Die herrschende Meinung – insbesondere das BAG – vertritt die Auffassung, dass im Kündigungsrecht für Gleichbehandlungserwägungen grundsätzlich kein Raum verbleiben könne.[1756] Als Argument wird insbesondere aufgeführt,

---

1750 *Schiefer*, DB 2013, 1785, 1789; *Salamon/Rogge*, NZA 2013, 363, 365.

1751 Vgl. hierzu Ver.di-Jurist *Christian Götz* laut spiegel-online v. 28.8.2014: „Darin speichern sie jahrealte Abmahnungen, die längst aus der Personalakte hätten entfernt werden müssen."

1752 *Preis*, Prinzipien, S. 375 f.

1753 *Temming*, Altersdiskriminierung, S. 146.

1754 *Preis*, Prinzipien, S. 375 f.; *Temming*, Altersdiskriminierung, S. 148.

1755 *Wollschläger*, S. 132.

1756 BAG v. 21.10.1969, AP Nr. 41 zu Art. 9 GG Arbeitskampf; BAG v. 28.4.1982, AP Nr. 3 zu § 2 KSchG 1969; Zustimmend etwa KR/*Fischermeier*, § 626 BGB Rn. 307; MüKo-BGB/*Henssler*, § 626 Rn. 106 ff.

dass die – zumindest unmittelbare – Anwendung des Gleichbehandlungsgrundsatzes mit dem Gebot der umfassenden Abwägung der Einzelfallumstände nur beschränkt zu vereinbaren sei.[1757] Die Einzelfallbetrachtung könne trotz gleichgelagerter Sachverhalte dazu führen, dass die außerordentliche Kündigung in dem einen Fall gerechtfertigt und in dem anderen Fall ungerechtfertigt sei.[1758] Die Gegenansicht[1759] hält dem entgegen, dass der Einzelfallbezug bei der Prüfung des wichtigen Grunds keinen Einwand gegen die grundsätzliche Anwendbarkeit des Gleichbehandlungsgrundsatzes darstellen dürfe. Dies habe lediglich zur Folge, dass häufig wegen der Unterschiede der verschiedenen Einzelfälle keine gleich gelagerten Sachverhalte vorliegen. Ungleiches sei jedoch auch nach dem Gleichbehandlungsgrundsatz ungleich zu behandeln.[1760]

Welcher Ansicht zu folgen ist, hat letztendlich kaum praktische Relevanz, weil auch das BAG die wichtigste Fallgruppe des Gleichbehandlungsgrundsatzes – die sog. herausgreifende Kündigung – anerkennt[1761] und somit regelmäßig zum selben Ergebnis kommt wie die Gegenmeinung.[1762] In dem Fall der sog. herausgreifenden Kündigung kann sich die These vom endgültigen Vertrauensverlust nach beiden Ansichten als Fiktion erweisen. Ein Fall der herausgreifenden Kündigung liegt vor, wenn ein Arbeitgeber aus einer Gruppe von einem wichtigen Grund betroffener Belegschaftsmitglieder willkürlich einzelne Arbeitnehmer herausgreift und allein diesen kündigt, etwa weil er nur deren Weiterbeschäftigung für nicht erforderlich ansieht, da diese leicht zu ersetzen sind.[1763] Durch ein solches Verhalten gibt der Arbeitgeber grundsätzlich zu erkennen, dass ihm die Fortsetzung des Arbeitsverhältnisses mit den Gekündigten ebenfalls zumutbar ist. Während das Schrifttum die Fälle der herausgreifenden Kündigung zur Vermeidung einer Vermengung der kündigungsrechtlichen Prinzipien durch eine unmittelbare Anwendung des Gleichbehandlungsprinzips löst, nimmt die herrschende Meinung eine Prüfung dieser Fälle über eine mittelbare Würdigung im Rahmen der Interessenabwägung vor. Über den Abwägungsaspekt der Selbstbindung des Arbeitgebers (vgl. hierzu unter II. 1. a) dd)) werden hier gleichgelagerte

---

1757 BAG v. 22.2.1979, EzA Nr. 23 zu § 103 BetrVG 1972.
1758 BAG v. 22.9.1979, DB 1979, 1659; BAG v. 28.4.1992, AuR 1983, 381.
1759 Staudinger/*Preis*, § 626 BGB Rn. 96; MüArbR/*Wank*, Bd. I 2009, § 98 Rn. 65.
1760 HaKo/*Gieseler*, § 626 BGB Rn. 74.
1761 BAG v. 22.2.1979, DB 1979, 1659,1660.
1762 HaKo/*Gieseler*, § 626 BGB Rn. 65; *Preis*, Prinzipien, S. 391.
1763 *Däubler*, dbR 2/2010, 3.

Fälle daraufhin überprüft, ob eine Zumutbarkeit der Weiterbeschäftigung auch bei dem gekündigten Arbeitnehmer angenommen werden kann.[1764]

Voraussetzung für eine mittelbare bzw. unmittelbare Heranziehung des Gleichbehandlungsprinzips sind allerdings übereinstimmende Kündigungssachverhalte, bei denen sich die Arbeitnehmer tatsächlich in einer vergleichbaren Lage befinden,[1765] da es sich sowohl sachlich als auch zeitlich um denselben Vorgang handelt.[1766] Ein solcher Fall ist bei einer außerordentlichen Kündigung wegen eines geringwertigen Vermögensdelikts nur dann anzunehmen, wenn mehrere Arbeitnehmer - möglicherweise zusammenwirkend - in dem gleichen Zeitraum ein bestimmtes, sachlich gleich gelagertes Vermögensdelikt begangen haben.[1767]

Verhalten sich gleichzeitig mehrere Arbeitnehmer gleichartig störend bei völliger Gleichartigkeit ihrer arbeitsvertraglichen Vorgeschichte, ist das Prinzip zu aktivieren.[1768] Kündigt der Arbeitgeber dann nicht allen Arbeitnehmern, sondern greift sich nur einzelne Arbeitnehmer heraus, hat er darzulegen, warum er bei dem gekündigten Arbeitnehmer das Verhalten als kündigungsrelevant erachtet hat, bei den anderen hingegen nicht. Der Arbeitgeber muss konkrete Differenzierungsmerkmale darlegen, die eine Ungleichbehandlung sachlich rechtfertigen. Dadurch soll verhindert werden, dass ein Arbeitgeber bei der Ausübung des Kündigungsrechts willkürlich differenziert oder aber sich von subjektiven Gefühlsregungen leiten lässt.[1769] So darf ein Arbeitgeber eine Ungleichbehandlung bspw. nicht damit begründen, er könne das Delikt dem einen Arbeitnehmer verzeihen, dem anderen hingegen nicht, da auch hier der Forderung nach verobjektivierten Kündigungsgründen Geltung verschafft werden muss.

Weiterhin kann sich der Arbeitgeber aufgrund des fehlenden Sanktionscharakters der Kündigung nicht darauf berufen, bei nur einem Arbeitnehmer zur Disziplinierung der Belegschaft ein Exempel statuieren zu müssen (vgl. hierzu bereits unter II. 1. a) ee)).[1770]

Andererseits wird etwa der unterschiedliche Grad des Fehlverhaltens wiederum eine Differenzierung rechtfertigen können.[1771] Zudem kann auch die Tatsache, dass der gekündigten Arbeitnehmer als Einziger bereits zuvor schon

---

1764 D/D/Z/*Däubler*, § 626 BGB Rn. 54.
1765 *Preis*, Prinzipien, S. 387 ff.; *Temming*, Altersdiskriminierung, S. 148.
1766 *Preis*, Prinzipien, S. 387 ff.
1767 *Preis*, Prinzipien, S. 389.
1768 ErfK/*Oetker*, § 1 KSchG Rn. 90.
1769 *Preis*, Prinzipien, S. 382.
1770 HaKo/*Gieseler*, § 626 BGB Rn. 74.
1771 Staudinger/*Preis*, § 626 BGB Rn. 96.

eine ähnliche Pflichtverletzung begangen hat, eine unterschiedliche Behandlung rechtfertigen, da nur für diesen eine Negativprognose gestellt werden kann.[1772] Weiterhin kann der Arbeitgeber möglicherweise eine Differenzierung damit rechtfertigen, er sei dringend auf die weitere Mitarbeit mindestens eines vertragswidrig handelnden Arbeitnehmers angewiesen.[1773] Ein Differenzierungskriterium kann sich zudem auch aus der Tatsache ergeben, dass der Gekündigte gegen eine nur ihm obliegende Vertragspflicht verstoßen hat.[1774]

Immer dann jedoch, wenn der Arbeitgeber nicht deutlich machen kann, warum er einzelne Arbeitnehmer aus einer Gruppe herausgegriffen hat, wird ihm die Fortsetzung des Dienstverhältnisses mit den Gekündigten ebenfalls zumutbar sein.[1775] Die künftige Redlichkeit des gekündigten Arbeitnehmers kann dann durch dieses Vermögensdelikt ebenfalls nicht unwiederbringlich zerstört worden sein.[1776]

Auch ist es unzulässig, aufgrund früherer Kündigungen durch den Arbeitgeber neue Kündigungen daraufhin zu überprüfen, ob der Arbeitgeber bei Störungen anderer Arbeitnehmer in gleicher Weise verfahren ist.[1777] Liegen die begangenen Vermögensdelikte zeitlich auseinander, resultieren daraus zwangsläufig auch unterschiedliche Kündigungssachverhalte, denen auch keine identischen Ereignisse zugrunde liegen können.

Sieht man allerdings von der Fallgruppe der herausgreifenden Kündigung ab, ist die praktische Bedeutung des Prinzips der Gleichbehandlung bei der außerordentlichen Kündigung wegen eines geringfügigen Vermögensdelikts nur äußerst gering. Die Anwendung des Gleichbehandlungsgrundsatzes misslingt meist schon deshalb, da im Kündigungsrecht die meisten Fälle wegen einer außerordentlichen Kündigung, die auf dem Kündigungsgrund der Bagatelldelikte beruhen, differieren und damit kein homogener Kündigungssachverhalt gegeben ist. Damit kann das Prinzip der Gleichbehandlung bei der außerordentlichen Kündigung wegen eines geringwertigen Vermögensdelikts keine bedeutende Rolle spielen.

1772 *Preis*, Prinzipien, S. 390.

1773 ErfK/*Oetker*, § 1 KSchG Rn. 90.

1774 *Preis*, Prinzipien, S. 390.

1775 MüKo-BGB/*Henssler*, § 626 Rn. 107.

1776 So auch *Kluеß*, AuR 2010, 192, 193.

1777 Dieser Gesichtspunkt kann jedoch bei der Interessenabwägung im Rahmen der Selbstbindung des Arbeitgebers Berücksichtigung finden.

B. Konkurrenzfragen und Zusammenfassung

Die Untersuchung hat gezeigt, dass kündigungsrechtliche Prinzipien vorhanden sind, mit deren Hilfe eine weitgehend rationale, von den subjektiven Empfindungen des Einzelnen losgelöste Bewertung und Lösung von Fällen der außerordentlichen Kündigung wegen geringwertiger Vermögensdelikte erfolgen kann.

Um die einzelnen kündigungsrechtlichen Prinzipien auf Kündigungen wegen Bagatelldelikten widerspruchsfrei anwenden zu können, ist zu berücksichtigen, wie die einzelnen Prinzipien miteinander konkurrieren, also ob diese nebeneinander, alternativ oder kumulativ anwendbar sind.[1778]

Das Unzumutbarkeitsprinzip sowie die Verhältnismäßigkeit im engeren Sinne sind insoweit als Teilprinzipien der Güter- und Interessenabwägung zu verstehen[1779] und gehen bei der Prüfung von außerordentlichen Kündigungen wegen eines geringwertigen Vermögensdelikts im Prinzip der Güter- und Interessenabwägung auf.

§ 626 BGB positiviert das Prinzip der Interessenabwägung für die außerordentliche Kündigung und konkretisiert damit den Gleichbehandlungsgrundsatz. Relevant wird dies im hiesigen Kontext nur für Fälle der sog. herausgreifenden Kündigung. Hier greift bereits der Schutzbereich der ausdrücklich in § 626 BGB angeordneten Interessenabwägung über den ihr immanenten Aspekt der Selbstbindung des Arbeitgebers. Ein Rückgriff auf das allgemeinere Gleichbehandlungsprinzip ist insoweit nicht mehr erforderlich. Gleichwohl können sich die hinter dem Gleichbehandlungsgebot stehenden Wertungen auf die Interessenabwägung auswirken.

Damit sind letztlich für die Bewertung der Rechtmäßigkeit von Kündigungen wegen geringwertiger Vermögensdelikte nur noch (1) das Prinzip der Güter- und Interessenabwägung und (2) die Teilprinzipien der Geeignetheit und Erforderlichkeit im Rahmen des Verhältnismäßigkeitsprinzips sowie (3) das Vertrauensschutz- und (4) das Prognoseprinzip von Bedeutung. Dabei kommen die Teilprinzipien der Geeignetheit und Erforderlichkeit im Rahmen des Verhältnismäßigkeitsprinzips neben dem Prinzip der Interessenabwägung unmittelbar zur Anwendung. Diese bedürfen als formale und rechtssatzförmige Prinzipien zu ihrer Anwendung nicht einer Interessenabwägung.[1780] Das Prognoseprinzip beeinflusst als übergreifendes Prinzip jeden Kündigungsgrund sowie alle im Rahmen der Interessenabwägung zu berücksichtigenden Aspekte dahingehend,

---

1778 *Preis*, Prinzipien, S. 392.
1779 *Preis*, Prinzipien, S. 392.
1780 *Preis*, Prinzipien, S. 393.

dass sich diese in der Zukunft auch auswirken müssen, um im Rahmen der Prüfung als relevant gelten zu können. Rein vergangenheitsbezogene Gegebenheiten können weder als Kündigungsgrund noch als Abwägungsaspekt im Rahmen der Interessenabwägung herangezogen werden. Schließlich spielt das Vertrauensschutzprinzip bei der außerordentlichen Kündigung wegen Bagatelldelikten eine herausragende Rolle, da stets die Enttäuschung des Arbeitgebervertrauens bzw. der Verbrauch des Vertrauenskapitals als Kündigungsgrund geltend gemacht wird (und geltend gemacht werden muss). Im Rahmen dieser Prüfung sind die einzelnen, oben näher untersuchten Vertrauensschutzgesichtspunkte im Rahmen der nach § 626 BGB vorzunehmenden Interessenabwägung von entscheidender Bedeutung.[1781]

Das BAG bleibt aufgerufen, diese Prinzipien durch eine methodisch klare Arbeitsweise weiterhin in eine normative Richtlinienbildung einfließen zu lassen, um den Instanzgerichten eine verbesserte Orientierung zu ermöglichen, die für mehr Sicherheit in der Rechtspraxis sorgt. Insbesondere sollte das BAG die bei der Bewertung geringwertiger Vermögensdelikte im Rahmen der Güter- und Interessenabwägung konkret berücksichtigungsfähigen Interessen klarstellen und deren Stellenwert im Rahmen der Abwägung präzisieren. Die aus hiesiger Sicht relevanten Kriterien und deren für die Rechtssicherheit wichtige Gewichtung im Zuge der Interessenabwägung wurden oben herausgearbeitet (vgl. unter A. II. 1.).

Darüber hinaus hat das BAG in seiner jüngsten Rechtsprechung dadurch für eine klarere Rechtsanwendung gesorgt, dass es zur Präzisierung des § 626 BGB im Rahmen des Verhältnismäßigkeitsprinzips die Stufenfolge zwischen außerordentlicher und ordentlicher Kündigung betont (siehe hierzu Kapitel 1 C. III. 3.), was insbesondere bei Vermögensdelikten von Arbeitnehmern von erheblicher Relevanz ist. So muss zunächst geprüft werden, ob eine ordentliche verhaltensbedingte Kündigung (dies folgt bereits aus dem Wortlaut des § 626 BGB) oder auch nur eine Abmahnung (das Erfordernis noch weitergehend zu prüfen, folgt aus dem Verhältnismäßigkeitsgrundsatz) als Reaktion auf das Bagatelldelikt genügt, um den Interessen beider Beteiligten ausreichend gerecht zu werden. In dieser Prüfung müssen die Gerichte das Merkmal der Erforderlichkeit der getroffenen Maßnahme scharf konturieren, indem es bei geringwertigen Vermögensdelikten eine hinreichend präzisierte Zwecksetzung der Abmahnung verlangt, ohne die ggf. auch eine ordentliche Kündigung nicht zulässig wäre.

Das Erfordernis einer vorangehenden Abmahnung folgt, wie bereits dargelegt, aber nicht nur aus dem Verhältnismäßigkeitsprinzip, sondern auch aus

---

1781 *Preis*, Prinzipien, S. 394 f.

dem Prognoseprinzip. Aus dem Prognoseprinzip folgt wiederum, dass regelmäßig dann von einer noch in Zukunft das Arbeitsverhältnis belastenden Wirkung der Pflichtverletzung ausgegangen werden kann, wenn der Arbeitnehmer trotz einer ordnungsgemäß ausgesprochenen Abmahnung erneut seine vertraglichen Pflichten verletzt. Letztlich trägt das Abmahnungserfordernis auch dem Vertrauensschutzprinzip Rechnung, da der Ausspruch einer Abmahnung Vertrauenstatbestände abbaut bzw. Vertrauenskapital reduziert. Ein Arbeitnehmer, der nach einer Abmahnung einschlägige Pflichtverletzungen wiederholt, zerstört neben einer positiven Zukunftsprognose auch das Vertrauen seines Arbeitgebers. Die Abmahnung verfolgt den Zweck, grundsätzlich jedem Arbeitnehmer die Möglichkeit zu geben, vor einer Kündigung von einem vertragswidrigen zu einem vertragskonformen Verhalten zurückzukehren.[1782] Eine vorherige Abmahnung ist – nach den vom BAG hierzu aufgestellten Kriterien – nur noch dann entbehrlich, wenn eine Verhaltensänderung trotz Abmahnung nicht erwartet werden kann oder es sich um eine derart schwere Pflichtverletzung handelt, dass deren Rechtswidrigkeit dem Arbeitnehmer ohne Weiteres erkennbar war und er auch offensichtlich nicht damit rechnen durfte, sein Verhalten werde vom Arbeitgeber hingenommen. Bei Berücksichtigung dieser Maßgaben hätte in vielen der publik gewordenen Kündigungsfälle wegen Bagatelldelikten die ausgesprochene außerordentliche Kündigung von den Gerichten nicht bestätigt werden dürfen, da bereits eine Abmahnung ausreichend gewesen wäre.

Schließlich ist das Vertrauensschutzprinzip von entscheidender Bedeutung für die Behandlung außerordentlicher Kündigungen wegen geringfügiger Vermögensdelikte. Die zentrale Aufgabe der Arbeitsgerichte besteht in diesen Fällen darin, anhand der genannten – objektiven – Kriterien zu ermitteln, ob das Vertrauen des Arbeitgebers in den Arbeitnehmer nach einem Bagatelldelikt wiederhergestellt werden kann oder aber unwiederbringlich zerstört ist.

Gleichwohl hat diese Untersuchung auch gezeigt, dass Systematisierungsversuche in Anbetracht der Vielfältigkeit der Kündigungssachverhalte auf der einen und der offenen Ausgestaltung des wichtigen Grundes nach § 626 BGB auf der anderen Seite nur eingeschränkt möglich sind und möglich bleiben.[1783] Das Kündigungsschutzrecht ist einzelfallbezogenes Recht, allemal im Bereich verhaltensbedingter Kündigungen und damit bei geringwertigen Vermögensdelikten. Dennoch kann auf Basis der aufgezeigten prinzipientreuen Rechtsanwendung

1782 *Preis*, AuR 2010, 242, 244.
1783 *Berger*, JbArbR 48, 41, 62 (2011).

der sachgerechte Umgang mit der außerordentlichen Kündigung wegen Bagatelldelikten wesentlich verbessert werden. Es besteht erhebliches Potenzial, den Zielkonflikt zwischen Einzelfallgerechtigkeit und Erhöhung der Rechtssicherheit (im Sinne einer Vorhersehbarkeit der richterlichen Bewertung solcher Vorgänge) zu entschärfen.

Schlusswort

Kündigungen wegen geringfügiger Vermögensdelikte sind zwar erkennbar kein Massenphänomen, stellen die Grundsätze des Kündigungsrechts in der praktischen Handhabung solcher Fälle jedoch vor erhebliche Schwierigkeiten. Es handelt sich bei der außerordentlichen Kündigung wegen eines geringwertigen Vermögensdelikts um einen politisch sensiblen und massiv von Lagerdenken beherrschten Bereich des Arbeitsrechts, der ohne die enorme Justizkritik der letzten Jahre nicht zu einer Debatte des vorgefundenen Ausmaßes geführt hätte.[1784] Die Debatte hat bleibende Aktualität. Dass die Rechtsordnung grundsätzlich kein Verständnis dafür hat, wenn ein Arbeitnehmer dem Vermögen seines Arbeitgebers Nachteile zufügt, ist nachvollziehbar und richtig.[1785] Vermögensdelikte stellen den Grundfall unredlichen Verhaltens dar, weshalb Prozesse bei außerordentlichen Kündigungen wegen geringfügiger Vermögensdelikte häufig zwangsläufig zulasten der Arbeitnehmer ausgehen. Es sind von vornherein nicht viele Fallkonstellationen denkbar, in denen es gerechtfertigt erscheint, wenn ein Vermögensdelikt des Arbeitnehmers konsequenzlos bleibt. Der Ausspruch einer fristlosen (Verdachts)Kündigung als Reaktion auf ein solches Delikt erscheint gleichwohl in einigen Fällen als unverhältnismäßig und nicht sachgerecht.

Auch wenn die häufig emotional geführte Diskussion bislang in eher bemerkenswert mageren Erträgen mündete, hat sie dennoch einiges bewirkt. Sie hat sowohl den Blick auf das Problem der vorgeschobenen Kündigungsgründe geschärft als auch Fragestellungen des endgültigen Vertrauensverlusts in den Vordergrund gerückt. In der Konsequenz hat dies bewirkt, dass die kündigungsrechtlichen Prinzipien konsequenter als zuvor auf den Kündigungsgrund der geringwertigen Vermögensdelikte angewendet wurden und damit insbesondere der herkömmliche Automatismus von Bagatelldelikt und fristloser Kündigung der Vergangenheit angehört.

1784 So auch *Klueß*, AuR 2010, 192, 195.

1785 So etwa *Deinert*, PersR 2009, 177.

Schlussthesen

Die wichtigsten Kernaussagen und Ergebnisse der hiesigen Untersuchung lassen sich thesenartig wie folgt zusammenfassen:

- Die Einführung einer festen Geringfügigkeits- oder Erheblichkeitsschwelle, die im Rahmen der außerordentlichen Kündigung bereits bei der Frage nach dem Vorliegen eines wichtigen Kündigungsgrundes „an sich" zu berücksichtigen wäre, ist nicht geboten.[1786] Entscheidend muss hier eine konkrete Einzelfallbetrachtung bleiben (vgl. oben Kapitel 2 A. II.).
- Eine Gesetzesänderung, um bei geringwertigen Vermögensdelikten das Erfordernis einer Abmahnung zu implementieren, ist abzulehnen. Dadurch würden eine Einzelfallbetrachtung verhindert und die erprobten kündigungsrechtlichen Prinzipien unterlaufen. Zudem bestünde die Gefahr, dass Arbeitnehmer – jedenfalls zunächst – von der Folgenlosigkeit kleinerer Vergehen ausgehen könnten, was in privatrechtlichen Arbeitsverhältnissen nicht tragbar ist. Zudem erscheint auch eine Gesetzesänderung, mit der das Institut der Verdachtskündigung abgeschafft würde, nicht ratsam. Die vorstehenden Ausführungen haben gezeigt, dass sich die in § 626 Abs. 1 BGB geforderte Unzumutbarkeit der weiteren Zusammenarbeit im Einzelfall auch aus einem vertrauenszerstörenden Verdacht ergeben kann (vgl. oben Kapitel 2 A. III).
- Auf die arbeitsrechtliche Beurteilung von Bagatellkündigungen können weder die strafrechtlichen noch die beamtenrechtlichen Wertungen und Bewertungen für solche Fälle übertragen werden. Soweit in diesen Rechtsgebieten durchaus von der arbeitsgerichtlichen Rechtsprechung abweichende Bewertungen und Reaktionen auf Bagatelldelikte anzutreffen sind, lassen sich hierfür aus den unterschiedlichen Regelungssystemen und -zwecken heraus hinreichende Rechtfertigungsgründe finden (vgl. oben Kapitel 2 B. I. und III.). Eine einheitliche Handhabung ist weder geboten, noch ließe sie sich dogmatisch überzeugend begründen.

  Soweit allerdings die außerordentliche Kündigung nach § 626 BGB bei Anstellungsverhältnissen von Geschäftsleitern durch die ordentliche Gerichtsbarkeit erkennbar weniger streng beurteilt werden, mangelt es dieser Ungleichbehandlung und der hierbei offenkundig werdenden abweichenden Bewertung des fraglichen Verhaltens an einer überzeugenden Rechtfertigung. Es besteht

1786 *Hunold*, DB 2009, 2658, 2661; So auch BAG v. 10.6.2010, NZA 2010, 1227, 1229 f.

allerdings kein Anlass, die teils erheblich abweichende Handhabung der Zivilgerichte auf die arbeitsrechtliche Bewertung zu übertragen (vgl. oben Kapitel 2 B. II.).

- Festzustellen ist zudem, dass in der Praxis ein Widerspruch bei der Beurteilung geringwertiger Vermögensdelikte im Vergleich zur Behandlung anderer kündigungsrelevanter Pflichtverletzungen im Arbeitsverhältnis besteht. Durch die in der „Emmely"-Entscheidung des BAG aufgestellten Grundsätze konnten die rechtstatsächlich festzustellenden Wertungswidersprüche allerdings verringert werden, da in dieser Entscheidung eine Angleichung der Bewertungsmaßstäbe angestoßen wurde. Dieser Prozess ist allerdings weiter zu vertiefen, damit der Kündigungsgrund der geringwertigen Vermögensdelikte nicht als vorgeschobener Kündigungsgrund missbraucht werden kann (vgl. hierzu Kapitel 2 C.).
- Auch für die Beurteilung einer außerordentlichen Kündigung wegen eines geringwertigen Vermögensdelikts nach § 626 BGB kann – trotz Vorliegen von Generalklausel und unbestimmten Rechtsbegriffen – eine weitgehend normativ strukturierte Rechtsfindung vorgenommen werden. Das BAG sollte allerdings, solange es an der sog. Zwei-Stufen-Theorie für die Prüfung des Tatbestands von § 626 BGB festhält, noch klarere und besser nachvollziehbare Parameter und Leitlinien entwickeln, damit die außerordentliche Kündigung in diesen Fällen nicht eine weitgehend unvorhersehbare Richterentscheidung bleibt. Dafür müssen die kündigungsrechtlichen Prinzipien auch auf den Kündigungsgrund der geringwertigen Vermögensdelikte folgerichtig angewendet werden.
- Das Unzumutbarkeitsprinzip ist zwar ausdrücklich für die außerordentliche Kündigung als Tatbestandsmerkmal in § 626 BGB verankert, stellt aber gleichwohl isoliert betrachtet für die hier zu untersuchenden Fälle ein inhaltsleeres und rein regulatives Prinzip dar. Es stellt weder einen normativen Wertungsmaßstab zur Verfügung, noch lassen sich aus ihm konkrete Rechtssätze herleiten. Vielmehr lässt sich das Unzumutbarkeitsprinzip nur durch das Prinzip der Güter- und Interessenabwägung ausfüllen und kennzeichnet lediglich das Ergebnis der vorzunehmenden Abwägung (vgl. Kapitel 3 A. I.).
- Die Verbesserung der Rechtssicherheit bei der außerordentlichen Kündigung wegen eines geringwertigen Vermögensdelikts hat damit insbesondere durch eine strukturierte und methodisch durchschaubare Güter- und Interessenabwägung zu erfolgen, in der insbesondere auch das „Wie" der berücksichtigungsfähigen Interessen herauszuarbeiten und gleichmäßig anzuwenden ist (vgl. Kapitel 3 A. II.).
- Im Rahmen des Verhältnismäßigkeitsprinzips ist bei geringwertigen Vermögensdelikten das Stufenverhältnis von außerordentlicher und ordentlicher

Kündigung zu beachten. Hierbei nehmen die Grundsätze der Geeignetheit und Erforderlichkeit eine Schlüsselstellung ein. Aus diesen Grundsätzen lassen sich nachvollziehbare und gleichmäßig handhabbare Kriterien herleiten, die insbesondere über die milderen Maßnahmen einer ordentlichen Kündigung sowie einer Abmahnung zu einer gleichmäßigen Rechtsanwendung führen. Die Verhältnismäßigkeit im engeren Sinne geht hingegen vollkommen im Rahmen der Güter- und Interessenabwägung auf (vgl. Kapitel 3 A. III.).

- Auch bei der außerordentlichen verhaltensbedingten Kündigung wegen eines geringwertigen Vermögensdelikts bedarf es stets einer Prognose dahingehend, ob sich die Pflichtverletzung in der Zukunft (noch) belastend auf das Arbeitsverhältnis auswirkt. Das Prognoseprinzip beeinflusst damit als übergreifendes Prinzip auch die Prüfung aller im Rahmen der Interessenabwägung zu prüfenden Gesichtspunkte, indem diese auch zukünftige Auswirkungen haben müssen (vgl. Kapitel 3 A. IV.).
- Das Prinzip des Vertrauensschutzes nimmt bei geringwertigen Vermögensdelikten eine Schlüsselstellung ein, da hier gerade und insbesondere das enttäuschte Arbeitgebervertrauen als Kündigungsgrund herangezogen wird. Es war – bereits aus rechtsstaatlichen Gründen – nicht hinnehmbar, dass dem geltend gemachten Vertrauensverlust des Arbeitgebers bei Vermögensdelikten des Arbeitsnehmers eine Sonderstellung eingeräumt wurde und eine weitere Überprüfung der Schwere des Fehlverhaltens oder der Auswirkungen auf die Betroffenen faktisch nicht stattfand. Hiervon hat die Rechtsprechung erst durch die „Emmely"-Entscheidung des BAG im Jahr 2010 Abstand genommen. Dieser Neuakzentuierung der Rechtsprechung ist zuzustimmen. Durch die Fortentwicklung der dogmatischen Strukturen des Vertrauensschutzprinzips kann nunmehr objektiv das Vertrauen bzw. das Vertrauenskapital umrissen und bestimmt werden, ohne dass subjektive Vertrauensempfindungen zu einem (vormals praktisch absoluten) Kündigungsgrund aufgewertet werden können. Für die Beurteilung, welche Konsequenz ein geringwertiges Vermögensdelikt hat, muss danach unterschieden werden, ob das Vertrauen dadurch völlig abhandengekommen, stark oder nur geringfügig gestört wurde. Stets ist zu prüfen, ob ein objektiver Vertrauenstatbestand vorliegt, dessen Zerstörung der Arbeitnehmer auch zu verantworten hat. Der Arbeitgeber muss zudem auch noch schutzwürdig sein (vgl. Kapitel 3 A. V. 1–3.).
- Die Neuakzentuierungen der „Emmely"-Entscheidung des BAG im Hinblick auf das Vertrauen bzw. das Vertrauenskapital haben zudem eine Änderung der Rechtsprechung dahingehend eingeleitet, dass berechtigte Abmahnungen künftig für die gesamte Dauer des Arbeitsverhältnisses in der Personalakte

belassen werden dürfen. Für den Entfernungsanspruch wegen Zeitablaufs verbleibt kein Anwendungsbereich, da die Abmahnung über ihre gegebenenfalls endende Warnfunktion ihre Bedeutung zur Dokumentation einer Pflichtverletzung beibehält (vgl. Kapitel 3 A. V. 4.).

- Das Prinzip der Gleichbehandlung hat in den hier untersuchten Fällen nur eine vergleichsweise geringe Bedeutung. Relevant (mittelbar oder unmittelbar) wird es praktisch allein bei den sog. herausgreifenden Kündigungen bei gleichartigen Pflichtverletzungen unterschiedlicher Arbeitnehmer. Im Fall einer solchen herausgreifenden Kündigung hat der Arbeitgeber sodann darzulegen, welche sachlichen Gründe die Ungleichbehandlung im Einzelfall rechtfertigen (vgl. Kapitel 3 A. VI.). Richtigerweise unterfallen diese Erwägungen bereits dem Schutzbereich der ausdrücklich in § 626 Abs. 1 BGB angeordneten Interessenabwägung über den Aspekt der Selbstbindung des Arbeitgebers, sodass es keines Rückgriffs auf das allgemeinere Gleichbehandlungsprinzip mehr bedarf.

Literaturverzeichnis

Adam, Roman F., Kündigung wegen vorsätzlicher Straftaten mit geringem Schaden, MDR 2011, 205 ff.

Aden, Menno, Die Kündigung bei langandauernder Krankheit im Großbetrieb, RdA 1981, 280 ff.

Amann, Susanne/Medick, Veit, Bagatellkündigungen – Sturm der Empörung gegen höchste Arbeitsrichterin, in: Spiegel online *v.* 29.12.2009.

Ascheid, Reiner, Beweislastfragen im Kündigungsschutzprozess, 1989 (zit.: *Ascheid*, Beweislastfragen).

–, Kündigungsschutzrecht, Die Kündigung des Arbeitsverhältnisses, 1993 (zit.: *Ascheid*, Kündigungsschutzrecht).

–/Preis, Ulrich/Schmidt, Ingrid, Kündigungsrecht – Großkommentar zum gesamten Recht der Beendigung von Arbeitsverhältnissen, 5. Auflage, 2016 (zit.: A/P/S/*Bearbeiter*).

Backmeister, Thomas/Trittin, Wolfgang/Mayer, Udo R., Kündigungsschutzgesetz mit Nebengesetzen, 4. Auflage, 2009 (zit.: Backmeister/Trittin/Mayer/*Bearbeiter*).

Baeck, Ulrich/Winzer, Thomas, BAG: „Fall Emmely" – Fristlose Kündigung bei Straftaten zulasten des Arbeitgebers, Anm. zu BAG *v.* 10.6.2010, NZG 2010, 821.

Balcerowiak, Rainer, BAG kippt „Emmely" Kündigung, Willkür eingeschränkt, in: Junge Welt *v.* 11.6.2010, S. 8.

Bamberger, Heinz Georg/Roth, Herbert/Hau, Wolfgang/Poseck, Roman, Bürgerliches Recht, 2018 (zit.: BeckOK-BGB/Bearbeiter).

Bartels, Klaus, Die arbeitsvertragliche Vertrauens(dis)kontinuität und ihre Folgen für § 626 BGB, RdA 2010, 109 ff.

Bauer, Jobst Hubertus, Fristlose Kündigung wegen eines Bagatelldelikts, Anm. zu BAG *v.* 10.6.2010, ArbRAktuell 2010, 316.

Becker, Isabell, Außerordentliche Kündigung bei Arbeitszeitmanipulation, Anm. zu LAG Köln, Urteil *v.* 22.5.2003, jurisPR-ArbR 3/2004 Anm. 3.

Becker-Schaffner, Reinhard, Die Darlegungs- und Beweislast in Kündigungsrechtsstreitigkeiten, BB 1992, 557 ff.

Belling, Detlev, Die Kündigung wegen verdachtsbedingten Vertrauenswegfalls, RdA 1996, 223 ff.

Bengelsdorf, Peter, Verhaltensbedingte Kündigung – wiederholtes unentschuldigtes Fehlen, SAE 1992, 121 ff.

–, Bagatelldelikte nach dem Verfahren Emmely, FA 2011, 194 ff.

–, Die kündigungsrechtliche Bewertung von Bagatelldelikten vor und nach dem Verfahren Barbara Emme, SAE 2011, 122 ff.

Berger, Anke, Vertrauen im Arbeitsverhältnis – Die Rechtsprechung des Bundesarbeitsgerichts zur außerordentlichen Kündigung wegen sog. Bagatelldelikte, JbArbR 48, 41 ff. (2011).

Berkowsky, Wilfried, Die personenbedingte Kündigung, Teil 1, NZA-RR 2001, 393 ff.

–, Die personen- und verhaltensbedingte Kündigung, 4. Auflage, 2005 (zit.: *Berkowsky*).

–, Verhaltensbedingte Kündigung: Diebstahl geringwertiger Sachen, AA 2005, 135.

Binkert, Gerhard, Hände weg vom Kündigungsschutzgesetz, NZA 2010, 433 ff.

Birnbaum, Monika, Doppelmoral und Sittenverfall, Sollen Bagatellgrenzen für Kündigungen eingeführt werden, AuA 2010, 212 f.

Blum, Volker, Bagatellen rechtfertigen keine fristlose Kündigung, (Zu Zypries, ZPR 2010, 29 ff.), ZPR 2010, 132 f.

Bödecker, Thomas, Die verschiedenen Kündigungsarten – Im Fokus: die Verdachtskündigung, AiB 2007, 568 ff.

Bourguignon, Hendrik, Verlust des Vertrauens, PERSONAL 2010, Nr. 7/8, 74 f.

Budras, Corinna, „In der Kündigungsfalle", in: FAZ *v.* 17.10.2009, S. 11.

–, Streitfall „Emmely", Richter prüfen Bagatellkündigung, in: FAZ.NET *v.* 10.6.2010.

–, Der Fall „Emmely", Kein Kavaliersdelikt, in: FAZ.NET *v.* 11.6.2010.

Buschmann, Rudolf, Verdachtskündigung – unrechtmäßiges Einlösen von Pfandbons, Anm. zu LAG Berlin-Brandenburg, Urteil *v.* 24.2.2009, AuR 2009, 118 ff.

Buß, Thomas, De minimis non curat lex, NJW 1998, 337 ff.

Conze, Peter, Die Abmahnung in der aktuellen Rechtsprechung des Bundesarbeitsgerichts, öAT 2010, 153 ff.

Craushaar, Götz v., Der Einfluß des Vertrauens auf die Privatrechtsbildung, 1969 (zit.: *v. Craushaar*).

Däubler, Wolfgang, Das manipulierte Vertrauen, dbr 2/2010, 3.

–, Bagatellkündigungen, Kein Freibrief für Arbeitgeber, in: Focus-Online *v.* 9.6.2010.

–, Arbeitsrecht: Ratgeber für Beruf – Praxis – Studium, 12. Auflage, 2017 (zit.: *Däubler*, Ratgeber).

–/*Deinert, Olaf*/*Zwanziger, Bertram*, KSchR – Kündigungsschutzrecht, 10. Auflage, 2017 (zit.: D/D/Z/*Bearbeiter*).

Dauner-Lieb, Barbara/*Heidel, Thomas*/*Ring, Gerhard*, Anwaltskommentar BGB, Schuldrecht, Teilband 2: §§ 611 bis 853, 3. Auflage, 2016 (zit.: AnwK-BGB/*Bearbeiter*).

Deckwerth, Sabine, Die kämpfende Kassiererin, Heute entscheidet das Bundesarbeitsgericht über die Bagatellkündigung der Barbara E., in: Frankfurter Rundschau *v.* 10.6.2010, S. 32.

Deinert, Olaf, Die Verdachtskündigung – Neues zu einem alten Thema?, AuR 2005, 285 ff.

–, Mein und Dein unterscheiden, PersR 2009, 177.

Deiseroth, Dieter, Disziplinare Ahndung des Diebstahls geringwertiger Sachen zum Nachteil des Dienstherrn, Anm. zu BVerwG, Urteil *v.* 13.2.2008, jurisPR-BVerwG 7/2009 Anm. 1.

Dölling, Dieter/*Duttge, Gunnar*/*König, Stefan*/*Rössner, Dieter*, Gesamtes Strafrecht, Handkommentar, 4. Auflage, 2017 (zit.: D/D/K/R/*Bearbeiter*).

Dörner, Klemens, Die Verdachtskündigung im Spiegel der Methoden zur Auslegung von Gesetzen, NZA 1992, 865 ff.

–, Bestandsaufnahme und Kritik eines überkommenen Rechtsinstituts, AiB 1993, 147 ff.

Dornbusch, Gregor/*Fischermeier, Ernst*/*Löwisch, Manfred*, Fachanwaltskommentar Arbeitsrecht, 6. Auflage, 2014 (zit.: AR/*Bearbeiter*).

Dressel, Jochen, Frikadellen, Maultaschen und andere Kündigungsgründe – wie Arbeitgeber langjährige Beschäftige loswerden wollen, Barkhofgespräch der Akademie für Arbeit und Politik am 25. November 2009 (zit.: *Dressel*).

Dudenbostel, Karl/*Klas, Helmut*, Außerdienstliches Verhalten als Kündigungsgrund, AuR 1979, 296 ff.

Düwell, Franz Josef, Gesetzesinitiativen zur Einschränkung von Bagatell- und Verdachtskündigungen, FA 2010, 108 ff.

Ebeling, Stephan, Die Kündigung wegen Verdachts, 2006 (zit.: *Ebeling*).

Eckert, Hans-Werner, Anm. zu BAG *v.* 12.8.1999, SAE 2001, 218 ff.

Eckert, Michael, (Vermeintliche) Bagatell-Delikte als Kündigungsgrund?, BC 2010, 26 ff.

Eich, Rolf-Achim, Anspruch auf Entfernung einer berechtigten Abmahnung aus der Personalakte durch Zeitablauf?, NZA 1988, 759 ff.

Enderlein, Wolfgang, Das erschütterte Arbeitgebervertrauen im Recht der verhaltensbedingten Tat- und Verdachtskündigung, RdA 2000, 325 ff.

Erlinger, Rainer, „Recht und billig" – Drei Menschen stehlen am Arbeitsplatz und bekommen die Kündigung. Gedanken über eine große Aufregung, in: Süddeutsche Zeitung *v.* 24/25.10.2009.

Erman, Walter, Handkommentar zum BGB, Bd 1. §§ 1–853, 15. Auflage, 2017 (zit.: Erman/Bearbeiter).

Etzel, Gerhard/Bader, Peter/Fischermeier, Ernst/Friedrich, Hans-Wolf/Gallner, Inken/Griebeling, Jürgen/Klose, Oliver/Kreft, Burghard/Link, Christian/Lipke, Gert-Albert/Rachor, Stephanie/Rinck, Ursula/Rost, Friedhelm/Spilger, Andreas Michael/Treber, Jürgen/Vogt, Norbert/Weigand, Horst, KR – Gemeinschaftskommentar zum Kündigungsschutzgesetz und zu sonstigen kündigungsschutzrechtlichen Vorschriften, 11. Auflage, 2016 (zit.: KR/*Bearbeiter*).

Eylert, Mario, Die Verdachtskündigung, NZA-RR 2014, 393 ff.

Fandel, Stefan/Kock, Martin, BAG: Fall „Emmely" – Wiederherstellung zerstörten Vertrauens, BB 2011, 59 ff.

Fischer, Thomas, Strafgesetzbuch und Nebengesetze, 65. Auflage, 2018 (zit.: *Fischer*).

Fischer, Ulrich, Verdachtskündigung wegen unrechtmäßigen Einlösens von Pfandbons, Anm. zu LAG Berlin-Brandenburg, Urteil *v.* 24.2.2009, jurisPR-ArbR 16/2009 Anm. 1.

–, Nichtzulassungsbeschwerde – grundsätzliche Bedeutung – Einbeziehung späteren Prozessverhaltens in die Interessenabwägung bei einer verhaltensbedingten Kündigung, Anm. zu BAG, Beschluss *v.* 28.7.2009, jurisPR-ArbR 32/2009 Anm. 1 = jurisPR extra 2009, 209 ff.

–, Interessenabwägung bei fristloser Kündigung („Emmely"), Anm. zu BAG, Urteil *v.* 10.6.2010, jurisPR-ArbR 48/2010 Anm. 1.

–, Diebstahl wirtschaftlich geringwertiger Sachen als Kündigungsgrund – hier: Kinderreisebett-Fall, jurisPR-ArbR 15/2010 Anm. 1.

–, Wirksamkeit einer außerordentlichen Kündigung wegen Betrugs, Anm. zu LAG Berlin-Brandenburg, Urteil *v.* 16.9.2009, jurisPR-ArbR 48/2010 Anm. 2.

–, „Emmely" vor dem BAG ein Lehrstück, FA 2010, 193 ff.

–, Außerordentliche Verdachtskündigung eines Kassierers wegen Erstellung fiktiver Pfandbons und Ansichnahme des entsprechenden Geldbetrages, Anm. zu ArbG Berlin, Urteil *v.* 2.2.2011, jurisPR-ArbR 4/2011 Anm. 3.

Frei, Marek, (Keine) Chance für Bewerber ab 50?, Das Einstellungsverhalten von Personalverantwortlichen (zit.: *Frei*).

Freiberger, Harald, Diebstahl am Arbeitsplatz, Gestörtes Vertrauen, in: Süddeutsche Zeitung *v.* 17.5.2010.

Fromm, Erwin, Die arbeitnehmerbedingten Kündigungsgründe, 1994 (zit.: *Fromm*).

Fuhlrott, Michael, Die im Verhalten begründete Kündigung nach „Emmely" – Alles beim Alten, ArbRAktuell 2010, 541 ff.

–, Die fristlose Kündigung wegen Vermögensdelikten zwei Jahre nach „Emmely" eine Bestandsaufnahme", ArbRAktuell 2012, 498 ff.

–, Voraussetzungen von Verdachtskündigungen (Teil 2), ArbRAktuell 2012, 605 ff.

Fuhlrott, Michael/Oltmanns, Sönke, Aktuelle Rechtsprechungsanforderungen an Verdachtskündigungen, DB 2015, 1719 ff.

Gallner, Inken/Mestwerdt, Wilhelm/Nägele, Stefan, Kündigungsschutzgesetz, Handkommentar, 5. Auflage, 2015 (zit.: HaKo/*Bearbeiter*).

Galperin, Hans, Der wichtige Grund zur außerordentlichen Kündigung, DB 1964, 1114 ff.

Gaul, Björn, Aktuelles Arbeitsrecht, Bd. 1, 2010 (zit.: *Gaul*, Aktuelles Arbeitsrecht).

Geffken, Rolf, Der Fall „Emmely": Auf ein Wort!, Hat der Sieg beim BAG viele „Väter"?, Institut für Arbeit ICOLAIR-, Info Nr. 54 *v.* 11.6.2010, ICOAIR, Info Nr. 54.

Geiger, Stefan, Vertrauen keine Einbahnstraße, in: Stuttgarter Zeitung *v.* 16.10.2009.

Geißler, Karl/Tschöpe, Ulrich/Schipp, Johannes/Clemenz, Susanne, Spielregeln für Nichtzulassungsbeschwerden, ArbRAktuell 2010, 312.

Gerhards, Thomas, Abmahnungserfordernis bei Vertrauensstörungen, BB 1996, 794 ff.

Gerstner, Jutta, Anmerkung zu LAG Berlin-Brandenburg *v.* 16.9.2010, ArbRAktuell 2010, 532.

Gesellensetter, Catrin, Ein bisschen Klauen ist erlaubt – manchmal, in: Focus-Online *v.* 10.6.2010.

Gilberg, Dirk, „Statt Tat- und Verdachtskündigung: Die Vertrauenskündigung", DB 2006, 1555 ff.

Götz, Christian, Gekündigt wegen Pfandbons: Was wurde eigentlich aus Kassiererin Emmely?, in: Spiegel-online *v.* 28.8.2014.

Grimberg, Herbert, Verdachtskündigung – unrechtmäßiges Einlösen eines Pfandbons, Anm. zu LAG Berlin-Brandenburg, Urteil *v.* 24.2.2009, AiB 2009, 380 f.

–, Anm. zu BAG *v.* 10.6.2010, AiB 2011, 64 f.

Grimm, Detlef/Windeln, Norbert, Kündigung wegen Bagatelldelikte, Viel Lärm um Altbekanntes!, ArbRB 2009, 374 ff.

Grunsky, Wolfgang, Das Recht auf Privatleben als Begrenzung vertraglicher Nebenpflichten, JuS 1989, 593 ff.

Hahn, Marius, Die Verdachtskündigung unter Berücksichtigung einer gesetzlichen Regelung, 2004 (zit.: *Hahn*).

Haller, Robert, Diebstahl des Arbeitnehmers aus Beweisnot, BB 1997, 202 ff.

Hase, Karl v., Fristlose Kündigung und Abmahnung nach neuem Recht, NJW 2002, 2278 ff.

Heintschel-Heinegg, Bernd v., Strafgesetzbuch, 2018 (zit.: BeckOK-StGB/*Bearbeiter*).

Henssler, Martin/Willemsen, Heinz Josef/Kalb, Heinz-Jürgen, Arbeitsrecht Kommentar, 7. Auflage, 2016 (zit.: H/W/K/*Bearbeiter*).

Herberger, Maximilian/Martinek, Michael/Rüßmann, Helmut/Weth, Stephan/Würdinger, Markus, juris PraxisKommentar BGB, Bd. 2, 8. Auflage, 2017 (zit.: *Bearbeiter*, jurisPK-BGB).

Herschel, Wilhelm, Gedanken zur Theorie des arbeitsrechtlichen Kündigungsgrundes, in: Mayer-Maly/Richardi/Schambeck/Zöllner, Arbeitsleben und Rechtspflege – Festschrift für Gerhard Müller, 1981 (zit.: *Herschel*, in FS Müller, 1981).

Hillebrecht, Wilfried, Die „Prinzipien des Kündigungsrechts bei Arbeitsverhältnissen“ und die Kündigungsrechtsprechung des Bundesarbeitsgerichts, ZfA 1991, 87 ff.

Hoefs, Christian, Die Verdachtskündigung, 2000 (zit.: *Hoefs*).

Hoyningen-Huene, Gerrick v./Linck, Rüdiger, Kündigungsschutzgesetz, 15. Auflage, 2013 (zit.: *v. Hoyningen-Huene/Linck*).

Huber, Hans-Peter/Uzuner, Gülsemin, Der Verdacht im Straf- und Arbeitsrecht, NZWiSt 2016, 94 ff.

Hubmann, Heinrich, Wertung und Abwägung im Recht, 1977 (zit.: *Hubmann*).

Hueck, Alfred, Kündigung und Entlassung nach geltendem Recht, 1921 (zit.: *Hueck*).

Hümmerich, Klaus/Boecken, Winfried/Düwell, Franz Josef, Anwaltskommentar Arbeitsrecht, Bd. 1, 2. Auflage, 2010 (zit.: AnwK-ArbR/*Bearbeiter*, Bd. 1).

–, Anwaltskommentar Arbeitsrecht, Bd. 2, 2. Auflage, 2010 (zit.: AnwK-ArbR/*Bearbeiter*, Bd. 2).

Hunold, Wolf, Die Rechtsprechung zur Abmahnung und Kündigung bei Vertragsstörungen im Vertrauensbereich, NZA-RR 2003 Heft 2 S. 57 ff.

–, „Geringfügige" Vermögensdelikte von Mitarbeitern: Erfordernis einer Rechtsprechungsänderung?, DB 2009, 2658 ff.

–, Rechtsprechung zur Kündigung wegen Vertrauensbruchs nach „Emmely", NZA-RR 2011, 561 ff.

Hüpers, Bernd, Unrechtmäßiges Einlösen von Pfandbons – Ein wichtiger Grund zur außerordentlichen Kündigung?, Jura 2010, 52 ff.

Janisch, Wolfgang, Brotklau und Bettdiebstahl, in: Rhein Neckar Zeitung *v.* 31.7.2009.

Jauernig, Othmar, Bürgerliches Gesetzbuch, Kommentar, 16. Auflage, 2015 (zit.: Jauernig/*Bearbeiter*).

Joecks, Wolfgang/Miebach, Klaus/Sander, Günther M., Münchener Kommentar zum Strafgesetzbuch, Bd. 4, §§ 185–262 StGB, 3. Auflage, 2017 (zit.: MüKo-StGB/*Bearbeiter*).

Kara, Stefanie, Woher kommt Vertrauen, in: Die Zeit *v.* 31.3.2016, S. 27 ff.

Keiser, Claudia, Der Verdacht des Bagatelldiebstahls im Arbeitsrecht – Das sog. Pfandbonurteil, JR 2010, 55 ff.

Kindhäuser, Urs, Strafgesetzbuch, 7. Auflage, 2017 (zit.: *Kindhäuser*).

–/Neumann, Ulfried/Paeffgen, Hans-Ullrich, Strafgesetzbuch, 5. Auflage, 2017 (zit.: K/N/P/*Bearbeiter*).

King-Casas, B./Tomlin, D./Anen, C./Camerer, C. F./Quartz, S. R./Montague, P. R., Getting to know you: Reputation and trust in a two-person economic exchange, 2005, Science, 308 (5781), 78 ff.

Kissel, Otto R., Minima non curat praetor, in: Mayer-Maly/Richardi/Schambeck/Zöllner, Arbeitsleben und Rechtspflege – Festschrift für Gerhard Müller, 1981 (zit.: *Kissel*, in FS Müller, 1981).

Kleinebrink, Wolfgang, Arbeitgeberseitige Strategien zur Verhinderung eines Aufbaus und zum Abbau eines Vertrauenskapitals, BB, 2011, 2617 ff.

Klueß, Achim, Geringwertige Vermögensdelikte – Keine zwangsläufige Entlassung, NZA 2009, 337 ff.

–, Bagatelldelikte: Vertrauensverlust in der/die Rechtsprechung, AuR 2010, 192 ff.

Köhler, Heinz/Ratz, Günter, BDG – Bundesdisziplinargesetz und materielles Disziplinarrecht, 3. Auflage, 2003 (zit.: BDG/*Bearbeiter*).

Kohte, Wolfhard, Außerordentliche Kündigung wegen Verzehrs von Brotaufstrich, Anm. zu LAG Hamm, Urteil *v.* 18.9.2009, jurisPR-ArbR 22/2010 Anm. 3.

Koppenfels, Katharina v., Die außerordentliche arbeitgeberseitige Kündigung bei einzel- und tarifvertraglich unkündbaren Arbeitnehmern, 1998 (zit.: *v. Koppenfels*).

Kuhr, Daniela, Die Frau, die sich traut, Gekündigt wegen 1, 30 Euro: Wie eine Kassiererin um ihre zweite Chance kämpft, in: Süddeutsche Zeitung *v.* 10.6.2010, S. 2.

Kunz, Karl-Ludwig, Das strafrechtliche Bagatellprinzip, 1984 (zit.: Kunz, Bagatellprinzip).

Küttner, Wolfdieter, Der „gesuchte" wichtige Grund und § 626 Abs. 1 BGB, in: Hasemann, Gennen, Bartenbach, Bartenbach, Festschrift für Kurt Bartenbach, 2005 (*Küttner*, in FS Bartenbach, 2005).

–/Röller, Jürgen, Personalbuch, 24. Auflage, 2017 (zit.: Küttner/*Bearbeiter*, Stichwort).

Lackner, Karl/Kühl, Kristian/Heger, Martin, Strafgesetzbuch Kommentar, 28. Auflage, 2014 (zit.: Lackner/Kühl, StGB).

Langen, Maike, „Ein barbarisches Urteil von asozialer Qualität"?, Der Bagatelldiebstahl als außerordentlicher Kündigungsgrund, AuA 2010, 20 ff.

Latzel, Clemens, Die „Verjährung" der Abmahnung, SAE 2013, 79 ff.

Lotze, Manfred/Fischer, Rainer, Tatort Arbeitsplatz, Kampf den Schattenseiten im Berufsleben, AuA 2000, 512 ff.

Luce, Robert Duncan/Raiffa, Howard, Games and Decisions, New York 1957.

Lücke, Oliver, Die Verdachtskündigung – Fragen aus der Praxis, BB 1998, 2259 ff.

Luhmann, Niklas, Vertrauen, Ein Mechanismus der Reduktion sozialer Komplexität, 5. Auflage, 2014 (zit.: *Luhmann*).

Lunk, Stefan, Die Verdachtskündigung: Eine Rechtsfigur vor dem Aus? – Zugleich eine Übersicht über die aktuelle Rechtsprechung, NJW 2010, 2753.

Madeja, Alfons/Mack, Manfred, Verhaltensbedingte Kündigung im technischen Betrieb (zit.: *Madeja/Mack*).

Mayer, Udo R., Wenn aus einer Mücke ein Elefant wird, Zur fristlosen Kündigung bei Bagatelldelikten, dbr 2009, Nr. 5, 14 ff.

Moll, Wilhelm, Münchener Anwaltshandbuch Arbeitsrecht, 4. Auflage, 2017 (zit.: Moll/Bearbeiter).

Möller, Reinhard, Der Fall „Emmely", AuA 2009, 727 f.

Müller, Gerhard Maria, Gedanken zum arbeitsrechtlichen Kündigungsrecht, ZfA 1982, 475 ff.

Müller, Marion, „Wehret den Anfängen!" – Bagatellkündigung bei der Besser GmbH, AiB 2010 Heft 7, 464 ff.

Müller, Peter, Punitive Damages und deutsches Schadensersatzrecht, 2015 (zit.: *Müller*, Punitive Damages).

Müller-Glöge, Rudi/Preis, Ulrich/Schmidt, Ingrid, Erfurter Kommentar zum Arbeitsrecht, 18. Auflage, 2018 (zit.: ErfK/Bearbeiter).

Müller-Mundt, Annegret, Keine fristlose Kündigung trotz Schaden i.H.v. 166 Euro, Anm. zu LAG Berlin – Brandenburg, Urteil *v.* 16.9.2010, ArbRB 2010, 366 f.

Müller-Neuhof, Jost, Der Fall Emmely – Gibt es keinen Raum für Verhältnismäßigkeit?, in: Zeit Online *v.* 26.2.2009.

Nägele, Stefan, Rauswurf wegen Bagatellen, Empörung bei fristlosen Kündigungen, in: ZDF Online *v.* 4.1.2010.

Nees, Verena, „Ein Fall von Klassenjustiz", Zum Berliner Urteil gegen die Kassiererin Emmely, in: World Socialist Web Site *v.* 21.3.2009.

Neugebauer, Klaus, Bei Diebstahl hängt das Arbeitsverhältnis an einem Stück Kuchen, DVZ, Nr. 26 *v.* 4.3.2004.

Neumann, Christian/Hampe, Ingrid-Beate, Die Abmahnung – eine unendliche Erfindung der Arbeitsgerichtsbarkeit, DB 2014, 1258 ff.

Novara, Fabian/Knierim, Merle, Die arbeitsrechtliche Abmahnung nach der „Emmely"-Entscheidung, NJW 2011, 1175 ff.

Nugel, Michael, Ladendiebstahl und Bagatellprinzip, Eine materiell-rechtliche Abgrenzung, 2004 (zit.: *Nugel*).

Oetker, Hartmut, Anm. zu BAG *v.* 17.5.1984, SAE 1985, 175 ff.

–, Das Dauerschuldverhältnis und seine Beendigung, 1994 (zit.: *Oetker*).

Palandt, Otto, Bürgerliches Gesetzbuch, 77. Auflage, 2018 (zit.: Palandt/*Bearbeiter*).

Pawlak, Klaus/Geißler, Michael, Bagatellkündigungen im öffentlichen Dienst – Rechtsprechungsänderung durch „Emmely"?, öAT 2011, 270 ff.

Perreng, Martina, Vermögen, Verdacht, Vertrauen, FA 2009, 289.

Philippi-Gerle, Jörg, „Immer mehr Kündigungen wegen Bagatellen" – Wie kalt ist unsere Arbeitswelt, in: Express *v.* 9.8.2009, S. 3.

Pieper, Wolfgang, Die Systematik des „wichtigen Grundes" zur außerordentlichen Kündigung, insbesondere beim Arbeitsverhältnis, 1956 (zit.: *Pieper*).

Prantl, Heribert, Urteil gegen Kassiererin, Justiz und kleine Leute, in: Süddeutsche.de *v.* 25.2.2009.

–, Die Justiz und die kleinen Leute, Hart nach unten, mild nach oben, in: Süddeutsche Zeitung *v.* 10.6.2010, S. 2.

Preis, Ulrich, Prinzipien des Kündigungsrechts bei Arbeitsverhältnissen, 1987 (zit.: *Preis*, Prinzipien).

–, Neuere Tendenzen im arbeitsrechtlichen Kündigungsschutz, DB 1988, 1444 ff.

–, Die verhaltensbedingte Kündigung, DB 1990, 630 ff.

–, Aktuelle Tendenzen im Kündigungsschutzrecht, NZA 1997, 1073 ff.

–, Arbeitsrecht Interview, „Verzeihliche Dummheit“, in: Der Spiegel 24/2010, S. 17.

–, Anm. zu BAG *v.* 10.6.2010, AP Nr. 229 zu § 626 BGB.

–, Minima (non) curat praetor?, Pflichtverletzungen und Bagatelldelikte als Kündigungsgrund, Teil I, AuR 2010, 186 ff.

–, Minima (non) curat praetor?, Pflichtverletzungen und Bagatelldelikte als Kündigungsgrund, Teil II, AuR 2010, 242 ff.

–, Bagatellkündigungen, „Vertrauen kann zurückgewonnen werden“, in: Legal Tribune Online *v.* 10.6.2010.

–, Individualarbeitsrecht, Lehrbuch für Studium und Praxis, 5. Auflage, 2017 (zit.: *Preis*, Individualarbeitsrecht).

Prütting, Hans/Wegen, Gerhard/Weinreich, Gerd, BGB Kommentar, 12. Auflage, 2017 (zit.: P/W/W/*Bearbeiter*).

Reichel, Michael, Entwendung geringwertiger Sachen des Arbeitgebers als Kündigungsgrund, AuR 2004, 250 ff.

Rengier, Rudolf, Strafrecht Besonderer Teil 1, Vermögensdelikte, 19. Auflage, 2017 (zit.: *Rengier*).

Reuter, Wolf J., „Geringwertige Vermögensdelikte“ und Kündigungen – Kein Änderungsbedarf beim BAG, NZA 2009, 594 ff.

Richardi, Reinhard/Wißmann, Hellmut/Wlotzke, Otfried/Oetker, Hartmut, Münchener Handbuch zum Arbeitsrecht, Bd. I, 3. Auflage, 2009 (zit.: MüArbR/*Bearbeiter*, Bd. I 2009).

Rieble, Volker, Barbara Emme: Ein Lehrstück über den Umgang mit der Justiz, NJW 2009, 2101 ff.

Rieth, Horst, „Emmely“ und der wichtige Grund zur fristlosen Kündigung – eine Nachbetrachtung, HFR 2011, 122 ff.

Ritter, Thomas, Abmahnung: Ende des zeitbedingten Entfernungsanspruchs infolge der „Emmely“-Entscheidung des BAG, DB 2011, 175 ff.

–, Die Verdachtsabmahnung, NZA 2012, 19 ff.

–, Das Abmahnungsrecht ist ein unselbstständiger Teil des Kündigungsrechts!, DB 2013, 344 ff.

Rolfs, Christian/Giesen, Richard/Kreikebohm, Ralf/Udsching, Peter, Arbeitsrecht, 2018 (zit.: BeckOK-ArbR/*Bearbeiter*).

Säcker, Franz Jürgen/Rixecker, Roland/Oetker, Hartmut/Limperg, Bettina, Münchener Kommentar zum Bürgerlichen Gesetzbuch, Bd. 4, Schuldrecht, Besonderer Teil II: §§ 535–630h, HeizkostenV, BetrKV, WärmeLV, EFZG, TzBfG, KSchG, MiLoG, 7. Auflage, 2016 (zit.: MüKo-BGB/Bearbeiter).

Salamon, Erwin/Rogge, Nico, Funktionen der Abmahnung und Entfernungsanspruch nach „Emmely", Eine Neubewertung durch das BAG, NZA 2013, 363 ff.

Sasse, Stefan, Verdachtskündigung, Interessenabwägung, prozessuales Verhalten, Anm. zu BAG, Beschluss *v.* 28.7.2009, ArbRB 2009, 255 f.

Schall, Alexander, Wider die kursorische Strafrechtsprüfung im Rahmen des Kündigungsrechts – der Pfandbondiebstahl durch Barbara Emme, RdA 2010, 225 ff.

–, Maultaschen im Sachenrecht, NJW 2010, 1248 ff.

Schaub, Günter, Die Abmahnung als zusätzliche Kündigungsvoraussetzung, NZA 1997, 1185 ff.

–/Ahrendt, Martina/Koch, Ulrich/Linck, Rüdiger/Treber, Jürgen/Vogelsang, Hinrich, Arbeitsrecht-Handbuch, 17. Auflage, 2017 (zit.: Schaub/*Bearbeiter*).

Schiefer, Bernd, Die Abmahnung – Aktuelle Brennpunkte, DB 2013, 1785 ff.

Schlachter, Monika, Fristlose Kündigung wegen Entwendung geringwertiger Sachen des Arbeitgebers, NZA 2005, 433 ff.

Schlösser, Jan, Die strafrechtliche Seite des Falles „Emmely", HRRS 2009, Nr. 5, 14 ff.

Schmalz, Dieter, Methodenlehre für das juristische Studium, 4. Auflage, 1998 (zit.: *Schmalz*, Methodenlehre).

Schmidt, Ingrid, „Es gibt keine Bagatellen", in: Süddeutsche Zeitung *v.* 29.12.2009, S. 99.

Schmitt-Rolfes, Günter, Brennpunkt, Putzfrau verliert Job wegen Pfandflaschen, AuA 2010, 199.

Schmitz-Scholemann, Christoph, Vom Flashmob zum Pfandbon – Glanz und Elend im deutschen Arbeitsrecht, NZA 2012, 1001 ff.

Schneppendahl, Heike, Die Kündigung – Ein Überblick über ihre unterschiedlichen Arten und die Voraussetzungen, AiB 2009, 34 ff.

Schönfeld, Friedrich-Wilhelm, Effektiver Rechtsschutz bei straftatbegründeter Kündigung?, NZA 1999, 299 ff.

Schönke, Adolf/Schröder, Horst, Strafgesetzbuch, 29. Auflage, 2014 (zit.: Schönke/Schröder/*Bearbeiter*).

Schrader, Peter, Abmahnung und „Vertrauenskapital", NJW 2012, 342 ff.

–/*Dohnke, Nancy*, Abmahnung und Datenschutz, NZA-RR 2012, 617 ff.

Schrader, Peter/Straube, Gunnar, Kündigung: Emmely und das Vertrauenskapital, DB 2010, 18.

Schrader, Peter/Straube, Gunnar/Schrader Straube, Neef, Dürfen „Alte" klauen? – Wirksamkeit einer außerordentlichen Kündigung bei Vermögensdelikten, ArbR 2009, 7 ff.

Schrep, Bruno, Der Bienenstich-Paragraf, in: Der Spiegel 49/2009, S. 46 ff.

Schütte, Silvia, Die Verdachtskündigung, NZA Beil. 2/1991, 17 ff.

Stahlhacke, Eugen/Preis, Ulrich/Vossen, Reinhard, Kündigung und Kündigungsschutz im Arbeitsverhältnis, 11. Auflage, 2015 (zit.: S/P/V/*Bearbeiter*).

Staudinger, Julius v., Kommentar zum Bürgerlichen Gesetzbuch mit Einführungsgesetzen und Nebengesetzen, Buch 2 – Recht der Schuldverhältnisse (§§ 616–630), Neubearbeitung, 2016 (zit.: Staudinger/*Bearbeiter*).

Steinau-Steinrück, Robert v./Glanz, Peter, Die Verdachtskündigung in der Praxis, NJW-Spezial 2008 Heft 9 S. 274 f.

Steinau-Steinrück, Robert v./Ziegler, Katharina, Arbeitsrechtliche „Erheblichkeitsschwelle" bei Vermögensdelikten?, NJW-Special 2009, 274 f.

Stoffels, Markus, Die „Emmely"-Entscheidung des BAG – bloß eine Klarstellung von Missverständnissen, NJW 2011, 118 ff.

Temming, Felipe, Altersdiskriminierung im Arbeitsleben, Eine rechtsmethodische Analyse, 2008 (zit.: *Temming*, Altersdiskriminierung).

Thüsing, Gregor, Arbeitsrechts-Interview, „Wenn du einmal klaust, fliegst du raus", in: Welt Online *v.* 8.10.2009.

–, Emmely – Das verkannte Wesen?, NJW Editorial – Heft 46/2010.

–/*Laux, Helga/Lembke, Mark*, Kommentar zum KSchG Mit Gestaltungshinweisen und Beispielen für die Praxis, 3. Auflage, 2014 (zit.: T/L/L/*Bearbeiter*).

Tiedemann, Jens, Berücksichtigung späteren Prozessverhaltens bei fristlosen Kündigungen, Zur Einbeziehung nachträglichen Verhaltens in die Interessenabwägung – „Emmely", ArbRB 2010, 222 ff.

–, Vertrauenskapital langjährig Beschäftigter, ArbRB 2011, 93 ff.

Tödtmann, Claudia, Die Psychologie von Frikadellen-Klau und Holzhammer-Kündigung, Gastbeitrag der Psychologen Volker Kitz und Manuel Tusch, in: Handelsblatt Management – Blog *v.* 26.10.2009.

Trittin, Wolfgang, Emmely und die Betriebsverfassung, Betriebsratshandeln bei der Verdachtskündigung, dbr 2010, Nr. 3, 25 ff.

–/*Fütterer, Patrick*, Die Durchsetzung des Rechtsstaats im Betrieb – Verdachts- und Bagatellkündigungen und die Mitbestimmung des Betriebsrats, AuR 2010, 62 ff.

Tschöpe, Ulrich, Außerordentliche Kündigung bei Diebstahl geringwertiger Sachen, Entscheidungsbesprechung zu BAG *v.* 20.9.1984, NZA 1985, 588 ff.

Urban, Sandra, Der Kündigungsschutz außerhalb des Kündigungsschutzgesetzes, Das Arbeitsverhältnis im Spannungsfeld zwischen Kündigungsfreiheit und Kündigungsschutz, 2001 (zit.: *Urban*).

Vogel, Joachim, Leipziger Kommentar StGB, Bd. 8, 12. Auflage 2010 (zit.: *Vogel*).

Vorbau, Reinhard, Bagatellkündigungen nach Auslaufen der Kurzarbeiterregelung, AuR 2010, 183.

Walker, Wolf-Dietrich, Fehlentwicklungen bei der Abmahnung im Arbeitsrecht, NZA 1995, 601 ff.

–, Die begrenzte Bedeutung des Falles „Emmely" für die Entwicklung der Rechtsprechung zur außerordentlichen Kündigung, NZA 2009, 921 ff.

–, Die Kündigung wegen eines Bagatelldelikts, Geklärte und ungeklärte Fragen nach der „Emmely"-Entscheidung des BAG, NZA 2011, 1 ff.

Wallmeyer, Josef, Die Kündigung des Arbeitsvertrags aus wichtigem Grund, 1962 (zit.: *Wallmeyer*).

Walter, Thorsten, Der Fall „Emmely", AuA 2009, 727 f.

Walter, Torsten, Maultaschen im Kündigungsrecht, Bagatelles pour un massacre, AuR 2010, 59 ff.

Warden, Sandra, Diebstahl keine Bagatelle, Kündigung soll von Höhe des Schadens abhängig gemacht werden, AHGZ Nr. 11 2010, 19 f.

Watzenberg, Anja, Verdachtskündigung – unrechtmäßiges Einlösen von Pfandbons, Kommentar zu LAG Berlin-Brandenburg, Urteil *v.* 24.2.2009, NJ 2009, 256 f.

Weber, Jörg-Andreas, Auflösung des Arbeitsverhältnisses durch Urteil wegen eines Bagatelldelikts am Beispiel der „Emmely"-Entscheidung, RdA 2011, 108 ff.

Weiß, Hans-Dietrich, Gesamtkommentar öffentlichen Dienstrechts (GKÖD), Disziplinarrecht des Bundes und der Länder, Stand 9/2008 (zit.: GKÖD/*Bearbeiter*).

Weller, Bernd, Bei langer Betriebszugehörigkeit ist auch bei Straftaten gegen den Arbeitgeber in der Regel eine Abmahnung erforderlich – „Emmely", Anm. zu BAG *v.* 10.6.2010, GWR 2010, 560.

Wenzel, Albert, Der Kündigungsschutz der Arbeitnehmer, MDR 1977, 985 ff.

Werxhausen, Volker, Verhaltensbedingte Verdachtskündigung, Anm. zu LAG Berlin-Brandenburg, Urteil *v.* 24.2.2009, ArbRB 2009, 129 f.

Wessels, Johannes/Hillenkamp, Thomas, Strafrecht Besonderer Teil 2, Straftaten gegen Vermögenswerte, 40. Auflage, 2017 (zit.: *Wessels/Hillenkamp*).

Widmaier, Gunter, Münchener Anwaltshandbuch Strafverteidigung, 2. Auflage 2014 (zit.: Widmaier/*Bearbeiter*).

Wiedemann, Herbert, Leistungsprinzip und Tarifvertragsrecht, in: 25 Jahre Bundesarbeitsgericht, 1979 (zit.: *Wiedemann*, in BAG-FS, 1979).

Willemsen, Heinz Josef, Verhaltensbedingte Kündigung: Fünf Thesen und fünf Fragezeichen, RdA 2017, 115 ff.

Wisskirchen, Amrei, Außerdienstliches Verhalten von Arbeitnehmern, 1999 (zit.: *Wisskirchen*).

Wollschläger, Leona Sofie, Unzumutbarkeit als Rechtsgedanke im Rahmen der außerordentlichen Kündigung, 2007 (zit.: *Wollschläger*).

Zech, Guido, Die außerordentliche Kündigung von Arbeitnehmern bei geringwertigen Vermögensdelikten gegen den Arbeitgeber (zit.: *Zech*).

Zilkens, Martin, Der Verbleib von Abmahnungen in der Personalakte aus der Sicht des Arbeitnehmerdatenschutzes, RDV 2013, 30 f.

Zuber, Jörg, Das Abmahnungserfordernis vor Ausspruch verhaltensbedingter Kündigungen, NZA 1999, 1142 ff.

Zypries, Brigitte, „Bagatellen rechtfertigen keine fristlose Kündigung“ – „Für kleinkarierte Verbote im Betrieb fehlt mir das Verständnis“, ZPR 2010, 29 ff.

Schriften zum Deutschen und Europäischen Arbeits- und Sozialrecht

Herausgegeben von Ulrich Preis

Band 1 Ulrich Preis/Felipe Temming: Die Urlaubs- und Lohnausgleichskasse im Kontext des Gemeinschaftsrechts. 2006.

Band 2 Einiko B. Franz: Der Abschluss eines Aufhebungsvertrags. Schutz des Arbeitnehmer-Verbrauchers und seine Grenzen. Insbesondere das Widerrufsrecht gem. §§ 312, 355 BGB. 2006.

Band 3 Klaus Tenbrock: Die betriebliche Altersversorgung im Betriebsübergang bei konkurrierenden Versorgungszusagen. 2006.

Band 4 Christoph Nießen: Fehlerhafte Betriebsratswahlen. Eine am Gang des Wahlverfahrens orientierte Untersuchung der Folgen von Rechtsverstößen bei der Betriebsratswahl unter besonderer Berücksichtigung deren Relevanz für die Gewährung von einstweiligem Rechtsschutz zur Verhinderung einer fehlerhaften Betriebsratswahl. 2006.

Band 5 Klaus Linde: Übertragung von Aufgaben des Betriebsrats auf Arbeitsgruppen gemäß § 28a BetrVG. 2006.

Band 6 Petra M. Knorr: Der Vergleich der Invaliditätsrenten in Deutschland und den Niederlanden. 2006.

Band 7 Jan Botterweck: Gewerkschaftspluralismus im Betrieb. 2007.

Band 8 Patrizia Chwalisz: Die Transformation des polnischen Arbeitsrechts und die Gewerkschaften. Eine Analyse aus dem Blickwinkel des Arbeitsrechts der ehemaligen Deutschen Demokratischen Republik und der Bundesrepublik Deutschland. 2007.

Band 9 Wiebke Brose: Der präventive Kündigungsschutz bei betriebsbedingten Kündigungen. Vergleich von Entwicklung und Stellenwert im deutschen und französischen Kündigungsrecht. 2007.

Band 10 Oliver Reinartz: Der Firmentarifvertrag als Flexibilisierungsinstrument. Unter besonderer Berücksichtigung des sogenannten tariflichen Sozialplans. 2008.

Band 11 Sebastian Maiß: Die Entsendung von Arbeitnehmern aus den MOE-Staaten auf Werkvertragsbasis nach der EU-Osterweiterung. Eine Untersuchung der grenzüberschreitenden Beschäftigungsmöglichkeiten von Staatsangehörigen aus den Beitrittsstaaten – insbesondere im Baugewerbe – im Kontext der Übergangsbestimmungen zur Arbeitnehmerfreizügigkeit, der Dienstleistungsfreiheit und des Niederlassungsrechts. 2008.

Band 12 Tilman Isenhardt: Relative Tariffähigkeit. 2008.

Band 13 Mirjam Roesgen: Die betriebsbedingte Kündigung im öffentlichen Dienst. 2008.

Band 14 Philipp Schütt: Die Vertragskontrolle von Ausgleichsquittungen. 2008.

Band 15 Astrid Weber: Ist die Rotkreuzschwester Arbeitnehmerin ihrer Schwesternschaft? Zugleich eine Untersuchung der Arbeitnehmereigenschaft mithilfe der AGB-Kontrolle. 2009.

Band 16 Ute Heinemann: Medizinische Begutachtung in der privaten und sozialen Pflegeversicherung. Gemeinsamkeiten und Unterschiede. 2009.

Band 17 Cindy Hümmerich: Die Zuständigkeitsabgrenzung zwischen Gesamtbetriebsrat und Einzelbetriebsräten. 2010.

Band 18 Sven Wolf: Das moralische Risiko der GKV im Spannungsfeld zwischen Solidarität und Eigenverantwortung. 2010.

Band 19 Frank Zaumseil: Die Minderleistung als Kündigungsgrund. Zugleich ein Beitrag zur Bestimmung der Arbeitspflicht. 2010.

Band 20 Dieter Fabisch: Die unmittelbare Drittwirkung der Grundrechte im Arbeitsrecht. Die Auswirkungen der von Hans Carl Nipperdey begründeten Lehre auf die Rechtsprechung des Bundesarbeitsgerichts. 2010.

Band 21 Martin Begiebing: Contractual Trust Arrangement (CTA) – Insolvenzfestigkeit und Verwertungsbefugnisse im Pfandrechtsmodell. 2011.

Band 22 Sofia Davilla: Die Eigenverantwortung im SGB III und SGB II. Obliegenheiten und Sanktionen zur Beendigung von Arbeitslosigkeit und Hilfebedürftigkeit. 2011.

Band 23 Tanja Hiebert: Verfahrensprobleme im Rahmen des Sonderkündigungsschutzes für schwerbehinderte Menschen nach den §§ 85 bis 92 SGB IX. 2011.

Band 24 Sebastian Schröder: Das Verhältnis von Direktionsrecht und Änderungskündigung. 2012.

Band 25 Julian Wölfel: Die Sozialplanabfindung. Differenzierungskriterien und Ausgestaltungen. 2012.

Band 26 David Kruchen: Telekommunikationskontrolle zur Prävention und Aufdeckung von Straftaten im Arbeitsverhältnis. Private Arbeitgeber im Spannungsverhältnis zwischen Datenschutz und Compliance. 2013.

Band 27 Annette Aßmuth: Die Beteiligungsrechte des Betriebsrates bei Bagatellspaltungen gemäß § 111 Satz 3 Nr. 3, 2. Alt. BetrVG. 2013.

Band 28 Sebastian Skocki: Der transnationale Konzerntarifvertrag. 2013.

Band 29 Patrick Esser: Die Begünstigung von Mitgliedern des Betriebsrats. 2014.

Band 30 Karl Schindeldecker: Die paritätisch mitbestimmte GmbH. 2014.

Band 31 Christoph Römer: Entgeltflexibilisierung zur Arbeitnehmerbeteiligung. 2014.

Band 32 Stefan Freh: Betriebliche Übung und Gleichbehandlungsgrundsatz. 2015.

Band 33 Lena Kristina Kuzbida: Die Aufgabe des Grundsatzes der Tarifeinheit bei Tarifpluralität und die Auswirkungen auf das Betriebsverfassungsrecht. 2015.

Band 34 Tobias Siefer: Der Schutz von Geschäftsführern und Vorstandsmitgliedern gegen Diskriminierungen. Ein Beitrag zur Rechtsstellung von Organmitgliedern nach der Danosa-Entscheidung des Europäischen Gerichtshofs. 2016.

Band 35 Mario Brungs: Whistleblowing. Eine Untersuchung arbeitsrechtlicher Aspekte und des Reformbedarfs nach der Entscheidung des Europäischen Gerichtshofs für Menschenrechte. 2016.

Band 36 Anna Diehl: Die außerordentliche Kündigung von Arbeitsverhältnissen bei geringwertigen Vermögensdelikten. 2018.

www.peterlang.com

www.ingramcontent.com/pod-product-compliance
Ingram Content Group UK Ltd.
Pitfield, Milton Keynes, MK11 3LW, UK
UKHW022104051026
15623UKWH00003B/676

9 783631 759295